한국사회통합론

Logics and Strategies of Social Integration in Korea

김 문 조

다 산 출 판 사

한결같은 마음으로 가족과 환우를 돌봐 온

아내 菊에게

이 저서는 2016년 대한민국 교육부와 한국연구재단의 지원을 받아 수행된 연구임(NRF-2016S1A6A4A01020074)

머리말

예방에서 관리에 이르는 각종 대응에도 불구하고 오늘날 한국 사회에는 심각한 갈등이 이어지고 있다. 그래서 대한민국은 '갈등공화국'이라고 불리며, 갈등의 폐해를 우려하는 많은 사람들이 사회통합의 필요성에 공감한다. 더구나 한반도 문제나 인공지능 이슈가 부각되는 최근에는 남북한 관계나 인간-기계의 관계도 사회통합 의제에 포함시켜야 한다는 견해까지 제기되어, 실천성과 시의성을 겸비한 사회통합 방안의 정립이 긴박한 현안의 하나로 꼽히고 있다.

이 책은 그러한 시대적 요청에 대한 응답으로, 대부분 2015년 정년퇴임 이후 집필한 것이다. 공저자들의 동의하에 학술지에 게재된 공동논문을 수정한 글도 포함시켰는데, 원문의 출전을 밝히면 다음과 같다.

- 2장 "불확실성의 시대, 불안한 한국인." 『사회와 이론』 21-2. 2012: 611-643. (공저자: 박형준)
- 6장 "한국사회의 계급갈등과 통합." 『담론201』 18-4. 2015: 5-34. (공저자: 장안식, 이선우)
- 7장 "한국사회의 계층귀속감과 상향이동의식 변화." 『한국사회학』 50-5. 2016: 247-284. (공저자: 이왕원, 최 율)
- 8장 "내부자적 시각으로 본 한국사회의 계급갈등." 『담론201』 20-2. 2017: 7-42. (공저자: 김남옥)

삶의 질 향상에 대한 기대와 함께 일과 삶의 균형에 대한 관심이 높아져 가고 있으며, 거기에 낡은 지식을 확충할 배움의 욕구가 가세해 '일–삶–앎' 간의 조화가 새로운 화두로 떠오르고 있다. 앎은 유한한 존재로서의 인간에게 세상에 대한 식견을 늘리고 해석적 지평을 넓혀 준다는 점에서 기쁨의 원천이요 삶의 활력소가 된다. 하지만 앎의 여정은 정신적 고투를 동반하기에, 새로운 지식의 창출과 전파를 소임으로 하는 학자 생활은 희열과 고난의 음률이 교차하는 이중주에 비견되곤 한다.

조련치 않은 학문의 길을 예까지 밟을 수 있었던 것은 앎의 즐거움과 가치를 깨우쳐 주신 여러 은사님들 덕분이다. 사회학의 세계로 인도해 주신 홍승직 · 임희섭 교수님, 독자적 연구가로 성장할 수 있는 기틀을 마련해 주신 Albeno P. Garbin 교수님, 그리고 사회학적 사유의 힘을 키워주신 Barry Schwarz 교수님의 학은(學恩)이 지대하다. 대학자 김우창, 윤사순, 진정일 교수님을 이십여 년 같은 캠퍼스에서 뵐 수 있었던 것도 행운이 아닐 수 없다.

고려대학교에서 고락을 함께한 후배 제자들의 도움도 컸다. 김원동, 박형준, 박형신, 김종길, 유승호 교수님 같은 출중한 후학들의 자극과 독려로 초심을 견지할 수 있었다. 학문적 도반(道伴) 김성국, 배규한, 김영호, 민문홍, 이윤희, 김무경, 함인희, 이재열, 이재혁, 조주현, 김철규, 전신현, 박희제, 유승무, 정일준, 김홍중, 강정한, 하홍규, 김남옥, 박수호, 예동근 교수님의 신뢰와 성원도 잊을 수 없다. 연구에 몰입할 수 있는 석좌교수직을 마련해 주신 강원대학교 김헌영 총장님께도 감사드린다.

길 도(道) 자는 앎을 뜻하는 머리 수(首)와 행동을 나타내는 발(足)의 합성어라고 하니, 지행(知行)이라는 연구 활동과 상통하는 면이 많다.

길에는 존 버니언의 작품 『천로역정』의 주제를 이루는 순례의 길로부터 로버트 프로스트의 시 〈가지 않은 길〉에 나오는 선택의 갈림길 등 여러 가지가 있지만, 내게는 "애초부터 땅 위에 길이란 없다. 걷는 사람이 많아지면 곧 길이 된다."는 루쉰(魯迅)의 글귀가 가장 울림이 크다. 뜻을 같이하는 사람들이 걸음을 함께하는 행로야말로 사회 연구가들이 주시해야 할 소재라고 믿는 까닭이다.

더구나 풍진 세상을 더불어 살 만한 곳으로 만드는 것이 사회통합의 궁극적 목표라고 여겨 온 만큼, 이 책에서는 많은 사람들이 갈망하는 공생의 길을 탐지하는 데 진력했다. 앞으로 그러한 작업이 후속되기 바라는 뜻에서 양적 · 질적 연구에서 사용한 질문서 및 스크립트 전문을 부록에 첨부한다.

품은 생각을 정돈하는 데 여러 해, 또 그것을 글로 옮기고 다듬는 데 오랜 시간이 흘렀다. 글이란 보름지기 피로 써야 한다고 니체는 말했다. 피가 아니면 땀이라도 흠뻑 쏟았어야 했는데, 능력과 의지의 한계로 미흡한 상태로 바치게 되어 부끄럽다. 그러나 자료 및 원고 정리 작업을 도와 끝을 보게 해 준 홍성태 · 이혜수 · 이왕원 박사님, 출간을 맡아 주신 다산출판사 강희일 대표님과 임직원분들께 이 자리를 빌려 깊은 감사를 표한다.

2019년 8월

김문조

차 례

제3장 사회격차: 한국 사회의 양극화 / 49

제4장 사회갈등의 현황과 동학 / 81

제5장 불평등 시대의 사회통합 / 97

II. 분석과 대응

제9장 사례연구: 넬슨 만델라의 화해적 국가통합 / 213

제10장 메타사회학적 접근의 요청 / 241

제11장 한국 사회의 메타사회학적 조명 / 259

〈표 차례〉

[그림 차례]

제1장

서 론

1. 사회통합의 개념

'사회통합(social integration)'이 무엇인가를 정의하기란 수월치 않다. 논점이나 의도에 따라 입장이 다를 뿐 아니라, 통합에 대한 과욕이 시야를 가로막을 때가 많기 때문이다. 그러나 사회통합의 논리와 방안을 탐구하자는 것이 이 책의 핵심 목표인 만큼, 세부적 논의에 들어가기 전에 일단 그 기본 개념을 간략히 짚어보도록 하자.

'통합'의 사전적 의미는 "개별 요소들이 하나의 전체로 합쳐짐"이다. 따라서 사회통합은 "사람들이 모여 사회라는 집합체를 이루는 과정이나 결과"로 규정할 수 있으며, 그러한 상태로 이끌어 가는 공통의 이해

(利害)나 가치도 논의에 포함시킬 수 있다.

학술적으로 사회통합은 체계통합이라는 용어와 더불어 거론된 경우가 많다. 기능주의 사회이론가 탤컷 파슨스(Talcott Parsons)의 체계이론을 비판하기 위해 데이비드 록우드(David Lockwood, 1964)가 최초로 제시한 이들 한 쌍의 개념은 위르겐 하버마스(Jürgen Habermas, 1973)가 의사소통행위론에서 활용하면서 학계 안팎으로 널리 알려졌다. 하버마스에 따르면 체계통합(system integration)은 정치나 경제와 같이 권력과 화폐를 매개로 한 목적지향적 행위와 직결된 활동들, 요컨대 물질적 · 비물질적 자원을 동원하거나 운용하는 도구적 활동의 조직화 상태를 의미한다. 반면 사회통합은 개인이 사회구성원으로서 타자와 맺는 인적 유대나 결속의 정도를 뜻하는 사람중심적 개념(human-centered concept)이다. 따라서 사회통합은 '국민통합'이라는 용어와 동의어로 봐도 무방할 듯하다.

사회통합이나 체계통합 모두는 사회분화를 전제로 한다. 인구가 늘어나고 활동성이 증가하면 인적 · 물적 자원의 활용이나 배분을 둘러싼 경쟁이 가중되는데, 이러한 경쟁이 사회분화를 추동한다. 사회분화는 사회적 역할의 이질화, 가치규범의 다원화 및 자원 배분의 차등화를 초래한다. 이질화는 사회구성원들이 담당하는 역할들이 서로 내용을 달리하는 상태를 의미하고, 다원화는 행위양식의 토대가 되는 가치나 규범이 분지되는 현상을 지칭하며, 차등화는 사회적 자원이나 기회의 불균등한 분포 상황을 뜻한다.

그런데 요즘은 사회분화를 '문제적 상태'로 이해하기보다 사회진화의 불가피한 결과로 받아들이려는 입장이 지배적이다. 따라서 사회통합을 논하는 자리에서 분화 자체보다 그에 수반되는 사회적 이질화 · 다원화 · 차등화가 초래하는 개인이나 집단들 간의 '갈등'을 문제 삼는 경우가 많다. 따라서 통합의 과제도 다음 세 가지 범주로 분류되곤 한다. 첫째는 이질적 역할들을 유기적으로 조정하는 일, 둘째는 생활체험의 차이로 인한 의식적 혼란을 극복하는 일, 셋째는 차등화되어 가는 집단들 간의 반목과 대립을 해소하는 일이다.

통합의 문제를 바라보는 이론적 관점도 크게 다음과 같이 세 가지 유형으로 구분되어 왔다. 기능적 통합모형, 소통적 통합모형, 규범적 통합모형이 그것이다(배규한, 1995). 체계통합의 문제와 관련성이 깊은 기능적 통합모형은 분화된 여러 하위집단들이 전체 사회체계에 긍정적으로 기여하게 될 때 통합이 달성된 것으로 간주한다. 이때 분화된 집단 활동들이 전문화될수록 기능적 효율성이 배가해 사회통합이 강화될 것으로 가정된다. 소통적 통합모형은 사회통합의 궁극적 수단을 의사소통체계, 특히 미디어체계에서 찾는다. 사회적 합의는 상호의존관계, 공통의 문화적 기반 및 관행이나 공동생활 등을 통해 유지되는데, 현대 사회에서는 이들 모두가 의사소통 정도와 연루된 것으로 이해되는 까닭이다.

사람중심의 사회통합 논지와 직결된 규범적 통합모형은 생활양식의 바탕을 이루는 문화체계의 핵심 요소인 공통 가치체계(common value system)를 사회통합의 관건으로 인식한다. 이때 사회구성원들이 집단적으로 추구하는 공통 가치체계는 '규범의 집적(clusters of norms)'으로 정의되는 사회제도로 구현되는 경우가 일반적이어서, 제도가 사회통합적 행위가 수행되는 플랫폼으로 간주되곤 한다.

2. 사회통합 연구의 의의

오늘날 사회통합이 삶의 핵심적 화두로 떠오르고 있는 것은 급진적 사회변동으로 사회체계의 존속을 담보해 온 일련의 제도가 안정성을 잃어가고 있다는 점에 기인한다. 이러한 제도적 불안정을 초래하는 현대 사회의 정경을 정치 · 경제 · 사회 · 문화 영역으로 나누어 일람해 보도록 하자.

1) 정치 영역

'통치에서 협치로(from government to governance)'라는 명제로 축약할 수 있는 분권화가 권력세계의 보편적 현상이 되어 가고 있다. 권력 구도가 집권적 · 수직적 · 위계적 형태에서 분권적 · 네트워크적 · 혼계적 형태로 변화하면서 권력의 소재도 다변화하여, 주도적 세력집단들의 연합을 기반으로 해 온 헤게모니 시대(hegemonic age)가 다양한 세력들 간의 이합집산을 특징으로 하는 탈(脫)헤게모니 시대(post-hegemonic age)로 바뀌고 있다(Lash, 2007).

2) 경제 영역

성장이 목표이자 현실로 간주되던 팽창기가 종결하고, 탈(脫)성장(저속 성장, 제로 성장, 마이너스 성장 등)이 대세를 이루는 수축기로 접어들고 있다. 탈성장세의 확산과 더불어 사용가치 및 교환가치를 넘어선 기호가치나 체험가치가 부가가치의 중심부로 진입하고 있고(보드리야르, 2014; Schulze, 1992), 사물인터넷이나 인공지능 같은 신기술의 확산으로 경제활동 전반에서 가치사슬의 변혁이 일어나고 있다(OECD, 2018).

3) 사회 영역

가장 괄목할 만한 사회적 변화는 강화된 능력과 권리의식을 지닌 시민사회의 등장이다. 국가 실패(state failure)와 시장 실패(market failure)의 틈새에서 성장한 이들 참여적 시민층으로 인해 국가-신민형 시민사회의 2분 모형을 넘어선 국가-시장-시민사회의 3분 모형이 정설로 대두한다(Cohen and Arato, 1994). 여기에 '약한 관계의 강한 효과'를 조장하는 뉴미디어의 위력이 가세해 다양한 욕구를 내재한 시민사회의 역능이 배가하고 있다(Gillmor, 2004; 김종길, 2004; Cabinet Office, 2018).

4) 문화 영역

문화 영역의 변화는 신세대의 라이프스타일이나 가치관 변화에서 여실히 드러난다. 이는 일련의 '포스트' 명제, 요컨대 탈산업주의(post-industrialism), 탈물질주의(post-materialism) 혹은 탈인습주의(post-conventionalism) 등으로 지칭되는 신세대 의식에 관한 연구물을 통해 확인 가능하다(Inglehart, 1977; Deflem, 1996). 또한 변화와 선택이 일상화되어 가면서 일관성이나 진정성 대신 임기응변이나 전시성을 중시하는 '변신(metamorphosis)'이 '스마트 사회'의 징표로 받아들여지고 있다(김문조, 2013b).

이처럼 오늘날 사회변동은 그 영역이 다원화하여 갈 뿐 아니라 각종 변화들이 교차적 · 중첩적으로 얽혀 돌아간다는 점에서 지난날의 그것과 양상을 달리한다. 현대 사회가 '복합전환적 국면'에 처해 있다고 규정되는 것은 이 때문이다. 복합전환의 양상은 변천 과정이 단순한 복선적 경로를 넘어 출현성 · 신생성을 수반한 융복합적 형태를 취한다는 점에서 확연히 드러난다. 그 결과, 사회체계는 통상적 수준의 불확실성을 넘어선 초(超)불확실성(hyper-uncertainty) 단계로 들어서고 있다(Eichengreen, 2016).

현황이 이런 까닭에 사회학의 태두 오귀스트 콩트(Auguste Comte)가 천명했던 "예측하기 위해 본다."라는 정언(定言)을 고수하기가 날로 어렵게 되어 가고 있다. 더구나 신기술이 주도하는 최근의 사회변동은 그 속도나 진폭이 예사롭지 않다. 변화가 급진적이어서 시야를 놓치게 되면 탐구 대상인 사회가 다른 모습으로 훌쩍 변해버리는 경우가 빈번하다. 따라서 연구 결과에 대한 신뢰도를 유지하려면, 변화의 흐름을 추적할 수 있는 역동적 시각의 확보가 필수적이다. 요즘 구조나 질서의 파악에 주력하는 사회정학(social statics)보다 과정이나 변화에 대한 이해를 중시하는 사회동학(social dynamics)에 관심이 쏠리는 것은 이 때문이다. 그뿐만 아니라, 최근 사회적 관심사가 거시적 · 외재적 차원보다 미시적 · 내면적 차원으로 외연되고 있어, 실증적 계측이나 분석의 효능도 감퇴되고 있다. 다뤄야 할 대상 역시 지역에서 세계로, 혹은 실제 현실로부터 온라인 가상현실까지 다변화함으로써 연구의 어려움이 가중되어 가는 실정이다.

이러한 난관에도 불구하고, 사회적 혼돈으로부터 합당한 질서를 모색하려는 지적 탐구는 지속되어야 한다. 앎이 자유나 정의와 같은 사회적 대의 실현의 출발점인 까닭이다. 현대 사회는 형태를 쉽게 파악할 수 없는 비정형(非定型) 상태로 묘사되곤 한다. 그러나 각양각색의 세파 속에서 사회변동의 패턴을 포착해 적절히 대처할 수 있다면, 우리는 불가지론의 질곡을 벗어나 삶의 기획을 주도할 수 있다. 멀리는 근대 자본주의의 발흥에 대한 막스 베버(Max Wever)의 선견지명으로부터 가까이는 연결망 사회의 도래를 예측한 마누엘 카스텔(Manuel Castells)의 통찰에 이르는 지적 성과들에서 그 전범(展範)을 찾아볼 수 있다.

사회적 혼돈 속의 질서(order out of social chaos)를 모색하는 과업에 동참하기 위해서는 인지적 · 실천적 측면과 직결된 다음 두 가지 기본 요건을 갖춰야 한다고 본다. 첫째는 드러난 현상 이면에 은폐된 작동 원리를 꿰뚫어 볼 수 있는 통찰력을 연마하는 일이요, 둘째는 역동적 사회현상에 대한 이해를 가로막는 사변적 고담주의의 폐절이다. 이러한 요건을 충족시키면서 '사회통합'과 같은 포괄적 논제를 다루기란 결코 용이한 일이 아니다. 그러나 사회통합에 대한 현실적 요구가 막중한 만큼, 험지를 헤쳐 활로를 열어가는 개척적 자세로 논의에 임하고자 한다.

3. 사회통합의 실천적 가치

한국 사회는 최근 인적 · 구조적 · 문화적 · 의식적 이질성이 배가되어 사회갈등을 유발하는 편견이나 차별이 증식하고 있다. 이 같은 정황은 한국 사회에 국한된 것이라기보다 세계 도처에서 찾아볼 수 있는 보편적 현상이 아니냐고 반문할 수 있다. 그러나 뿌리 깊은 좌우 이념대립, 악화하는 계급갈등, 압축적 발전의 부산물인 세대 간 단절이나 공공의식의 결여 등으로 심각한 국면으로 치닫고 있는 한국 사회의 갈등은 사회발전을 가로막는 암적 현상으로 지목되고 있다(권혁주, 2016).

보다 나은 사회로 진전하기 위해 수행해야 할 기본 과업은 다음 두 가지로 대별할 수 있다. 하나는 삶의 질을 높여나갈 수 있는 물질적 · 상징적 요건의 개선이며, 다른 하나는 "만인의 만인에 대한 투쟁"과 같은 홉스적 혼란을 제어할 수 있는 사회질서의 재정립이다. '가치화(valorization)' 명제로 대변할 수 있는 첫 번째 과업은 물질적 가치(material values) 및 상징적 가치(symbolic values)의 증진을 목표로 하는 경제 및 문화 활동과 직결된 것이요, '공조(coordination)' 명제로 통괄할 수 있는 두 번째 과업은 통제(control)와 결속(solidarity)이라는 정치사회적 과제와 결부된 것이라고 할 수 있다.

이들 중 사회통합(social integration)과 직결된 책무는 인간적 결속의 문제와 직결된 사안으로, 거기에는 효율성 제고를 목표로 한 기능적 통합(체계통합, system integration)이 아무리 성공적이라도 민의(民意)나 민심(民心)이 따르지 않고는 사회체계가 온전히 존립할 수 없다는 함의가 내재해 있다. 따라서 사회통합은 경제성장이나 정치발전의 부수 현상이 아니라 독자적이고도 필수적인 사회존립의 요건인 것이다.

4. 책의 구성

서론에 이어지는 본론은 '현황 진단' 및 '분석과 대응'이라는 두 부문으로 구성하였다. 〈I 부: 현황 진단〉에서는 사회통합의 대척적 개념인 사회갈등의 배후 요인(background factor)에 해당하는 사회불안, 갈등의 직접적 화근인 사회격차, 그 부정적 결과로서의 사회갈등 및 갈등 해소를 위한 사회통합이라는 네 가지 중심주제에 대한 논의를 진행하고자 한다([그림 1-1] 참조).

[그림 1-1] 주요 현상들의 관계 도식 및 장별 내용 구성

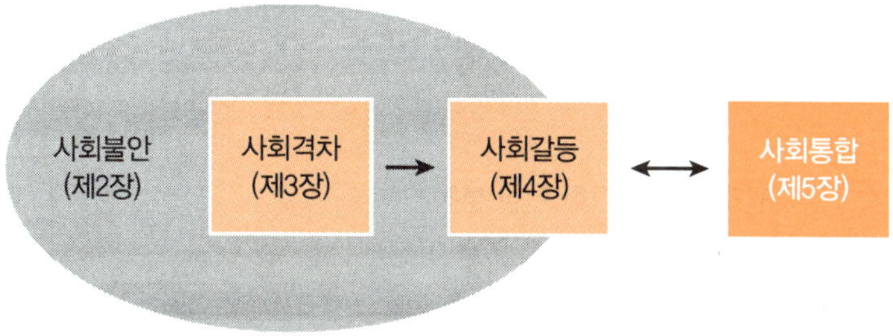

제2장에서는 경제적 빈곤과 정치적 억압에 이어 근자에 우리 사회의 최대 쟁점으로 대두하고 있는 사회불안의 원천과 특성을 진단하고, 제3장에서는 지속적 경기침체와 함께 고착되어 온 사회격차의 양상을 양극화론에 준거해 논의하고자 한다. 제4장에서는 정보화 · 세계화 · 분산화라는 3대 메가트렌드와 더불어 다양성 · 복잡성 · 정교성을 더해 가는 사회갈등의 양상을 살펴보고, 제5장에서는 불평등 시대의 사회통합 원리와 방안을 응보적 정의에 의거한 징벌적 접근, 분배적 정의에 의거한 복지적 접근 및 인정적 정의에 의거한 포용적 접근으로 나누어 고찰하고자 한다.

〈2부: 분석과 대응〉에서는 불안, 격차, 갈등으로 점철된 한국 사회의 현실을 양적 연구, 질적 연구, 사례연구 및 이들 모두를 포괄하는 메타적 접근을 통해 논구하고자 한다. 제6장에서는 설문지 조사를 통한 양적 연구, 제7장에서는 이차자료 분석이라는 또 다른 양적 연구 결과를 제시한다. 제8장에서는 심층면접에 의한 질적 연구 결과, 제9

장에서는 남아프리카공화국 사례연구를 추가해 '삼각측정법(triangulation)'이라고 불러온 다면적 방법의 확장을 시도한다. 제10장에서는 자료적 · 방법론적 · 이론적 수준에 이르는 메타사회학적 접근의 개요를 상론한 후, 제11장에서는 메타이론적 적용을 통해 분석 수준이나 방법론적 수준의 메타연구로는 식별해 내기 힘든 탐구 성과를 예시하고자 한다([그림 1-2] 참조).

[그림 1-2] **다원적 접근을 통한 현실 분석**

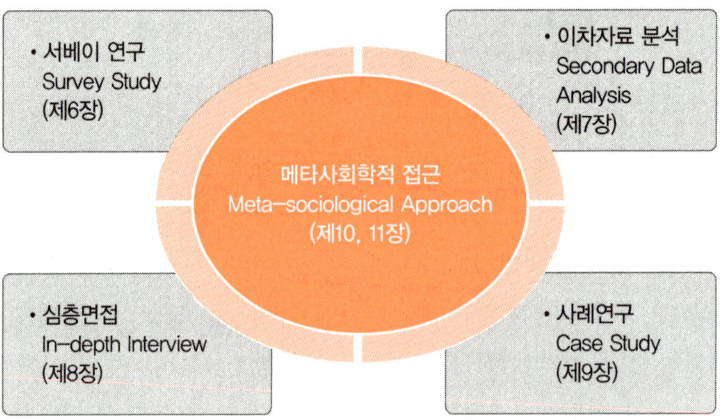

제12장 결론에서는 Ⅰ, Ⅱ부에서 거론한 사회통합 방안과 실천 전략들을 종합적으로 고려해 한국 사회에 최적의 해법이 될 것으로 판단되는 '화해적 사회통합'의 길을 제안한다. 또 어느덧 가시권 안에 들어서 있는 AI시대에 대비해 사물인터넷이나 만능로봇 등이 활약할 포스트휴먼 시대에 예견되는 새로운 사회통합적 쟁점 및 과제들을 제13장 보론(補論)으로 첨부하고, 저자의 소회를 담은 '카덴차'로 전체를 마무리 짓고자 한다.

I

현황 진단

제2장 시대적 증후로서의 사회불안

제3장 사회격차: 한국 사회의 양극화

제4장 사회갈등의 현황과 동학

제5장 불평등 시대의 사회통합

제2장

시대적 증후로서의 사회불안

불안의 사회학자 하인츠 부데(Heinz Bude)는 한 사회가 처한 상황을 이해하려면 무엇보다 사회구성원들의 구체적 생활 체험을 주시해야 한다고 말한다. 생활체험이 사회구조와 연동되어 있다고 확신하기 때문이다. 그는 '불안'이 현대인의 삶을 규정하는 중요한 체험적 특성임을 강조한다. "인류문명이 진전하고 있음에도 불구하고 사람들로 하여금 상실과 몰락의 불안감을 갖게 만드는 것이 현대 사회의 특징"이라는 것이다. 불안이라는 프리즘을 통해 사람들이 무엇을 느끼고, 무엇을 희망하고, 무엇에 낙담하는지를 파악해야 그에 기초해 갈등이 어디서 불거졌으며, 어떤 집단이 어떻게 의욕을 상실하고 사회에 등을 돌리게 되었는지, 혹은 종말론적 정서나 체념적 행태가 언제 어떤 방식으로 확산되어 나가는지에 대한 총체적 이해가 가능하다는 주장이다

(부데, 2015). 따라서 우리에게 무슨 일이 일어나고 있는지 올바로 진단하기 위해서는 오늘날의 가장 중요한 체험적 특성인 불안을 직시해야 한다.

불안의 전면적 확산은 '초개방적 복잡계'를 지향하는 사회체계의 움직임과 관련성이 깊다. 정보화를 기축으로 한 세계화와 분산화는 사회의 유연화와 다원화라는 변화를 추동하고, 이러한 변화는 불확실성과 불안정을 증폭함으로써 불안을 가중시키고 있다(김문조 · 박형준, 2012 참조). 기드온 라흐만(Gideon Rachman) 역시 다양한 문제점들이 교차하는 지금의 세계를 "우리가 낙관했던 모든 것—자본주의, 민주주의, 기술 발전—이 평화와 번영을 가져다줄 것"이라는 낙관적 믿음이 흔들리는 불안한 상황으로 묘사한다(Rachman, 2011). 세계화의 흐름과 기후변화, 핵 확산, 전쟁과 테러, 에너지자원 부족, 지구 온난화, 빈곤 등이 세상을 협력이나 화합보다 경쟁과 분열이 지배하는 불안의 막다른 길로 인도하고 있다(유승호 외, 2017).

1. 불안사회의 도래

한국 사회도 경제 · 사회 · 문화 · 환경 · 안보 등 여러 측면에서 불안감이 배가되는 초불확실성의 시대로 진입하고 있다. 세계적 차원의 경제 불황, 고령화나 취업난으로 인한 사회적 활력의 저하, 상업주의의 확산에 의한 생활세계의 식민화, 자원낭비나 기후변화로 인한 생태계 파괴, 북핵 위협이나 테러리즘의 확산 등 다양한 위기 요소들이 중첩적으로 작동해 불확실성을 심화시키는 복합적 혼돈의 시기로 접어들고 있다. 한국 사회가 당면한 복합적 위기는 다양한 영역에서 불안을 가중시키고 있다. OECD 국가 중 1위를 달리는 높은 자살률이나 저점을 밑도는 낮은 행복지수는 한국 사회의 불안이 얼마나 심각한 정도에 이르고 있는가를 예시하는 단적 증거라고 할 수 있다.

현대 사회의 불안은 계층이나 시점에 관계없이 날로 진면화 · 일상화하고 있다는 점을 특징으로 한다. 원전 사고는 방사능에 대한 우려를 낳고 있으며, 먹거리 사고는 식탁의 불안을 가중시키고 있다. 늘어나는 강력 범죄도 일상생활을 영위하는 모든 사람들을 불안하게 한다. 심화되는 경쟁 상황에서의 낙오에 대한 불안 역시 나날이 증대되고 있다. 여기까지는 우리나라와 다른 나라가 공유하는 측면들이 많다. 그러나 연속적 개념으로서의 가족가치관이 잔재하는 오늘날 한국 사회에서는 가족에 대한 책무, 자녀의 학업이나 취업, 노후생활에 대한 안위 등으로 생애과정 전체에 걸쳐 이중삼중의 고도 불안이 상존한다. 이러한 상시적 불안을 해소하기 위해 보험과 사교육 시장이 창궐하고, 멘토링과 힐링, 그리고 각종 심리 상담이 성행하는가 하면, 향락행위나 웰빙 추구와 같은 불안기피적 행동들이 속출하고 있다. 이런 점에서 오늘날 한국 사회는 '고도 불안사회(high anxiety society)'로 규정할 수 있다.

한국 사회에서 불안이 시대적 화두로 대두한 것은 2000년대 이후부터라고 할 수 있다. 경제성장에 몰두하던 1960~70년대 산업화 시대에는 생계를 위협하던 경제적 빈곤이 지대한 국민적 관심사였고, 권위주의 체제에 저항하던 1980~90년대 민주화 시기에는 정치적 억압이 척결해야 할 가장 절박한 시대적 과제였다. 그러나 세계화 · 개방화가 촉진되어 가는 최근의 각축적 생활 현실에서는 사회불안이 공적 담론의 핵심적 소재로 대두하고 있다. 불안사회란 상시적 불안이 현상학자들이 중시하는 일상생활을 지배하는 '자연적 태도(natural attitude)'로 자리잡아 가는 상황을 뜻하는 것으로, 한국 사회는 불안이 과열경쟁, 경력 단절, 사회양극화 등으로 구조화되어 개인을 거대한 불안의 소용돌이로 몰아가는 불안사회의 전형으로 꼽을 수 있다.

사회불안은 타인이나 사회체제에 대한 불신과 증오를 조장하여 갈등을 격화시킨다. 최근 한국 사회에서 학교폭력, 가족해체, 노사갈등, 그리고 이른바 '갑을(甲乙) 갈등'이 만연하는 것도 신뢰와 연대의 맹아라고 할 수 있는 의식적 안정감이 유실되어 가고 있기 때문이라고 본다. 파시즘 등장이라는 인류역사의 퇴행적 사태를 통해 추론할 수 있듯(프롬, 2012[1941]), 불안한 개인들은 편협한 극단주의자로 전락해 차이를 용인하려 들지 않고 사회적 약자들을 핍박하여 사회체계의 안정성을 저해한다.

2. 불확실성: 사회적 불안의 진원

불안은 인간의 실존문제와 분리시켜 논할 수 없는 삶의 본원적 속성에 해당한다. 그것은 죽음에 대한 두려움이나 생의 무의미성에 대한 자각, 의지하며 살아갈 수 있는 타인의 부재나 관계 상실에 의한 실의, 자아 정체성의 형성이나 자아실현 과정에서의 난관이나 좌절 등에서 비롯된다(Giddens, 1991a, 1991b; Taylor, 1991). 그뿐만 아니라 불안은 자기 삶에 대한 스스로의 책임이 가중되는 개인화(individualization) 시대에 절박한 사회문제의 하나로 부각되며(Beck and Beck-Gernscheim, 2002), 삶의 의미를 반추할 수 있는 시간이 늘어나는 고령화 사회로의 진전과 더불어 증폭된다. 표준적 생의 지침이 도전받는 상황과 더불어 개인이 믿고 의지할 수 있는 경제적 · 규범적 · 제도적 안전판이 유실됨으로써 불안이 깊어 가는 것이다.

불안의 토양에 해당하는 불확실성은 개인적 수준의 불확실성과 구조적 수준의 불확실성으로 대별할 수 있다. 개인적 수준의 불확실성은 다음 여러 유형으로 세분된다. 세계 내에 던져진 자기 존재나 존재적 위상의 모호성과 관련된 존재론적 불확실성, 어떤 행동을 택해야 하는지를 판단하기 힘든 인지적 불확실성, 무엇이 선하고 악한 것인지에 대한 도덕적 평가 기준이 흔들리는 데서 파생하는 규범적 불확실성, 아름답고 추한 것에 대한 경계가 모호해지는 심미적 불확실성 등으로 유형화될 수 있다. 이러한 개인 수준의 불확실성은 구조적 수준의 불확실성과 직간접적으로 연동된다. 세계화 · 정보화에 따른 시간공간의 원격화와 사회적 복잡성의 증가, 예측할 수 없는 상시적 경제 위기, 당면 과제를 해결할 수 있는 국가 역량의 구조적 약화, 대의 민주주의의 위기, 민족 · 계급 · 이익집단 등에 기초한 집단적 정체성의 유동화 등이 구조적 불확실성을 가중시키는 대표적 요인들로 꼽힌다.

이 장에서는 사회불안의 구조적 원천이라고 할 수 있는 사회적 불확실성의 배태 양상을 유연화 논제에 의거해 진단하면서, 산업화 · 민주화 시대 이후 새로운 사회적 비전을 정립하지 못한 채 부침을 거듭하는 오늘날 한국 사회의 정체 현상을 불안사회론적 시각에서 재고해 보고자 한다.

3. 불확실성의 배태 요인

사회적 불안의 진앙이라고 할 수 있는 사회적 불확실성은 현대 사회에서 전면적으로 포착되는 유연화 과정과 긴밀히 연루되어 있다. 근대성의 산물이라고 할 수 있는 표준화와 동질화 메커니즘을 변경시키고 있는 유연화는 기술혁명과 연루된 사회경제적 변화의 결과이자 기술변혁의 원인으로 간주된다. 그뿐만 아니라 개인화의 조건이자 유발 요인이기도 하다. 따라서 사회적 불확실성과 실존적 불안 확산의 원초적 조건이라고 할 수 있는 유연화의 사회변동론적 의미를 간략히 훑어보도록 하자.

1) 유연화의 원천

유연화는 고착화에 대비되는 개념이다. 유연화는 공간적으로 위치의 고정성을 전제로 한 장소성을 해체시킨다. 또 그것은 시간적으로도 고정적이고 일원적이며 분리불가한 뉴튼적 시간 개념으로부터 가변적이고 다원적이며 분리와 통합이 가능한 양자물리학적 시간 개념으로의 인식론적 전환에 의해 촉발된다.

유연화는 기술과 생산방식의 변화, 조직 시스템의 변화를 중심으로 한 노동, 교육 및 생활양식의 새로운 추세로 구현되고 있다. 유연화를 주도적인 사회적 추세로 이끌어 온 것은 포디즘에서 포스트 포디즘으로의 생산방식 및 조직체계의 이행이라고 할 수 있다.

(1) 포디즘에서 포스트포디즘으로의 전환

포드주의 대량생산체제는 조립라인의 기계적 생산 공정을 통해 산출되는 표준화된 상품의 생산성에 기초한다. 이는 수직적 통합 원리라는 조직형태에 기초해 노동의 사회적 · 기술적 분업을 제도화하자는 목적으로 추진되었다. 그러나 '테일러주의'나 '공정 합리주의'와 같은 경영방식에 의해 정립된 포디즘 원리가 생산활동의 차원을 넘어 표준화 · 효율화 · 관료제화와 같은 조직원리 일반으로 확장되면서, 포디즘은 생산방식을 넘어서 대량생산 · 대량소비 사회의 조정양식이자 조직원리, 그리고 생활양식으로 자리잡았다. 포디즘 축적체제는 일관생산체제에 의한 노동 과정의 실질적 포섭(전통적 숙련의 해체), 생산성 임금제로 대표되는 노사타협, 노동자의 소비자로의 전환(내구소비재의 실질적 소비자로서의 노동자), 일과 여가의 엄격한 분리 등으로 특징된다. 포디즘 조직은 수직적인 관료조직체계와 긴밀한 친화성을 가지며 화이트칼라 노동자의 대거 창출로 연결된다. 축적과 분배, 소비의 선순환 구조와 계급갈등의 제도화가 포디즘을 통해 역사적으로 구현될 수 있었던 것이다(톰슨, 1987[1983]; 박형준, 1991).

하지만 규모의 이점을 활용해 생산단가를 낮추고 임금개선을 통한 노동자의 구매력 향상으로 이윤창출을 극대화하자는 포드주의는 세계화와 함께 역동적으로 변화하는 시장에 대응하기에 너무 경직된 생산방식으로 판명되었다. 대량설비와 대규모 집합 노동자를 전제로 하는 포드주의 생산양식은 장기적 고정자본의 대폭적 투자, 노동시장 · 노동분배 · 노동계약의 경직성 및 국가 정책의 경직성 등으로 1970년대 이후 심각한 문제점을 노정한다(Harvey, 1991). 노동생산성 증가율의 둔화와 복지국가의 위기, 세계화의 급진전 등을 겪으면서 자본은 신기술을 바탕으로 해서 생산방식과 조직원리에 일대 전환을 꾀하게 된다. 그것이 바로 포스트포디즘 전략이다.

포스트포디즘 생산체제는 역동적 시장 수요에 부응해 다양한 생산물을 신속히 산출해야 한다는 시대적 요청의 소산이다. 따라서 수직적 · 경직적인 관료제적 칸막이 조직 대신 수평적 네트워크로 구성되는 모듈방식의 팀 조직 채택, 소품종 대량생산체제에서 다품종 소량생산체제로의 전환, 생산에서 소비로 향하는 방식을 소비에서 생산을 향하게 하는 적시 생산방식, 통상적 근로자의 일자리 축소와 지식근로자의 역할 강화, 근로자들의 다기능 전문가화, 지식조직화 · 학습조직화 등을 특징으로 하는 새로운 관리방식이 등장하며, 조직 간 네트워킹이 촉구됨으로써 기업들 사이의 전략적 제휴가 성행한다.

이러한 포스트포디즘으로의 전환은 사회 전체에 '변화의 관리'를 핵심적 의제로 제의한다. 이처럼 탄력적으로 변화하는 상황에 대한 순발력 있는 적응을 중시하게 됨에 따라, 사회적으로 바람직한 인간형도 막스 베버가 제시한 바 있는 '소명적 인간형'에서 '가변적 인간형'으로 대체된다(Sennett, 1998).

(2) IT 기술 혁신에 의한 유연화의 가속

유연화의 속도를 매우 빠르게 만든 또 하나의 핵심 요소는 IT 정보통신 기술이다. 시간과 공간의 원격화(distancing of time and space)와 시공간 압축성을 겸비한 정보통신 기술은 경제체제의 혁신에 위력을 발휘해 광속의 거래 속도와 무한대의 교역 공간을 허용하는 신경제를 선도해 왔다. 정보통신 기술은 경직성으로 대변할 수 있는 포디즘체제의 해체 과정에 적기에 도입되어 포스트포디즘을 정착시키는 데 결정적으로 공헌했다. 따라서 포스트포디즘 조직 원리와 정보혁명은 상호작용을 통해 '유연적 생산체제'의 정립에 기여했다고 할 수 있다(Amin, 1994).

디지털 기술을 주축으로 한 정보혁명은 인간이 창조한 기계로 근로

역량의 확장을 도모한 산업혁명의 경우와는 달리 정보의 가공과 소통 역량의 증대를 겨냥한 새로운 기술혁신 단계로 간주된다. 이 같은 신기술을 기반으로 경제 조직이 복합적 연결망 조직으로 전환되어, 생산 유통 소비 체제의 유연성이 가속화한다.

2) 유연화의 제도적 확산

새로운 축적체제 및 신기술을 활용한 유연화의 파고는 일차적으로 노동세계에서 관망할 수 있다. 하지만 노동세계를 넘어 유연화는 교육 및 가정생활을 위시한 여가생활 전반으로 확산되어 정주적 형태가 아닌 유연적 생활양식을 보편화한다(김문조 · 김남옥, 2010 참조).

(1) 노동세계의 변화

노동활동은 지금까지 개인의 생존과 정체성을 담보하는 중추적 사회활동으로 인식되었다. 따라서 유연화가 근로세계를 기점으로 진행되어 왔다는 점은 결코 특이한 현상이 아니다. 노동세계의 유연화 경향은 경제활동의 규모 및 속도, 그리고 직무활동의 측면에서 가장 명시적으로 드러난다.

① 규모의 경제에서 속도의 경제로

소품종 대량생산을 기본으로 하는 포드주의 생산양식의 한계는 다품종 소량생산체제로의 전환 압박을 고조시켰다. 정보통신 기술은 이러한 유연체제로의 전환 과정에 개입해 노동세계의 변화를 촉진했다. 또 규모의 경제에서는 대량수요를 충족시킬 수 있는 대형 조직이 작은 조직을 지배했다. '규모의 경제'로 표현되는 포드주의적 생산체제에서는 안정된 직업 경력이 중시되었다. 따라서 개인의 일대기는 예측 가능하며 일대기의 설계도 비교적 용이했다.

그러나 이제 속도가 규모를 밀어내고 있다. 네트워크 사회의 도래로 획일화 · 표준화 · 영속성 · 확실성이 밀려나고 일시성 · 찰나성 · 가변성 · 다양성 · 유동성 · 불확실성이 지배하는 새로운 근로질서가 형성되어 유연사회로의 이행을 재촉한다. 이때 신속성을 특징으로 하는 첨단 정보통신 기술은 경제활동 다방면에 영향력을 행사해 그것을 재구조화한다(김성국, 2005).

② 고정적 직무에서 유동적 직무로

유연사회에서는 노동시장의 성격도 변모해 종전의 경직적 · 수직적 · 폐쇄적 직무 구조가 존속하기 어렵게 된다. 평생직장의 개념이 폐기되고, 연속적이고 예측 가능한 미래를 설계하기보다 끊임없이 새로운 일에 도전하고 모험을 감행해야 하는 상황이 도래하고 있다. 이러한 정경을 사회학자 리차드 세넷(Richard Sennett)은 '일자리 회전목마'라고 표현한다. 일거리(task)대신 일자리(job) 개념이 지배하는 오늘날 노동세계에서 근로자들은 언제든 회전목마를 옮겨 탈 준비성을 갖춰야 한다는 것이다(Sennett, 1998). 금세기 노동현실을 비(非)경력적 일자리를 요구하는 상황으로 인식하는 직업연구가 군둘라 엥리슈(Gundula Englisch) 역시 변화하는 근로세계를 '잡 노마드(job nomad)' 상황으로 규정한다. '해바라기 노동원리'에 따른 실무형 일자리가 격증한다는 것이다. 그 결과, 엄밀한 계획보다 즉흥적 대응이 선호되고, 안정성이나 예측성 대신 신속성과 유연성이 강조되며, 과정보다 결과가 중시된다(Englisch, 2001).

이상과 같은 노동세계의 현대적 특성은 '고정적 직무에서 이동적 업무로'라는 명제로 축약할 수 있다. 이동성이 강화되는 새로운 노동세계의 출현에 인터넷, PDA, 스마트폰 등과 같은 정보통신 기기가 크게 기여했음은 두말할 나위가 없다. 이들은 이동성, 사무실의 축소, 무소부재의 소통성 등을 실현할 수 있는 유목생활의 필수품인바, 이들을 소지한 근로자마저 네트워크체제에 병합됨으로써 모든 것이 움직이는 일터의 부품으로 전락하게 된다. 창조적 일에 종사하는 소수의 지식근로자들을 제외하면 다수의 근로자들에게 이는 '직업의 불안정 상황'으로 다가온다. '평생직장', 연공서열제 개념이 폐기 처분될 위기에 빠지고, 단일 직업에 기초한 '단수의 인생'에서 '복수의 직업'을 요구하는 '복수의 인생'이 강제되고 있다.

(2) 교육체제의 유연화

노동 유연성의 강화와 함께 기존 교육체제의 한계가 여실히 드러난다. 따라서 새로운 근로환경에 적합한 교육체계의 혁신이 강력히 요청되고 있다. 미래학자들은 지식기반사회로의 이행과 더불어 규칙성, 지속성, 성실성을 강조하던 구래의 교육체제가 대폭 혁신되어야 함을 일찍부터 역설해 왔다(벨, 2006[1999]; Drucker, 1993).

① 교육 목표와 교육 내용

유연사회에서는 물리적 작업은 기계가, 지식정보의 흐름은 인간이 관장하는 것이 이상적이라고 여겨진다. 기계가 단순 작업을 전담하게 되면 인간은 지적 · 창조적 과업에 몰두할 수 있으리라는 이유인데, 이에 따라 장기간 굳건히 견지되어 왔던 산업사회의 행위양식은 유연사회로 접어들면서 부적절한 것으로 격하된다. 반복적 작업에 몰입하는 근로자, 상사에게 순명하는 사람보다 비판적 판단, 환경 적응력 및 대인 교섭력 등을 지닌 개혁적 인물이 선호되는 까닭이다. 따라서 교육 목표도 빠른 변화에 적응할 수 있는 순발력을 강화하는 쪽으로 이동하여 창의적 사고능력의 연마가 교육 과정에서 중요시된다. 이는 새로운 인재에 대한 사회의 요구를 반영하는 것이어서, 기존 교육 질서에 익숙한 학교와 학부모, 학생들은 새로운 교육 목표에 적응하는 데 어려움을 겪는다. 이러한 교육 목표를 충족시킬 수 있는 학생들이 과연 얼마나 될 수 있는가도 의문시되고 있다.

규격화, 집중화, 동시화, 분업화를 특징으로 하는 산업화 시대에는 기존 질서에 적응할 수 있는 인간형을 주조하는 것이 교육의 주된 목표였다. 따라서 공식적으로는 분화된 지식의 전수를 표방했어도, 숨겨진 교과 과정은 규격화된 인간을 만드는 데 주력해 왔다. 그러나 근로세계의 변화와 더불어 전통적 교육제도는 심각한 해체 위기에 직면해 있다. 좋은 일자리를 가지고 있는 기업의 인재에 대한 요구는 더욱 엄격해지고 있다. 충직한 근로 대신 아이디어 생성능력이 성과 평가의 보다 결정적 기준이 되고 있다. 더구나 제4차 산업혁명의 진전과 더불어 창의성에 대한 요청이 증가해 관행적 노동(routine work)에 종사하는 사람들의 일자리가 주변화되면서, 전래적 교육 내용이나 방식을 전면적으로 개편한 융합교육이나 정보기술을 활용해 융합 학습의 효과를 극대화하고자 하는 역전(逆轉)학습(flipped learning) 등이 성행하고 있다.

② 평생학습체제의 도래

'단수의 인생'에서 '복수의 인생'으로 변모하면서 교육체제가 근본적으로 학교교육중심체제에서 평생학습체제로 전환하고 있다. 교육은 새로운 일자리를 얻기 위해서 인생의 매 국면마다 새롭게 이루어져야 한다. 직업 경로가 다양해지면서 새로운 자격, 전문성을 충족시킬 학습의 필요성이 커지는 것이다. 단순히 노동과의 연관성뿐 아니라 삶의 질을 고양시키기 위해서도 교육은 늘 함께 따라주어야 하는 필수 요소가 되었다. 기능 교육뿐 아니라 교양 교육, 취미 교육의 중요성도 배가된다. 교육에 대한 열망과 요구의 증가는 가계에 교육비 부담을 늘리게 된다. 교육 복지 차원에서 이루어져야 할 평생학습체제의 구축이 지연되면서 사교육에 대한 의존도가 커지기 때문인데, 그것은 개인적 욕구와 사회현실의 괴리를 초래하는 또 다른 요인이 된다.

(3) 일상생활의 변모

유연화는 일상적인 생활세계에서도 큰 변화를 유도하고 있다. 이 변화의 폭과 내용은 상상한 것 이상으로 넓고 깊어 내용의 차원을 넘어선 개념적 차원의 수정을 요구한다(김문조 · 김남옥, 2010).

① 가족생활

가족은 인류사회의 기본적 구성단위로 알려져 왔다. 그러나 유연화와 고령화의 파고는 핵가족이라는 산업 시대의 지배적 가족형태를 뒤흔들어 다양한 유형의 가족을 산출하고 있다. 데이비드 엘킨드(David Elkind)는 근대적 핵가족이 그간 공적 영역과 사적 영역, 혹은 가정과 직장 간의 구분을 엄정히 고수해 왔지만, 앞으로는 이런 경계들이 모호해져서 외적 요구를 수용한 '유연가족'이 성행할 것으로 예측한다(Elkind, 1998). 다른 학자들 역시 가족제도의 위기, 해체, 다양화 등을 다각도로 진단하고 있는데, 공통적 사항은 지난 한 세기 이상 견고한 형태를 견지해 온 가족제도가 유연화 · 고령화의 시대적 흐름에 발맞춰 크게 변화할 것이라는 점이다. 무엇보다 견고했던 결혼의 의미가 바뀌고 있다. 단수의 인생에서 복수의 인생으로의 전환은 결혼 형태와 가족 형태에서도 여실히 드러난다.

과거의 핵가족은 기술사회적 진전과 더불어 여러 세대가 동거하는 확대가족, 재혼 부부와 그 자녀, 그리고 전 혼인 관계에서 출생한 자녀들로 구성된 혼합가족, 비(非)동거가족, 신(新)확대가족 등으로 다채롭게 변모하고 있다. 더구나 인공수정에 의한 출산, 정/난자 기증을 통한 임신, 대리모를 통한 출산, 생물학적 임신능력을 초월한 출산 등 첨단 과학기술을 활용한 가족 형태의 다양화가 촉진되면 우리 의식세계를 지배해 온 전래적 가족관이 전폭적으로 수정될 전망이다.

② 여가생활

주어진 전체 생애주기에서 노동이 차지하는 양적 비중과 여가가 차지하는 양적 비중의 역전 현상도 일어난다. 100년 인생에서 일자리를 갖는 시간의 비중은 30~40%에 불과하게 되고, 일자리를 가질 때도 노동시간에 대한 여가시간의 비중이 높아진다. 여가시간의 연장은 유연화 효과와 함께 여가의 다양화 · 개성화 · 상품화 경향을 촉진시킨다. 따라서 '놀이하는 인간'으로서의 호모 루덴스가 유연화와 함께 전형적 인간형으로 정착되고 있다.

그 결과, 일상생활에서 여가의 의미가 주변에서 중심적 영역으로 이동하게 된다. 여가의 선택폭과 의미의 스펙트럼도 크게 넓어진다. 따라서 여가는 자아실현적 욕구를 충족하는 처소이자 경제적 수익을 획득할 수 있는 문화 산업의 장으로 격상된다. 한쪽에서는 전원적 생활양식부터 새로운 취미생활의 개발에 이르기까지 삶의 의미 찾기와 자아실현을 위한 다양한 노력들이 전개된다. 하지만 다른 쪽에서는 연예활동으로부터 카지노에 이르기까지 여가와 놀이의 상품화를 위한 집요한 노력이 전개된다. 이 과정에서 새로운 프로 놀이집단이 등장해 사회의 우상으로 성장한다. 이전 같으면 게임 중독자로 낙인찍힐 프로 게이머가 청소년층에서 선망의 대상이 되는 새로운 직업으로 각광받고 있으며, 연예나 스포츠를 포함해 놀이와 노동이 혼융되는 영역이 크게 확산되어 고부가가치 시장으로 편입되고 있다.

3) 생애주기별 경계 해체

지구상에 존재하는 생명체 가운데 인간은 자연적 순환질서에 따른 생물학적 생애주기를 극복해 온 유일한 존재로 알려져 있다. 자연의 리듬에 의해 구성되었던 전통사회의 생애주기는 질병에서 벗어나 생명을 연장하거나 산아제한으로 자연적 출산에 도전하는 행위들을 통해 인위적으로 변형되어 왔다. 산업사회에서는 교육, 입직 및 퇴직이라는 주요 활동범주에 따라 생애주기가 재구성되었으나, 그 순서나 단계는 비교적 일관성을 유지해 왔다. 하지만 고령화의 진전과 함께 생물학적 · 사회적 생애주기의 해체가 날로 가속화되고 있다(Castells, 2000). 노동세계의 변화, 가치관의 변화, 라이프스타일의 변화에 고령화 효과까지 중첩됨으로써, 일/놀이, 학습/놀이, 일/학습의 경계가 이완되어 생애주기가 연령분절적 형태에서 연령통합적 형태로 변모하고 있다([그림 2-1] 참조).

따라서 청년기에 공부하고 중년기에 일하며 노후에 쉰다는 전통적 발상이 뿌리째 흔들리고 있다. 대신 세대와 관계없이 일과 교육과 여가가 공존하는 통합적 생애과정 모형이 각광받고 있다. 이러한 통합 모형은 삶의 질과 복지 향상을 위한 정책체계를 새로이 구상할 수 있는 원천을 제공한다.

[그림 2-1] 생애주기별 활동 유형

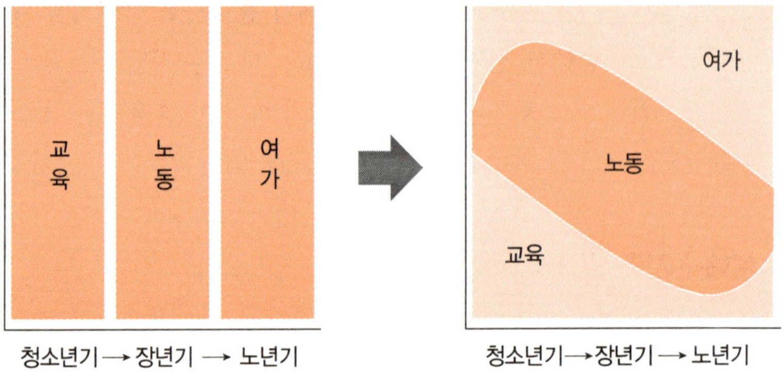

출처 : Riley *et al.*(1994:26) 참조.

4. 불안의 상시화

유연화 사회에서 개인이 근원적으로 마주하는 부정적 상황은 위험이다. 위험은 삶의 지속성과 안정성을 저해하는 위협적 상황을 의미한다. 삶이 풍요로워지고 자아실현에 대한 욕구가 커질수록 위험에 대한 인식과 체감도 높아진다. 물론 기후변화나 핵무기처럼 근대화의 결과로 빚어진 실질적 위험이 울리히 벡(Ulrich Beck)이 말하는 위험사회의 우선적 측면이지만(벡, 1997), 삶의 개인화 · 유연화 · 고령화 등과 연관된 사회적 위험의 증대는 후기 현대의 특징을 보다 여실히 드러낸다. 개인화 시대에 삶의 전략은 대체적으로 공적인 생활에서 후퇴해 사생활의 영역에서 자족적 삶을 영위하는 방법, 그리고 국가와 공공영역이 제공하는 사회적 인프라에 편승하는 전략으로 구분된다. 하지만 그 어느 쪽 방향으로 진전하든 간에 개개인이 마주하는 상황은 결코 녹록지 않다. 강화된 경쟁의 압력 속에 승리한 소수를 제외하면, 다수에게는 자칫 미끄러져 헤어날 수 없는 함정들이 곳곳에 도사리고 있다. 그것은 직업을 잃거나 바꾸어야 할 개연성이 높아지는 데 따른 위험, 오래 살수록 건강에 대한 관심이 높아지는 만큼 건강과 관련해 증대되는 위험 인지의 심화, 교통사고나 자연 재해 등 크고 작은 사고에 직면할 위험성의 증대 등으로 나타난다. 위험은 세계화 그 자체에서도 파생된다. 세계경제가 날줄 씨줄로 얽힐수록 작은 위험이 큰 위험이 될 나비효과가 발현할 소지가 커진다. 즉 세계 차원의 위기와 개인 차원의 위기 간의 호환성이 날로 증대하고 있는 것이다(O'Connor *et al*., 1987; 김성국, 1999).

따라서 환경위기, 경제위기, 선쟁위기, 신종 바이러스위기 혹은 사회적 위기 등 이 시대에는 종류를 불문한 다양한 위기가 상존하며 사회시스템도 위기대응체제를 강화하고 있다. 균형과 안정이 파괴되는 상태를 의미하는 위기는 위험과 공포의 불안을 자극한나. 실존적 불안은 이 같은 위기의 항상성과 밀접히 관련되어 있다. 프로이트식 해석에 의하면 불안은 외적 세계에 대한 지식과 내가 그에 대해 어느 정도 힘이 있는가 하는 느낌에 의해 좌우된다고 말할 수 있다. 삶과 직결된 실존적 위기나 불안은 삶의 안전성과 지속성이 공격받고 이에 저항할 힘이 부족할 때 고조되는바, 그것은 자살 충동부터 정신분열증, 무력증, 거식증, 대인기피, 언어기피, 패배의식, 노이로제, 과잉 스트레스, 편집증, 항상적 분노와 불만 등으로 다양하게 표출된다.

5. 불안의 한국적 특수성

한국 사회의 불안은 증폭하는 추세에 있다. 욕망의 충족 메커니즘이 취약해지고, 사회적 관계들의 안정적 위치가 흔들리며, 자기 성취의 전망이 불투명해지면서 사람들과의 신뢰와 사랑에 기초한 순수한 관계가 희석되거나 변질되는 상황에서 자아 정체성이 흔들려 사회불안이 심화되고 있다. 사회불안은 생애주기에 따라 양상을 달리한다. 10대 청소년기에는 명문대 입학을 위한 학업불안, 20~30대 청장년기에는 번듯한 일자리 및 보금자리를 확보하기 위한 취업불안 및 주거불안, 30~40대 장중년기에는 고용불안이나 승진불안, 40대 이후부터 죽는 날까지의 긴 세월에는 건강문제를 포함한 노후불안으로 이어진다. 따라서 오늘날 한국인의 삶은 생애주기별로 유형을 달리하는 불안의 연속체라고 규정해도 과언이 아니다.

더불어 부모 및 직계자녀로 이루어진 가장 보편적인 형태의 가정을 놓고 생각해 볼 때, 중고교 재학생을 자녀로 둔 중년부부, 거기에 대학생/재수생 자녀까지 딸린 부부의 경우 자신의 직업불안에 자녀들의 학업불안과 취업불안이 중첩된 다중적 불안이 나타나고, 거기에 노부모가 생존한다면 경제적 압박이나 노환으로 인한 또 다른 불안이 추가된다. 따라서 불안은 가족공동체 위기의 내연재인 것이다.

특히 탈(脫)성장 시대에 접어들어 어제보다 나은 오늘, 오늘보다 더 나은 내일이 도래할 것이라는 희망이 불확실성으로 매몰되면서 미래의 삶에 대한 예기적 불안이 가중되고 있다. 여기에 세계 1위를 기록하고 있는 낮은 출산력으로 인한 생산적 인구의 감소, 가족제도나 가족의식의 변화로 인한 양육 기능의 약화, 급진적 고령화에 대비한 복지의 결여로 인한 요인들이 가세되어, 지난날의 '압축적 성장사회'가 '압축적 불안사회'로 변모하고 있다.

팽창하는 불안은 이를 모면하고자 하는 자동적 방어기제로 안주심리 또는 회피심리를 동반한다. 방어적 생활전략을 추구하려는 보신주의(well-being ideology)가 불안심리의 반작용으로 급속히 확산되어 가고 있다(김문조 외, 2013: 13-14). 자기의 삶은 궁극적으로 본인이 책임져야 한다는 개인화 현상의 한국판 버전에 해당하는 보신주의는 불확실성이 더해 가는 생활 현실에서 배태된 안주심리가 현세주의라는 우리의 전통적 관념과 결합된 복합적 심리로 간주할 수 있다. 건강보조제나 건강식품에 관한 과도한 집착, 난립하는 헬스장이나 요양기관, 오염이나 공해에 대한 괴도한 반응들이 우리 사회의 과도한 보신주의를 보여주는 사례들이라고 할 수 있다. 회피심리는 어려운 문제들과 맞서 도선해 보려는 결의보다 상황을 모면하거나 기피하려는 방어적 성향을 대변한다. 결혼이나 출산을 거부하려는 심리부터 노동시장을 떠나 일인 사업에 천착하려는 심리, 나아가 자연인적 삶을 위해 홀연히 도시를 떠나 산중에 칩거하려는 심리 등이 바로 그러한 사례에 속하는데, 무엇보다 혼밥, 혼술, 혼행과 같이 우리 사회에 만연한 솔로지향적 행태에서 그러한 퇴영적(退嬰的) 심향을 여실히 확인할 수 있다.

6. 소결

암 진단을 받은 환자들의 반응은 크게 다음 두 가지로 나뉜다고 한다. 하나는 생명을 위협하는 암을 제거의 대상으로 삼으려는 대결적 자세요, 다른 하나는 체내에 공생하는 암을 다스림의 대상으로 인식하려는 관리적 자세이라는 것이다.

산업화–민주화를 비교적 단시일 내에 달성한 한국 사회는 최근 불안이라는 신종 역병에 시달리고 있다. 이 장에서는 그 근본 원인이 근로영역, 교육체제, 가족생활 및 여가생활 전반에 걸친 제도적 유연화에 있음을 지목한 후, 사회불안의 한국적 특성을 인성적 차원과 구조적 차원으로 나누어 규명하고, 그 후속적 정황과 대응 방안을 타진하였다.

사회적 투명성, 신뢰성 및 공정성이 취약한 한국 사회에서는 유연화로 인한 사회적 불확실성이 사회불안을 거쳐 불만과 분노로 이행될 가능성이 높고 실제적으로도 그런 경우가 빈번하다. 하지만 유연화로 인한 사회적 불확실성의 증가 및 그로 인한 사회불안의 고조 현상은 우리만의 문제가 아니라 세계 전역에 걸친 지구적 차원의 난제임을 상기할 필요성이 있다. 따라서 사회불안의 해소나 척결을 위한 대증적 처방은 적절치 않다고 본다. 대신 사회불안의 진원이 되는 사회적 불확실성을 낮출 수 있는 사회체제의 안정성 확보, 거기에 사회적 신뢰와 공정성 강화를 위한 제도개선 및 의식개혁을 통해 불안을 사회발전적 동력으로 전환시킬 수 있는 쇄신적 조정이 절실한 시점에 있다.

제3장

사회격차: 한국 사회의 양극화

사회적 높낮이를 지칭하는 사회격차가 화합적 삶을 저해하는 부정적 요건이 된다는 견해는 사회사상가들의 주장은 물론이요 사회분석가들의 연구결과에서도 널리 찾아볼 수 있다. 차이는 격차의 모태적 개념에 해당하는 것으로, 차이가 수직적 · 위계적 형태를 취할 때 격차로 지칭된다. 따라서 사회격차는 곧 사회적 불평등과 동격의 개념으로 간주할 수 있는데, 근자에 첨예한 쟁점의 하나로 꼽히고 있는 것이 사회격차의 독특한 형태에 속하는 양극화(polarization)이다.

사회적 유효 자원이나 구성원들의 이원적 편중 현상을 문제시하는 양극화론은 카를 마르크스(Karl Marx)에 의해 제기되고 에두아르트 베른슈타인(Eduard Bernstein)과 카를 카우츠키(Karl Kautsky) 간의 논쟁으로 구체화된 궁핍화 테제(pauperization thesis)로 소급할 수 있는데

(김문조, 2008), 이후 그것은 자본주의 경제체제가 위기 국면을 맞이할 때마다 비판적 담론의 화두로 제기되어 왔다(크루그먼, 2012[2008]; 피케티, 2014).

한국 사회에 양극화 이슈가 돌출하게 된 것은 2006년 1월 18일 노무현 대통령의 신년 연설을 계기로 해서였다(대통령비서실, 2006). 그에 관해 정부, 여권 및 진보적 학자들은 "우리 사회에서 양극화가 급진적으로 진행되고 있어 속히 대처하지 않으면 엄청난 사회적 혼란이나 비용을 치를 것"이라고 적극 동조한 반면, 야권이나 자유경제 옹호자들은 "양극화론은 정부가 주도하는 선동적 포퓰리즘의 일환으로, 현 시점에서 양극화문제를 거론하는 것은 상위계층을 단죄하여 다수 기층민들의 지지를 이끌어 내기 위한 정치적 술수"라고 반박했다.

그 후 우리 사회에서 줄기차게 지속되어 온 양극화 논쟁은 기본적으로 경제적 자원의 불균등한 분포에서 파생한 것이지만, 그 양상은 사회관계에서 의식적 차원으로까지 확장되어 가고 있다. 따라서 이 장에서는 다음과 같은 순서로 한국 사회의 양극화 현황을 검토해 보고자 한다.

- 경제적 양극화
- 공간적 양극화
- 문화적 양극화
- 의식적 분절

1. 경제적 양극화

1) 근로소득

소득 분배의 공평성 여부를 판정하는 지표로 많이 쓰여 온 것들로는 지니계수, 분위배율, 백분위율, 상대적 빈곤율, 빈곤갭 등이 있다. 그 중 지니계수는 양극화 논의 과정에서도 가장 널리 사용되어 왔는데, 그것은 소득의 불균등한 분포, 즉 소득 불평등을 입증하는 증거는 될지언정 소득 양극화 현상을 뒷받침하는 결정적 수치로 간주하기에는 미흡하다고 본다. 이러한 한계를 보완하기 위한 것이 울프슨지수이다. 중산층의 축소 정도를 추정하기 위해 고안된 울프슨지수는 중위소득과 상하계층 소득 간의 차이의 절댓값을 통해 산출하는 지수로서 중산층의 축소를 전제로 한 소득구조의 분절화 경향을 나타내는 수치이다. 그러나 상하계층의 소득 양단화 현상은 분위배율을 통해 보나 직접적으로 관찰할 수 있다. 따라서 이 절에서는 일차적으로 지니계수, 울프슨지수 및 5분위 배율에 의거해 한국 사회의 소득 불평등 및 소득 양극화 추이를 알아본 후, 평균소득 대비 분위별 소득비 및 하위소득 대비 분위별 소득격차비를 추가해 가구별 소득 양극화의 추세를 살펴보고자 한다.

(1) 지니계수, 울프슨지수 및 소득 5분위 배율을 통해 본 소득 불평등 및 소득 양극화 현황

2인 이상 가구를 대상으로 한 통계청 가계동향조사 소득부문 조사자료로 산정한 가구 평균소득, 가구소득에 관한 지니계수, 울프슨지수 및 5분위 배율이 〈표 3-1〉에 연도별로 정리되어 있다.

〈표 3-1〉 가구 평균소득, 중위소득, 지니계수 및 울프슨지수

경상소득	90년	91년	92년	93년	94년	95년	96년	97년	98년	99년	00년	01년	02년	03년	04년
평균소득	876,600	1,068,831	1,252,063	1,350,466	1,534,312	1,745,185	1,947,632	2,061,561	1,851,625	1,911,946	2,059,806	2,263,999	2,438,626	2,497,200	2,652,762
중위소득	765,410	938,849	1,111,731	1,208,042	1,370,817	1,560,146	1,736,124	1,852,654	1,642,070	1,676,671	1,853,244	2,018,168	2,172,462	2,227,510	2,365,661
지니계수	0.303	0.296	0.290	0.290	0.294	0.297	0.301	0.299	0.326	0.330	0.309	0.314	0.314	0.326	0.331
울프슨지수	0.204	0.198	0.201	0.204	0.209	0.211	0.213	0.215	0.235	0.235	0.227	0.229	0.228	0.239	0.245
5분위 배율	3.660	3.534	3.439	3.431	3.513	3.575	3.630	3.609	4.081	4.195	3.810	3.905	3.918	4.136	4.260

경상소득	05년	06년	07년	08년	09년	10년	11년	12년	13년	14년	15년	16년	17년	18년
평균소득	2,770,438	2,889,217	3,039,952	3,177,375	3,177,453	3,329,257	3,487,068	3,683,030	3,788,185	3,892,315	3,944,931	4,015,059	4,045,599	4,219,478
중위소득	2,483,884	2,565,667	2,696,748	2,805,672	2,867,843	3,000,000	3,129,551	3,333,223	3,431,653	3,519,669	3,564,353	3,617,417	3,618,097	3,581,277
지니계수	0.333	0.334	0.335	0.335	0.336	0.331	0.334	0.332	0.332	0.331	0.329	0.334	0.338	0.367
울프슨지수	0.247	0.247	0.245	0.244	0.254	0.243	0.247	0.247	0.248	0.247	0.247	0.250	0.253	0.259
5분위 배율	4.303	4.333	4.346	4.349	4.374	4.271	4.332	4.298	4.297	4.274	4.249	4.338	4.466	5.171

지니계수: 경제위기 이전인 1991~97년에는 전반적으로 0.30 수준을 넘지 않았으나, 외환위기 직후인 1998~99년에 0.32~0.33 수준으로 높아져 환란 이후의 소득 불평등 악화를 수치적으로 확인시켜 준다. 그것은 2000~03년까지 약간 호전되다가 2004년부터는 다시 상승하지만 1929년의 경제 대공황에 버금가는 세계적 수준의 경제적 혼란을 초래한 글로벌 금융위기가 있었던 2007~08년도를 포함한 2017년까지 0.33 수준을 유지해 왔다. 그러나 문재인 정부가 들어선 2018년에 0.367로 크게 증가하였는데, 세계 경제가 전반적으로 양호한 상황에서 우리 소득격차가 이렇게 악화된 점에 대해서는 정책적 오류 등을 소재로 한 여러 논쟁들이 오가고 있다.

울프슨지수: 1990년부터 외환위기 이전까지 근 10여 년간 안정적 추세를 유지하던 울프슨 지수 역시 1997년 말 외환위기를 계기로 급격히 상승한다. 중산층이 감소하고 하위 소득계층의 비중이 증가했기 때문으로 추정되는데, 이 지수는 2000년 이후 약 3년간 개선된 모습을 보이다가 0.254를 기록한 글로벌 경제위기 시기를 제외한 2015년까지 0.24 수준을 유지해 왔다. 이후 0.25 수준에 들어선 울프슨지수는 2015년 이래 지속적으로 상승, 2018년도에는 글로벌 경제위기 시기보다 더 높은 0.259를 기록하면서 양극화를 긴박한 사회적 현안 과제로 부각시키고 있다.

5분위 배율: 분위 배율이란 개인소득을 오름차순으로 정리하고 이를 높낮이에 따라 동일규모의 집단으로 묶고 난 후 집단별 평균소득을 비교한 값을 말하는데, 여기서는 5분위 배율을 채택하고자 한다. 5분위 배율이란 균등화 개인소득 순서에 따라 전체 인구를 5개 그룹으로 나누었을 때 소득이 높은 5분위(최상위 20%)에 해당하는 개인들의 평균소득과 소득이 낮은 1분위(최하위 20%)에 해당하는 사람들의 평균소득 사이의 비율로, 5분위 소득이 1분위 소득의 몇 배인지를 나타내는 수치이다.

종합: 이상 세 가지 지수를 통한 소득 불평등 및 양극화 추세에 대한 이해를 돕기 위해 그 연도별 동향을 [그림 3-1]에 압축적으로 제시하였다. 예상대로 세 가지 지수들 모두 1997~98년 외환위기 직후와 2010년 세계 금융위기 시기에 공통적으로 고조하였는데, 최근의 가장 특기할 만한 현상은 그들이 2018년도에 들어서면서 기록적으로 상승하고 있으며, 그러한 경향은 5분위 배율에서 가장 극심한 양상을 보이고 있다는 점이다.

[그림 3-1] 지니계수, 울프슨지수 및 5분위 배율의 연도별 동향

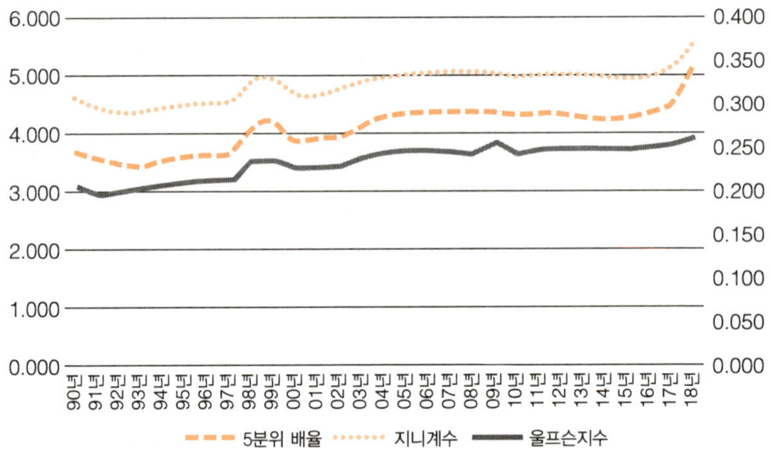

(2) 평균소득 대비 분위별 소득비 및 하위소득 대비 분위별 소득격차비를 통해 본 소득 양극화 추이

평균소득 대비 분위별 소득비: 분위별 상한값은 P**이라고 표시한다. 그리고 두 P** 간의 비율을 백분위율이라고 지칭한다. 백분위율로 소득 불평등을 측정할 때 P50/P10 혹은 P90/P50이 가장 많이 사용되는데, 여기서는 1분위에서 9분위까지의 상한값을 전체 평균 소득으로 나눈 평균소득 대비 분위별 소득비를 산정해 평균소득 대비 분위별 소득의 증가 경향을 연도별로 알아보았다(〈표 3-2〉 참조). 한마디로 상위 분위로 갈수록 분위별 소득비가 올라가는 '빈익빈부익부(貧益貧富益富)' 현상을 판독할 수 있는데, 그러한 추이는 1990년 이후 2018년까지 5년 단위(마지막은 3년)로 나타낸 그림 자료의 기울기를 비교함으로써 알 수 있다([그림 3-2] 참조).

[그림 3-2] 5년 단위의 평균소득 대비 분위별 소득증가비 도표

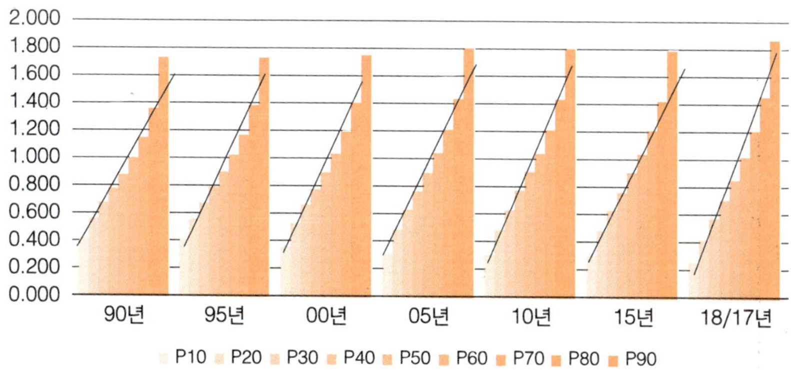

〈표 3-2〉 평균소득 대비 분위별 소득비

경상소득	90년	91년	92년	93년	94년	95년	96년	97년	98년	99년	00년	01년	02년	03년	04년
P10	0.413	0.426	0.431	0.420	0.411	0.401	0.394	0.388	0.327	0.330	0.363	0.358	0.355	0.316	0.312
P20	0.558	0.564	0.571	0.574	0.566	0.563	0.548	0.549	0.510	0.502	0.530	0.517	0.521	0.498	0.488
P30	0.665	0.671	0.679	0.685	0.670	0.674	0.669	0.675	0.642	0.629	0.658	0.647	0.649	0.641	0.629
P40	0.766	0.773	0.784	0.788	0.782	0.783	0.774	0.782	0.763	0.753	0.777	0.766	0.770	0.772	0.757
P50	0.873	0.878	0.888	0.895	0.893	0.894	0.891	0.899	0.887	0.877	0.900	0.891	0.891	0.892	0.892
P60	0.998	0.996	1.011	1.018	1.012	1.018	1.022	1.019	1.026	1.025	1.033	1.031	1.027	1.036	1.035
P70	1.143	1.140	1.158	1.165	1.172	1.165	1.170	1.176	1.192	1.186	1.190	1.191	1.187	1.203	1.205
P80	1.354	1.346	1.358	1.364	1.371	1.372	1.377	1.385	1.410	1.410	1.402	1.410	1.409	1.432	1.438
P90	1.726	1.708	1.688	1.694	1.711	1.721	1.734	1.722	1.773	1.781	1.748	1.752	1.769	1.787	1.799
평균소득	876,600	1,068,831	1,252,063	1,350,466	1,534,312	1,745,185	1,947,632	2,061,561	1,851,625	1,911,946	2,059,806	2,263,999	2,438,626	2,497,200	2,652,762
5년전기 대비 소득 증가율	1.000	1.219	1.171	1.079	1.136	1.137	1.116	1.058	0.898	1.033	1.077	1.099	1.077	1.024	1.062

(계속)

경상 소득	05년	06년	07년	08년	09년	10년	11년	12년	13년	14년	15년	16년	17년	18년
P10	0.307	0.308	0.308	0.309	0.293	0.298	0.290	0.288	0.286	0.290	0.306	0.291	0.293	0.255
P20	0.483	0.480	0.482	0.479	0.472	0.479	0.476	0.473	0.475	0.476	0.479	0.471	0.460	0.416
P30	0.623	0.622	0.622	0.627	0.623	0.634	0.628	0.634	0.639	0.636	0.634	0.624	0.610	0.566
P40	0.758	0.751	0.754	0.749	0.761	0.771	0.770	0.777	0.782	0.771	0.763	0.760	0.744	0.705
P50	0.897	0.888	0.887	0.883	0.903	0.901	0.897	0.905	0.906	0.904	0.904	0.901	0.894	0.849
P60	1.038	1.038	1.027	1.032	1.042	1.040	1.043	1.041	1.049	1.043	1.042	1.045	1.037	1.013
P70	1.206	1.210	1.201	1.204	1.218	1.210	1.205	1.207	1.204	1.206	1.207	1.211	1.213	1.209
P80	1.428	1.445	1.432	1.424	1.433	1.426	1.423	1.418	1.423	1.419	1.419	1.427	1.435	1.455
P90	1.795	1.804	1.806	1.799	1.795	1.798	1.790	1.784	1.799	1.786	1.785	1.779	1.800	1.871
평균소득	2,770,438	2,889,217	3,039,952	3,177,375	3,177,453	3,329,257	3,487,068	3,683,030	3,788,185	3,892,315	3,944,931	4,015,059	4,045,599	4,219,478
5년전기 대비 소득 증가율	1.044	1.043	1.052	1.045	1.000	1.048	1.047	1.056	1.029	1.027	1.014	1.018	1.008	1.043

즉, 최소자승법 원리에 의거해 상기 분위별 소득증가비의 꼭짓점들을 연결한 직선의 기울기를 산정해 소득증가비의 분위별 차이의 증가 경향을 추정한 수치를 〈표 3-3〉으로 집약해 보면, 2015년 단 한 해를 제외하고는 소득증가비율의 분위별 차이가 지속적으로 상승해 왔다는 사실을 확인할 수 있다([그림 3-2]의 직선 기울기 참조).

〈표 3-3〉 최소자승법 원리에 의거해 분위별 소득증가비의 꼭짓점들을 연결한 직선의 방정식

연도	선형추세 산출
1990	$y = 0.1471x + 0.2087$
1995	$y = 0.1487x + 0.2111$
2000	$y = 0.1579x + 0.1659$
2005	$y = 0.1706x + 0.0954$
2010	$y = 0.1710x + 0.0959$
2015	$y = 0.1693x + 0.1019$
2018	$y = 0.1863x - 0.0050$

하위소득 대비 분위별 소득격차비: 상기 경향을 보다 명시적으로 파악해 보자는 견지에서 '소득경사도'에 해당하는 1990년 이후 하위소득 대비 분위별 소득격차비를 5년 단위(마지막은 2015~2018년의 3년)로 산정하고 이를 그림으로 표현하였다(〈표 3-4〉 및 [그림 3-3] 참조).

기회구조의 불평등 현상이나 상향이동의 가능성을 논의할 때 자주 쓰이는 표현의 하나가 '기울어진 운동장'이다. 그런데 하위소득 대비 분위별 소득격차비의 시기별 추세를 나타낸 [그림 3-3]은 기울어진 모습은 물론이되, 기울기가 일정한 판상형 운동장이 아니라 보자기 같

〈표 3-4〉 하위소득 대비 분위별 소득격차비의 연도별 추이

경상 소득	90년	95년	00년	05년	10년	15년	18/17년
P10	0.000	0.000	0.000	0.000	0.000	0.000	0.000
P20	0.145	0.162	0.167	0.176	0.181	0.172	0.161
P30	0.252	0.273	0.295	0.317	0.335	0.328	0.311
P40	0.353	0.382	0.414	0.451	0.472	0.457	0.451
P50	0.460	0.493	0.537	0.590	0.603	0.597	0.594
P60	0.585	0.617	0.670	0.731	0.742	0.736	0.758
P70	0.729	0.764	0.827	0.899	0.912	0.901	0.954
P80	0.941	0.971	1.039	1.121	1.127	1.113	1.200
P90	1.313	1.319	1.385	1.488	1.499	1.478	1.616

이 흰 구릉의 형태를 취하고 있음을 현시한다. 시간 단위를 4가지 범주로 묶어 그 양상을 스키장에 비유해 설명하자면, 1990~97년 외환위기 이전까지는 가장 완만한 기초 코스인 'Green Zone', 환란 이후 2008년 글로벌 금융위기 때까지의 10년간은 중급 코스에 속하는 'Blue Zone', 그 이후 7~8년간은 상급 코스인 'Black Zone', 그리고 경제난이 가중되고 있는 2017년 이후는 경사도가 가장 가파른 최상급 코스에 해당하는 'Double Black Zone'에 비견할 만하다. 소득격차가 해가 갈수록 벌어져 점차 극복 불가한 상황에 이르고 있음을 시각적으로 알려주는 증거라고 여겨진다.

[그림 3-3] 하위소득 대비 분위별 소득격차비의 연도별 추이에 관한 3차원 그래프

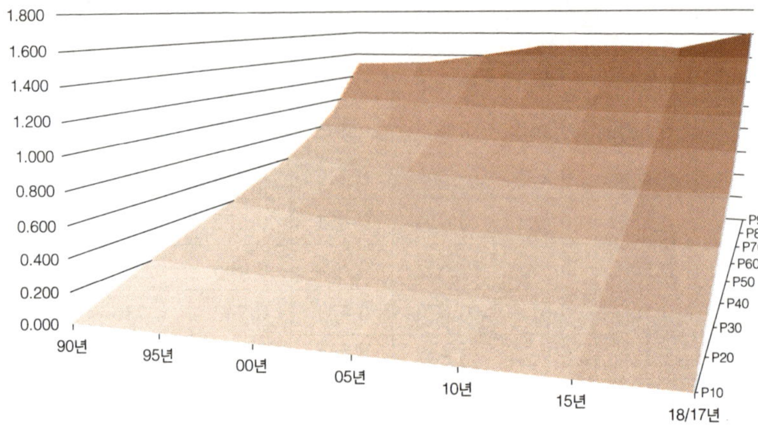

(3) 중산층 비율에 기초한 계층구조의 변화 추세

여기서의 궁극적 논점이 양극화 현상을 규명하는 것이므로, 근로소득 격차에 관한 최종적 단계로 중산층 비율의 축소를 통한 계층구조의 변화상을 식별해 보고자 한다. 여러 방법이 있지만 가장 간단한 방식으로 중위소득 50 이하, 50~150 사이, 150 이상을 각기 하층, 중산층 및 상층으로 구분한 후, 중산층의 구성비가 어떻게 변모해 왔는가를 관찰한 결과, 1990년대를 통틀어 60%를 상회하던 중산층 구성비가 2005년도에 59%로 하락하여 10여 년간 같은 수치를 유지하다가 2018년도에는 50%대 초반으로 축소되었음이 밝혀졌다. 여전히 다이아몬드형 계층구조를 유지하고 있지만, 중간폭이 차츰 홀쭉해지는 경향이 역력하다(〈표 3-5〉 참조).

〈표 3-5〉 경상소득을 기준으로 한 중산층 추정비

(단위: %)

중산층 추정(중위소득 50~150)							
경상소득	90년	95년	00년	05년	10년	15년	18년
하층	12	12	14	17	18	18	20
중산층	67	67	63	59	59	59	52
상층	21	21	22	24	23	23	27

2) 근로외적 소득

다음에는 통계청 가계동향조사 자료를 활용해 소득 지니계수를 소득원천별로 구분해 알아본 결과, 경상소득에 대한 지니계수 0.3 수준을 훨씬 상회하는 높은 수치들을 확인할 수 있다. 즉, 급여소득에 상여금을 포함한 근로소득의 경우 0.5 수순, 이자 배당, 연금 및 기타 재산소득을 합한 재산소득의 경우는 0.9에 육박하는 수준에 달하고 있음이 밝혀졌다(〈표 3-6〉 참조). 이로부터 금융소득, 부동산소득 및 기타 소득과 같은 비근로소득의 격차가 근로소득의 격차에 비해 한국 사회의 양극화에 보다 결정적으로 작용해 왔음을 간파할 수 있다. 그런 현상은 근로소득의 증가율보다 땅값, 주가 혹은 서울 아파트값과 같은 자산가격의 증가율이 훨씬 높았기 때문으로 풀이된다. 요컨대, 외환위기 이후 근로소득 증가율은 구조조정 등으로 완만한 상승세를 보여온 반면, 경기활성화를 위한 부동산 경기 촉진책이나 주가 부양책 등으로 자산소득이 이례적으로 급등함으로써 '불로소득'으로 인한 계층 간 편차가 극도로 확대되어 왔다([그림 3-4] 참조).

〈표 3-6〉 통계청 가계동향조사로 산출한 소득원천별 지니계수

연도	1990	1995	2000	2005	2010	2015	2018
N	22,744	28,316	21,846	32,139	26,998	22,552	14,255
경상소득							
지니계수	0.303	0.297	0.309	0.333	0.331	0.329	0.367
평균소득액	876,600	1,745,185	2,059,806	2,770,438	3,329,257	3,944,931	4,219,478
표준편차	535,217	1,021,792	1,226,220	1,807,809	2,123,684	2,520,099	3,141,953
근로소득*							
지니계수	0.496	0.495	0.525	0.528	0.521	0.522	0.558
평균소득액	553,164	1,090,797	1,271,091	1,808,822	2,216,877	2,602,771	2,744,573
표준편차	526,716	1,018,528	1,284,492	1,843,403	2,219,490	2,614,072	3,107,386
사업소득**							
지니계수	0.742	0.731	0.709	0.745	0.771	0.785	0.793
평균소득액	263,840	534,297	589,166	695,614	750,954	828,994	832,840
표준편차	414,436	915,262	933,077	1,267,300	1,437,670	1,710,588	1,879,718
재산소득***							
지니계수	0.894	0.896	0.894	0.896	0.896	0.896	0.896
평균소득액	9,186	20,456	30,498	16,589	14,664	22,661	21,991
표준편차	58,380	131,943	175,824	141,527	141,292	178,192	162,543
이전소득****							
지니계수	0.872	0.868	0.813	0.779	0.764	0.730	0.654
평균소득액	50,410	99,634	169,051	249,413	346,760	490,506	620,374
표준편차	179,886	355,690	422,810	566,196	743,392	910,828	929,242

주: * 근로소득 = 급여소득 + 상여금
** 사업소득 = 자영업자 영업이익 + 기타 사업소득 + 주택 및 건물 임대소득
*** 재산소득 = 이자소득 + 배당소득 + 개인(퇴직)연금소득 + 기타 재산소득
**** 이전소득 = 공적연금 + 기초연금 + 사회수혜금 + 연말정산환급금 + 사회적 현물이전 + 사적 이전소득

[그림 3-4] IMF 이후 근로소득과 자산가격의 증가율 비교

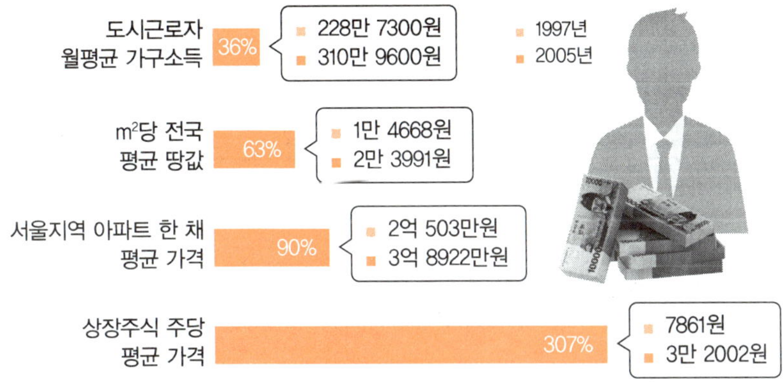

출처 : 한겨레신문, 2005.9.19., 통계청, 건설교통부, 부동산뱅크, 증권거래소 자료 사용

또 근로소득 지니계수 산정에서와 유사한 방식으로 로렌츠 곡선을 이용한 부동산 불평등 지니계수를 산정한 연구 결과를 살펴보면, 2005년의 근로소득 지니계수는 전국 가구 기준 0.348, 도시근로자 가구 기준 0.310이었음에 반해 2005년 9월 행자부 발표 토지보유현황에 나타난 토지-주택 합산 빈부격차는 가격 기준으로 0.940에 달한 것으로 드러났다(〈표 3-7〉 참조). 이로부터 우리는 소득격차에 비해 자산격차에 의한 경제 양극화 효과가 극심하다는 사실을 재확인할 수 있는데, 한국 사회의 경제적 불평등을 심화시키는 요인이 근로소득보다 비근로소득 쪽으로 전환되고 있음을 경험적으로 검증한 정치한 연구들이 최근 속출하고 있다. 그 주도자의 한 사람인 김낙년은 "한국의 소득집중도: 업데이트, 1933~2016"이라는 논문에서 2008년 세계 금융위기를 전후해 근로소득의 불평등도가 안정세로 접어들었으나, 이자 · 배당소득과 영업 잉여 · 임대료 등 주로 금융자산이나 부동산 보유에

〈표 3-7〉 부동산 불평등 지니계수

소득		토지			주택	토지 · 주택합산
전국 가구	도시근로자 가구	면적	가격 ①	가격 ②	가격	가격
0.348	0.310	0.806	0.747	0.92	0.96	0.94

주 : 1) 소득은 통계청 2005년 가계수지 동향

2) 토지 중 면적 · 가격①은 행자부(2005.8.)의 '개인별 · 세대별 토지보유 현황'을 분석한 김유선(2005)의 "토지소유 불평등과 불로소득", 토지 중 가격②와 주택, 토지 · 주택합산은 2004년 부과 재산세 및 종토세 과표로 지니계수를 산출한 대통령자문 빈부격차 · 차별시정위원회(2005)의 『양극화 해결을 위한 '동반성장'전략 개발』 참조.

의해 발생하는 비근로소득의 격차가 심화되고 있음을 밝혔다(김낙년, 2018). 소득 상위 0.1%가 2007년 근로소득에서 차지하는 비중은 2.168%에서 1.982%로 낮아진 반면 전체 소득(근로소득 + 비근로소득)에서 차지하는 비중은 3.996%에서 4.294%로 오히려 높아졌으며, 상위 1%와 상위 10%의 소득집중도 역시 같은 방향으로 움직였다는 것이다. 요컨대, 소득 불평등이 급등한 1990~2000년대까지만 해도 근로소득의 격차가 전체 소득 불평등을 주도했지만, 세계 금융위기를 치른 2010년대 이후부터는 소득 불평등이 근로소득보다는 금융자산에서 나오는 이자 및 배당, 부동산 임대료, 영업이익 등 비근로소득 격차에서 크게 발생한다는 것이다. 그는 "비교적 명확한 근로소득과 달리 비근로소득은 다양하게 구성되어 있어 어떤 요인으로 비근로소득의 격차가 확대되고 있는지를 밝히기 위해서는 보다 정치한 분석이 필요하다."고 덧붙였지만, 그의 기본 논지는 소득 불평등에 끼치는 비근로소득의 막강한 영향력이 '$r>g$'라는 간결한 부등식, 요컨대 자본의 총액과 이로부터 얻는 이윤, 배당금, 이자, 임대료 등의 비율을 뜻하는 자본수익률 *r*(return of capital)이 인구증가나 기술발전을 주축으로 한 경제성장률 *g*(growth rate)보다 보편적으로 높다는 토마 피케티(Thomas Piketty)의 주장과 흡사하다(피케티, 2014).

30여 명에 달하는 공동연구자들과 더불어 방대한 통계자료에 근거해 300여 년에 이르는 긴 자본주의의 역사를 분석한 피케티의 학술적 성과에 관해서는 찬사에서 혹평에 이르는 다양한 반응이 뒤따르고 있다. 통계자료의 신빙성이나 자료해석의 문제점은 논외로 하더라도, 보수적 경제학 진영에서는 무엇보다 $r>g$라는 피케티 이론의 기본 논제에 관해 혹독한 비판을 제기한다(디턴, 2015). 그러나 피케티는 1940년과 1980년 사이에 미국이나 유럽 선진국에서 소득불평등이 크게 완화되었음을 인정하되, 이러한 추세는 긴 자본주의 역사의 예외적 국면에 불과하다고 반박한다. 전쟁이 건물 등 수많은 자본을 물리적으로 파괴했을 뿐 아니라 대공황으로 인한 기업의 도산과 주가의 하락이 자본의 총량을 크게 줄여 자본소득에의 의존이 큰 상위계층의 부를 한동안 축소시켰지만, 1980년대부터 불평등은 다시 확대돼 1차대전 이전 상황으로 근접하고 있다고 진단한다. 수십 년 동안 전쟁의 피해가 복구되면서 자본의 총량이 늘었고 누진세의 최고세율이 하락하면서 자본추구의 동기가 강화돼 자본소득을 증가시켰고, 고속성장을 끝낸 선진국을 중심으로 경제성장률이 둔화됨에 따라 $r>g$의 경향이 강화됐으며, 인구 증가세가 주춤하면서 높은 자본수익률에 따라 자본총량도 늘어갔고 늘어난 자본은 더 큰 자본을 모아 불평등이 확대되는 양상을 보이고 있다는 것이다(Boushey *et al.*, 2017).

2. 공간적 양극화

집이나 아파트 투자에 관한 정보나 기사들이 연일 각종 미디어를 장식하고 있다. 이에 따라 주택 소유자와 비소유자는 전세금이나 월세의 책정에서 주택건설 정책에 이르는 다양한 소재를 두고 견해를 달리해 왔는데, 한국 사회에서는 생활환경이나 생활양식의 격차를 야기하는 주거공간의 점유 현황이 거주지 분할은 물론이요 학군을 매개로 한 교육공간의 분할을 초래함으로써, 경제적 양극화를 사회적 양극화로 전환시키는 핵심적 연결고리로 작용해 왔다.

1) 거주지 양극화

공간적 양극화는 사회경제적 양극화의 지리적 결과로서, 그것을 가장 잘 표상하는 것이 거주지 분리(residential segregation) 현상이다. 거주지 분리는 같은 부류에 속하는 사람들이 관계, 편이성 혹은 취향 등을 이유로 서로 이웃해 살면서 경제적 자산을 지키고, 라이프스타일을 공유하며, 자녀에게 유익한 교육기회를 확보하여 사회경제적 지위를 유지하거나 다음 세대로 전승하는 데 큰 역할을 담당해 온 것으로 알려져 있다.

우리 사회에서도 거주지를 중심으로 한 공간적 분화 현상을 도시와 농촌, 개발지역과 저개발지역 혹은 교통망 개설이나 인프라 건설 등과 더불어 관망할 수 있는데, 그것이 양극화라는 형태로 표출하는 경우는 전국적 차원에서보다 서울지역에서 더 확실히 감지할 수 있다. 하영주 · 이원호(2013)는 서울시 자치구별 아파트 매매가 및 해당 지역 주민들의 가계소득을 조사한 결과, 이른바 '강남3구'라는 강남, 서초, 송

[그림 3-5] 서울시 자치구별 아파트 매매가 및 평균 가계소득

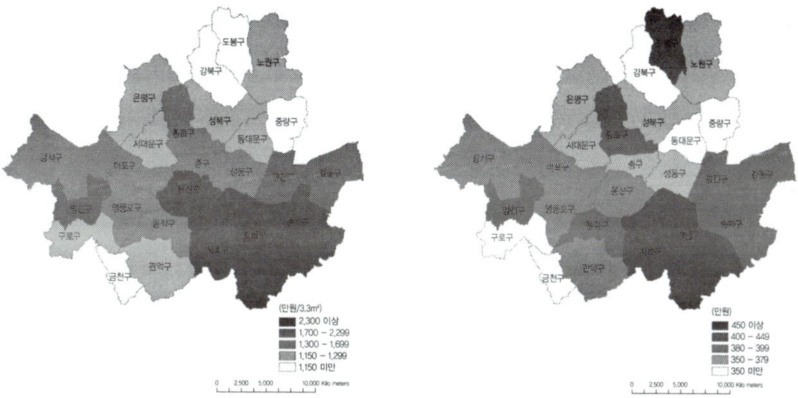

(a) 아파트 평균 매매가(2011.10.) (b) 평균 가계소득(2010.)

파구 및 그에 인접한 용산구가 아파트 가격이나 가계소득이 상대적으로 높음을 밝혔다([그림 3-5] 참조).

한편, 징수열은 1997년 경제위기 이후 심화된 사회경제적 양극화가 서울 시내의 거주지 분리에 미친 영향을 2000년 및 2010년 두 시기로 나누어 분석하였는데, 그가 역점을 둔 부분은 교육 수준이었다. 한국과 같이 학력을 중히 여기는 사회에서는 개인의 학력이 직업활동의 수준이나 질을 좌우하는 결정적 요인이라고 판단했기 때문이다. 분석 결과를 도표로 제시하면 다음의 [그림 3-6] 및 [그림 3-7]과 같다.

2010년의 저학력층 군집지는 종로구, 중구, 용산구, 동대문구 등 구도심과 구로구, 금천구, 중랑구, 강북구, 성동구, 성북구 등이었던 반면, 고학력자들은 강남구, 서초구, 송파구의 강남3구, 그리고 양천구, 용산구, 영등포구의 고급주택가나 대단위 고급아파트 지역에 군집하고 있음이 밝혀졌다. 그뿐만 아니라, 이들 군집지는 추후 누적 발달하

[그림 3-6] 서울시 자치구별 학력별 군집 현황(2000년)

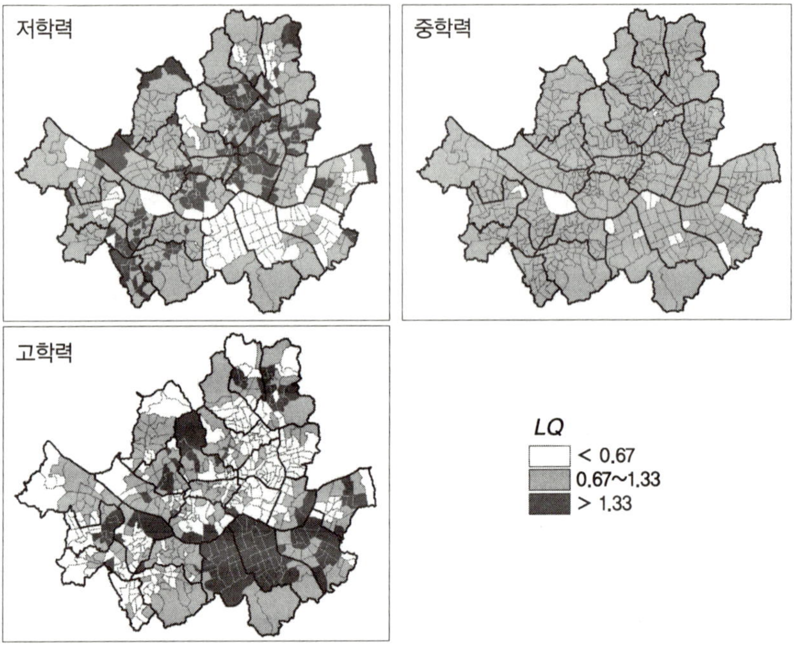

는 모습을 보였다. 특히 고학력층의 군집지는 2000년에는 은하수처럼 다핵화되어 있었으나 2010년에 이르러 강변을 따라 누적 발달해 거대 군락을 형성하고 있음이 드러났다. 또 저학력층과 고학력층의 집중·군집지가 중첩하지 않고 거울이미지를 보여 거주지 분리의 정도도 높음을 확인할 수 있어, 학력 변인을 매개로 한 공간적 양극화가 서울지역 강남북에서 시현되고 있음이 입증되고 있다(정수열, 2015).

[그림 3-7] 서울시 자치구별 학력별 군집 현황(2010년)

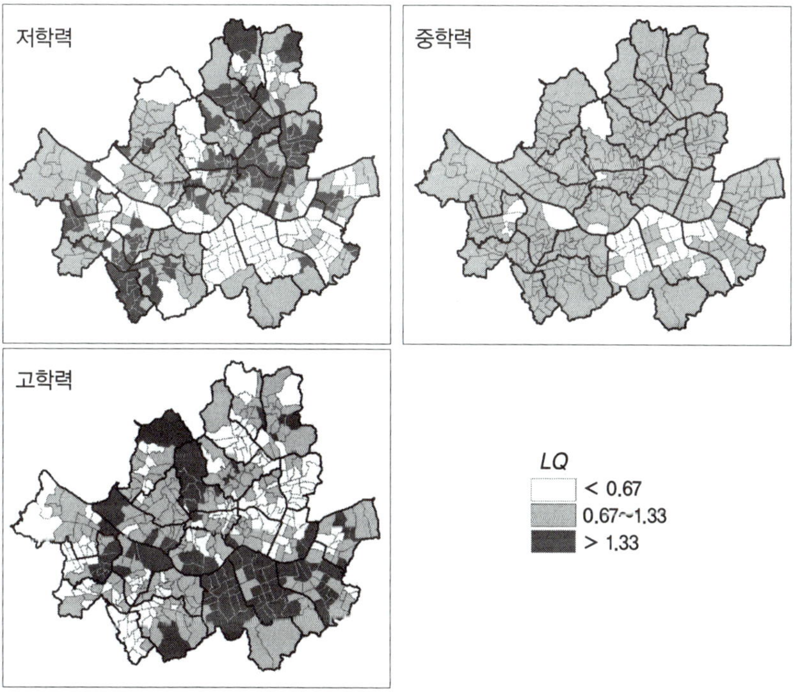

2) (자녀)교육공간의 차등화

하영주 · 이원호(2013)는 공적 · 사적 교육환경의 사회공간적 격차를 검증하기 위해 서울시 25개 자치구에 대한 교육재정지원 현황과 사설 학원 수를 분석한 결과, 교육재정지원은 강남구, 서초구, 용산구가, 사설학원 수는 강남구, 서초구, 송파구 및 양천구가 높음을 확인하였다([그림 3-8] 참조).

[그림 3-8] 서울시 자치구별 교육인프라 현황

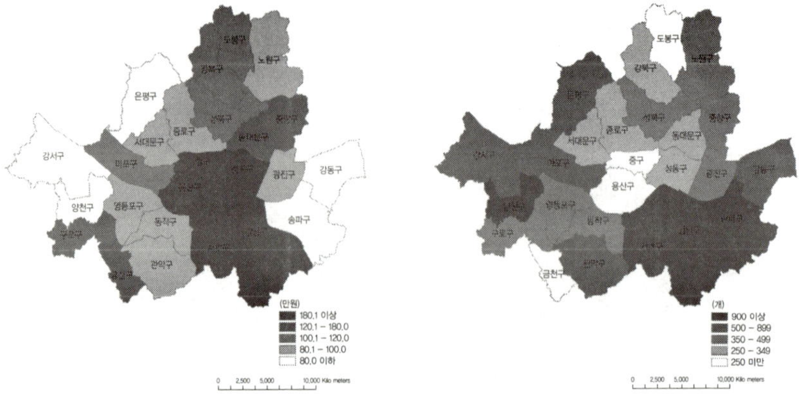

(a) 서울시 자치구별 교육재정지원 현황(2010)　　(b) 서울시 자치구별 사설학원 수(2010)

지역별 격차와 관련된 교육성과의 지표로는 수능점수가 대학진학률보다 자주 꼽히곤 한다. 〈표 3-8〉은 2010년 서울시 25개 자치구별 수능점수를 기준으로 상위 5개 구(강남구, 서초구, 양천구, 송파구, 노원구)와 하위 5개 구(중랑구, 성북구, 영등포구, 구로구, 금천구)의 지역 교육환경을 비교한 표이다. 일반계 고등학교의 학생 수, 교육재정지원 현황, 사설학원 수의 평균치를 비교한 결과, 수능점수 상위 5개 구와 하위 5개 구의 1인당 교육재정지원과 사설학원 수의 평균이 큰 차이가 드러나는 것으로 확인되었다. 또 자녀의 수능점수와 아파트 매매가격 및 가계 소득과의 상관관계를 산정해 본 결과, 이들 삼자는 0.01 수준에서 유의미한 관계를 지니고 있음이 밝혀져, 자녀의 학력이 부모의 경제력이나 주거지의 공간적 수준과 크게 연관되어 있음을 입증할 수 있다(〈표 3-9〉 참조).

〈표 3-8〉 서울시 자치구별 수능점수와 교육환경 비교(2010)

구분		수능점수평균[a] (점)	일반계고[b] 졸업자(명)	1인당 교육재정 지원[c](만 원)	사설학원 수[b] (개)
수능 점수 상위 5개 구	강남구	323	8,211	299.4	1,834
	서초구	319	4,858	187.1	933
	양천구	308.3	6,015	52.8	958
	송파구	304.7	7,513	54.1	1,180
	노원구	303	8,283	82.4	393
평균		311.6	6,976	135.1	1,059
수능 점수 하위 5개 구	중랑구	284.4	3,505	162.4	366
	성북구	282.9	3,945	112.3	460
	영등포구	281.5	3,611	86.0	458
	구로구	279.9	2,910	143.6	410
	금천구	272.4	2,323	121.7	233
평균		280.2	3,258	125.1	385
서울시 평균		294.3	4,068	129.5	526

주 : 수능점수는 언어 + 외국어 + 수리나 합계 평균점, 재학생 기준임.
출처 : a) 진학사 자료, b) 서울교육통계연보, c) 학교알리미 자료.

〈표 3-9〉 서울시 자치구별 수능점수–아파트 매매가–소득의 상관관계

		수능점수	아파트 매매가격	소득
수능점수	상관계수	–	0.572**	0.585**
	유의확률	–	0.002	0.002
아파트 매매가격	상관계수	0.572**	–	0.628**
	유의확률	0.002	–	0.001
소득	상관계수	0.585**	0.628**	–
	유의확률	0.002	0.001	–

주 : ** 유의수준(양쪽) 0.01

이상과 같은 여러 증거와 경향들을 종합해 볼 때, 경제적 양극화가 사회적 양극화로 외연되는 양상은 주거지 분화로 인한 지역별 격차에 교육공간의 양극화가 전가되는 중층적 과정으로 특징지을 수 있다고 본다. 주거지 양극화와 교육공간의 양극화는 상호 무관한 별개의 현상이 아니라 명문학원의 분포와 학군제라는 한국 사회 특유의 교육현실 및 교육정책과 유기적으로 연관된 문제인 것이다. 한국 사회의 교육 격차는 공간적 분화와 더불어 시간적으로도 확장되고 있다는 점에서 심각성은 더하다. 즉, 지역별 학력 격차가 세대적으로 전승되어 사회 경제적 양극화의 재생산에 결정적으로 기여하고 있다.

3. 문화적 양극화

거주지를 중심으로 한 생활공간의 분리는 소비생활을 주축으로 한 라이프스타일의 분화를 통해 사회적 위계질서를 공고화한다. 이 점은 생활기회(life chance)와 생활양식(lifestyle)의 상호관계에 대한 일련의 논의를 통해서도 유추 가능하나, 정보적 발전양식(informational mode of development)으로 인한 문화공간의 재구성론에 의해 보다 논리적으로 해명 가능하다. 1980년대 이후 기술경제적인 도시 사회구조의 전환을 고찰한 마누엘 카스텔(Manuel Castells)은 그러한 도시의 모습을 '이중도시(dual city)'로 명명하였다. 기술과 경제의 재구조화에 의한 노동력 분절화는 사회공간적 분화 현상으로 구현되는데, 이중도시화 현상이 바로 그 직접적 결과에 해당한다는 것이다.

카스텔에 따르면, 기술경제의 급진적 발전에 의한 직업구조의 전환은 임금 및 소득에도 심대한 결과를 초래하는데, 이 과정에서 고임금의 직종들보다 저임금 직종들이 보다 급속히 팽창함으로써, 증가하는 하위계급과 소정의 전문관리직 종사자들이 같은 공간에 공존하는 이중도시가 형성된다는 것이다. 그들은 동일한 공간을 공유하되 상이한 사회경제적 지위나 생활양식을 향유하는 이질적 존재들로서(카스텔, 2001), 서로 삶을 달리하고 생각을 달리하며 행위도 달리하는 '문화적 타자들(cultural others)'로 규정할 수 있다.

이러한 이중도시의 모습은 우리에게 결코 생소하지 않다. 경제적 · 문화적으로 차등화되어 가는 강남북이 상호 배타적 생활세계로 분할되어 가는 거대도시 서울의 모습이 바로 그 점을 대변한다. 문자적으로 강남은 '한강 이남'을 통칭하나 실제적으로 영등포구, 관악구, 강동구 등지를 제외한 '반포-서초-압구정-신사-청담-대치동-잠실 일부' 지구만을 지칭하는 한정적 용법으로 사용되는데, 지리적 공간 배열을 넘어선 이러한 기호학적 구별짓기는 해당 지역 내에서 통용되고 선호되는 문화적 관습이나 취향에 의해 공고화되어 왔다고 말할 수 있다. 이렇듯, 주거 및 교육 환경을 중심으로 한 생활세계의 이질화 현상이 소득을 중심으로 한 경제 불평등을 사회 불평등 일반으로 확장시키는 데 결정적으로 기여해 왔음이 분명하다.

더구나 IMF 외환위기를 계기로 단행된 경제체제의 재편은 경제활동의 영역을 넘어선 가족생활, 근린생활 및 여가생활 등과 같은 경제외적 활동영역에서도 새로운 삶의 방식을 추동해 왔는데, 이때 신자유주의, 다국적 기업, 지구문화의 확산 등으로 다양한 상품들이 쏟아져 나오면서 소비행위를 중심으로 한 라이프스타일의 분화를 촉진하게 된다.

오늘날 소비시장에서는 명망가나 인기 연예인과 같이 소비권력을 독점한 소비명사가 막강한 위력을 발휘한다. 그뿐만 아니라 소비명사의 영향력에 비례해 소비다중의 모방적 소비심리가 고조되게 된다. 상류층에 대한 일체화 욕구의 일환인 명품중독 현상은 바로 필수품과 사치품의 경계를 무화시키는 대중적 소비행태의 전형으로, 문화경제학자들은 이러한 소비다중의 비합리적 소비행태를 도덕, 갈망, 시기심, 수치감, 권리의식 등이 혼재된 문화적 선택의 소산으로 설명한다(Douglas and Isherwood, 1978). 따라서 소비권력이 결여된 상황에서 명품, 짝퉁, 모조품 구매에 탐닉하는 소비다중은 외형상으로는 소비명사들과 동질적 소비패턴을 향유한다고 강변할는지 모르나, 실질적으로는 무분별한 허위의식에 의해 상향이동의 의지가 박탈된 하류사회에 매몰될 개연성이 크다(후지이 겐키, 2006).

4. 의식적 단절

이상과 같은 일련의 논의는 한국 사회의 계층구조가 점진적으로 종전의 다이아몬드형을 벗어나 20:80의 눈사람형을 지향한다는 중산층 침하론으로 연결된다. 눈사람형 사회로의 이행은 기본적으로 다음 두 가지 함의를 내포한다. 첫째는 사회적 위계구조가 이원화되어 간다는 점이요, 다른 하나는 계층 간 이질성이 심화된다는 점이다. 즉, 1997년 환란 이후 학계 내외에서 거론되어 온 중산층 붕괴 논지는 계층구조의 이원화 및 단절화로 특징지을 수 있는 양극화 논제로 귀착되는 것으로, 이는 곧 저간의 고도 성장기를 특징짓던 '노동력 고급화 추세'가 약화되는 대신 대량 실업, 고용 불안정, 자산가치의 하락 등으로 인한 중산층 침하 현상이 계층 질서의 새로운 대세로 자리잡아 가고 있음을 암시한다. 요컨대, '신(新)부르주아지화'라고 지칭할 수 있는 '고급 지식근로자층의 형성'에 '신(新)프롤레타리아화'로 규정할 수 있는 대규모 '중산층 침하' 현상이 중첩적으로 전개되고 있는 최근 한국 사회는 최상층 및 신진 지식근로자층이 형성하는 소수의 상층과 범용 근로자층 및 빈곤층을 망라하는 다수의 하층으로 분할되어 가는 눈사람형 사회를 지향하는 것으로 판단된다.

이러한 진단은 학계보다는 언론 미디어에서 발빠르게 제기해 왔다. 예컨대, KBS 1TV에서는 〈한국 사회를 말한다: "위기의 중산층, 나는 불안하다"〉라는 프로그램에서 동 방송문화연구소가 2003년 11월에 20대 이상 성인 1천여 명을 대상으로 한 '생활수준 인식' 여론조사 결과를 발표했는데, 6년 전 자신이 중산층이라고 말했던 사람들 가운데 1/3 정도가 하류층으로 전락했다는 보도, 또 현재 생활의 안정성을 묻는 질문에는 43%에 달하는 다수가 '불안정하다'고 생각하고 있다는 충격적 보도를 방영하였다(KBS, 2003). 중앙일보 역시 '신(新)빈곤층의 형성'을 주제로 한 일련의 기획 기사에서 IMF 사태 이후 한국 경제가 외환위기의 충격에서 벗어나고 있다는 관변의 속단에도 불구하고 고용축소, 취업불안 및 자산디플레이션 등으로 사회적 안정의 버팀목인 중산층 및 저소득층의 소득비중이 지속적으로 하락하고 전문직 고소득층의 소득비중이 뚜렷이 증가함으로써 사회 불평등 구조가 날로 심화되고 있음을 지적한 바 있다(중앙일보, 2003).

그러한 경향은 IMF 외환위기 이후 한국인의 사회이동 가능성에 대한 태도가 꾸준히 감퇴되어 왔다는 최근의 통계청 조사 결과를 통해 여실히 입증된다([그림 3-9] 참조).

[그림 3-9] 사회이동 가능성에 대한 인식

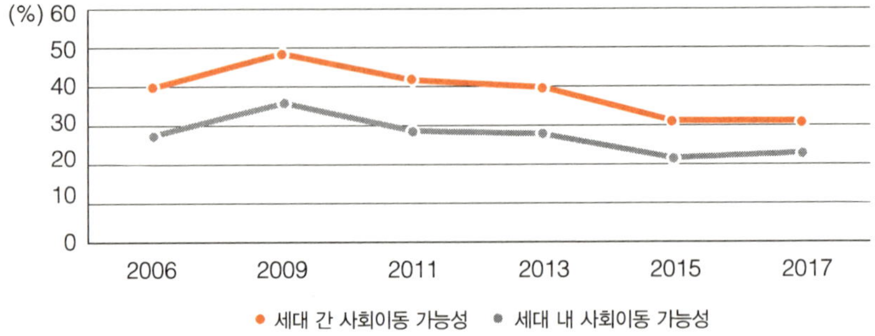

출처 : 통계청, 「사회조사」 각 연도

최근 조사자료를 분석한 결과는 보다 비관적이다. 1989년 갤럽 조사에서는 국민의 75%가 자신을 중산층으로 일체화했었다. 그러나 조선일보사가 올해 1월 초 SM C&C 틸리언 프로(Tillion Pro)에 의뢰해 20~60대 남녀 5,037명에 대해 실시한 설문조사 결과를 보면, “당신은 고소득층 · 중산층 · 저소득층 가운데 어느 계층에 속해 있습니까?”라는 물음에 대해 48.9%가 ‘저소득층’이라고 답하여 ‘중산층’(48.7%)이라고 응답한 사람의 비율을 근소한 차이로 앞지르기 시작했다. 우리 사회를 지탱해 온 중산층이 중심에서 밀려나고 있다는 사실을 반증하는 충격적 증거인 셈이다(조선일보, 2019).

그러면 두터운 중산층이 엄존하던 지난날과 20:80 사회를 지향하는 현 시점은 계급의식의 측면에서 어떻게 변별될 수 있을 것인가? 안전판 이론(safety valve theory)에서 첨예한 계급갈등의 완충자로 자리매김되고 있는 중간층은 상류층의 허위 이데올로기와 하류층의 저항 이데올로기의 중간 입장에 해당하는 간질적 계급이데올로기(interstitial class ideology)를 소지한 존재로 이해되곤 했다. 성장시대의 한국 사회에서 최대 70% 이상에 육박하던 중산층은 의식적 차원에 관한 한 낙관적 미래관과 높은 사회적 성취 동기를 내장한 부류였다는 점에서 상류층 성원들과 다를 바 없다고 본다. 따라서 IMF 환란 이전의 고도성장기에 한국 사회의 의식적 계층구조는 상층과 중산층을 망라한 다수의 열망계급(aspiration class)과 거듭된 실패로 의기소침한 소수 낙망계급(disappointment class)이 보다 나은 미래를 꿈꾸며 위아래층에 동거하는 '한 지붕 두 가족'으로 묘사할 수 있을 것 같다. 그러나 환란 이후의 성장지체기에 접어들면서 한국 사회의 의식적 계층구조는 경제적 · 사회적 · 문화적 자본을 독차지한 상류계급에 귀속되고자 하는 극소수 야망계급(ambitious class)과 언제 일자리를 상실할지 몰라 상시적 불안감에 시달리는 종다수 절망계급(despairing class)으로 극명히 나누어지는 할거적 상태로 변모하고 있다([그림 3-10] 참조).

고도성장기를 특징짓는 열망계급과 낙망계급의 구분은 적정 기회구조를 활용해 사회적 성취를 달성할 수 있는 가능성 여부에 대한 차이

[그림 3-10] 한국 사회의 의식적 계급구조

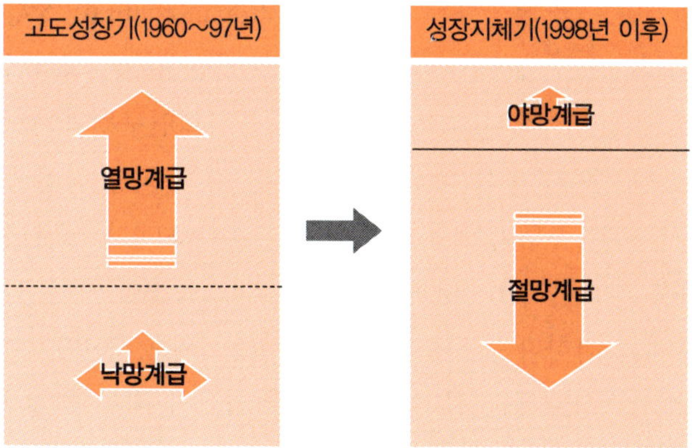

에 준거한 것으로서, 정당한 수단을 통한 사회적 성취를 실현한 경험이 있거나 기대하는 이들 모두는 열망계급을 귀속시킬 수 있는 반면, 거듭된 실기로 높은 성취동기를 지니지 못하는 층은 낙망계급으로 분류된다. 하지만 이때 낙망계급 역시 '가치 확장(value stretch)'으로 사회적 성공가치에 대한 수용적 태도를 견지한다는 점에서 열망계급과 근본적으로 유사한 의식세계를 공유한다고 생각되는바(Sewell, Haller and Portes, 1969), 고도성장 시대의 한국 사회는 궁극적으로 동일한 문화목표가 대다수 국민의 의식세계를 관류하는 '단일문화적(mono-cultural) 상황'으로 규정할 수 있다.

반면 성장지체기의 다수집단을 형성하는 절망계급은 소득 수준이나 자산의 점유도뿐 아니라 주거상황이나 교육, 취향이나 라이프스타일 등 모든 면에서 독점적 지위를 향유하려는 열망계급과 세계관이나 가치관을 달리하는 부류로서, 상시적 지위불안이나 위기의식으로 지배적 성공가치에 불신을 표하는 이단적 존재에 속한다. 요컨대, 지난 8년간 혹독한 저성장통을 치러 온 현 단계 한국 사회는 문화목표에 대한 기본 정향을 달리하는 야망계급과 절망계급이 상호 이질적 범주로 배타적 관계구도를 형성하는 '이중문화적(dual-cultural) 상황'으로 묘사할 수 있다(김문조, 2008). 이러한 사실을 뒷받침하는 경험적 연구 자료는 무척 많다. 일례로 2018년에 한국보건사회연구원과 서울대 사회복지연구소가 중학생들을 대상으로 실시한 장래 희망 직업에 대한 설문조사에서 고위 공무원이나 기업 최고경영자(CEO) 등 고위직을 꿈꾸는 저소득층 청소년이 100명 중 1명으로, 저소득층이 아닌 또래의 4분의 1 수준에 불과하다는 사실이 드러났다(동아일보, 2019). 부모-자식 간의 계급 재생산체계를 공고화하는 성취의식의 격차를 실증하는 단서가 아닐 수 없다.

5. 소결

양극화는 한국 사회에만 국한된 것이 아니라 세계화 · 정보화가 가속화 되는 금세기에 세계 도처에서 관망할 수 있는 일반적 추세가 아니냐고 반문할 수 있다. 그것은 정보혁명이나 유연적 축적체제의 진전이 야기하는 신자유주의의 등장과 함께 출현 가능한 현상의 하나인 까닭이다.

'모든 고정된 것이 공중으로 사라지는(All the solid is melt into the air)' 영속성 종말의 시대에 새롭게 구성되어 가는 삶의 조건은 행위 주체 각자가 자기의 일대기를 스스로 구성하며 살아가야 하는 개인화 상황에 돌입하게 되며(Beck and Beck-Gernscheim, 2002), 이러한 변화는 필연적으로 새로운 위계적 분화를 추동한다. 특히 '속도의 시대'로 대변되는 역동적 환경에서 변화를 주도하는 소수의 상류층과 변화에 수동적으로 반응하거나 변신 자체를 포기한 다수의 하류층으로의 양극화가 촉진, 오직 자기만이 중시되고, 빠른 자가 우대되며, 소수만이 성공을 담보할 수 있는 각축적 상황에서 언제 하류로 전락할지 모른다는 상시적 불안감에 시달리는 소외계층이 확대될 수 있다(Englisch, 2001).

그러나 한국 사회의 양극화는 그러한 보편적 위기론이 예고하는 위험 수위를 넘어선 보다 긴박한 상황으로 치닫고 있다. 경제 정의와는 무관한 엄청난 불로소득 격차에서 발원해, 주거 및 교육 공간의 격차를 통해 사회적 차원으로 외연되고, 소비생활을 중심으로 한 문화적 차원으로 확산되고 있는 양극화가 성취동기와 직결된 의식적 차원으로 비화함으로써 사회갈등을 증폭시키고 있다.

일찍이 마르크스나 랄프 다렌도르프(Ralf Dahrendorf)는 잠재적 갈등 국면을 갈등으로 구현하는 완결 요건으로 각기 계급의식(class consciousness) 및 명시적 이해(manifest interest)를 지적한 바 있다. 이들은 의식적 양극화는 객관적 분절 상황을 지시하는 즉자적 양극화(polarization-in-itself)를 대자적 양극화(polarization-for-itself)로 활성화시키는 매개 요소로 간주할 수 있겠는데, 인정투쟁(recognition struggle)까지 가세해 날로 그 양상이 격화되고 있는 최근 우리 사회의 갈등은 의식 차원을 고려한 대자적 양극화 패러다임을 통해 보다 잘 해명될 수 있으리라 본다(김문조, 2008).

그러한 작업의 일환으로서 양극화의 사회적 효과에 관한 논의 과정에서는 즉자적 양극화를 대자적 양극화로 전환시키는 의식적 양극화의 형성 조건에 대한 규명이 필요하다고 본다. 계층 간 거리감, 위화감 혹은 적대감 등으로 지칭되는 마음의 벽을 제거함으로써 파국적 사회갈등의 발현을 효과적으로 제어될 수 있다고 여겨지기 때문이다. 이 같은 방안은 성장과 복지의 조화를 지향하는 양극화의 제도적 해법과는 축을 달리하는 의식적 해법의 범주에 속하는 것이라고 생각된다. 인간의 선택을 좌우하는 요소에는 경제적 이해관계를 넘어서는 규범적·윤리적 요소가 포함되어야 하는바, 사회가치의 다양성과 이질성이 날로 증대하는 현 시점에서 국가는 계급적 단절감 해소에 진력함으로써 의식적 차이를 사회분열의 원천이 아닌 사회발전의 동력으로 전환할 수 있는 조절 역량의 강화에 주력해야 한다고 본다.

제4장

사회갈등의 현황과 동학

서구사회에서는 산업혁명 이후 200여 년 동안 경제성장과 사회발전이 비교적 자생적이자 완만한 형태로 진행되어 왔다. 따라서 산업화에 수반된 사회 문제나 갈등들에 여유를 갖고 대처하면서 파국적 상황을 회피하거나 응전 역량을 키워나갈 수 있었으나, 한국 사회는 급속한 경제성장이나 구조적 변화로 국가의 존립을 위협하는 심대한 갈등 상황에 직면한 경우가 많다. 특히 장기간의 권위주의 통치체제하에서 내연되어 온 계층갈등은 90년대 이후 사회민주화에 따른 권익의식의 향상과 삶의 질 추구 등에 힘입어 다방면으로 분출되었을 뿐 아니라, 그 양상이나 규모도 증폭되어 왔다. 더구나 최근 한국 사회에서는 개인이 자신의 관심사를 적극적으로 표출하거나 관철시키기 위한 참여적 행위가 고조됨으로써, 갈등은 우리 사회를 특징짓는 '정의적 속성

(defining characteristics)'의 하나로 부각되고 있는 실정이다.

이처럼 갈등이 사회적 현안과제로 크게 대두하고 있음에도 불구하고 아직 그에 관한 설명이나 해석이 충분치 못하다고 평가되고 있는데(김종길, 2005; 서문기, 2014; 권혁주, 2016) 그 주된 이유로는 다음과 같은 점들이 꼽히고 있다. 첫째는 갈등의 차원이 개인, 집단, 조직, 지역, 국가 간 상호관계에서와 같이 다원적이고, 둘째는 갈등의 원인도 가치, 이해관계, 제도, 체제, 이념, 권력, 자원, 보상과 같이 다양하며, 셋째로는 갈등의 형식 역시 불평, 불복, 시기, 질투와 같은 개인적 차원에서부터 투쟁, 혁명, 전쟁과 같은 집단적 차원에 이르기까지 다채롭기 때문이다. 따라서 이 장에서는 일단 한국 사회의 갈등 현실과 갈등 연구의 현황을 총체적으로 점검한 후, 갈등 양상의 변용과 파급 효과를 집중적으로 논의해 보고자 한다.

1. 상시적 현상으로서의 갈등

시대나 장소를 불문한 어떤 사회도 갈등으로부터 자유롭지 못하므로, 사회갈등은 보편적 사회 현상의 하나라고 말할 수 있다. 오직 갈등의 강도와 지속성 면에서의 차이만 엄존할 뿐이다. 심각하고 광범위한 갈등으로 점철되어 있는 사회는 사회 해체나 붕괴의 위험성을 내포한다. 그렇다고 갈등이 전무한 사회가 허용 가능한 수준의 갈등이 지속되는 사회보다 건전하거나 발전적이라고 속단할 수 없다. 통제 가능한 적당한 갈등은 사회체계에 면역 주사와 같은 예방 효과를 발할 수 있기 때문이다. 선진사회는 갈등 없는 사회라기보다는 갈등이 제도화된 사회라고 할 수 있다. 갈등이 사회 근저에서 악화되는 문제점들을 노정하거나 폭로함으로써 적절한 해법을 마련하도록 독려하는 측면이 있고, 문제 해결을 위한 다양한 해법을 강구하도록 하는 안전판 역할을 담당할 수 있다(Coser, 1956: 23-34).

그럼에도 불구하고, 갈등이 현대 사회의 핵심적 도전 과제의 하나라는 짐에 대해서는 대부분이 사회과학자들이 동의한다. 따라서 갈등에 관한 연구는 도처에서 활발히 진행되어 왔다. 크게 카를 마르크스(Karl Marx)와 프리드리히 엥겔스(Friedrich Engels)의 자본주의 비판론에 기초한 착취 패러다임(exploitation paradigm)과 막스 베버의 지배이론에 근거한 통제 패러다임(control paradigm) 계열로 나뉘어 착수된 갈등 연구는 진행 과정에서 많은 병합, 수정 및 이탈이 이루어져 다양한 형태로 전개되어 왔다. 안토니오 그람시(Antonio Gramsci)와 게오르그 루카치(Georg Lukács), 막스 호르크하이머(Max Horkheimer)와 테오도어 아도르노(Theodor W. Adorno)에서 헤르베르트 마르쿠제(Herbert Marcuse)에 이르는 프랑크푸르트 학파 1, 2세대 학자, 루이 알튀세르(Louis Althusser)와 에티엔 발리바르(Étienne Balibar), 노동과정론자 해리 브래이버만(Harry Braverman), 계급재생산론자 새뮤얼 보울스(Samuel Bowles)와 허버트 깅티스(Herbert Gintis), 문화사회학자 피에르 부르디외(Pierre Bourdieu) 등은 전자에 귀속시킬 수 있으며, 찰스 라이트 밀스(Charles W. Mills), 랄프 다렌도르프(Ralf Dahrendorf), 루이스 코저(Lewis Coser), 랜달 콜린스(Randal Collins) 등은 후자를 대표하는 연구가로 꼽힌다(Wallace and Wolf, 2005).

한국 사회에서도 1970년대부터 사회갈등에 대한 연구가 본격화하기 시작했는데, 1980년대 민주화 과정에서 갈등 관련 논제들이 갈등 소재를 사회 전면적으로 쟁점화하면서 갈등에 대한 관심이 폭증했다. 이

때 사회학을 비롯해 심리학, 경제학, 정치학, 행정학 등이 갈등 연구를 주도하면서 갈등 연구의 지평을 확장시켰다. 하지만 대다수 연구들은 총론적 차원에서 갈등의 개념을 소개하는 수준이었거나, 이론적이고 거시적인 차원에서 갈등을 논하는 시론적 성격을 탈피하지 못했다. 갈등에 대한 거시적·이론적 조망에 주력해 온 사회과학적 탐구는 2000년대 들어와서 개별 갈등 사례나 갈등 해법 혹은 갈등 해결시스템을 모색하는 구체적 연구로 이어졌다. 이들 연구는 갈등과 관련한 새로운 통찰을 제시하고 갈등 관리의 대안들을 제공하는 데 기여하기도 했지만, 우리 사회가 겪어온 다양한 갈등들에 대한 이해나 내적 메커니즘에 대한 정교한 분석에 도달하지는 못했다는 것이 중론이다. 즉, 사회변동에 따른 갈등 양상의 변천, 무엇보다 복잡성이나 융복합성과 같은 갈등의 질적 변화를 규명하는 데 충분치 못했다고 평가되고 있다.

더구나 갈등 해소를 위한 정책을 실현하는 데는 막대한 사회적 비용이 요청되므로, 정책적 판단에 앞서 갈등 현상에 대한 치밀한 연구가 필수적이라고 본다. 따라서 갈등의 생성 구조나 진전 과정에 대한 이해의 수준을 높이고, 그에 근거해 갈등의 양상이나 사회변혁적 효과 등을 판별하는 일은 갈등에 대한 학술 연구의 수준을 높이기 위해서는 물론이요, 갈등 해소를 위한 실천 전략을 향상시키는 데 큰 보탬이 될 것으로 본다.

2. 한국 사회갈등의 개황

갈등의 의미가 다양한 것처럼 갈등의 유형도 그 성격이나 원인, 쟁점, 파급범위, 갈등 당사자 등에 따라 여러 방식으로 구분 가능하다. 우선 갈등은 그 기본 속성에 따라 사실관계갈등(data conflict), 이해적 갈등(interest conflict), 구조적 갈등(structural conflict), 관계적 갈등(relationship conflict), 가치갈등(values conflict) 등으로 분류되곤 한다. 사실관계갈등은 어떤 정보나 자료의 사실 여부를 둘러싸고 생겨나는 이견과 균열을 말하고, 이해적 갈등은 이해관계를 달리하는 개인 또는 집단들이 자신의 이익을 관철시키려는 과정에서 유발되는 갈등을 의미한다. 구조적 갈등은 사회 구조적 모순이나 긴장으로 인해 발생하는 갈등, 관계적 갈등은 사람들 간의 상호작용 과정에서 무지나 오해 혹은 기질이나 관념적 차이 등으로 인해 발생하는 갈등을 말한다. 가치갈등은 세계화나 다양화 등으로 이질적 가치체계가 공존하는 현대 사회에서 가치지향을 달리하는 개인이나 집단이 충돌하면서 생성되는 갈등을 말한다(김태홍 외, 2005). 그뿐만 아니라 발생요인별 분류법에 따라 갈등을 자원 관련, 정체성 관련, 혹은 행정관리 관련 등으로 구분하기도 한다(이원태 · 김종길 · 김희연, 2012: 10-13).

한국 사회는 압축적 근대화 과정, 왜곡된 정치구조, 폐쇄적 문화구조 속에서 다양한 형태의 갈등을 생성해 왔다. 급속한 산업화 과정에서 기인한 계층 간 갈등을 비롯해 유교적 가부장주의 전통하에 생성된 세대갈등이나 젠더갈등, 왜곡된 정치동원체계에서 분출된 첨예한 지역갈등들이 대표적 사례들이다. 또 한국 사회의 갈등 유형은 소재영역에 따라 권력갈등, 계급갈등, 노사갈등, 이념갈등, 윤리갈등, 지역갈등의 차원으로 분류되거나, 환경, 이념, 노동, 지역, 계층, 교육 갈등으로 나뉘기도 하며, 지역갈등, 환경갈등, 교육갈등, 경제갈등, 성 갈등, 이념갈등, 세대갈등, 정치갈등 등으로 구분되기도 한다(송복, 1997; 이병량 · 김서용 · 전영평, 2008; 가상준 외, 2009; 문태훈, 2012).

그런데 지난 1990년부터 2007년까지 한국 사회에서 발생한 사회갈등들을 분쟁의 성격이나 유형별로 분류해 보면, 우리 사회에서 가장 빈번히 출현한 갈등은 노사갈등, 지역갈등, 계급갈등, 환경갈등의 순이었다. 이들 중 이해관계의 충돌로 인한 이익갈등이 전체 갈등의 58%로 가장 큰 비중을 차지한다(가상준 외, 2009). 이병량 · 김서용 · 전영평(2008)의 연구에 의하면, 한국 사회에서 가장 심각한 갈등으로 인식되고 있는 사회갈등은 정치갈등, 경제적 상하위계층 간의 갈등, 노동자와 경영자 간의 갈등 등의 경제갈등, 환경갈등 그리고 지역갈등의 순으로 나타났다. 또 가장 시급하게 해소해야 할 갈등은 계층갈등, 지역갈등, 노사갈등, 세대갈등의 순임이 밝혀졌다. 이와 유사한 경향은 다른 연구에서도 거듭 확인된다. 임동진(2011)의 연구에서 94개의 공공갈등 유형 중에서 이익갈등(44.7%), 입지갈등(19.1%), 정책갈등(18.1%) 등의 이익갈등 유형이 다수를 차지했음이 드러났고, 그 원인은 경제적 이익관계에 의한 갈등(24.7%), 정부의 일방적 공공정책 추진(16.5%), 정부불신 등 사회신뢰 부족(15.4%), 가치관 이념의 차이(12.4%)의 순임이 드러났다. 그러나 근자에 이르러 실리적 손익에 의거한 이해갈등의 분석틀로는 적절히 해명할 수 없는 새로운 형태의 갈등들이 속출하여 갈등 연구 관점의 확충을 절실히 요청하고 있다.

3. 현대 사회의 거시적 동향

최근 한국 사회에서는 인적 · 구조적 · 문화적 · 의식적 이질성과 다양성이 배가되어, 사회갈등을 촉발하는 차별이나 편견이 증폭할 수 있는 개연성이 높아지고 있다. 이는 한국 사회에 국한된 정경이라기보다 세계 도처에서 관망할 수 있는 보편적 현상의 일환으로 간주된다. 그러나 사회구조적 양극화나 사회관계의 단절 등으로 첨예화·악성화되어 가는 우리 사회의 갈등은 지난날의 경제적 성취나 사회발전 성과를 전면적으로 부정하는 악성 기류를 함유하고 있으므로 각별히 예의주시할 필요성이 있다.

따라서 이 절에서는 일단 정보화·세계화·분산화라는 최근 한국 사회의 거시적 동향을 총체적으로 개관한 후, 우리 삶에 분열과 대립을 조장하는 사회갈등이 그러한 변화 과정과 더불어 어떤 방식으로 격화되어 가고 있는가를 상론해 보고자 한다.

1) 현대 사회의 3대 메가트렌드

'산업화의 논리(logic of industrialization)'를 앞세운 구래의 산업사회론자들은 인구학적 변화로부터 근대적 가치관의 확산에 이르는 일련의 근대화 과정을 공업화·도시화·관료제화라는 3대 흐름으로 제시한 바 있다. 그러나 산업사회 이후를 이야기하는 후기산업사회론자들은 생활양식, 정주양식, 조직화양식과 직결된 후속적 변화의 흐름을 정보화, 세계화 및 분산화라는 개념도식에 준거해 진단해 왔다.

(1) 정보화(Informatization)

정보화란 인간활동 전반에 정보의 생산, 관리, 전달, 활용의 비중이 높아지는 현상을 의미한다. 생존과 직결된 생산활동의 측면에 국한해 이야기하자면, 정보화란 극소전자공학이나 신소재 및 원격통신기술 등 소위 첨단정보기술을 이용한 정보의 창조나 개발이 일반 기계나 자연에너지를 이용한 물재(物財)나 서비스의 산출보다 부가가치나 인력 분포의 면에서 큰 비중을 차지함으로써 정보가치의 창출이 사회경제적 활동의 주류를 이루는 상태로 규정된다. 그런데 컴퓨터기술과 통신기술의 접합이 촉진되어 가는 최근에 이르러 정보화는 경제외적 영역으로 널리 파급되어, 이제 경제생활은 물론이요 정치활동, 인간관계, 학습, 예술, 놀이, 신앙생활 등 사회 제반 영역에서 관찰되는 일련의 정보기술적 효과들로 폭넓게 이해되고 있다.

정보사회와 산업사회와의 구분은 인류의 미래에 관심을 가진 사회과학자들의 크나큰 쟁점이었다. 다니엘 벨(Daniel Bell)이나 앨빈 토플러(Alvin Toffler) 등 정보사회론자로 구분되는 학자들은 정보사회란 종전의 산업사회와 질적으로 구분되는 역사상의 새로운 발전단계임을 주장한다. 반면 그 비판자들은 정보사회론은 산업사회-후기산업사회와의 연속성을 부정하면서 기존의 지배질서를 옹호하는 새로운 지배이데올로기를 산출하고 있다고 논박한다. 하지만 산업사회에서 정보사회로의 전환이 단절적 과정이 아니라는 전제하에 정보사회의 성격을 진단해 본다면, 정보사회는 지적 활동에 대한 의존도가 큰 지식사회이자 첨단정보통신 매체를 기반으로 한 연결망사회로서 특성화할 수 있다고 본다(Kim, 2019).

(2) 세계화(Globalization)

세계화란 국가 간 상호의존성이 증가해 자본, 기술, 정보, 문화, 인력이 국경을 넘어 자유로이 이동하는 현상을 뜻한다(Martin and King, 1990; Held and McGrew, 2002). 세계화로의 변동유인으로는 일차적으로 동서 간 냉전체제의 해체라는 국제질서의 재편 과정을 꼽지 않을 수 없다. 동구권 및 소련의 붕괴와 중국의 변모는 세계를 이데올로기

중심의 양극체제에서 경제적 이해를 중심으로 하는 다극체제로 변모시켰다. 이렇듯 실리가 명분에 우선하고 군사력 대신 경제력이 국력의 요체가 되어 감에 따라 미국, EU, 일본 등 선진자본주의 진영은 기존의 자유시장 경제체제를 세계적으로 확대함으로써 경제적 우위를 확보하고자 했으며, 여타 중후진 국가들 역시 그러한 대열에 동참해 자국의 경제발전을 적극 추진하기에 이르렀다. 따라서 지금까지 세계화의 주된 대상은 기업의 경제적 활동이었다고 해도 과언이 아니다.

경제의 세계화에 관해서는 그 실체를 둘러싸고 다음과 같은 두 가지 입장이 대립해 왔다. 즉, 세계화는 각 국가가 비교우위를 지닌 상품을 집중적으로 생산하여 서로 교환케 함으로써 상호 간의 이익증진을 촉진시킨다는 긍정적 입장과, 국제무역은 절대적 이익의 증감여부와 관계없는 제로섬 게임이어서 세계화는 기존의 국제경제적 불평등 관계를 미화한 허구적 개념에 불과하다는 부정적 입장이다(Ritzer, 2010; 김철규, 2015). 하지만 실체나 개념상의 차이에도 불구하고, 적어도 국가 간의 물적 · 인적 교류가 증대하고 있다는 사실에서 우리는 세계질서의 새로운 태동을 감지할 수 있는데, '무국경시대(borderless era)'라고 표현되는 이 같은 새로운 여건에서는 그에 대응한 실익확보의 전략수단을 예비하는 일이 긴요하다.

더구나 컴퓨터 및 통신기술의 결합에 의한 정보통신혁명은 경제활동의 세계화뿐 아니라 사회문화적 세계화를 촉진시켜, 초고속통신망이나 공중파를 이용한 원거리 정보소통은 생활양식상의 혁신적 변화를 초래하고 있다. 따라서 지구 한편에서 벌어지는 일이 삽시간에 세계전역으로 전파되어 문화제도의 보편화 현상을 야기하고 있는데, 이러한 추세에 따라 국가는 문화공동체로서의 의미를 강화해 나아갈 것으로 전망된다. 즉, 민족이나 국가의 존재가치는 문화적 고유성에 의해 판별될 가능성이 높아져, 문화적 정체성을 확립하려는 과업은 국가 전략의 핵심 부문의 하나로 대두하게 된다.

(3) 분산화(Decentralization)

분산화는 집중화에 대응되는 개념으로서, 조직체계와 관련해서는 주로 권한이 하부구조로 위임되는 분권화를, 공간과 관련해서는 각종 형태의 자원들이 외곽으로 확산해 나가는 산포화 경향을 지칭한다.

토플러는 인류문명이 농업혁명, 산업혁명, 정보혁명이라는 3대 물결에 의해 추동되어 왔다고 주장한다. '제1의 물결'(농업혁명)에 의한 농업중심사회는 지역분권적, 자급자족적이었으나, '제2의 물결'(산업혁명)에 의해 인구, 물자, 산업, 권력 등의 집중화가 초래되었다는 것이다. 그러나 '제3의 물결'(정보혁명)은 탈규격화, 탈동시화, 탈집중화를 촉진시켜 궁극적으로 사회적 자원의 편중문제를 극복한 분산형 사회를 형성할 것으로 예측했다(Toffler, 1980).

과거 우리 사회의 공사(公私) 조직체계는 상호협력을 기반으로 하는 수평적 관계보다 지시와 복종 중심의 수직적 관계가 주류를 이루어 왔다. 그러나 분산화 경향의 확산과 함께 상의하달식 명령방식은 더 이상 효율적 체계운영의 수단이 되지 못하고 있다. 이러한 여건 변화에 따라 과거 중앙정부에 귀속되어 있던 권한들이 지방자치단체나 민간부문으로 이양되고, 초대형 관료조직이 과업중심의 소규모 조직체로 분화되는 경향이 목도되고 있다. 그러나 급격한 권한의 분산은 사회질서를 이완시켜 사회적 혼란을 초래할 위험성을 내포하고 있어, 분산화 추세를 적절히 조절 관리하여 전체적 통합성을 견지하되 자율적 효율성을 획득할 수 있는 방안들이 다각도로 모색되고 있다. 수평 · 수직의 통합적 연결고리를 활용한 '네트워크 체제'는 바로 이 같은 동향을 반영하는 현상으로 간주할 수 있다.

2) 후속적 변화

정보화 · 세계화 · 분산화로 특징되는 오늘날의 거시적 사회동향은 사회구조적 유연성과 사회가치의 다원성을 강화시키고 있다. 그 결과 현대 사회는 특정 가치의 지배력이 약화되고 단위들 간의 경계가 이완되는 '다원적 유연사회'라는 개방체계를 지향해 나아간다.

(1) 다원성(Pluralism)

다원성이란 인간의 사고와 행동이 획일적 양상으로 나타나는 것이 아니라 다양한 가치기준에 따라 다양한 방식으로 표출되는 사회문화적 현상을 지칭한다. 농업중심의 전통사회는 사고, 행동 및 살아가는 방식이 사회성원들 간에 큰 차이가 없는 동질적 사회였다. 따라서 기존의 사회질서를 그대로 유지하는 것이 바람직한 것으로 간주되어 전통에 위배되는 행위에 대한 거부메커니즘이 내재해 있었다.

농업사회에서 산업사회로 전환되면서 사람들은 더 많은 이질적 문화요소들을 접하게 되었으며, 산업사회에서 후기산업사회로 접어들면서는 이질문화에 대한 접촉도가 격증하여 전통이 차츰 힘을 잃는 대신 개성이 새로이 강조되고 있다. 각종 뉴미디어의 발달로 지식과 경험을 공유할 수 있는 기회가 급증하고 있기 때문이다. 따라서 사람들은 자신의 것과는 다른 삶의 방식을 이해하거나 비난하지 않을 정도로 차이에 대한 관용도를 높여 가고 있다.

(2) 유연성(Flexibility)

유연성이란 '경계의 이완' 현상을 지칭한다. 근대 산업사회는 부처 간, 기업 간, 산업 간, 제도 간 혹은 국가 간 경계가 비교적 완고한 사회로서, 그 경계가 법적으로 보장되어 왔다. 반면 정보사회는 사회 모든 분야의 경계를 희석시킨다. 지식정보의 시간공간적 한계를 넘어선 교류와 활용은 '경계의 폐쇄성'을 깨뜨리기 시작한다. 정보화를 매개로 국경의 의미가 퇴색하고, 돈과 사람, 물건과 사람이 자유롭게 이동한다. 기업들 간에도 가장 적은 비용과 가장 높은 효율을 찾아 전략적 제휴가 이루어진다. 상징과 기호가 미디어와 시장사회를 지배하는 가운데 정치와 경제, 그리고 문화의 벽도 허물어져 문화의 정치화, 경제의 문화화, 정치의 문화화가 급진전된다. 사회는 한편으로 가속적인 분화를 경험하지만, 그 분화된 실체들은 분리된 채로 존재하는 것이 아니라 서로 연결되어 네트워크를 이루면서 서로 파동적으로 영향을 주고받는다.

4. 다원화 · 유연화 시대의 사회갈등

산업사회로부터 후기산업사회로의 전환기에 있는 사회체계의 성격이 다원성 · 유연성을 지향함에 따라, 사회갈등의 형태나 내용 역시 유사한 질적 변모 과정에 놓이게 된다. 즉, 좌(左)-우(右), 고(高)-저(低), 우(優)-열(劣), 중심(中心)-주변(周邊) 등의 이원구도하에 첨예한 대결적 양상을 나타내던 지난날의 대형 사회갈등들은 개방체제로의 전환과 더불어 다종다기한 양태로 분화되어 나아갈 전망이다. 일조권분쟁이나 님비현상 또는 부처갈등이나 사내갈등 등 크기를 달리하는 각종 집단들을 단위로 한 새로운 갈등 사례가 바로 그 단적 증거라고 할 수 있다. 따라서 오늘날 한국 사회의 갈등은 날로 국지화, 다변화, 정교화, 중층화, 복합화되어 가고 있는데, 계급갈등, 지역갈등, 세대갈등, 젠더갈등과 같은 우리 사회의 대표적 사회갈등에서도 그러한 변화의 단초를 간파할 수 있다.

(1) 계급갈등

빈부차이에 근거한 계급적 대립은 사회안전망 확충이나 임금체계의 개선 등과 같은 일련의 복지정책에도 불구하고 크게 해소되지 않고 있을 뿐 아니라, 소득 수준이나 재산 정도와 상응할 필요가 없는 취향이나 생활습관의 분화를 촉진해 이해 갈등을 넘어선 정체성 갈등으로 비화하고 있다(이 책 제5장 1절 참조).

(2) 지역갈등

주로 출신 도 단위로 진행되던 종전의 지역갈등은 근자에 지역개발 사업이나 공공시설 설치 등을 계기로 지역규모에 관계없이 격발되어 내집단-외집단 구도를 지속적으로 재편해 가고 있다. 이러한 분산과 수렴의 이원적 동학은 1997년 민선 지방자치 시대 이후 중앙정부와 지방자치단체 간, 지방자치단체 간 그리고 중앙 및 지방 정부와 지역주민 간의 이해가 뒤얽히면서 날로 노골화하고 있다(주재복 외, 2005).

(3) 세대갈등

과거에는 주로 전통과 근대라는 문화적 차원 혹은 보수-진보라는 이념적 차원을 중심으로 진행되어 온 세대갈등이 요즘에는 연령구조와는 무관하다고 생각해 왔던 일련의 소재들, 예컨대 고용, 연금, 주택, 의료, 디지털 기기의 활용 패턴 등과 연관된 새로운 세대전선의 형성들로 인해 보다 복잡한 양상으로 치닫는 동시에 호환성도 높여 가고 있다(박길성, 2011; 최샛별, 2018).

(4) 젠더갈등

"살女주세요, 넌 살아 男았잖아." 2016년 강남역 살인사건 직후 강남역 10번 출구에 마련된 아카이브에 붙은 포스트잇 메시지의 하나이다. 즉, 지난날 가사분담이나 직업활동 같이 가부장제적 관념이나 관행으로 인한 차등적 역할 할당 및 불평등한 처우 같은 것을 소재로 전개되어 온 젠더갈등이 성폭력, 성희롱, 성매매와 같은 이슈들을 문제삼음으로써, 정체성 갈등의 속성을 강화해 가고 있다. 새로운 성 정체성에 대한 요구는 국내외에서 막강한 사회적 영향력을 행사하는 페미운동이나 미투운동 등을 통해 확인할 수 있다(이재경, 2013; 석승혜 · 김남옥, 2019).

과거에는 이 같은 갈등양식의 변화를 산업사회에서 후기산업사회로의 이행기에 출현하는 새로운 과도기적 현상의 일환으로 치부한 경향이 높았다. 하지만 상기 갈등들은 그 속성이 이전의 그것과 달라 고답적 방식의 대응이 효력을 발휘하지 못할 뿐 아니라, 방치할 경우 엄청난 사회적 혼란이나 위기를 자초할 수 있다. 더구나 우리 사회에서는 사회 전반에 팽배한 불신, 낙후한 사회의식이나 관행, 과도한 경쟁 심리나 성취욕, 사회민주화에 대한 과잉기대 등으로 미시적 갈등이 거대갈등으로 증폭되는 '나비효과'를 야기할 개연성이 이례적으로 높다.

5. 소결

화합적 성숙사회로 진전하기 위해서는 국력소모적인 사회적 마찰과 대립을 극복함으로써 사회발전적 에너지를 극대화할 수 있는 갈등 대응 방안이 강구되어야 한다. 분파주의를 초극해 사회통합을 실현할 수 있는 정책 방안의 개발이 금세기 한국 사회의 절실한 시대적 과제인 것이다.

하지만 복합성 · 국지성을 특성으로 하는 오늘날의 사회갈등은 양보나 타협과 같은 전례적 처방이 효력을 발휘할 수 없다는 점을 통시할 필요가 있다. 새 술을 담을 새 부대를 마련해야 하는 것처럼 '신(新)사회갈등'은 다원적 유연체세에 부합된 새로운 대응 방안을 통해 제어되어야 한다. 개방사회에 통용될 수 있는 새로운 갈등해소 패러다임의 구축은 사회혼란의 극복이라는 당면 과제의 해소를 위해서는 물론이요, 민족적 대단합이 요구되는 통일시대를 대비한다는 견지에서도 적극 추구되어야 할 것이다. 이때 독일 통일 이후의 경과가 매우 유익한 반면교사가 될 수 있다고 본다.

1990년 10월 독일민주공화국(동독)이 독일연방공화국(서독)에 흡수통일되자 40여 년간 떨어져 살던 동서독 주민들은 부둥켜안고 기뻐했다. 그러나 무너진 베를린 장벽에서 환희의 송가가 울려 퍼진 후 근 30년이 경과한 지금도 "독일이 정녕 통일되었는가?"라는 질문이 돌출하고 있다. 가난하고 게으른 동독인을 지칭하는 '오씨(Ossi)'와 거만하고 역겨운 서독인을 뜻하는 '베씨(Wessi)' 간의 심정적 거리감이 잔존하고 있기 때문이다(이기식, 2016; 최승완, 2019). 이는 정치적 혹은 경제적 통일을 넘어선 의식적 합일을 지향하는 사회통합의 어려움을 시사하는 단적 증거가 된다.

오래전부터 가족이나 친지와 연락을 취하며 교류의 끈을 유지해 온 독일에 비해, 훨씬 긴 세월 동안 적대적 입장에서 왕래는커녕 서신이나 전화 소통마저 차단된 채 70여 년간 흩어져 살아온 남북한 동포들 간의 동질감 회복은 지난한 일임에 틀림없다. 게다가 산적한 국내문제로도 골치가 아픈 판에 북한 걱정까지 하는 것이 본말전도가 아니냐는 비판까지 일각에서 제기되고 있는 실정이다. 그 방증의 하나가 올 6월 한국보건사회연구원이 발표한 다음과 같은 설문조사의 응답, 즉 "통일문제와 경제문제 중 하나를 골라서 해결해야 한다면 경제문제를 선택하겠다"는 질문에 '동의'한다고 답한 응답자가 77.1%에 달한 반면('매우 동의' 31.84%, '동의하는 편' 45.26%) '반대'한다고 답한 비중은 6.96%에 불과하다는 조사 결과이다(BBC News 코리아, 2019). 그러나 코스모폴리타니즘이라는 세계시민주의로부터 내국적 갈등 해소의 지혜를 탐지할 수 있듯, 남북한 주민들의 민족적 동질감 회복책으로부터 남남갈등의 해법에 보탬이 되는 화합의 단초를 발굴할 수 있는 호기를 이런 식으로 외면해서는 안 될 것으로 본다.

권력 및 자산의 점유와 관련된 정치경제적 갈등은 기본적으로 분배구조의 혁신에서 그 해결책을 도모할 수 있다. 그러나 사회문화적 요인들이 가세된 오늘날 한국 사회의 갈등은 '결핍의 문제'를 넘어선 '의미의 문제'까지 내포하고 있는 만큼, 자산재분배나 사회안전망 확충과 같은 공리적 범주를 넘어 국민 각자가 자신이 몸담고 사는 사회 내에서 존재의 이유(raison d'être)를 확보할 수 있는 심도 있는 사회통합 방안이 모색되어야 할 것이다.

제5장

불평등 시대의 사회통합

갈등은 어느 시대 어느 곳에서든 상존하는 것이어서, 파국적 상태에 이르지 않는 적당한 갈등이 오히려 사회체계의 유지존속에 보탬이 된다는 견해가 정설로 받아들여지고 있다. 복잡성을 더해 가는 현대 사회에서는 갈등이 보다 불가피한데, 오늘날 한국 사회의 갈등에는 '삼불(三不)'이라고 불리는 불신, 불만, 불안이 최대 화근으로 지적되고 있다(이숙종, 2001; 이재열, 2001). 이때 불신은 주로 지난날의 불공정한 생활 체험에서 유래하는 것이고, 불만은 현재적 고난의 소산이요, 불안은 불투명한 미래의 생활 전망에서 배태되는 것이라는 점에서 '삼불'에는 소정의 시차가 내재한다고 말할 수 있다(이재열, 2014).

그러나 삼불을 관류하는 사회갈등의 궁극적 원천은 사회불평등이라고 할 수 있다. 동일한 존재가 아닌 모든 사람들 간에는 소정의 차이가 불가피하다. 이때 차이가 서열화하면 그것을 차등이라고 말하며, 차등이 생래적으로 주어진 것이 아니라 기회격차에 의한 것으로 판명될 때 사회가 불평등하다고 간주된다. 요컨대 갈등은 사회적 불평등이 불공정하다는 인식과 더불어 격화되므로, 사회통합에 관한 논의는 위계적 격차로서의 사회불평등 현황에 대한 점검으로부터 출발하는 것이 적절하다고 여겨진다.

따라서 이 장에서는 최근 국내외에서 관측되는 사회불평등 양상을 총괄적으로 개관하고, 그로부터 갈등 해법의 논거가 되는 격차 해소의 기본 원리를 추출한 후, 이들 원리에 준거해 불평등 시대의 사회통합 방안들을 탐지해 보고자 한다.

1. 사회불평등의 최근 양상

갈등의 원천을 이루는 사회불평등은 사회체계의 복잡성에 비례해 복잡성을 더해 가고 있는데, 그 근저에는 권력이나 재화와 같은 정치경제적 요소를 넘어선 사회적 존재가치나 정체성 확보 등과 같은 상징적 쟁투가 내재해 있다. 즉, 소비주의, 지역감정, 세대관, 성 의식 등 다양한 사고들이 점착된 오늘날 사회갈등에는 생활기회(life chance)의 향상에 대한 기대는 물론이요 적정 생활양식(lifestyle)의 향유에 대한 열망이 혼재되어 있다.

상징적 가치에 대한 욕구는 물적 자산에 대한 소유욕과는 여러 점에서 대비된다. 첫째, 물적 자산은 양적 계측이 가능하나 상징적 자원은 그렇지 못해 기대치를 산정하기가 용이치 않다. 둘째, 상징적 자산이란 주로 타인과의 상호작용 상황에서 발현하는데, 적정선에 대한 기준이 개인마다 다를 뿐 아니라 그에 대한 자신의 소신마저 불분명해 합리적 조정이나 타협이 불가한 경우가 많다. 셋째, 기본적으로 배분적 원리를 준행하는 물적 자산과는 달리 상징적 자원은 차별 원리를 통해 가치를 실현한다는 점이다(Honneth, 1996).

이렇듯 계급질서가 복합적 양상을 지니게 되면서 사회적 위계구도는 종전의 계급적 분석틀로 쉽게 포착할 수 없는 비가시성(invisibility)을 높여 나가는데, 그러한 경향을 간략히 정리하면 다음과 같다(김문조, 2008 참조).

(1) 사회불평등 요소가 재력, 권력, 신분지위 외에 학력, 기회구조, 사회관계, 용모 등으로 다원화하고 있음.
(2) 사회불평등의 차원 역시 계급 이외에 성, 연령, 지역, 인종 등으로 다변화함.
(3) 세대 내/세대 간 사회이동성이 증가해 불평등 체계의 가변성이 증가하고 있음.
(4) 소유나 분배를 넘어 자아실현이나 자존 의식과 같은 주관적 평가 기준에 대한 비중이 커짐으로써, 사회적 위계질서의 불확정성이 증대함.
(5) 개인화 현상으로 인한 자기 선택성의 강화로 전통적 계급의 존재 기반인 집단적 응집력이 약화되어 가고 있음.

이상 열거한 일련의 추세는 '탈(脫)구조화'라는 논제로 축약할 수 있는데, 그러한 변화의 전후 특성을 비교하면 〈표 5-1〉과 같다.

〈표 5-1〉 사회불평등 체계의 변화상

구조적 불평등	탈구조적 불평등
단선적 지위 상-하 소유 고착적, 객관적, 가시적	복합적 위상 중심-주변 소속 가변적, 주관적, 비가시적

권력이나 재산의 소유와 관련된 정치경제적 불평등은 기본적으로 분배구조의 개선에서 해결의 실마리를 찾을 수 있다. 그러나 다양한 상징적 요인들이 가세된 오늘날의 융복합적인 사회불평등 체계는 '결핍의 문제'를 넘어선 '의미의 문제'를 유발한다. 따라서 현대적 불평등 현상의 효과적 규명과 대응을 위해서는 사회질서의 문화적 배태성(cultural embeddedness)을 고려한 새로운 분석 패러다임을 개발해야 할 것이다.

문화적 분화 현상은 물적 자원 동원만으로는 쉽사리 넘나들 수 없는 상징적 경계(symbolic boundary)를 중시한다는 점에서 자원 배분을 중심으로 한 종전의 위계 도식과 변별된다(Lamont and Molnár, 2002). 따라서 현존 한국 사회의 사회불평등 체계는 '위계에서 경계로(from hierarchy to boundary)'라는 주제로 응축할 수 있다(〈표 5-2〉 참조). 최근 우리 사회에서 성행하는 갑과 을, A급-B급 혹은 승자(위너)-패자(루저) 같은 용어는 계급체계가 분포의 형태가 아니라 소정의 경계를 기준으로 한 편가르기 방식으로 변형되고 있음을 역력히 시사한다.

〈표 5-2〉 한국 사회불평등 체계의 과거와 현재

시대 구분	과거	현재
평가의 기초	양	양+질
행위적 차원	소유	소유+향유
핵심 영역	경제	경제+문화
구분의 성격	위계	위계+경계

2. 불평등 대처 방안: 분배와 인정

구조적 불평등을 기원으로 하는 사회갈등은 기본적으로 생활기회의 높낮이를 중심으로 한 이해갈등(interest conflict)의 전형에 속한다. 그러나 양적 격차가 생활양식이나 생활관을 중심으로 한 질적 격차로 외연되면 갈등은 내집단-외집단 의식을 주축으로 한 정체성 갈등(identity conflict)의 속성을 겸하게 된다.

근자에 이르기까지 이해갈등은 주로 자원 재분배를 주축으로 한 분배 투쟁, 정체성갈등은 동등성 요구를 내세우는 인정 투쟁에 상응하는 것으로 알려져 왔다(Honneth, 1996). 그런데 법철학자이자 사회사상가인 낸시 프레이저(Nancy Fraser)는 분배의 문제와 인정의 문제는 어느 하나가 다른 하나에 환원될 수 없는 독자적 위상을 지닌 것이어서 분석적으로 구분할 필요가 있다는 견해를 피력한다. 반면, 그러한 문제를 둘러싼 프레이저와의 논쟁 과정에서 비판이론가 악셀 호네트(Axel Honneth)는 분배갈등에 대한 논의가 독자적 축을 형성하고 있음에 동의하면서도, 인정갈등은 분배갈등을 포괄하는 상위 개념임을 역설한다(Fraser and Honneth, 2004).

현실세계에서 사회갈등은 이들 양대 차원에서 동시적으로 진행되는 경우가 대부분이다. 차등적 구조에 대한 불만에서 촉발하는 경제적 차원의 사회갈등은 종종 무시라는 부정적 체험을 통해 강화되며, 자신의 존재가치를 사회적으로 인정받게 되면 객관적 난관을 감수하거나 극복할 수 있는 의지가 고조되는 것이 통례이다. 객관적 불평등이 무시를 낳고, 무시가 다시 외적 불평등을 강화하는 정적 피드백 효과가 역력한 오늘날 한국 사회에서도 차등과 배제는 독립적 형태가 아닌 이중적 형태로 자리잡아 가고 있다.

3. 사회통합의 양대 유형

1) 분배적 정의에 의거한 복지적 접근

경제적 자원의 불균등한 분포는 노동의 대가를 근로자들에게 공정히 배분할 것을 요구하는 계급정치를 소환한다. 열성껏 일해도 빈곤상태를 모면할 수 없는 모순적 상황은 다수 근로자들이 산출한 경제적 부가 저임금 및 금융투기를 통해 특권층의 수중에 귀속되는 결과로 해석하는 '궁핍화 테제(pauperization thesis)'를 상기시켜 '분배의 정치'를 호명하게 된다. 근로활동에 전념했음에도 불구하고 부가 소수에게 편중됨으로써 일하는 다수가 비참한 삶을 살아갈 수밖에 없는 비대칭적 상황이 사회적 분열을 조장한다는 의식을 공고화시키기 때문이다.

실제로 요즘 많은 사람들이 더불어 잘살고 있다는 믿음을 상실함으로써, 빈부격차를 사회분열의 핵심 이슈로 소환하고 있다. 고달픈 삶을 살아가는 다수의 사람들이 소수 상류층이 그들과 전혀 다른 삶을 누리고 있음을 자각했을 때 느끼게 되는 소외감은 분배정의나 분배정치를 거시적 차원으로 주제화한다(Stiglitz, 2012). 한국 사회의 경우, 분배갈등은 한국 전쟁 이후 국내 최대 규모의 파업투쟁으로 알려진 1987년 '노동자대투쟁' 때 명시적으로 표출되었는데, 1997년 외환위기 이후의 양극화가 집단적 좌절감을 가중시킴으로써 분배갈등을 사회 전면으로 확산시켰다(김문조, 2008).

이 점은 심층면접 연구를 통해 포착된 다음과 같은 2015년도 연구결과에서 보다 여실히 드러난다(국민대통합위원회, 2015). "죽도록 일했다."는 30대 초반의 A씨는 3년차 직장인이다. 그의 월급은 세후 260만 원. 생활비를 최대한 아껴 썼지만 여태까지 모은 돈은 3,000만 원이 전부다. 통계청이 발표한 서울 평균 아파트 매매가격은 최근 5억 5,123만원으로 A씨가 월급 200만 원을 매달 모아도 서울 시내에서 아파트를 마련하기까지 20년 이상이 걸린다. 그는 "몇십 년이 걸려도 제 힘으로 서울에 내 집 한 채 살 수 없다는 게 상식적으로 말이 되는 사회냐. 결혼은 이미 포기했다."고 분통을 터뜨린다. A뿐만이 아니라 연애와 결혼, 출산을 넘어 취업, 인간관계와 내 집 마련, 희망까지 포기해야 하는 젊은 세대는 이른바 '7포 세대'로 대변되는데, 최근에는 '7포'를 넘어 포기해야 할 게 너무 많아 아예 무한대라는 'N포 세대'로 발전했다. 젊은 세대는 "문제의 원인이 사회구조에 있음에도 젊은이들에게 더 많은 노력만을 요구한다."며 'No~력(온갖 노력이 소용없다는 자조적 표현)'이라는 신조어로 기성세대에 불만을 털어놓고 있다. 그 결과, 취업난과 생활고에 지친 청년층을 중심으로 더 이상 되고 싶은 것도, 하고 싶은 것도 없는 '자포자기 문화'가 번지고 악성화하고 있다. 더구나 포기 심리가 젊은 세대에만 국한되지 않는다는 사실이 우리 사회의 심각성을 확신시켜 준다. 기성세대나 노년에서도 포기 정서가 확산되어, 한국 사회 전 연령층이 삶에 대한 애착이나 활력을 상실해 가고 있는 것이다.

분배 불균형의 문제는 자본주의 경제체제의 호황 국면이 퇴조하기 시작한 1970년대 초부터 이슈화하기 시작했는데, 케인스주의 팽창정책에 대한 기대감이 퇴조하기 시작한 1980년대부터는 상하층 간의 경제적 양극화가 선후진 여부를 막론한 세계 전체가 동시적으로 우려하는 보편적 난제로 출현하게 되었다. 조세제도나 연금제도의 개혁 혹은 비정규직 근로자의 정규직 전환이나 최저임금제 등과 같은 일련의 후생경제학적 정책들에 의거한 복지적 사회통합 방안이 설득력을 높여 나가게 된 것은 이 무렵부터이다.

불공정한 분배로부터 야기된 분배갈등이 사회갈등의 핵심이라고 보는 관점에서는 갈등 해결의 실마리를 분배정의의 실현에서 찾고자 한다. 분배정의를 실현하는 방식에 대해서는 시대별, 학자별로 상이한 주장이 제기되어 왔다. 그러나 대체적으로 사회 전체의 부가 하위 계층 사람들에게도 고루 되돌아가 그들의 삶의 질을 개선할 수 있는 복지정책을 강화해야 한다는 제안이 최선책으로 여겨져, 분배적 정의에 입각한 복지적 접근이 사회적 격차로 인한 갈등 해소의 가장 유력한 대안으로 자리잡게 되었다.

2) 인정적 정의에 의거한 포용적 접근

호네트는 사회갈등을 경제적 분배의 문제에만 전가시킬 수 없다고 단언한다. 갈등의 핵심적 문제는 권리의 인정을 유보하고, 상대에 대한 무시와 모욕을 주는 것에서 비롯되기 때문이다. 무시와 모욕은 분노라는 심리적 반작용을 야기함으로써 사회갈등을 조장할 뿐 아니라,

개인의 정서적인 욕구나 도덕적 판단 능력, 그리고 고유한 존재로서의 개체를 부정함으로써 긍정적 자아관이나 자아정체성 형성을 저해한다(프레이저 · 호네트, 2014). 아이리스 마리온 영(Iris M. Young) 역시 『차이의 정치와 정의(*Justice and the Politics of Difference*)』라는 책에서 "분배 패러다임이 경제적 자원의 공정한 분배만을 사회정의로 설정함으로써 다양한 사회적 차별을 은폐시키고 있다."고 비판한다. 사회갈등은 개인 또는 집단에 대한 무시, 낙인 및 편견에서 비롯되므로 사회부정의가 '집단의 차이'와 관련이 있다는 지점에서 논리를 구축해야 한다는 주장이다(Young, 2011).

호네트, 영, 윌 킴리카(Will Kymlicka), 찰스 테일러(Charles Taylor) 등 '인정정치'를 내세우는 인정적 정의론자들은 현대 사회의 가장 큰 관심사는 개인의 정체성으로서, 그것은 타인의 인정에 의해서 성립된다는 점을 공통적으로 지적한다. 요컨대 나의 존재 가치는 타자와의 관련성하에서 확보되는 것인 만큼, 집단 간의 차이를 인정하고 차이를 긍정적으로 바라보게 되면 소수집단은 지배질서에 의해 억압받았던 자신의 정체성을 회복할 수 있다는 것이다. 따라서 사회구성원 각자가 자신의 존재적 특성을 긍정적으로 살릴 수 있도록 '차이의 정치'를 펼치는 것이 인정적 정의의 요체라는 것이다. 따라서 인정적 정의에 입각한 포용적 접근이야말로 국민 누구나 자신의 정체성을 긍정하며 자유롭게 삶을 실현하며 살아갈 수 있는 사회통합의 첩경으로 간주된다.

이런 식으로 사회갈등이 경제적 분배를 둘러싸고 전개되던 분배갈등에서 정체성과 차이의 정치로 대변되는 인정갈등으로 확장되고 있고, 사회통합의 방안에 대한 담론 역시 복지적 접근으로부터 포용적 접근으로 외연하고 있다. 정체성 갈등에는 경제적 배제나 문화적 무시 혹은 도구적 인간관계의 확산으로 인한 소외, 모욕 또는 분노가 문제의 핵심을 이룬다. 따라서 현대적 삶의 주요 과제는 개인 또한 집단이 자신의 정체성을 긍정하고 자신의 삶을 성공적으로 실현시키며 살아갈 수 있는 사회를 만드는 것이라 할 수 있다. 이를 위해 요구되는 것은 '차이의 인정'이다. 그러므로 인정 패러다임의 핵심적 논점은 '참여의 동등'이나 '존엄의 평등'에 있다.

이때 명기해야 할 것은, 프레이저와 호네트의 논쟁으로 대변되는 "분배냐, 인정이냐?"라는 논제에서 분배와 인정이 상호 대립적 범주로 서로 등을 돌리고 있는 개념이 아니라는 점이다. '각자에게 제 몫을'이라는 분배 정의는 오히려 인정론자들이 강조하는 부정한 착취, 억압, 무시, 배제와 불가분의 관계를 맺고 있다. '참여의 동등'이나 '존엄의 평등'의 실현은 무(無)권력의 문제와 직결되는 분배의 권리로부터의 배제, 또 그로부터 야기되는 무시와 모욕의 문제와 궁극적으로 상통하기 때문이다. 그러므로 인정갈등은 분배갈등을 포함하는 보다 넓은 개념으로 받아들이는 것이 온당하다고 본다.

4. 부가적 차원: 응보적 정의에 의거한 징벌적 접근

분배론 및 인정론에 속하지 않는 별도 차원으로의 사회통합적 대안으로 부가할 수 있는 것이 응보적 정의(retributive justice)에 준거한 징벌적 접근(punitive approach)이다. 법치주의를 기반으로 한 이 부가적 논리의 기원을 따지자면, 전술한 복지적 접근이나 포용적 접근보다 훨씬 연조가 깊다.

일찍이 고전사회학자 에밀 뒤르켐(Emile Durkheim)은 사회가 기계적 결속의 사회에서 유기적 결속의 사회로 진화되어 가면서, 분업의 증대에 따라 집합의식이 약화되어 일탈에 대한 거부감이 도덕적으로나 법적으로 완화될 것으로 예견한 바 있다(뒤르켐, 2012[1893]). 그러나 마르크스주의적 시각에서 처벌과 사회와의 관계를 재검토한 게오르그 루쉐(Georg Rusche)와 오토 키르히하이머(Otto Kirchheimer)는 자본주의 경제체제의 대누와 노동의 중요성이 징역형의 등장과 밀접한 관계가 있다는 견해를 피력하였고, 다리오 멜로시(Dario Melossi) 역시 자본주의 경제 위기와 처벌 사이의 관련성이 이데올로기의 관여로 강화된다고 주장하였다(Rusche and Kirchheimer, 2003; Melossi and Pavarini, 2018).

또 현대 사회를 '짐 보관소로서의 공동체'로 지칭한 지그문트 바우만(Zygmund Bauman)도 불확실성과 불안정감이 만연한 현대 사회에서 사회의 혼돈이 추동하는 개인화로 인해 '공공의 이해'라는 개념이 날로 희박해져 '일시적 관계맺음(Sennett, 1998)'과 '취약한 유대(Granovetter, 1973)'가 풍미하게 된다고 주장하면서, 사회적 쓰레기로 전락해 가는 존재성이 희박한 사람들이 사회에서 추방되는 사태의 불가피함을 시사한 바 있다(바우만, 2008). 이러한 논의에서 파생하는 것이 징벌주의로서, 징벌적 동기는 사회적 위기 국면에서 대중의 불안감이나 보복감정에 영합하여 발흥하는 포퓰리즘의 일환으로 구현될 때가 많다. 요컨대, 징벌주의의 근저에는 신자유주의적인 '형벌의존 증후군'이 내재해 있다고 말할 수 있다.

실제로 자유경쟁에 의한 질서형성을 추구하는 신자유주의적 시장원리는 연대, 포용, 관용보다는 적대, 배제, 엄단과 같은 징계적 처벌에 의거한 질서유지를 선호하는 경우가 많다. 신자유주의적 사회체제하에서 불량품에 해당하는 잉여 인간에 대한 처벌의 목적이 그들에 대한 재활용이나 복귀보다 쓰레기 처리에 있다는 주장도 그러한 범주에 귀속시킬 수 있다. 이때 무한 경쟁사회로 내몰리게 되는 개인들은 타자에 대한 관용을 상실한 채 공공적 역할에 눈 돌릴 여유를 상실함으로써, 사회적 쓰레기의 증식에 기여하는 동조자가 될 경우가 많다(바우만, 2008[2004]).

징벌주의로 귀착되는 응보적 정의의 실현은 다음과 같은 문제점을 촉발한다. 첫째는 사회문제의 원인을 '개인'에게 전가한다는 점이다. 예컨대 범죄문제를 가해자 혹은 피해자의 개인적 문제로 치부하게 되면서 범죄의 사회적 원천에 대한 인식을 차단한다. 둘째는 높은 사회적 불안이 '낙인찍힌 자'와 '낙인찍는 자'를 구분하고 '자신을 보호할 수 있는 자'와 '자신을 보호할 수 없는 자'를 구분하려는 차등적 제재 양식을 고취한다는 점이다. 그 결과, 공적 처벌과정에서 낙인 효과에 대한 의존성이 극대화하여 징벌주의가 엄벌주의로 극단화할 때가 많다.

5. 소결

이 장에서는 사회갈등의 해소를 위한 사회통합의 기본 원리 및 실천 방안을 궁극적으로 응보적 정의에 의거한 징벌적 접근, 분배적 정의에 의거한 복지적 접근 및 인정적 정의에 의거한 포용적 접근이라는 세 가지 형태로 구분해 그 내용을 상론하였다. 징벌적 접근은 사회질서를 파괴하는 행위에 대한 법적 처벌이라는 법적 제제 효과(deterrence effect)에 기초한 사회통합 방안으로 법치주의의 근간을 이루는 것이라고 할 수 있다. 복지적 접근은 안정적 직업기회나 연금 · 복지제도와 같은 사회안전망 강화를 통해 어려운 여건에 처하면 안정될 때까지 인간다운 삶을 영위할 수 있는 생활기회의 개선을 목표로 한 사회통합 방안이다. 포용적 접근은 개개인이 유의미한 사회적 존재임을 인정함으로써 공존공영의 공진국가(共進國家)를 지향하는 화합적 통합 방안으로(박형준, 2014), 인격적 훼손이나 무시를 당하지 않고 독자적 존재로 살아갈 수 있는 생활여건의 조성을 목표로 하는 사회통합책이라고 말할 수 있다. 그런데 사회통합은 궁극적으로 사람들을 결속시키는 것이 핵심 목표인 만큼, 일단 징벌, 복지 및 포용이라는 세 가지 방안을 놓고 비교하자면, 또 다른 갈등을 유발하는 처음 두 안보다 포용적 방안이 통합사회의 길을 열어가는 가장 합당한 대안이 될 것이라는 잠정적 결론에 이르게 된다.

II

분석과 대응

제6장

서베이 연구: 격차, 갈등, 통합

1. 연구 목표

1960년대 중반부터 본격화된 국가주도형 고도성장으로 한국 경제는 단기간에 괄목한 수준에 이르렀다고 평가받아 왔다. 1960년 79달러에 불과하던 1인당 국민총소득이 1970년 243달러, 1996년 1만 달러, 2007년 2만 달러를 넘어 2018년에는 3만 달러를 넘어섰다(한국은행, 『국민계정』 각년호). 그럼으로써 미국, 일본, 독일, 프랑스, 영국, 이탈리아에 이어 세계 7번째로 국민소득 3만 달러 이상, 인구 5,000만 명 이상 나라를 뜻하는 '30~50클럽'에 이름을 올리게 되었을 뿐 아니라, 제조업 세계 5위, 수출 6위, 외환보유액 세계 9위를 기록하는 세계 11

번째 경제 대국으로 발돋움하게 되었다(한국은행, '2018년 연간 국민소득' 잠정통계 발표 자료). 따라서 정치 · 사회 · 문화 등 경제외적 부문들은 '일류 경제'를 본받아야 한다는 여론이 한때 국내외에 풍미했다. 하지만 80년대 민주화 시대 이후 비(非)민주적 경제발전이 사회체제의 균열을 초래한다는 비판과 더불어 '갈등'이 첨예한 사회적 이슈로 대두하고 있다.

한국 사회는 인적, 구조적, 문화적, 의식적 이질성이 더해 가는 최근 들어 갈등이 증폭되고 있다. 그중에서도 생활기회의 높낮이나 의식적 격차에 의해 심화되어 가는 계급갈등은 국가발전이나 국민행복의 최대 걸림돌로 꼽힌다. 빈부, 이념, 노사, 지역, 환경, 세대, 남녀 갈등 등을 중심으로 한 집단갈등들 중 계급문제와 직결된 빈부갈등, 이념갈등 및 노사갈등을 우리 사회의 가장 심각한 현안 과제로 꼽은 갈등 인식에 관한 조사 결과가 그 점을 단적으로 입증한다(국민대통합위원회, 2014).

한국 사회의 갈등을 경험적으로 분석해 갈등 해소를 위한 합당한 대안을 모색해 보자는 것을 기본 목적으로 하는 이 서베이 연구에서는 (1) 갈등의 성격, 원인 및 진전 과정을 계급관계를 중심으로 살펴보고, (2) 갈등 해소의 기본 원리와 실천 방안을 검토한 후, (3) 1,000여 명의 성인 표본을 대상으로 설문조사를 실시해 이론적 논의에서 추론된 주요 명제들을 실증적으로 점검하면서, (4) 그 이면적 함의와 대처 방안을 탐지해 보고자 한다.

2. 이론적 논의

1) 갈등의 진원으로서의 격차

산업혁명 이후 200여 년간 경제성장과 사회복지를 동시적으로 추구해 온 서구 국가들은 그 도정에서 돌출한 계급갈등에 완급을 기해 가며 점진적으로 대처할 수 있었다. 반면 70년대까지의 고도성장과 80년대 초 3저 호황의 미몽에서 벗어나지 못한 한국 사회는 성장의 혜택이 사회 저변으로 확산될 것이라는 낙수효과(trickle down effect)를 기대해 계급문제를 경시하거나 외면해 왔다. 그러나 1987년 노동자대투쟁 이후 계급갈등은 사회변혁의 기폭제로 작용해 왔는데, 근자에는 일자리 갈등, 복지갈등 및 세대갈등 등과 합류해 그 위험도가 증폭되고 있다.

사회변동 과정에서 부각되는 크고 작은 차이들이 갈등의 화근이 된다. 차이가 횡적이고 수평적이라면 오해나 무지로 인한 갈등이 돌출한다. 반면, 격차라고 지칭될 수 있는 종적, 수직적 차이는 불만을 매개로 한 갈등을 초래한다. 이때 격차가 태생적 · 개인적 차원에 국한된 '자연적 불평등'이면 갈등이 자신이나 팔자를 탓하는 내향적 경향을 견지할 가능성이 높지만, 사회체계와 직결된 '집합적 불평등'일 때는 타자나 사회를 대상으로 한 외향적 갈등으로 비화할 개연성이 높다.

실용주의적 사회행태론과 베버주의적 사회구조론을 접합한 *Character and Social Structure: The Psychology of Social Institutions*라는 저작에서 한스 거스(Hans Girth)와 찰스 라이트 밀스(Charles W. Mills)는 사회적 역할이 거시적으로 발현할 때 사회구조, 미시적으로 발현할 때 사회의식으로 표상한다는 주장을 피력한 바 있다(Girth and Mills, 1953). '관념은 존재의 함수'라는 지식사회학의 기본 명제와 상통하는 이러한 견해를 집합적 불평등으로서의 계급격차에 적용해 본다면, 계급격차는 생활기회(life chance)의 불평등으로 인한 객관적 현상으로서의 사회구조적 차원, 그리고 생활관이나 사회관의 차이에 의한 주관적 현상으로서의 사회의식적 차원으로 양분할 수 있으나, 현대 사회에서 목격되는 계급격차의 대부분은 그들 양자가 뒤섞인 착종적 성격을 지닌다.

2) 계급갈등의 성격과 해법

(1) 계급갈등의 성격

구조적 불평등에서 파생하는 계급갈등은 일단 생활기회의 높낮이를 중심으로 한 이해갈등(interest conflict)의 범주에 귀속시킬 수 있다. 그러나 양적 격차가 생활양식이나 생활관을 중심으로 한 질적 격차로 확장되면, 계급갈등은 내집단-외집단 의식을 주축으로 한 정체성 갈등(identity conflict)으로 변신한다. 전자는 자원 재분배를 주제로 한 분배투쟁, 후자는 동등성 요구를 내세운 인정투쟁에 상응한 개념이라고 할 수 있다(Goldstein and Rayner, 1994; 호네트, 2011).

현실세계의 갈등은 사실상 양대 측면에서 동시적으로 전개된다. 차등적 기회구조에 대한 불만에서 촉발하는 경제적 차원의 사회갈등은 무시라는 부정적 체험을 통해 강화되며, 자신의 존재가치를 사회적으로 거부당하게 되면 객관적 격차를 극복할 수 있는 지위상승의 의지가 무산되기 때문이다. 앞 장에서도 언급한 바 있듯, 정치철학자 낸시 프레이저(Nancy Fraser)는 분배의 문제와 인정의 문제는 어느 하나가 다를 하나에 환원될 수 없는 독자적 위상을 지닌 것이어서 분석적으로 구분될 필요가 있다고 주장한다. 반면, 사회철학자 악셀 호네트(Axel

Honneth)는 분배갈등에 대한 논의가 별도의 축을 이루고 있음에 동의를 표하면서도, 인정갈등은 분배갈등을 포괄하는 상위 개념임을 역설한다(프레이저 · 호네트, 2014). 이러한 견해차에도 불구하고, 양자는 분배와 인정의 이원적 관계를 올바로 포착하지 못할 경우 사회갈등에 대한 그릇된 대응을 자초할 위험성이 크다는 점을 공통적으로 지적한다.

(2) 계급갈등의 해법

그러나 갈등 해소를 위해서는 심성적 차원까지를 포함한 사회체계의 일대 혁신이 필요하다는 주장이 사회 일각에서 간단없이 제기되어 왔다. 거기에는 전술한 징벌론, 분배론 및 인정론을 넘어선 새로운 갈등 극복 방안에 대한 기대가 내포되어 있는데, 우리는 그러한 대안을 폴 맥콜드(P. McCold)와 테드 왁텔(Ted Wachtel)이 제시한 '사회 훈육창(Social Discipline Window)' 도식에서 확인할 수 있다(McCold and Wachtel, 2003, [그림 6-1] 참조).

사회적 통제 및 사회적 지지라는 양대 요소에 준거해 사회해체에 대한 대처 원리를 모색하고자 한 다음의 사회 훈육창 도식에서 높은 통제의 정도를 보이지만 낮은 사회적 지지를 나타내는 'TO' 셀은 응보적 원리에 해당하며, 낮은 통제의 수준과 높은 사회적 지지를 나타내는 'FOR' 셀은 복지와 포용의 혼합인 포섭적 원리에 해당한다. 반면 높은 수준의 통제와 높은 수준의 사회적 지지를 나타내는 'WITH' 셀을 대변하는 것이 회복적(restorative) 원리에 해당하는 것으로, 이는 인정을 넘어 공감적 이해라는 보다 심층적 · 치유적 · 능동적 갈등 해결책으로 연결되는 것이라고 할 수 있다(Braithwaite and Strang, 2001). 따라서 아무런 통제나 지지를 가하지 않는 'NOT' 셀을 제외한 나머지 세 가지 셀의 내용에 기초해 갈등 해소의 원리와 방안을 확장적으로 유형화한다면, 응보적 정의(retributive justice)에 의한 징벌적 접근(punitive approach), 분배적 정의(distributive justice)에 의한 복지적 접근(welfare approach), 인정적 정의(recognition justice)에 의한 포용적 접근(inclusion approach) 및 회복적 정의(restorative justice)에 의한 화해적 접근(reconciliation approach)라는 네 가지 범주로 대별할 수 있다.

[그림 6-1] 사회 훈육창(Social Discipline Window)

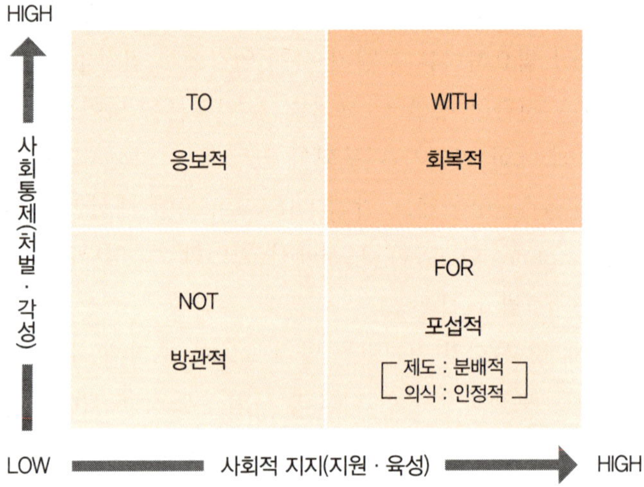

3. 연구 모형

한국 사회의 계급갈등에 관한 기존의 진술을 경험적 연구를 통해 일괄적으로 검증하기 위해, 일단 이 책 제5장에서 거론한 핵심 논제들을 항목별로 재정리하면 다음과 같다.

- 계급갈등의 배경과 의의: 사회불안의 정도 및 사회갈등의 심각성
- 계급갈등의 원인 : 사회구조적 격차/사회의식적 격차
- 계급갈등 해소를 위한 기본 원칙: 응보적 정의/분배적 정의/인정적 정의
- 계급갈등 해소를 위한 사회통합 방안: 징벌적 접근/복지적 접근/포용적 접근

여기에 바로 앞 절에서 소개한 맥콜드와 왁텔의 사회 훈육창 모형으로부터 추론한 회복적 정의에 의한 화해적 접근을 부가해, 사회갈등의 원인에서 갈등 해소를 위한 대응원리와 사회통합 방안에 이르는 일련의 인과관계들을 총괄적으로 도식화하면 [그림 6-2]와 같다.

[그림 6-2] **연구 모형**

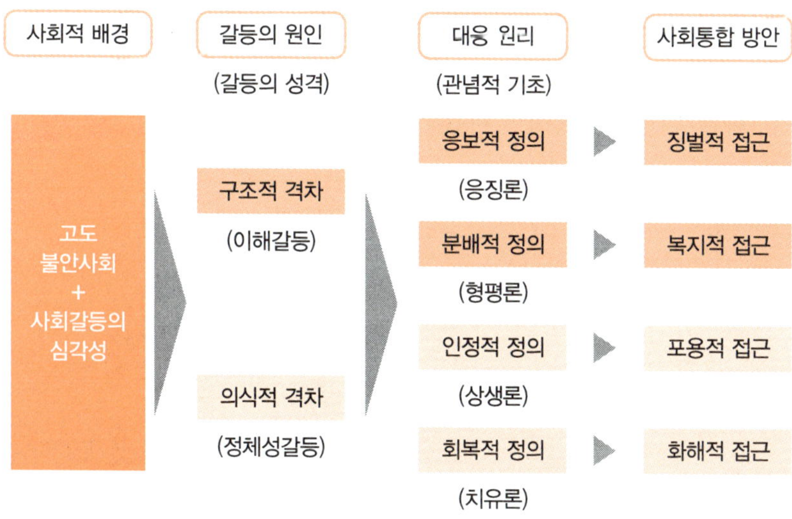

4. 조사 절차 및 결과

1) 조사 절차

이 연구는 2013~14년 삼성사회정신건강연구소의 지원과제 〈한국사회통합의 새로운 패러다임〉의 일환으로 시행된 『사회통합에 관한 국민의식 조사』자료를 활용한 것으로, 조사는 당시 주민등록통계에 수록된 19~59세까지의 전 국민 모집단 중 성/연령/지역별 비례할당을 통해 추출된 표본을 대상으로 한 온라인 조사, 그리고 60세 이상은 시급 도시 이상에 거주하는 도시민을 무작위 선정 원칙으로 추출한 별도의 표본을 대상으로 한 면접조사의 혼합모드로 진행되었다. 조사는 2014년 9월 18일부터 9월 29일에 걸쳐 실시되었으며, 해당 기간에 1,288명의 온라인 조사 및 201명의 면접조사 대상자를 합한 총 1,489명의 조사 자료가 수집되었는데, 이 중 부적절한 응답지 289매를 제외한 1,200명의 응답을 최종 분석대상으로 확정하였다. 조사대상자의 사회인구학적 특성을 요약하면 다음과 같다.

〈표 6-1〉 조사대상자의 사회인구학적 특성

		성별					
		남		여		전체	
		빈도	%	빈도	%	빈도	%
연령대	십대	15	2.5	15	2.5	30	2.5
	이십대	102	16.8	91	15.3	193	16.1
	삼십대	128	21.1	122	20.6	250	20.8
	사십대	141	23.2	134	22.6	275	22.9
	오십대	127	20.9	124	20.9	251	20.9
	육십대	94	15.5	107	18.0	201	16.8
최종학력	중졸 이하	48	7.9	78	13.2	126	10.5
	고등학교 졸업	138	22.7	141	23.8	279	23.3
	전문대 졸업	75	12.4	98	16.5	173	14.4
	대학교 졸업	276	45.5	240	40.5	516	43.0
	대학원 졸업	70	11.5	36	6.1	106	8.8
혼인상태	기혼	411	67.7	418	70.5	829	69.1
	미혼	182	30.0	157	26.5	339	28.3
	기타	14	2.3	18	3.0	32	2.7
종교	불교	99	16.3	116	19.6	215	17.9
	개신교	124	20.4	132	22.3	256	21.3
	천주교	53	8.7	83	14.0	136	11.3
	원불교	3	0.5	2	0.3	5	0.4
	종교 없음	320	52.7	256	43.2	576	48.0
	기타	8	1.3	4	0.7	12	1.0

[그림 6-3] 조사대상자의 직업 분포

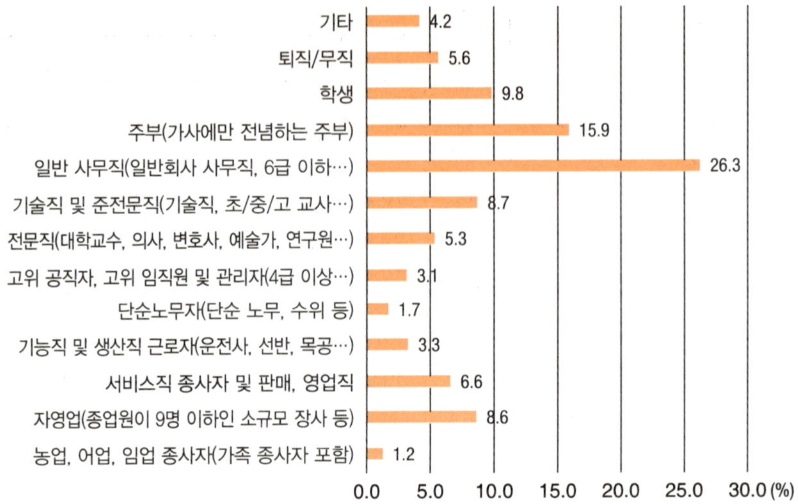

2) 측정 변수

(1) 사회불안의 정도 및 사회갈등의 심각성

① 사회불안의 정도

사회불안은 다양한 방식으로 접근 가능하다. 하지만 계급갈등을 증폭시키는 불안으로 문제를 한정코자 하는 이번 조사에서는 사회경제적 측면과 연관된 생활불안으로 범역을 좁혀 생애주기별로 이어지는 대표적 불안에 대한 그 정도를 측정하고자 했다. 즉, '학교공부(본인이나 자녀의 학업성적)', '취업문제(본인이나 자녀의 취직)', '직장생활(본인이나 자녀의 승진문제나 실직 위협)', '혼인생활(본인이나 자녀의 결혼, 출산, 자녀양육, 가족관계 등)', '경제생활(본인이나 자녀의 생계비, 주거비, 교육비, 의료비 등)', '노후생활(본인이나 부모님의 건강이나 돌봄)' 등에 대하여 '매우 불안'부터 '전혀 불안하지 않다'로 응답한 5점척도를 사용해 불안을 산정하였다.

② 사회갈등의 심각성

사회갈등의 심각성은 일차적으로 "현재 우리 사회 전반에서 발생하고 있는 갈등의 심각성이 어느 정도라고 생각하십니까?"라는 질문에 대해 '전혀 심각하지 않다'(=1)부터 '매우 심각하다'(=7)로 응답한 것으로 측정하였다. 또 계급갈등의 심각성은 '부유층과 빈곤층', '경영자와 노동자', '정규직과 비정규직', '고학력자와 저학력자', '주택소유자와 무주택자', '젊은세대와 기성세대', '진보진영과 보수진영', '수도권 주민과 지방 주민', '강남사람과 강북사람', '한국인과 외국인'이라는 10개 집단 간의 갈등에 대한 심각성을 동일 척도로 측정한 결과를 비교해 간접적으로 산정하였다.

(2) 계급갈등의 원인

계급갈등의 원인은 그것이 구조적 차원 및 의식적 차원의 격차에 기인할 것이라는 가정하에, 다음과 같은 문항에 의거해 측정하였다. 구조적 차원의 원인은 '소득격차', '불합리한 분배구조', '기회구조의 차이', '불공정한 사회경쟁'의 네 문항에 대해서 '매우 중요하다'에서 '전혀 중요하지 않다'의 4점 척도를 통해 측정하였으며, 의식적 차원에 대해서는 '사회적 소통의 단절', '상호 불신', '집단이기주의', '상대방에 대한 무시', '다름에 대한 거부', '갈등 조정능력의 부재'라는 여섯 문항을 사용해 측정하였다.

(3) 사회통합 원리

계급갈등 해소를 위한 사회통합 원리에 대한 측정은 앞서 소개한 맥콜드와 왁텔의 훈육창 이론을 원용해 분류한 네 가지 유형—응보적 정의, 분배적 정의, 인정적 정의 및 회복적 정의—과 연관된 다음과 같은 일련의 문항에 대한 응답으로 측정하였다.

응보적 정의는 '가해자들에 대한 처벌이 엄수되어야 함', '특권층의 비리를 엄히 다스려야 함'과 '법치주의를 확립해야 함'이라는 세 가지 문항을 사용해 측정하였고, 분배적 정의는 '취약계층에 대한 보호 대책이 있어야 함'과 '사회복지체제를 강화해야 함'이라는 두 개의 문항을 사용해 측정하였다. 또 인정적 정의는 '사회적 약자에 대한 나눔의 문화를 확산해야 함'과 '피해자들은 사회적으로 배려해야 함'이라는 두 개 문항, 그리고 회복적 정의는 '진솔한 대화나 소통의 기회가 주어져야 함'과 '심정적 격차를 좁혀야 함'이라는 두 가지 문항에 대한 응답을 통해 측정하였다.

(4) 사회통합 방안

계급갈등 해소를 위한 사회통합 방안도 사회통합 원리의 연장선상에서 응보적 정의에 기초한 징벌적 접근, 분배적 정의에 기반한 복지적 접근, 인정적 정의에 의거한 포용적 접근 및 회복적 정의를 바탕으로 한 화해적 접근으로 나뉘어질 것이라는 전제하에 측정되었는데, 이들은 각기 합법(合法), 합의(合意), 합동(合同) 및 합심(合心)이라는 개념으로 대변되는 사회통합 방안에 해당한다고 할 수 있다.

징벌적 접근에 대한 견해는 '사회적 비리나 부정부패의 척결', '법치주의를 통한 사회질서의 회복' 및 '공정한 경쟁규칙의 확립'이라는 세 가지 문항을 사용해 측정하였다. 복지적 접근의 측정을 위해서는 '합리적 절차를 통한 합의 도출', '잘잘못의 규명을 통한 손실의 배상' 및 '부유층과 빈곤층의 상생'이라는 세 개 문항을 사용하였고, 포용적 접근은 '상호 이해를 통한 심정적 일체감'과 '삶의 목표나 가치관의 공유'의 두 개 문항, 그리고 화해적 접근은 '대화와 소통에 의한 내면적 상처의 치유' 및 '인격적 존중에 기초한 사회관계의 개선'이라는 세 가지 문항에 대한 응답을 통해 측정하였다.

3) 조사 결과

(1) 사회불안의 정도

한국 사회 전반에 걸친 사회불안의 현황을 파악하기 위한 응답자들의 반응을 살펴보면, 전체 응답자(n=1,200) 중 약 87%는 미래에 대해

[그림 6-4] 미래에 대한 불안

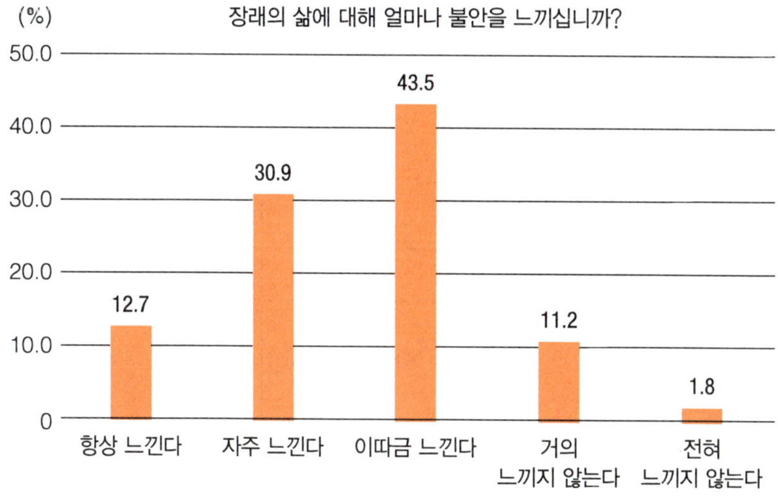

서 이따금씩 이상의 불안을 느끼고 있으며, 약 43%의 응답자는 보다 빈번하게 불안을 느끼고 있는 것으로 나타났다. 반면, 한국 사회에서의 미래 불안을 전혀 느끼지 않는다고 응답한 비율은 전체 응답자 중 약 1.8%에 불과하다([그림 6-4] 참조).

한편, 총 6개 영역에 대한 생활불안의 응답의 결과는 다음 〈표 6-2〉와 같다. 영역별 불안감의 정도는 모든 영역에서 전체 응답자의 50% 이상이 불안감을 느끼고 있다고 답변한 것으로 나타났다. 이러한

〈표 6-2〉 사회불안의 정도(n=1,200)

(단위: %)

문항내용	매우 불안	불안	약간 불안	별로 불안하지 않음	전혀 불안하지 않음	불안감
1) 학교공부(본인이나 자녀의 학업성적)	6.6	20.8	29.4	30.4	12.8	56.8
2) 취업문제(본인이나 자녀의 취직)	16.8	28.7	28.7	16.4	9.4	74.2
3) 직장생활(본인이나 자녀의 승진문제나 실직위협)	13.8	27.6	31.3	20.1	7.3	72.6
4) 혼인생활(본인이나 자녀의 결혼, 출산, 자녀양육, 가족관계 등)	9.9	21.7	30.2	27.4	10.8	61.8
5) 경제생활(본인이나 자녀의 생계비, 주거비, 교육비, 의료비 등)	20.3	31.9	30.6	14.3	2.8	82.8
6) 노후생활(본인이나 부모님의 건강이나 돌봄)	23.2	34.4	28.3	11.8	2.3	85.9

일관성 있는 결과는 한국 사회에서 불안이 생애주기에 따라 꼬리를 물고 이어진다는 이론적 논의의 진술을 간접적으로 뒷받침한다.

(2) 사회갈등의 심각성

현재 한국 사회에서 발생하고 있는 갈등의 심각성이 어느 정도인가에 대한 응답을 살펴보면, 전체 응답자의 62.4%가 '매우 심각하다'거나 '심각하다'고 답변한 반면, '별로, 혹은 전혀 심각하지 않다'는 비율은 6.9%에 불과해 인지적 심각성의 현황을 쉽게 인지할 수 있다([그림 6-5] 참조).

[그림 6-5] **사회갈등의 심각성**

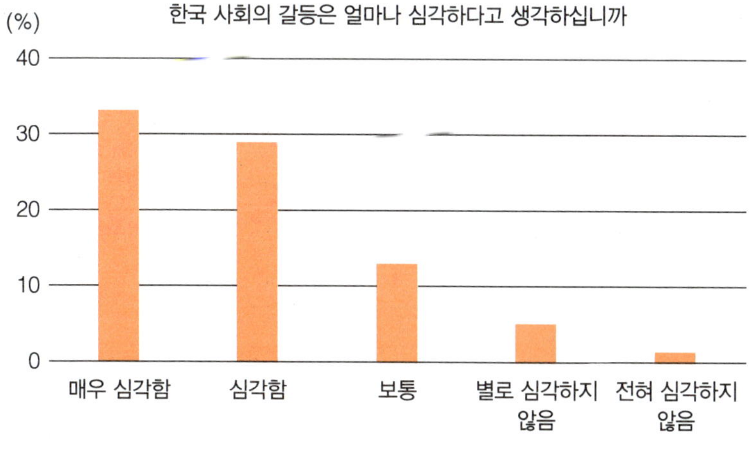

또 응답자들이 부유층과 빈곤층 간의 갈등을 여타 어느 유형의 갈등보다도 심각하다고 생각하며, 빈부-노사-직업-이념과 같은 계급문제와 유관성이 높은 현상에 대한 갈등을 심각하게 여기고 있는 유형별

응답 결과로부터는 계급갈등에 대한 우리 국민의 높은 우려를 확인할 수 있다(〈표 6-3〉 참조).

〈표 6-3〉 사회갈등의 유형별 심각성(n=1,200)

(단위: %)

다음 두 집단 간의 갈등이 얼마나 심각하다고 생각하십니까	매우 심각함	심각함	보통	별로 심각하지 않음	전혀 심각하지 않음	심각성 정도
부유층과 빈곤층(빈부갈등)	40.7	46.1	12.0	1.2	0.1	86.8
경영자와 노동자(노사갈등)	28.7	50.6	19.6	1.1	0.1	79.3
정규직과 비정규직 (직업갈등)	32.8	45.1	19.7	2.3	0.1	77.9
고학력자와 저학력자	13.6	40.8	36.6	8.3	0.8	54.4
주택소유자와 무주택자	14.8	38.8	37.3	8.4	0.7	53.6
젊은세대와 기성세대	17.2	47.2	30.8	4.6	0.3	64.3
진보진영과 보수진영 (이념갈등)	46.6	38.8	13.2	1.0	0.5	85.3
수도권 주민과 지방 주민	11.9	36.3	39.7	10.9	1.3	48.2
강남거주자와 강북거주자	12.8	39.7	37.3	9.5	0.8	52.4
한국인과 외국인	6.7	36.3	45.8	10.1	1.1	43.0

(3) 계급갈등의 원인

갈등을 초래하는 요인으로 추정된 총 10개 문항들의 응답에 관한 요인 분석을 실시해 본 결과, 예상대로 그들이 다음 두 범주로 집락화됨을 재확인할 수 있었다. '소득격차', '불합리한 분배구조', '기회구조의 차이', '불공정한 사회경쟁'의 네 문항은 '기회 불평등'이라는 개념으로 통괄할 수 있는 구조적 격차에 해당한다(α=.811), 반면 '상호 불신', '집단이기주의', '상대방에 대한 무시', '사회적 소통의 단절', '다름에 대한 거부', '갈등 조정능력의 부재'라는 6개 사항은 '공감소통 부재'로 지칭할 수 있는 의식적 격차로 귀속시킬 수 있다(α=.835) 따라서 이들을 각기 구조적 · 의식적 격차의 척도로 활용하였다(〈표 6-4〉 참조).

〈표 6-4〉 **계급갈등의 원인 변수들에 대한 요인분석 결과**

	성분	
	의식적 격차: 사회적 배제	구조적 격차: 기회불평등
상호 불신	.771	
집단이기주의	.727	
상대방에 대한 무시	.723	
사회적 소통의 단절	.640	
다름에 대한 거부	.574	
갈등 조정능력의 부재	.541	
소득격차		.762
불합리한 분배구조		.762
기회구조의 차이		.732
불공정한 사회경쟁		.672
신뢰도(Cronbach' α)	.835	.811

(4) 사회통합에 대한 일반적 태도

우리 역대 정부는 계급갈등에 대한 대응책으로 주로 분배 정의에 준거한 사회안전망 구축에 주력해 왔다. 하지만 지속적 성장을 전제로 한 분배구조 개선안은 경기 침체로 인한 불안이 가중되어 가는 현 시점에서 별 효과를 거두지 못하고 있다. 따라서 분배구조나 기회구조의 개선과 같은 구조적 차원을 넘어 민의나 민심을 보다 적극적으로 감안한 사회통합 방안에 대한 기대가 증대할 것으로 추정된다. 다음과 같은 문항에 대한 응답자들의 반응이 바로 그러한 가설을 암묵적으로 뒷받침한다.

① 사회통합의 과정

사회통합의 절차가 '조정과 타협에 의한 합의'에 가까워야 하는지 혹은 '소통과 이해를 통한 공감'을 담고 있어야 하는지에 대해서, 대다수의 응답자들은 사회통합의 절차가 '소통과 이해를 통한 공감'을 반영해야 한다고 응답했다. 약 60% 이상의 응답자들이 조정과 타협에 의한 합의보다는 소통과 이해를 통한 공감을 지지했다([그림 6-6] 참조).

[그림 6-6] **사회통합의 절차**

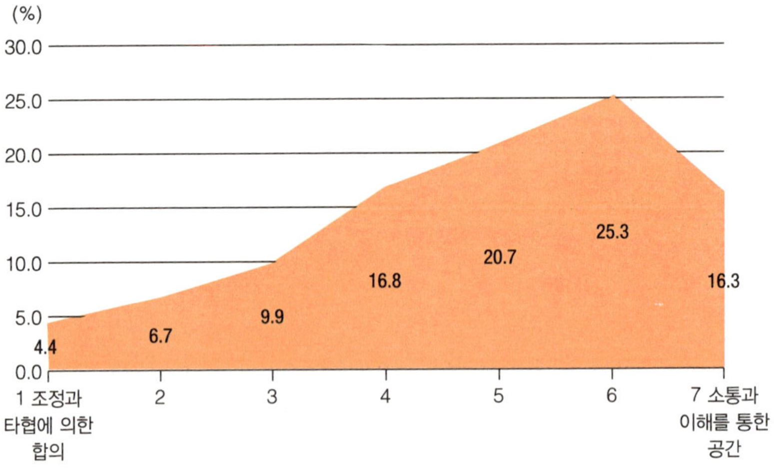

② 사회통합의 지향점

한편 '사회통합이 지향해야 할 바'를 '이해집단들 간의 분쟁해소'와 '차이의 인정을 통한 상호존중'으로 구분하였을 때, 대다수의 응답자들은 사회통합의 지향점이 '차이의 인정을 통한 상호존중'을 지향해야 한다고 응답하였다. 즉, 전체 응답자의 약 60%가 사회통합의 지향점이 단순히 이해집단들 간의 분쟁해소에 그치지 말고 서로들 간의 차이를 인정하고 상호 존중할 수 있도록 해야 한다고 생각한다([그림 6-7] 참조).

[그림 6-7] 사회통합의 지향점

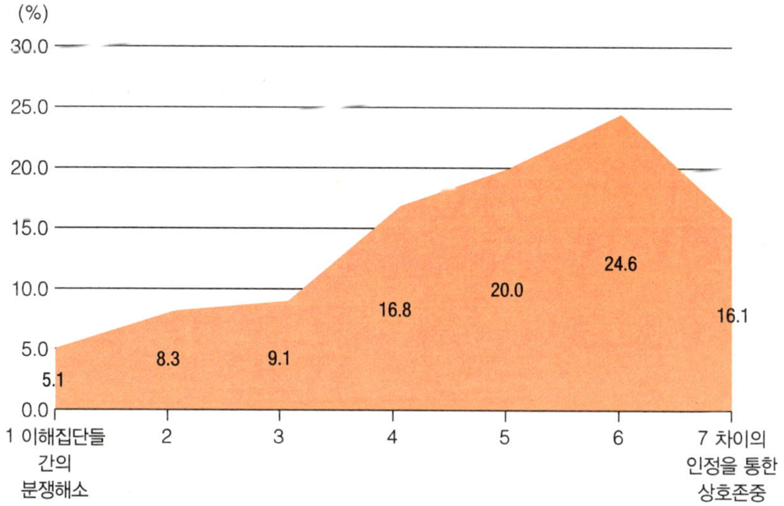

③ 사회통합 방향에 관한 추론

이상과 같은 사회통합의 과정 및 지향점에 관한 '좌저우고(左低右高)'의 응답 경향—(1) 조정과 타협에 대한 합의 대신 소통과 이해를 통한 공감을 보다 선호하는 추세, (2) 이해집단들 간의 분쟁해소 대신 차이의 인정을 통한 상호존중에 대한 보다 높은 기대—은 곧 오늘날 한국사회의 계급갈등은 이해갈등의 수준을 넘어 집합적 존재가치나 자존감과 연루된 정체성갈등으로 이행하고 있음을 강력히 시사한다(기든스, 2010).

(5) 계급갈등 해소를 위한 사회통합 원리

갈등 해소에 대한 대응 원리의 측정을 위해 동원된 총 9개 문항에

〈표 6-5〉 계급갈등 대응원리에 대한 요인분석

	성분		
	분배적 정의	회복적 정의	응보적 정의
취약계층에 대한 보호 대책이 있어야 함	.819		
사회복지체제를 강화해야 함	.733		
사회적 약자에 대한 배려와 나눔의 문화를 확산해야 함	.687		
피해자들에게 확실한 보상이 주어져야 함	.662		
진솔한 대화나 소통의 기회가 주어져야 함		.793	
심정적 격차를 좁혀야 함		.784	
가해자들에 대한 처벌이 엄수되어야 함			.829
특권층의 비리를 엄하게 다스려야 함			.776
법치주의를 확립해야 함			.648
신뢰도(Cronbach' α)	.778	.682	.736

관한 요인분석을 실시한 결과, 응보적 정의, 분배적 정의, 인정적 정의 및 회복적 정의에 해당될 것으로 전제된 문항의 응답들은 총 네 가지 집락이 아니라 흥미롭게도 인정적 정의가 소거된 세 개 집락으로 구획됨을 확인할 수 있다(〈표 6-5〉 참조).

(6) 계급갈등 해소를 위한 사회통합 방안

또 갈등 해소를 위한 사회통합 방안의 측정을 위해 동원된 10개 문항에 관한 요인분석 결과 역시 예상과 다소 다른 양상을 보인다. 사회통합 방안이 징벌적 접근, 복지적 접근, 포용적 접근 및 화해적 접근이라는 네 개 범주로 구분될 것이라는 가정과 달리, F1과 F2라고 표시한 두 개의 집락으로 나뉘어졌다(〈표 6-6〉 참조). 이러한 결과는 사회통합 방안에 관한 유형이 축소된 집락구성에 맞게 재편되어야 한다는 점과 더불어, 전술한 대응 원리와 통합 방안과의 1:1 상응관계도 재고되어야 함을 강력히 시사한다.

집락 수가 네 개에서 두 개로 축소된 결정적 이유는 복지적 접근의 요소가 될 것으로 예상된 세 가지 문항에 대한 응답자들의 반응이 징벌적 접근 및 화해적 접근 쪽으로 분산 병합되고 있다는 점에 있다. 요컨대, 복지적 접근을 구성하던 '합리적 절차를 통한 합의 도출'과 '잘잘못의 규명을 통한 손실의 배상' 항목은 징벌적 접근으로 귀속되는 반면, '부유층과 빈곤층의 상생'이라는 항목은 화해적 접근에 병합되는 것으로 나타난다.

따라서 F1은 사법적 접근과 더불어 절차적 합리성이 보장되는 조건에서의 정치적 판단, 여론 수렴 혹은 정상 참작 등과 같은 '비(非)사법적 수단들(non-legal measures)'을 포함한 확장된 갈등 해소 방안이라고 여겨진다. 즉, 거기에는 법리적 논거와 무관하게 정당성을 주장할 수 있는 다양한 방식에 의한 계급적 불이익이나 피해에 대한 '배상'의 요구가 적극 반영되어 있으므로, F1은 법적 · 규범적 혹은 윤리적 부당 행위에 대한 유형무형의 응징, 혹은 그보다 더한 벌칙을 부과하려는 '정죄적(定罪的) 접근'으로 통괄할 수 있다고 본다.

한편, 회복적 정의에 기초한 갈등해소 방안으로 제시된 바 있는 화해적 접근에는 복지적 접근에 귀속될 것으로 예상된 '부유층과 빈곤층의 상생'이라는 항목, 그리고 포용적 접근에 해당할 것으로 여겨진 '상호 이해를 통한 심정적 일체감'과 '삶의 목표나 가치관의 공유'가 병합되고 있는바, 이는 곧 인정적 정의에 입각한 포용적 접근은 독자적 차원을 형성하지 못한 채 회복적 정의를 근간으로 하는 F2 '화해적 접근(reconciliatory approach)'의 일부로 간주되고 있음을 함의한다.

〈표 6-6〉 계급갈등 해소를 위한 사회통합 방안에 관한 요인분석 결과

	성분	
	F1 (정죄적 접근)	F2 (화해적 접근)
사회적 비리나 부정부패의 척결	.732	
법치주의를 통한 사회질서의 회복	.724	
공정한 경쟁규칙의 확립	.633	
합리적 절차를 통한 합의 도출	.576	
잘잘못의 규명을 통한 손실의 배상	.544	
대화와 소통에 의한 내면적 상처의 치유		.739
삶의 목표나 가치관의 공유		.736
공감적 이해를 통한 심정적 일체감		.733
인격적 존중에 기초한 사회관계의 개선		.574
부유층과 빈곤층의 상생		.503
신뢰도(Cronbach' α)	.715	.758

(7) 경로분석: 원인에서 대응까지

[그림 6-8] 계급갈등의 경로분석: 원인에서 대응까지

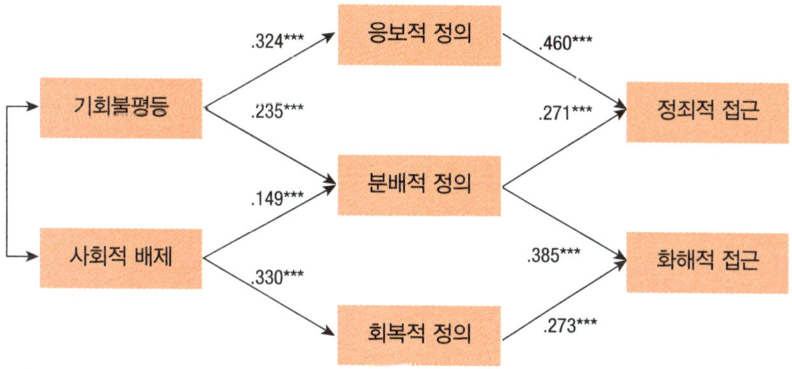

〈표 6-7〉 정죄론과 화해론의 경로 추정

경로			통계치			
			비표준화 계수	표준화 계수	S.E.	C.R.
응보적 정의	←	기회불평등	0.211	0.324***	0.02	10.651
분배적 정의	←	공감소통 부재	0.099	0.149***	0.026	3.843
회복적 정의	←	공감소통 부재	0.118	0.330***	0.011	10.85
분배적 정의	←	기회불평등	0.218	0.235***	0.034	6.411
정죄적 접근	←	응보적 정의	0.743	0.460***	0.043	17.376
정죄적 접근	←	분배적 정의	0.305	0.271***	0.032	9.406
화해적 접근	←	분배적 정의	0.457	0.385***	0.039	11.792
화해적 접근	←	회복적 정의	0.605	0.273***	0.067	8.97

주: * $p<.05$, ** $p<.01$, *** $p<.001$

[그림 6-8]과 〈표 6-7〉에는 본 논문의 앞 절에 제시된 총괄적 연구 모형의 타당성을 경험적으로 평가할 수 있는 경로분석의 결과가 제시되어 있다. 요약하자면, 사회갈등의 원천으로 지목된 '기회불평등'과 '사회적 배제'라는 구조적 · 의식적 갈등 요인이 응보적 정의, 분배적 정의 및 회복적 정의라는 세 가지 갈등 해소 원리를 경유해 최종적으로 정죄적 접근 및 화해적 접근이라는 양대 해소 방안으로 귀결되고 있다. 또 이 같은 새로운 경로 모형은 X^2=198.370(df=16), p=.000, CFI=.948로서, 적합도가 높은 것으로 판명되었다.

애초의 이론적 논의에서는 기회불평등이라는 구조적 요인이 응보적 정의 및 분배적 정의와 관계되고, 사회적 배제라는 의식적 요인이 인정적 정의 및 회복적 정의와 연관된 후, 응보적 정의, 분배적 정의, 인정적 정의 및 회복적 정의는 각기 징벌적 접근, 복지적 접근, 포용적 접근 및 화해적 접근으로 연결될 것으로 예상했다. 하지만 그러한 추정은 가설대로 드러나지 않았다. 응보적 정의와 분배적 정의는 서로 결합해 초법적 징벌을 요구하는 정죄적 접근으로 수렴되었다. 또 인정적 정의는 독자적 차원으로 존립하지 않아 포용적 접근으로 이어지지 않았던 반면, 회복적 정의는 분배적 정의의 일부와 더불어 화해적 접근을 구축하고 있음을 경험적으로 확증할 수 있었다.

요컨대, 사회경제적 불평등에서 파생하는 계급갈등의 첫 번째 행로는 공정한 분배를 요구하는 분배적 정의뿐 아니라 법적 혹은 초법적인 응보적 정의에 준거한 대응 방식인 정죄적 통합 방안을 뜻한다. 이는 갈등 극복을 위한 사회통합은 공식적 처벌을 넘어 지난날의 영욕을 상쇄할 수 있는 진정성 있는 법적 · 초법적 조처나 행동이 오가야 달성될 수 있음을 함축한다. 두 번째 행로는 회복적 정의를 주축으로 한 화해적 방안으로서, 거기에는 분배적 원리가 공감적 화해를 도모할 수 있는 소정의 생활기회를 보장하는 필요조건으로 내포되어 있음이 경험적으로 확인된다. 즉, 인간다운 삶을 영위할 수 있는 기초적 자원이 주어진 연후에야 심정적 통교에 기반한 화해적 사회통합이 달성될 수 있다는 의미가 담겨져 있다.

5. 소결

사회체계의 기능적 통합에 해당하는 체계통합이 완벽하더라도, 사회성원들 간의 공동체의식이나 유대감을 기반으로 한 사회통합이 주어지지 않고는 행복한 삶에 도달할 수 없다. 사회통합의 중요성은 건국, 고도성장, 군정 종식, 환란 극복, 정치문화 개선, 국위 향상과 같은 치적에도 불구하고 민심을 얻지 못해 전전긍긍해 온 대한민국 역대 정권의 한계로부터 여실히 지각할 수 있다.

그런데 기회구조의 불평등 및 의식적 단절에서 유래해 고도 불안시대에 증폭되어 온 우리 계급갈등의 유력한 해법이 사회통합이라는 점이 이번 조사연구 결과를 통해서도 경험적으로 입증된 만큼, 사회통합이야말로 한국 사회가 해결해야 할 막중한 과업의 하나로 간주해 마땅하다. 사람들 간의 유대나 화합을 요체로 하는 사회통합의 궁극적 난제는 인간관, 사회관 혹은 세계관의 분할을 조장하는 의식적 괴리 현상이다. 양극화 경향이 더해 가는 오늘날 한국 사회에서는 생활기회의 격차가 생활양식이나 생활의식을 차등화시켜 세상을 달리 바라보고 해석하며 대처하는 인식적 단절이 심화되고 있다. 그뿐만 아니라 인식적 단절이 정서적 이반(離叛)으로 이어져 시기심을 동반한 계급적 원한

(ressentiment)이 누적되고 있으므로, 논리와 정서를 고루 감안한 포괄적 통합 방안이 적극적으로 모색되어야 할 것이다.

더구나 생활정치 시대의 사회통합은 개개인의 윤리적 수칙을 넘어선 사회성원들의 공적 책무에 속하는 것이기에, 사회통합은 다수 국민들의 적극적 참여와 협력을 요한다. 공과에 대한 법적 시비나 사회적 자원의 단순한 재분배가 아닌 합당한 응보, 정당한 분배, 온당한 사회관계의 회복을 위한 화합적 실천에 많은 국민들이 동참해야 함은 이 때문이다.

지금까지 한국 사회에서 계급갈등의 해법으로 채택되어 온 방안은 통제나 조정 위주의 접근이 주류였다. 하지만 대인관계를 회복시켜 공동체 역량을 촉진하기 위해서는 사회가 '패자부활전'이 가능한 회복탄력성(resilience)을 보강해야 할 것이다. 사회적 배제를 초래하는 조절적 방안은 더 이상 잃을 것이 없다고 생각하는 사회적 패자를 양산하게 될 것이므로, 금제나 배제의 위협으로는 화합적 통합 효과를 기대할 수 없다. 더구나 특권층의 반사회적 행태에 대한 높은 반감으로 법적 처벌을 넘어선 초법적(supra-legal) 응징에 대한 욕구가 이례적으로 높은 오늘날 우리 사회의 통합을 위해서는, 법리에 입각한 징벌적 접근이나 경제적 혜택을 앞세운 복지적 접근을 넘어, 회복적 정의에 입각한 화해적 접근의 보강이 절실하다고 본다.

사회복지의 수준이 높되 복지체계의 탈(脫)상품화 수준도 높은 복지선진국에서 살아가는 국민들의 사회적 만족도가 여타 사회에 사는 국민들의 그것보다 높다는 점은 우리에게 많은 시사점을 던져준다. 사회통합은 본원적으로 특정 부류에 국한된 과제라기보다 전체 사회구성원들의 정신적 건강성과 관계가 깊다. 울분과 원한으로 고착되어 가는 마음의 응어리를 풀어 사회통합에 만전을 기하기 위해서는 인간적 삶을 영위할 수 있는 최소한의 사회안전망이 주어져야 함은 물론이나, 보다 원천적으로는 보편적 인간애를 바탕으로 한 인간 존엄성 회복 및 심성적 결속을 향한 심성 함양이 동반되어야 할 것이다.

제7장

이차자료 분석: 꿈의 차등화

1. 문제 제기

구조적 현상 분석에 치중해 온 지난날의 사회불평등 연구는 계층체계의 형태나 상하층 간의 차이 규명에 역점을 두어 왔다. 그러나 고도성장 기조의 종식이나 복지체제의 미비와 같은 구조적 추세 및 그로 인한 의식적 효과 등으로 계급질서의 고착화가 문제시되기 시작하면서 사회이동이라는 역동적 측면에 대한 불평등 현상이 크게 주목받고 있다(김선업 · 윤인진, 2009). 그러한 관심 이동을 적극 고려해, 이 장에서는 최근 15년간 한국인의 세대 간 · 세대 내 상향이동의식(upward mobility consciousness)이 어떠한 양상으로 변모해 왔는지를 면밀히 살펴보고자 한다.

이때, 통계청에서 시행한 〈사회조사〉 중 "우리 사회에 일생 동안 노력을 한다면 개인의 사회경제적 지위가 높아질 가능성이 있을까요?"라는 세대 내 이동(intra-generational mobility) 문항과 "우리 사회에서 현재 부모세대보다 다음 세대인 자식세대의 사회경제적 지위가 높아질 가능성은 어느 정도라고 생각하십니까?"라는 세대 간 이동(inter-generational mobility) 문항에 대한 패널조사의 응답 결과를 활용하고자 한다. 상향이동의식 문항은 노력으로 대변되는 업적성취의 가능성과 자원분배가 세대 간에도 지속되는 계층구조의 재생산이라는 의미를 내포하는데, 그것은 특히 사회구조와 배경에 대한 개인의 판독과 인식을 의미한다는 점에서 중요성을 지닌다. 개인이 인식하는 상향이동의 가능성은 한 사회의 기회구조에 달려 있다고 말할 수 있다. 왜냐하면 그것은 제도적 이동경로의 유무와 같은 사회적 개방/폐쇄성이나 사회불평등의 정도에서 비롯되는 것이기 때문이다(Weber, 1947; Lenski, 1966; 홍두승 · 구해근, 2008; 방하남 · 김기헌, 2001).

이런 점에서, 최근 한국 사회를 풍미하는 불평등 담론들 역시 자원의 불균등한 분배양상뿐만 아니라 이동성이 저하된 불평등의 구조화, 혹은 기회구조의 불평등을 포괄하는 것으로 보인다. 취업, 결혼, 출산의 포기를 의미하는 '3포세대', 나아가 집과 인간관계까지 포기한 '5포세대', 또 꿈과 희망까지 포기한 '7포세대'로 이어지는 '포기세대' 담론이 성행하고 있는 것이 그 방증이라고 본다. 이들 담론은 기성세대보다 청년세대를, 현재보다 미래의 생활기회(life chance)에 대한 예기적 불안을 주축으로 한다는 점에서 '미래에 대한 희망'을 소재로 한 새로운 불평등 상황으로 규정할 수 있다. 상향이동에 대한 의식을 연구의 주제로 삼고자 한 것은 바로 이러한 시대적 진단에서 비롯된 것이다.

사회학에서는 기회구조의 불평등을 살피기 위해 사회이동의 문제에 일찍부터 주목해 왔다. 사회이동 연구는 현 세대와 이전 세대의 사회경제적 위치를 비교함으로써 세대 간 이동의 정도와 양상을 확인하고, 이러한 이동이 출신계급의 자원 분포와 어떤 연관성을 지니는지를 중점적으로 논의하는 것이다. 전자로부터는 세대 간 이동이 어떠한 양상으로 진행되는지 알 수 있고, 후자로부터는 자녀세대의 지위가 부모세대의 자원에 따라 어떻게 달라지는지를 식별할 수 있다. 만약 현 시점의 부모세대의 자원과 자녀의 이동이 내생적 관계를 지닌다면, 향후의 불평등은 현 시점의 그것에 의해 영향을 받게 된다. 이러한 영향이 크면 클수록 그 사회는 사회이동의 가능성이 닫혀 있다고 풀이된다. 반면, 사회이동이 부모세대의 자원과 상관없이 이루어진다면, 이는 개인의 능력에서 사회이동이 추동되는 개방사회임을 의미한다.

사회불평등과 사회이동의 부적(否的) 연관관계는 최근 여러 실증연구들에서 밝혀져 왔다(Corak, 2006; Isaacs, 2008; Wilkinson and Pickett, 2009). 그러나 상향이동의 가능성에 대한 인식을 직접적으로 다룬 연구는 국내외를 통틀어 매우 희소하다. 물론 사회이동에 대한 기존의 연구들에서는 산업화와 경제발전이 미치는 실제의 사회이동, 특히 상향이동에 대한 연구들이 성행했음이 사실이다. 즉, 산업화로 인한 고용과 직업 기회의 증가로 구조적 상향이동이 지속된다는 산업사회론, 혹은 성장의 한계로 상향이동의 추세가 어느 시점에서 종료될 것이라는 반론이 경합해 왔으며, 최근에는 각 국가마다 절대적 이동률은 다를지라도 산업사회의 상대적인 이동유형은 유사하다는 FJH가설도 제시되어 왔다(Featherman *et al.*, 1975; Erikson and Goldthrope, 1992a). 국내 사회이동 연구들도 주로 서구에서 창안된 모형에 의거해 사회이동 양상과 유형을 검증해 왔는데, 대부분의 연구들은 한국 사회의 상향이동 기회나 유형은 서구 산업사회의 경우와 크게 다르지 않음을 지적한다(신광영, 1994; 신광영 외, 2003; 장상수, 1998, 2003). 즉, 한국 사회에서는 산업화를 통한 구조적 사회이동, 특히 높은 경제성장세와 결부된 상향적 사회이동이 존재해 왔음이 밝혀져 왔고, 산업화 시대의 경제성장과 생활기회의 증가, 안정된 고용과 직업 등은 한국 사회의 높은 상향이동의식을 설명하는 사회구조적 요인으로 꼽혀왔다. 그러나 이 자리에서는 실제적 상향이동이 아니라 상향이동에 대해 사회성원들이 느끼는 기대감으로서의 상향이동의식에 주목하고자 한다. 그 문제를 주시하고자 하는 이유는 상향이동의식이야말로 '희망의 상실과 좌절'을 가장 직설적으로 대변하는 지표라고 판단하기 때문이다.

이상과 같은 문제의식에 기초해, 이 장에서는 1999년 이후부터 2015년까지의 한국인의 세대 간/세대 내 상향이동의식의 시계열적 변화 양상에 분석의 초점을 맞춰보고자 한다. 분석 과정에서는 연령(Age)-기간(Period)-코호트(Cohort)라는 세 가지 효과를 중심으로 한 APC-Detrended 방법론에 의거해 상향이동의식의 시간적 변화를 살피고자 한다. 일찍이 국내에서 사회이동에 대한 심층적 연구를 진행한 장상수(1998, 2003)는 노발 글렌(Norval D. Glenn, 1977)의 논의를 빌어 횡단면 분석에서 연령, 기간, 코호트 효과를 구분하기가 용이치 않으며, 특히 세대 내 이동에 대한 연령 효과를 추정함에 있어서는 각별한 주의를 요함을 밝힌 바 있다. 코호트 효과와 세대 효과가 결합되어 있는 연령 효과는 식별의 문제(identification problem)를 야기하는 것이기 때문이다. 요행히 최근 이들을 구분할 수 있는 APC 방법론이 발전되고 있다. 따라서 본 연구에서는 '추세(trend) 효과를 구분해 냄(de-trend)'으로써 변동(fluctuation) 양상을 보다 명세히 살필 수 있다는 장점을 지니고 있다고 평가되는 루이스 쇼벨(Louis Chauvel, 2011)

의 APC-D 방법론을 활용해 보고자 한다.

그런데 이 연구에서는 상향이동의식의 '연령-기간-코호트' 효과를 단순히 기술적(descriptive)으로만 살피지 않고, 각각의 효과가 대변하는 사회구조적 요건들과의 연관성하에서 식별해 보고자 한다. 상향이동의식을 포함한 사회의식이란 기본적으로 사회구조적 상황과 밀접히 연관되어 있기 때문이다. 가령, 코호트 효과의 경우 산업화 코호트와 이후 코호트는 구조적 상승이동의 경험이 같을 수 없다. 특히 불평등이 심화된 최근 코호트에 올수록 상향이동에 대한 가능성을 낮게 인지할 개연성이 높을 것으로 예견된다. 연령의 경우, 각 개인의 생애주기가 밀접히 반영되고 있을 가능성이 높다. 가령 30세를 전후로 하는 첫 취업 시기에는 기대가 현실화되는 시기로서, 상향이동의 가능성이 낮아질 공산이 크다. 또 기간 효과는 당시의 사회경제적 변동 상황을 크게 반영할 것으로 판단된다. 따라서 본 연구에서는 해당 시기 동안의 경기종합지수(경기선행/후행지수)가 개인들의 상향이동의식과 어떻게 연관되고 있는지를 분석에 포함시키고자 한다.

2. 이론적 논의

1) 사회이동

상향이동의식(upward mobility consciousness)은 사회이동 자체가 아닌 그 의식적 차원을 말한다. 개인은 과거와 현재를 기준으로 자신의 사회경제적 위치 및 생활 수준, 그리고 사회이동의 경험에 근거해 향후의 사회이동 가능성을 판단한다. 그러나 이러한 사회이동 가능성의 인식은 개인적 판단에 의해서만 결정되는 것은 아니다. 가령, 사회 전체적으로 이동의 기회가 증가하고, 그 기회가 공정히 개방되어 있다면 개인의 상향이동의식은 높아질 것이다. 반면 이동기회가 제한되어 있거나 폐쇄되어 있다면 개인의 상향이동의식은 낮아질 것으로 예상된다. 요컨대, 상향이동에 대한 개인적 인식이나 판단은 실제 사회구조나 이동의 양상에 따라 영향을 받는바, 여기서는 기존 연구들이 밝혀온 사회이동의 양상과 유형을 일차적으로 검토한 후, 그것이 한국 사회의 상향이동의식 변화와 지니는 의미를 추적해 보고자 한다.

그러기 위해 일단 사회이동의 정의와 관련 이론들을 간략히 개관해 보도록 하자. 사회이동은 사회 내에서 개인이나 가족(혹은 특정 집단)이 어떠한 계급/계층에서 다른 위치의 계급/계층으로 이동하는 것을 의미한다. 일반적으로 사회이동에 대한 연구들은 직업을 중심으로 한 세대 간 계급이동을 중점적으로 다루어 왔다. 이때 직업은 한 개인의 사회경제적 상태를 가장 잘 대변하는 지표로 고려되는데, 이는 마르크스의 계급론적 관점을 차용해 왔기 때문이다. 그러나 부르주아와 프롤레타리아로의 양단화, 또 양단화에서 파생되는 대자적 계급(class-for-self)으로의 진전을 역설한 전통적 마르크스주의 계급론에서는 자유로운 사회이동을 계급혁명의 토대인 동질성을 저하시키거나 소수의 상향이동을 미화한다는 점에서 자유로운 사회이동을 부르주아적 딜레마나 형용모순으로 간주한다(Pulantzas, 1975; 신광영, 1994; 장상수, 1998). 반면 베버는 계급을 시장상황에서 유사한 생활기회(life chance)를 공유하는 집단으로 정의한다. 이때 생활기회는 단순한 생산수단에 국한된 것이 아니라, 다양한 생활양식의 향유까지를 고려한 폭넓은 개념이다. 즉 해당 개념은 기회구조를 시장역량(market capacity)으로 대변되는 자원구조로부터 구출해 낸다. 따라서 생산수단 변화가 아니더라도 생활 수준과 기회의 변동을 담지한 사회이동이 계급형성에서 유효한 의미를 지니게 된다. 이는 그의 다음과 같은 언명 "하나의 사회계급은 그 안에서 개인적 · 세대적 이동이 쉬운 전형적 계급 상황의 총체를 이룬다(Weber, 1968[1922]: 302)."라는 진술로 뒷받침된다. 이러한 그의 입장은 베버주의자들의 후속적 연구에서 고수되어 왔는데, 최근에는 네오마르크스주의자들의 일부도 계급형성에서의 경력이동, 혹은 세대 간 이동을 계급정체성을 형성하는 주요한 요소로 고려한다(Thompson, 1963; Wright and Shin, 1988).

서구사회에서의 사회이동 연구사를 소급한다면, 피티림 소로킨(Pitirim Sorokin, 1959)으로 거슬러 올라갈 수 있다. 그는 『사회이동(*Social Mobility*)』이라는 저작에서 사회이동의 유형을 수평/수직적 이동, 세대 내/세대 간 이동으로 구분한 바 있다. 지난날의 사회이동 연구는 계층 간 이동을 의미하는 수직적 이동, 그중에도 부의 불평등이 전승되는 세대 간 이동에 가장 큰 관심을 보여 왔다. 그는 일찍이 다음과 같은 가설들을 계층이동의 일반 법칙으로 제시한 바 있다. "사회이동은 인류사회의 보편적 현상이다. 사회이동의 강도(intensiveness)와 일반성(generality)은 사회마다, 또 동일 사회에서는 시기마다 다르다." 특히 1964년도 저작에서 그는 마르크스의 양극화나 프롤레타리아화 명제와 관련된 경제적 분화가설이 오류라는 지적과 더불어 경제적 평준화 경향(Sorokin, 1964: 45)도 거부한다. 이 같은 일련의 가설은 '무경향적 섭동(trendless fluctuation)'으로 지칭된다.

그러나 이러한 소로킨의 견해를 공박하면서 산업화가 사회이동을 추동하였다는 산업사회론이 등장한다. 다원주의적 민주주의를 강조하는 산업사회에서는 기회균등과 업적주의가 체제 존립에 필수적이기 때문에, 이를 내포하는 사회이동이 중요하게 다루어진다(장상수,

1998). 로버트 에릭슨(Robert Erikson)과 존 골드솔프(John H. Goldthrope)는 사회이동에 대한 산업사회론적 관점은 다음과 같이 세 측면으로 요약된다고 말한다(Erikson and Goldthrope, 1992a). 첫째, 산업사회는 전산업사회에 비해 이동률 자체가 높을 뿐만 아니라, 상향이동이 하강이동을 압도함을 지적한다. 이는 산업사회가 이전 사회보다 분화되고 또 기술경제적 합리성이 증진함에 따라 직업과 고용구조도 분화 및 양적 증대를 이룩했다는 점으로 뒷받침된다. 둘째, 산업사회는 이전 사회보다 이동의 사회기회가 보다 균등해진다는 것이다. 셋째, 산업화가 진전될수록 이동률뿐만 아니라 기회의 균등이 점차 증가한다는 점이다.

상기 주장들은 과거와 달리 산업사회에서는 귀속적 지위를 통한 이동보다는 숙련이나 교육과 같은 요소를 통해 이동의 기회가 부여된다는 점에 근거한다. 특히 산업화가 진전될수록 기업 경제부문은 효율성을 추구하게 되고, 그에 대응해 전문교육기관이 확대되어 성취중심의 이동경로가 열리게 된다(Blau and Duncan, 1967; Treiman, 1970; Grusky, 1983; 장상수, 1998). 요컨대, 산업사회론은 산업화를 통한 이동기회의 절대적 양이 증가할 뿐 아니라, 업적주의 가치가 중시되면서 이동의 기회도 균등해진다는 시간적 경향성을 강조한다.

이후 사회이동론 연구들은 발달된 방법론에 근거해 산업사회의 기본 테제를 지지, 반박, 수정하며 진행되어 왔다. 특히 계급이동 연구는 대수선형모형에 힘입어 크게 발전했다. 즉, 계급구조의 이동양상에 대한 위상학적 가정 및 제약이 가능해짐으로써, 사회이동 연구는 외국에서는 1970~80년대경, 국내에서는 1990년대경에 전성기를 맞이하였다(Erikson and Goldthrope, 1992a, 1992b; 차종천, 1987, 1992, 2003; 신광영, 1994; 장상수, 1998, 2003). 특히 LZ명제를 수정하여 각 사회마다 절대적 이동률은 차이가 있을지라도 산업사회의 상대적 개방성이나, 인자적(genotypical) 이동유형은 동일하다는 데이비드 페더만(David Featherman) 등(1975)의 FJH가설과 같은 주장들은 단순한 모형에서 복잡한 모형으로, 혹은 절대적 비율에서 상대적 승산비로, 단순한 계급모형에서 여러 가정과 제약을 추가한 모형으로 대체되는 방법론의 세련화 작업을 주도하였다.

FJH가설로 대표되는 페더만 등(Featherman *et al.*, 1975)의 연구는 산업사회의 사회이동을 보다 정밀히 설명한 것으로 평가받고 있다. 그것은 시장경제와 핵가족체제를 특징으로 하는 산업사회에서는 국가별 제약조건의 차이로 인해 절대적 이동률은 차이가 있을 수 있지만, 출신계층과 도달계층의 분포를 고려한 후 상대적 이동기회는 동일하다는 요지로 집약될 수 있다(Featherman *et al.*, 1975; 박병영 외, 2009; 장상수, 1998). 산업화가 어느 정도 달성된 후에는 이동레짐(mobility regime)을 공유한다는 이러한 논의는 향후 많은 후속연구들을 선도했나. FJH가설을 반박한 연구들도 존재하지만(Ganzeboom *et al.*, 1992), 에릭슨과 골드솔프는 CASMIN프로젝트와 Constant Flux(1992a, 1992b)를 통해 FJH가설의 정당성을 주장했다. 그들은 대수선형모형을 통해 산업사회 사회이동의 기본유형을 추출한 핵심모형을 선정하였으며, 이를 통해 국가 간 비교연구를 수행하였다. 특히 EGP계급범주를 통해 기존 지위획득모형이 직업의 계급적 속성을 위세(prestige)라는 일차원적 정보로 환원시킴으로써 사회이동의 양상을 수직적 위계로만 판독한 점을 비판하면서, 위상적 분석을 시도했다. 즉, 세대 간 이동이 위계, 상속, 영역, 인근성의 네 요소로 결정되는 모형을 제시한 것이다(박병영 외, 2009). 12개 산업국가를 분석한 이들의 연구에서는 산업사회의 상대적 이동유형에는 공통된 핵심모형이 있음을 지적한다. 이러한 결과는 FJH가설을 비판한 해리 갠즈붐(Harry Ganzeboom) 등(1989)의 연구를 재현한 F. L. 존스(Jones, 1992)의 연구를 통해서도 입증된다.

90년대 이후 진행되어 온 대부분 국내 연구들도 FJH가설을 지지하고 있는 것으로 보인다. 장상수(1998)는 한국의 이동체제가 비록 이동효과의 차이는 있을지라도, 이동유형은 동일하다는 점을 밝혔다. 특히 그는 급속한 산업화에도 불구하고 상대적 이동기회의 증가나 감소의 경향성이 드러나지 않았음을 지적한다. 신광영(1994)의 연구 역시 개방성이나 유동성을 의미하는 절대적 계급이동을 통제한 후에는 산업화로 인한 상대적인 계급이동 기회가 증가하지 않았음을 밝혔다. 그러나 한국 남성들의 세대 간 이동을 조사한 박현준(Hyunjoon Park, 2003)의 연구에서는 영국, 프랑스 혹은 스웨덴에 비해 한국은 세대 간 이동의 불일치가 현저함이 드러났다. 즉, 산업화로 인하여 농업부문의 대규모 노동력 유출이 있었으며, 세 유럽국가보다 사회이동성의 수준이 높다고 보고한다. 특히 핵심모형을 통해 유관 효과를 통제하였을 때, 상대이동의 경우가 하강이동보다 더 많았다고 말한다.

국내 사회이동의 경향을 총괄적으로 요약한다면, 산업화 이후 일련의 시대적 변동 상황 속에서 구조적 사회이동은 전반적으로 증가하였다고 말할 수 있다. 즉, 산업화와 경제발전, 도시화의 과정에서 농업부문의 인력은 빠르게 감소된 반면, 생산직을 중심으로 숙련/미숙련 노동자와 사무직이나 전문직과 같은 화이트칼라로의 대규모 구조적 계급이동이 발견되었음을 지지해 왔다. 단, 관련 연구들은 한국의 사회이동의 특징으로 구(舊)중간계층으로 측정되는 자영업자의 비중이 다른 서구국가들보다 높음을 지적한다. 또한 자영업자층은 상층-하층의 중간지대로서 한국 사회의 계급이동에서 완충적 역할을 수행해 왔음도 지적된다. 그러나 상대적 사회이동의 경우에는 FJH가설로 제시되는 바와 같이 산업화와 경제성장을 통해 기회가 증가했다고 보기 어렵다(신광영, 1994; 신광영 외, 2003; 장상수, 1998, 2003). 결론적으로 한국의 사회이동은 현재 개인들이 지닌 상향이동 의식이 산업화 시기의 구조적 이동에 기인하고 있을 확률이 높음을 의미한다. 즉, 고용/직업구조가 확장되면서 기업조직에서의 안정된 경제적 생활 및 이에 따른 과시적 소비, 여가활동 및 자녀에 대한 교육기회의 양적 확대 등이 중산층 의식으로 대변된 한국 사회의 상향이동의식의 실체일 가능성을 의미한다. 이는 사회이동론에서 살피는 바와 같이 타인들의 위계적 지위와 비교해 지위가 변화함을 의미하는 순수이동(pure mobility)이 상향이동의식과는 다소 동떨어진 것이라는 점을 시사한다.

2) 사회이동과 의식

사회불평등이나 사회격차는 계급구조라는 구조적 차원에서는 물론이요 개인이나 개인 내면세계의 속성과도 친연성을 지닌 공변적 개념이다. 하지만 지난날 불평등 연구에서의 사회학적 관심사는 주로 구조분석에 치우쳐 있었음이 주지의 사실이다. 즉 계급문제에 대한 사회학적 담론은 구조중심적, 구조우선적 관점이 지배적이었다. 하지만 최근에 들어서면서 문화 혹은 실천(praxis)을 중심으로 개인이 가지는 내면과 의미를 구조와 연결시키려는 접근들이 제시되고 있다(Giddens, 1973, 1984; Bourdieu, 1977, 1979). 하지만 이러한 새로운 시도에도 불구하고, 대부분 계급 · 계층 논의는 여전히 구조적 우선성을 강조하는 경향이 역력하다.

만약 사회변동에서 하부구조의 결정론에 빠진다면 인간은 거대한 역사법칙에 끌려가는 수동적 도구에 불가하나, 상부구조 결정론에 빠진다면 그것이 관념의 산물로 유폐될 것이라는 점에서 양단적 관점은 명백한 한계를 지닌다. 따라서 사회심리구조를 상부—하부 구조를 연결시키는 매개구조로 보자는 연계적 관점이 필요한데, 이러한 문제의식은 상—하부 구조의 역동적 상호작용 관계를 보다 정교하게 분석할 수 있는 새로운 인식틀을 요청한다. 인간의 심리구조는 구조와 행위자를 잇는 교량적 개념인 까닭이다. 알렉산더 루리아(Alexander Luria, 1971)는 인간심리 과정의 뿌리는 사회 · 역사적 활동형태에 있기에 심리학이 사회 · 역사과학으로 재구성되어야 한다고 말한다. 이는 다소 무리가 있는 주장이긴 하지만, 인간의 심리적 과정이 역사, 사회적 상황과 불가분의 관계에 있다는 점을 함의한다는 점에서 주목할 가치가 있다고 본다. 학술세계에서 사회불평등의 주관적 내지 심리적 측면은 여전히 제대로 조명되지 못하고 있다. 많은 학자들이 계층이나 계급의 구조, 형성 투쟁이라는 각 연구범주별로 비교적 많은 연구를 수행하였지만, 대부분의 경우 계층구조의 분석에 치중했다. 따라서 계급/계층의식 연구는 상대적으로 한정되었다(김병조, 2000; 양춘, 2000; 신광영, 2004; 이병훈 · 윤정향, 2006; Lundberg, J. and M. Kristenson, 2008; 최효미, 2008; 금현섭 · 백승주, 2011; 송한나 외, 2013; 이왕원 · 김문조, 2015).

강고한 계급-계층 구조에 대한 전제하에서도, 의식 차원에 대한 연구전통이 면면히 이어져 왔다. 그중에도 사회구조에서 자신의 상대적 위치를 인지하는 주관적 계층의식에 대한 논의는 객관적 구조와 주관적 인식을 연결하는 지식사회학 기본 논제의 계승이라는 점에서 중요성을 지닌다. 주관적 계층의식 혹은 계층귀속감에 대한 연구 경향을 살펴보면, 먼저 계층의식과 관련된 선행연구는 주로 객관적 계급상황과 주관적 계층의식의 일치성 여부에 대한 연구가 주류를 점한다(정일준 · 김상돈, 2011). 일치성 관계에 대해서 서구에서는 리브 바네만(Reeve Vanneman)과 린 캐넌(Lynn W. Cannon)은 양자가 매우 밀접한 연관이 있음을 확인하였으며, 메리 잭맨(Mary R. Jackman)과 로버트 잭맨(Robert W. Jackman)도 흑 · 백 인종 간의 비교를 통해 동등한 객관적 상황에서 상대적인 비교로 자신의 계층적 위치를 인지함을 밝혀낸 바 있다(Jackman and Jackman, 1973). 또 서구에서는 직업, 교육, 소득 순으로 주관적 계층의식을 결정함이 밝혀졌다. 이와 관련해 급속한 산업발전과 사회구조적 상승이동을 경험한 한국에서는 중산층의 높은 비율과 함께 계층상황과 계층의식이 불일치하였음이 여러 연구들을 통해 밝혀졌다(강원택, 2014; 이재열, 2014). 더불어 중산층 붕괴라는 위기 속에서 계층귀속감이 주로 연구되어 왔는데, 이는 계층귀속감의 결정요인을 찾아냄으로서 중산층 붕괴에 대한 적실한 정책적 대안을 찾아내고자 함이었다. 가령 조동기(2006)는 한국 사회의 독특한 계층적 개념인 중산층이 경제적인 요인뿐만 아닌 생활, 교육, 직업과 같은 비경제적 요인을 포함하는 개념임을 밝혀냈으며, 이를 통해 중산층의 사회경제적 특성의 파악을 시도하였다. 또 주관적 계층의식에 대해서 주택소유와 경제 객관적 지표보다는 주관적 지표가 더 큰 영향을 지니고 있음을 밝혔다.

한국 사회의 주관적 계층의식 결정요인으로는 경제적 요인이 가장 큰 영향을 미침을 여러 연구들이 보고해 왔으나, 직업과 학력 수준에 관해서는 연구들 간에 소정의 편차가 존재한다(장상수, 1996; 김경동 · 최태룡, 1983; 김병조, 2000; 이병훈 · 윤정향, 2006; 조동기, 2006; 정일준 · 김상돈, 2011). 금현섭과 백승주(2011)는 복지제도의 완비와 더불어, 사회보험의 수급여부가 주관적 계층의식의 하락을 방지하는 유효요인임을 밝혔다. 차종천(1987)은 우리 사회의 독특한 맥락으로서의 출신지역이 계층이동 기회 및 생활경험 등의 차이로 주관적 계층의식의 결정요인들에 영향을 미치고 있음을 검증하였다. 이병훈과 윤정향(2006)의 연구는 앞서 조사된 계급 및 계층의식에 대한 많은 선행연구의 변수들을 고려해 사회계층의식, 즉 주관적 귀속의식의 변동을 종단연구로 살폈다. 그리고 이러한 다양한 변수의 시계열적 변화를 고려하여 사회계층의식이 고정불변이기보다는 개인과 가구, 그리고 사회차원의 여러 요인들이 작용하여 변동되는 가변적인 속성을 지니고 있을 뿐만 아니라, 사회계층의식의 형성, 변동에 대한 영향요인의 인과관계 구조 역시 변화될 수 있다는 점을 지적하면서 계급/계층 연구의 동태적 연구의 필요성을 주장했다.

전술한 이론적 논의에 근거해, 본 연구에서는 주관적 계층의식으로 표상되는 의식적 차원이 단순히 사회구조에 부가되는 것이 아니라는 점을 밝히는 데 주력하고자 한다. 이러한 시도를 통해 기존 계급계층론의 구조성에 제약된 개인의 의식 차원에 보다 높은 자유도를 부여할 수 있으리라 본다. 요컨대, 이 연구는 계층의식 또는 계급정체성이 생산관계의 구조에 의해서나 사회경제적인 지위에 의해 단선적으로 결정되는 것이 아니라 일상생활의 공통경험과 정치, 교육, 문화 등의 영역에서 의도적인 상호행위를 통해 이루어지는 계층(계급)구조화와 관련지어 이해하려는 과정적 접근(Jackman and Jackman, 1973; 안치민, 1993)을 기본으로 삼고자 한다. 이러한 관점은 한국 사회의 상향이동 의식이 단순히 경제적 상황이나 사건에 결정되는 순수한 개인의 의식이기보다 사회라는 거시구조 속에서 개인들의 생애주기들이 조응되고 있는 생애–사회적 의식, 그리고 굴곡의 역사적 변천을 경험하며 만들어져 온 역사–사회적 의식임을 뒷받침하는 유효한 단서를 제공할 것으로 본다.

3) 상향이동의식의 연령, 기간, 코호트 효과

전술한 사회이동에 대한 연구물들은 주로 상향이동 의식이 한국 사회의 발전 과정과 어떠한 연관성을 지니는지를 주목하였다. 상향이동 의식은 기존 계층구조와 밀접히 연동되긴 하지만, 어떤 경우에서는 구조적 현실에 상응하지 않는 때도 있음을 확인할 수 있었다. 그러나 사회이동이라는 단일한 변동양상과 이에 따른 의식의 관계만 주로 논의되었다는 점에서, 상향이동의식이 정작 어떠한 구조적 변화에 상응하는지를 상세히 인식할 수 없었다. 즉, 상기 관점은 한국의 구조적 이동이 상향이동의식을 추인할 개연성이 높다는 상식적 가설만 검증할 수 있을 뿐, 이동 효과가 어디에 기인하고 있는가에 대한 질문에 관한 응답이 되기에는 충분치 못하다. 트렌드라고 불리는 시대적 추세라는 것에는 연령과 코호트, 그리고 시기의 효과가 혼재되어 있기 때문이다 (Mason *et al.*, 1973; Glenn, 1977; Yang and Land, 2006, 2013a, 2013b; O'brien, 2015; 김수정, 2015), 만약 이들 효과를 적절히 분리해낼 수 없다면, 상향이동의식의 변화가 어떠한 효과와 결합되어 있는지, 또 의식의 효과가 어떤 사회구조와 연동되고 있는지를 제대로 확인할 수 없다.

이러한 문제로 인해, 이 연구에서는 일반적인 시대적 추세에서 연령, 기간, 코호트의 효과를 분해해 내는 APC-D 방법론을 활용하고자 한다. 특히 상향이동의식의 효과와 구조적 요건이 어떻게 대응되고 있는지를 연령, 기간, 코호트의 효과를 중점적으로 살피고자 한다. 상기 세 효과는 서로 대변하고 있는 사회구조, 혹은 맥락이 다른 까닭이다.

일차적으로 코호트 효과(cohort effect)에 주목해 보고자 한다. 코호트는 통상 세대의 개념으로도 불리는데, 세대 개념의 중요성은 칼 만

하임(Karl Mannheim, 1952[1928])에 의해 제기된 뒤, 이후 많은 후속연구들로 발전되어 왔다. 만하임은 세대가 구성원들에게 동일한 사회적 지형(social location)을 허락함을 주목한다. 특히 세대를 묶어주는 힘(generation bond)을 통해 사회변동의 주역으로서, 혹은 '역사적 경험과 의식을 공유하는 집단'으로서의 실체적 세대로 존재할 수 있음에 주목한다. 나아가 함인희(2000)는 세대에는 역사적 시간의 개념이 녹아 있으며, 이는 세대의식을 공유한 하나의 실체적 집단이자 역사적 단위가 될 수 있음을 주장한다. 즉, 사회구조적 변화나 문화적 격변과 같은 시간에 대한 내면적 규정이 세대를 구성하는 요소라는 것이다. 이러한 세대 개념은 이후 노만 라이더(Norman Ryder, 1965)에 의해 코호트라는 동질적 인구집단으로서의 분석적 개념화를 수반하게 된다,

따라서 상향이동의식의 코호트 효과가 사회이동론의 관점에서 재해석될 수 있다고 본다. 한국 사회는 근 70년에 달하는 기간 동안 산업화와 정보화라는 산업/고용구조의 변화, 산업화 과정에서의 도시화, 변화의 격변에서의 민주화, 경제력 증대로 인한 문화생활의 증대 등 급격하고도 다양한 사회구조적 변동을 겪어 왔다. 따라서 코호트 효과에 대한 해석 역시 각 세대경험을 기준으로 다양한 해석이 존재할 수 있다. 그러나 상향이동의식에 준거해 상기 세대 효과들은 크게 산업화 이전, 산업화, 산업화 이후의 세 코호트로 구분할 수 있다고 본다. 이러한 구분은 사실 산업화를 통한 경제적 성장, 그리고 최근의 저성장 기조를 반영한 것이다. 즉, 산업화로 인한 경제성장은 구조적 사회이동을 추동해 왔을 뿐만 아니라, 경제성장을 토대로 하여 삶의 다양한 영역에서 발전과 상승이라는 세대적 경험을 제공해 왔다. 그러나 IMF 환란 이후의 경제의 주역인 에코세대, 혹은 저성장 세대는 사실 절대적인 경제 수준의 하락은 경험해 보지 않았을지라도, 성장의 종료, 그

리고 불평등의 심화 속에서 이동경로가 폐쇄되어 가는 기회구조의 축소를 경험해 왔다. 따라서 상향이동의식은 산업화 코호트 전반에서는 상승을 경험했을 것이나, 최근 코호트로 올수록 하락될 것으로 예측할 수 있다.

다음으로 연령 효과(age effect)를 살핀다. 마틸다 라일리(Matilda W. Riley) 등(1988)은 연령계층론을 주장하면서 사회가 연령에 따라 구조화되고, 사회구성원은 연령에 따라 층화되며, 자원과 기회의 분배의 기준에 연령이 중요한 요소로 작동함을 밝혔다. 일반적으로 연령의 효과를 살피는 연구들은 생애 과정 관점을 주로 활용한다. 즉, 한 개인의 생애주기는 단순히 개인적 시간으로만 채워지는 것이 아닌, 사회적 시간표(social time table)에 따라서 구성됨을 지적한다. 이때 사회적 시간표는 각 연령시기에 따라서 수행되어야 할 사회적 역할이나 과업이 규범적으로 정해진 것을 의미한다(한경혜, 1996).

이러한 관점에 기초하여 본 분석에서는 상향이동의 의식 효과를 생애주기적 관점으로 접근하고 풀이하고자 한다. 즉, 상향이동의식이 미래에 대한 희망이나 포부 등과 밀접히 연동되고 있다는 점에서, 본격적인 사회생활 이전의 기간에는 그 수준이 높을 것으로 기대된다. 특히 2000년대 초반에는 대학진학률이 거의 80%에 달했다는 점에서, 대학시기의 기간인 20대 후반까지는 상향이동의식이 높을 것으로 예상할 수 있다. 그러나 본격적인 구직시기 및 취업 이후부터는 사회적 · 조직적 위계에 포섭되면서 상향이동의 가능성을 현실적으로 조정할 가능성이 높다. 이는 20대 초반의 높았던 상향이동의식이 취업시기를 전후로 급격히 하락하는 양상을 보일 것이라는 예측을 동반한다. 취업 이후에도 결혼준비와 승진경쟁, 자녀세대의 양육 등으로 인해 상향이동의식이 낮아질 가능성이 높다. 마지막으로 노년기에는 경제활동에서의 은퇴, 자녀세대 양육부담 해소, 달관적 태도 등으로 인해 상향이동의식이 높아질 수 있다.

마지막으로 시기 효과(period effect)에 주목한다. 일반적으로 경제적 상황, 혹은 사회정치적 위기는 사람들의 의식에 많은 영향을 미친다고 알려져 있다. 특히 IMF라는 경제사회적 충격은 이후 정치, 문화, 의식 등 많은 차원으로 그 효과가 외면되었음을 다수의 연구들이 보고하고 있다. 그러나 코호트와 연령 효과가 통제된 시기 효과는 사실 일관된 해석틀이 존재하기보다 해당 시기의 주요한 사회적 상황들이 개별적인 효과를 미칠 개연성이 높다. 따라서 여기서는 1999년 이후의 상향이동변화의 시기 효과의 변동을 확인한 후, 그러한 변동에 대응되는 경제적 지표, 혹은 사회정치적 사건 등을 대입함으로써 순수 시기 효과를 추정하고자 한다.

3. 분석 방법

1) 분석 자료

여기서는 통계청에서 연례적으로 실시하는 '사회조사' 자료를 활용하였다. '사회조사'는 통계청에 의해 매년 조사되었지만, 2008년 이래로는 소득과 소비, 노동, 복지, 사회참여, 문화와 여가를 한 조합으로, 그리고 보건, 교육, 안전, 가족, 환경을 한 조합으로 구성하여 격년 주기로 실시되었다. 2008년 이전의 조사에서는 측정 영역이나 주기가 다소 불규칙한 부분이 보인다. 따라서 분석 과정에서는 주요한 관심 문항인 세대 간, 세대 내 상향이동의식이 조사된 1999년부터 2003,

2006, 2009, 2011, 2015년까지의 자료를 활용한다.

2) 분석 대상

본 분석에서 활용된 통계청 사회조사의 모집단은 전국 가구의 만 13세 이상의 가구주와 가구원이다. 이를 대표하는 표본은 매 조사 시기마다 다르지만, 2008년 조사 이전에는 약 30,000~33,000가구, 2008년 조사부터는 약 17,000~20,000가구가 조사되었다. 표본추출은 시도를 중심으로 1차로 층화되었으며, 또한 주택유형, 농가비율, 유배우, 1인가구, 60세 이상, 자가비율이 총 4차에 걸쳐 각각 부차층화 표집되었다. 1999년부터 2015년까지의 총 표본은 377,555명이다.

그런데 여기서의 주된 관심문항인 세대 내, 세대 간 상향이동의식 문항을 고려하게 되면 많은 표본유실이 발생한다. 구체적으로 1999년, 2003년 조사에서는 상향이동의식 문항이 가구주에게만 측정되어, 각각의 조사에서 약 6만 명 정도의 표본유실이 확인되며, 2006년 조사에서는 15세 이상부터 해당 문항이 측정된 관계로 15세 이하의 아동표본 약 2만 명 정도의 표본유실이 발생하였다. 따라서 상향이동의식이 측정된 총 표본은 해당 유실을 제외한 241,349명이다.[1] 다만, 분석에

1) 이를 요약하면, 1999년, 2003년 조사에서는 세대 내, 세대 간 상향이동의식이 가구주만을 대상으로 하며, 2006년 조사 이후부터는 18~80세의 가구주 및 모든 가구원의 상향이동의식이 측정된 것이다. 이러한 조사시점에 따른 가구주와 가구원의 차이는 자료의 제약에 근거한다. 이번 연구에서는 이러한 표본의 차이를 확인하기 위해서 2006년 조사 이후의 표본에 대해서도 가구주만을 선택하여 분석을 진행하였다. 그러나 1999~2015년까지의 가구주만을 대상으로 한 결과는 이후에 제시될 본 연구의 결과와 미세한 차이만 있었을 뿐, 전반적인 차이는 확인할 수 없었음을 밝힌다. 가구주와 가구원 사이의 큰 차이가 보이지 않는다는 점은 가구가 한국의 기초적 사회경제 집단체로서 기능하고 있음을 함의한다.

서는 세대 내, 세대 간 상향이동의식 문항이 사회구조나 불평등 정도, 혹은 앞으로의 이동경로에 대한 고민이 전제된 이후 엄밀히 측정될 수 있다는 점에서, 18세 이상부터 80세 이하로 표본을 한정한다. 이 같이 연령을 한정한 표본의 총 숫자는 224,715명인데, 이는 공변인(co-variates)을 고려하지 않은 APC 모형에서의 활용표본이 된다. 이후 거주지, 학력, 직업, 자가소유의 공변인 통제 시에는 결측으로 인해 약간의 표본유실이 지속적으로 발생하는데, 이상의 표본 선택의 과정을 아래 〈표 7-1〉에 제시하였다.

〈표 7-1〉 연도별 연구대상의 제약 및 표본구성

조사연도	표본 1 (총 표본)	표본 2 (상향이동의식 측정표본)	표본 3 (18~80세 측정표본)
1999	88,096	28,424	28,152
2003	90,231	30,969	30,596
2006	85,063	67,791	63,177
2009	36,989	36,989	34,076
2011	37,966	37,966	33,598
2015	39,210	39,210	35,116
합계	377,555	241,349	224,715

3) 측정변수

본 분석에서 활용된 변수는 이하 〈표 7-2〉에서 그 측정 및 기술통계치가 제시된다. 특기할 점으로는, 우선 이번 분석의 주된 관심변수인 세대 내, 세대 간 상향이동의식 변수는 “우리 사회에 일생 동안 노

〈표 7-2〉 변수 측정 및 기술통계치

변수 명	측정	사례수(n)	평균	표준편차
상향이동의식	개인의 세대 내/세대 간 상향이동 가능성에 대한 인식 0 = 모르거나, 낮다 1 = 높거나, 매우 높다			
• 세대 내 상향이동의식		224,715	0.286	0.452
• 세대 간 상향이동의식		223,581	0.408	0.491
거주지역	응답자의 거주지역			
• 서울권		224,715	0.127	0.333
• 경인권		–	0.185	0.388
• 광역시권		–	0.283	0.451
• 지방(도)권		–	0.405	0.491
성별	응답자의 성별	224,715	0.551	0.497
기혼여부	응답자의 기혼여부	224,715	0.174	0.379
자가소유	응답자의 자가소유여부	224,715	0.485	0.500
학력	응답자의 학력 수준			
• 중졸 이하		224,713	0.301	0.459
• 고졸		–	0.349	0.477
• 전문대졸		–	0.116	0.320
• 4년제졸		–	0.202	0.402
• 대학원졸		–	0.032	0.176
직업				
• 입법전문가		224,715	0.009	0.093
• 전문가		–	0.032	0.176
• 기술공/준전문가		–	0.077	0.267
• 사무직		–	0.089	0.285
• 서비스/판매직		–	0.071	0.256
• 농어업숙련근로		–	0.086	0.280
• 기능근로자		–	0.078	0.268
• 장치기계조작원		–	0.071	0.257
• 단순노무직		–	0.081	0.272
• 군인		–	0.078	0.269
• 무직(주부, 학생포함)		–	0.328	0.470

력을 한다면 개인의 사회경제적 지위가 높아질 가능성이 있을까요?" 라는 세대 내 이동(intra-generational mobility) 문항과 "우리 사회에서 현재 부모세대보다 다음 세대인 자식세대의 사회경제적 지위가 높아질 가능성은 어느 정도라고 생각하십니까?"라는 세대 간 이동(inter-generational mobility) 문항으로 측정된다. 원 조사에서는 상향이동의식의 변수가 1~5(2003년 조사까지), 1~6(2006년 조사부터)의 리커트 척도로 측정되었으나,[2] 이번 분석에서는 해당 응답 중, 사회이동의 가능성이 '높다' 혹은 '매우 높다'의 상향이동(upward mobility)에 대한 더미변수로 변환하였다. 이는 연도에 따른 척도의 차이 때문에 해당 지수의 직접적 사용이 어렵다는 점에서, 정보의 유실에도 불구하고 부득이 상향이동에 대한 인식의 정도만을 선택한 결과이다.

4) 분석 기법 : APC-D Model

이번 분석은 APC-D(Age-Period-Cohort Detrended) 분석을 통해 IMF 위기 이후 1999년도부터 2015년까지의 한국인의 상향이동의식을 연령, 기간, 코호트의 세 효과로 구분하여 진행하고자 한다. 일반적으로 상향이동의식은 시기별 평균을 기술적으로 제시하는 것으로 활용되어 왔다. 횡단면적 조사를 통해 얻어진 상향이동의식의 평균값을 연

2) 세대 내, 세대 간 사회이동의식 원 문항의 측정은 다음과 같다. 1999년, 2003년 조사에서는 '1) 매우 높다, 2) 높은 편이다, 3) 보통이다, 4) 낮은 편이다, 5) 매우 낮다, 6) 모르겠다'로 측정되었으며, 2006년 조사부터는 '1) 매우 높다, 2) 높은 편이다, 3) 낮은 편이다, 4) 매우 낮다, 5) 모르겠다'로 측정되었다. 이러한 측정의 차이는 분석 결과를 왜곡할 가능성이 있다. 그러나 이후 분석 결과에서 보다 상세히 제시되듯이, '사회이동인식' 비중 중, '매우 높다'는 2~3%, '높은 편'은 20~30%선의 큰 편차를 보이지 않는다. 따라서 본 연구진은 상향이동의 가능성에 대한 인식만을 추출하여 분석을 진행하였다.

도별로 배치한 후, 그 값의 시계열적 추세를 확인해 왔던 것이다. 이러한 결과는 한 사회가 평균적으로 지니는 상향이동의식의 효과만을 단순 나열한 것으로 무엇이 추세를 추동하고 있는지는 알려주지 않는다.

예컨대, 해당 기간 동안 상향이동의식이 하락하는 양상을 보인다고 가정해 보자. 이때 각 개인들은 자신들의 연령대에서 대표적인 생애과정을 겪으며 얻는 평균적인 연령 효과가 주어진다. 즉, 20대 시기에는 젊음과 청춘으로 표현되는 높은 상향이동의 포부가, 30대가 되어서는 취업, 혹은 취업을 통과했더라도 치열한 경쟁과 쳇바퀴와 같은 회사생활, 결혼이라는 기쁨 뒤에 숨겨진 내 집 마련과 자녀양육의 압박, 40대 이후부터는 치열한 승진경쟁 및 자녀교육과 같은 생애주기(life course) 효과가 존재하는 것이다. 이러한 연령 효과뿐만 아니라 해당 시기 동안의 경제적 상황이나 정치사회적 사건의 효과도 개입된다. 가령, 2008년 금융위기 등은 사회에 대한 불안을 통해 개인들의 상향이동인식에 부정적 영향을 미칠 개연성이 높다. 특히 기간 효과는 한국 사회 내에 살고 있는 모두에게 영향을 미친다.

이때 중요한 점은 해당 시기의 기간 효과가 각 개인들의 연령에 따라서 상이한 맥락과 내적 의미를 지닌다는 점이다. 일반적으로 세대연구들에서는 한 세대를 15년부터 30년의 기간으로 세대단위(generational unit)를 규정하는데(Mannheim, 1952[1928]; Ryder, 1965), 이는 동일한 사건이라도 자신의 연령대를 기준으로 설정되는 약 15~30년의 실제세대에 따라 삶과 세대경험이 다를 수 있음을 의미한다. 가령, 1998년의 IMF라는 사건은 한국 사회의 구성원 모두에게 큰 영향을 미쳤지만, 그 영향은 각 연령대에 따라서 매우 상이한 맥락을 지니게 된다. 가령 사회생활에 갓 진입한 청년세대에게는 앞으로의 한국 사회의 미래 전반을 의심하게 하는 사건일지도 모르지만, 여러 위기를 겪으면서도 경제성장을 이뤄왔던 중장년세대에게는 상승추세 자체의 변동을 의미하지는 않는 단기적 위기 국면으로 인식되었을 수 있다.

이 같은 연령, 기간, 코호트의 효과의 혼재(혹은 결합)는 식별의 문제(identification problem)로 연결된다. 구체적으로 어떤 개인 i의 종속변수인 상향이동의식 변화(y_i^{apc})는 코호트(c) = 연령(a) − 기간(p) 혹은 기간(p) = 연령(a) + 코호트(c)에 속한다고 할 수 있다. 하지만 a, p, c의 세 효과는 완전한 선형관계로 공선성이 존재하기 때문에 본 모형으로는 세 효과를 동시에 추정해 낼 수 없다. 식별의 문제를 보다 상세히 살펴보면, 우선 본 연구의 관심인 벡터 y를 구하기 위해서는 계획행렬(design matrix) X의 역행렬이 존재해야 한다. 즉 $n*p$ 계획행렬 X의 rank가 p라고 가정된 경우 X의 계수 중, 열과 행의 개수가 같을 때 행렬 X는 full rank를 가지며, 이때 X^TX는 최대계수를 지니고 역행렬이 존재한다. 그러나 본 연구에서 X를 구성하는 지수들은 $a=p-c$의 관계를 가진다는 점에서, 정칙행렬(regular matrix)이 될 수 없다. 요컨대, 설명변수들 간에 존재하는 선형성으로 인해 각 지수들은 full rank를 갖지 못하고 특이행렬(singular matrix)이 되는 것이다. 따라서 X^TX는 역행렬이 존재하지 않으므로 $b = (X^TX)^{-1}X^TY$의 유일해도 존재하지 않는다(Kupper *et al.*, 1985; 윤자영, 2014).

이 같은 식별의 문제는 APC 모형의 난제이자 해결을 요하는 근원적 쟁점이다. 이를 해결하기 위한 방안으로 a, p, c 효과 중 최소 한 가지 이상의 모수를 제약하는 제약화된 일반화선형모형(CGLM)이 우선적으로 고려되었다. 하지만 그 방법은 모수를 제약하는 부분에서 비판을 받아 왔다(Fienberg and Mason, 1985; Kupper *et al.*, 1985). 따라서 최근에는 각 모수의 효과를 변화 없이 추정할 수 있는 함수를 사용하는 방안이 제안되고 있는데, 이에 따라 대표적으로 고유추정치(IE:

Intrinsic Estimator)방법이 제시되었다. 비정칙치 분해와 추정함수를 기반으로 추정되는 IE는 CGLM보다 안정된 효과치를 산출하는 것으로 알려져 있다(Yang and Land, 2016). 즉, APC 모형은 식별의 문제를 해결하기 위해 지수를 제약하는 각각의 방식으로 결과를 얻어내는 것이라 할 수 있다.

본 분석에서는 이러한 식별의 문제를 해결하기 위해 개발된 방법론 중 하나인 APC–D 모형을 활용하였다. APC–D 모형은 쇼벨에 의해서 발전된 방법론으로 선형추세(linear trends)와 변동(fluctuation)을 구분해 내는 방법이다. APC–D 모형을 산식으로 정리하면 아래와 같다.[3]

$$Y^{apc} = \mu + a_a + \pi_p + \gamma_c + a_0 \ rescale(age)$$

$$+ \gamma_0 \ rescale(cohort) + \beta_0 + \sum_j \beta_j X_j + \varepsilon_j$$

$$\sum_a a_a = \sum_p \pi_p = \sum_c \gamma_c = 0$$

$$Slope_a(a_a) = Slope_p(\pi_p) = Slope_c(\gamma_c) = 0$$

$$\min(c) < c < \max(c)$$

이때 a_a, π_p, γ_c는 탈경향화된(de–trended) 연령, 시기, 코호트 효과를 의미
a_0, π_0는 시기 간 · 코호트 간 연령 선형기울기,
시기 간 · 연령 간 코호트 선형기울기를 의미
β_0, β_j X_j는 상수, 통제변수의 계수를 의미

이상의 산식은 APC–D 방법론이 기울기 0(zero–slope), 계수합 0(zero–sum)과 같은 제약을 부과함으로써, 추세(trend)로부터 연령, 기

3) APC–D 방법론에 관한 설명은 Chauvel(2011) 및 윤자영(2014)을 참조하였으며, 제시된 산식은 김수정(2015)을 참조하였다.

간, 코호트의 변동분을 분리하여 확인해 내자는 것을 나타낸다. 즉, 추세의 선형기울기가 통제된 상태에서 각 지수들의 효과가 유의미하다면, 이는 일반적 추세를 벗어난 독특한 효과를 가짐을 의미한다. 이를 통해 연령, 기간, 코호트 각각이 대표하는 사회맥락적 변동과 효과를 확인해 낼 수 있다. 따라서 본 분석에서는 APC-D 모형을 통해 상향이동의식의 연령, 코호트, 기간 효과의 기울기(선형추세)를 구분 및 변동양상을 검증한다.

4. 분석 결과

1) 세대 내, 세대 간 상향이동의식 연령별 추세

〈표 7-3〉은 1999년부터 2015년의 분석기간 동안의 연령별 세대 내(intra-generational) 상향이동의식 비율을 보여준다. 또 〈표 7-4〉는 세대 간(inter-generational) 상향이동의식 비율을 알려준다. 단, APC 모형을 활용하기 위해서는 연령, 기간, 코호트의 직사각형(rectangualr) 데이터 구조가 필요하기 때문에, 본 연구에서는 1999년을 2000년으로, 2011년을 2012년으로 대체하여 분석을 진행했다.

세대 내 상향이동의식 결과를 살펴보면, 15년의 기간 동안 상향이동의식의 평균값은 .294로 확인된다. 즉, 1999년 이후의 한국인 1/3만이 세대 내 상향이동의식을 지녀온 것이며, 2/3는 이동을 할 수 없다고 생각하거나, 혹은 그 가능성에 대해서 판단을 내릴 수 없는 상황인 것이다. 단, 세대 내 상향이동의식의 연도별 평균은 1999년의 .22부터 2009년의 .37까지 약 15% 정도의 변동을 보인다. 이는 상향이동의식

〈표 7-3〉 연령별 상향이동의식 추세: 세대 내 상향이동의식

연령 (3세 간격)	2000 (1999)	2003	2006	2009	2012 (2011)	2015
19	0.33	0.47	0.38	0.51	0.44	0.30
22	0.31	0.50	0.37	0.46	0.40	0.28
25	0.29	0.40	0.33	0.41	0.32	0.24
28	0.26	0.37	0.28	0.38	0.30	0.23
31	0.25	0.36	0.27	0.37	0.30	0.21
34	0.20	0.35	0.26	0.34	0.24	0.20
37	0.22	0.34	0.25	0.35	0.26	0.21
40	0.21	0.33	0.26	0.35	0.28	0.19
43	0.20	0.32	0.25	0.34	0.28	0.21
46	0.19	0.33	0.24	0.35	0.28	0.20
49	0.20	0.30	0.24	0.36	0.30	0.23
52	0.22	0.31	0.26	0.34	0.30	0.23
55	0.19	0.32	0.26	0.35	0.30	0.23
58	0.20	0.33	0.27	0.35	0.32	0.24
61	0.23	0.31	0.29	0.33	0.32	0.25
64	0.23	0.34	0.29	0.37	0.32	0.24
67	0.22	0.30	0.30	0.36	0.33	0.23
70	0.22	0.31	0.30	0.34	0.29	0.25
73	0.24	0.27	0.30	0.33	0.31	0.24
76	0.21	0.27	0.26	0.31	0.33	0.21
79	0.19	0.31	0.21	0.33	0.30	0.23
합계	0.22	0.33	0.28	0.37	0.30	0.23

이 고정되고, 장기적인 사회의식이 아닌 사회적 변동과 밀접히 연동되고 있는 사회의식 지표임을 시사한다. 또 해당 분석 결과에서는 20대 초반에 높게 확인되었던 상향이동의식이 연령이 높아질수록 감소하는 경향성을 보여준다. 단, 대각선을 통해 확인할 수 있는 코호트 효과는 시기 효과의 큰 변동분에 혼재됨으로써 파악이 어렵다.

다음 〈표 7-4〉는 세대 간 상향이동의식 변화의 추세를 보여준다. 흥미로운 점은 세대 간 상향이동의식은 세대 내 상향이동의식보다 크게 높다는 점이다. 즉, 15년 동안의 세대 간 상향이동의식의 평균은 .406으로 확인되었는데, 이는 국민의 약 40%는 IMF 위기 이후에도 자녀세대의 상향이동의식을 믿어 왔음을 의미한다. 특히 1999년 IMF 직

〈표 7-4〉 연령별 상향이동의식 추세 : 세대 간 상향이동의식

연령 (3세 간격)	2000 (1999)	2003	2006	2009	2012 (2013)	2015
19	0.45	0.47	0.36	0.50	0.41	0.31
22	0.42	0.52	0.35	0.46	0.41	0.28
25	0.46	0.43	0.36	0.45	0.38	0.27
28	0.43	0.46	0.36	0.45	0.38	0.26
31	0.44	0.48	0.39	0.46	0.39	0.27
34	0.43	0.48	0.41	0.47	0.37	0.29
37	0.44	0.49	0.40	0.48	0.39	0.30
40	0.44	0.47	0.40	0.50	0.40	0.29
43	0.42	0.45	0.39	0.49	0.43	0.30
46	0.41	0.46	0.38	0.49	0.41	0.31
49	0.40	0.43	0.37	0.49	0.43	0.32
52	0.43	0.43	0.38	0.49	0.42	0.33
55	0.38	0.45	0.38	0.48	0.45	0.33
58	0.39	0.45	0.40	0.48	0.46	0.34
61	0.41	0.45	0.42	0.50	0.46	0.37
64	0.41	0.44	0.41	0.51	0.48	0.37
67	0.40	0.43	0.41	0.49	0.47	0.37
70	0.37	0.41	0.39	0.44	0.45	0.33
73	0.34	0.40	0.39	0.46	0.46	0.36
76	0.35	0.38	0.35	0.44	0.46	0.35
79	0.25	0.42	0.29	0.43	0.41	0.33
합계	0.42	0.45	0.38	0.48	0.42	0.32

후 시기의 결과에서는 자신의 상향이동 가능성은 22%밖에 믿지 않았지만, 42%의 국민은 자녀세대의 상향이동의식을 높다고 인식하고 있었다. 이러한 변화는 2009년에 정점을 이루는데, 국민의 절반 가량(48%)이 세대 간 상향이동이 가능하다고 믿고 있었다.[4] 또 하나 흥미로운 결과는 앞서 세대 내 상향이동의식의 경우에는 20대 초반에 가장 높은 양상을 보였으나, 세대 간 상향이동의식은 결혼 및 자녀를 가지는 30대 초중반이 가장 높다는 점이었다.

이러한 세대 내, 세대 간 상향이동의식의 추세를 비교하기 위해, 상기 결과를 그래프로 병기하였다([그림 7-1] 참조). 이때 각각의 상향이동의식에 추세선(trend line)을 추가해 분석 결과를 살펴보았는데, 세대 내, 세대 간 상향이동의식이 점차 수렴한다는 흥미로운 결과를 확인하였다. 즉, 1999년 환란 위기 직후 큰 폭으로 벌어졌던 차이가 2006년

[그림 7-1] 세대 내, 세대 간 상향이동의식 추세 비교

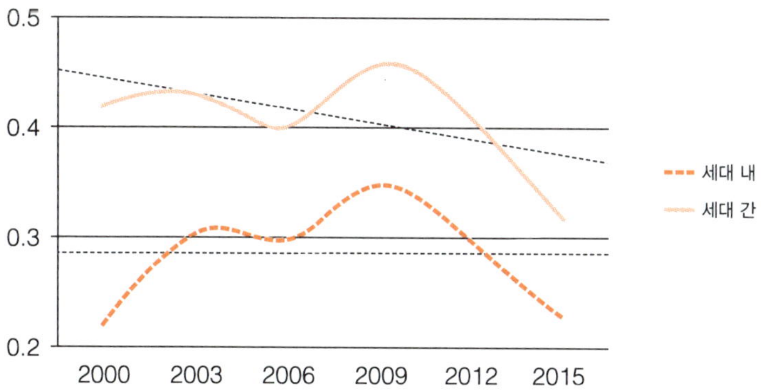

4) 2009년 상향이동의식 문항의 원 측정을 살펴보면, 매우 높다(4.86%), 높은 편(42.94%), 낮은 편(23.76%), 매우 낮다(5.91%), 모르겠다(22.53%)로 상향이동에 대한 긍정적 인식이 부정적 인식보다 약 2배 정도 높게 확인되었다.

을 기점으로 본격적으로 축소되었으며, 또한 최근에 근접할수록 변동 양상이 일치하는 것으로 드러났다. 하지만 2008년 이후 두 상향이동 의식은 지속적으로 하락하고 있음에 주목할 필요가 있다. 이에 대해서는 보다 정치한 분석이 이루어져야 하겠지만, 일단은 IMF 위기 직후까지 유지되어 왔던 자녀세대 상향이동 가능성이 크게 하락하여, 두 의식이 수렴하는 것으로 이해된다.

2) 상향이동의식 APC-D 분석 결과

(1) 코호트 효과: 산업화세대 담론을 중심으로

[그림 7-2], [그림 7-3], [그림 7-4]는 세대 내, 세대 간 상향이동 의식 각각의 코호트, 연령, 기간 효과의 변동(fluctuation)양상을 보여준다. 우선 [그림 7-2]에서는 세대 내, 세대 간 코호트 효과를 보여준다. 연구 시작 시점에는 코호트 효과의 경우, 한국 사회의 가장 큰 변화 중 하나였던 산업화시기를 중심으로 변동양상이 달라질 것으로 예상하였다. 즉, 산업화와 도시화, 특히 고도경제성장이라는 일련의 사회경제적 변화들이 고용과 직업구조의 확대, 생활 수준 및 생활기회의 전반적 확대를 추동했음에 주시했다. 그뿐만 아니라 해당 시기에 민주화를 계기로 정치적 · 사회적 발언권도 확대되었다는 점도 감안했다. 이러한 일련의 과정이 70년대 산업화 시기를 중심으로 전개되었다는 점에서, 본 연구에서는 김원동(2010)의 구분에 따라 제3공화국 출범(1963)부터 유신체제의 붕괴(1979)까지를 산업화 시기로 설정한다. 그러면 산업화 코호트는 1944~60년생이 된다. 사회이동론 관점에서 해당 코호트는 구조적 사회이동(structural mobility)을 겪은 코호트라 할 수 있다.

[그림 7-2] 세대 내, 세대 간 상향이동의식의 코호트 효과

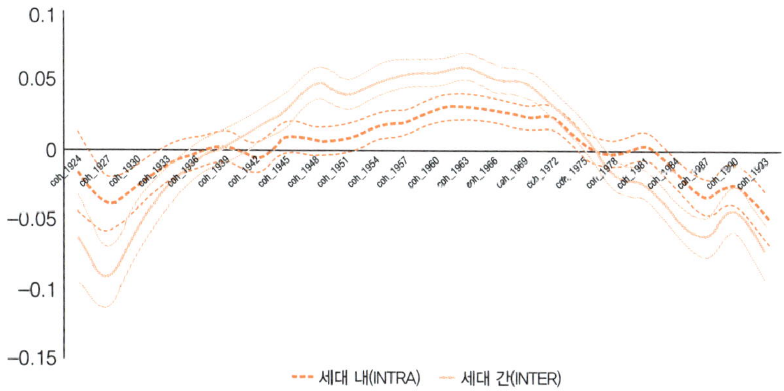

홍미롭게도 본 분석에서의 코호트 효과는 산업화세대 구분과 거의 일치한다. 즉, 세대 내, 세대 간 상향이동의식이 1944년을 기점으로 0을 포함하지 않는 상승추세를 보이고 있는 것이다. 또 1960년부터는 그 효과가 정체되기 시작하더니, 1969년부터 그 효과가 급속히 낮아지는 것을 확인할 수 있다. 만약 산업화 세대를 1969년 코호트까지로 연장한다면, 이는 3저호황(1986)의 시기와 정확히 일치한다. 따라서 상향이동의식 코호트 효과를 기준으로 한다면 산업화 세대는 1944~67년까지 연장시킬 수 있다고 본다.

이 연구는 산업화세대 이전 코호트들의 경우 국가적 혼란이나 궁핍한 경제상황으로 인해 상향이동의식이 낮을 것으로 예상하였다. 또 산업화 이후 세대, 주로 에코세대를 중심으로 형성되는 이와 같은 코호트들에서는 경제활동의 전반적 둔화와 함께, 이들이 경제활동에 진입하는 지점에서 발생한 IMF 위기에 직격됨으로써 상향이동의식이 급격히 낮아질 것으로 예측하였는데, 분석 결과 이상 두 예측이 모두 지지되었다.

또 세대 내, 세대 간 코호트 효과를 함께 기재함으로써 본 분석에서는 새로운 사실을 확인할 수 있었다. 즉, 세대 내 상향이동의식보다는 세대 간 상향이동의식의 변동 폭이 크다는 사실이며, 산업화세대는 높은 세대 간 상향이동의식과 대비되는 낮은 세대 내 상향이동의식을 보인다는 점이다. 반면, 산업화 이후 코호트에서는 세대 내보다는 세대 간 상향이동의식이 더욱 가파르게 하락하는 경향을 볼 수 있다. 이러한 결과를 해석해 보면, 산업화세대의 경우에는 구조적 상향이동을 겪은 것은 사실이나, 그 과정이 결국 고된 노동과 생활환경의 급격한 변화를 감내하면서 얻어냈다는 점에서, 자신 세대의 상향이동 가능성은 보다 낮게 인식했을 개연성이 높다. 그러나 이러한 감내를 통해 얻어지는 성취, 가령 내 집과 가정, 특히 대학진학 확대에 기인하는 자녀세대의 고학력화로 인해 세대 간 상향이동의 가능성을 보다 높게 인식했을 수 있다. 반면 산업화 이후 코호트는 상대적으로 풍요로운 물질적 환경 및 대학진학, 여가생활의 확산 등으로 인하여 자신의 상향이동 가능성의 하락폭은 적다고 인식하지만, 최근의 경제사회적 상황을 고려해서 자녀세대의 상향이동 가능성은 낮게 지각하는 것으로 보인다.

(2) 연령 효과: 생애주기(Life-course) 관점을 중심으로

[그림 7-3]은 세대 내, 세대 간 상향이동의식에 대한 연령 효과의 변동양상을 보여준다. 이번 연구에서는 연령 효과를 해석함에 있어 생애주기 관점을 주요한 해석적 틀로 활용하였다. 한국 사회의 개인들은 연령대를 중심으로 서로 다른 생애사적 사건과 경험, 그리고 인식이 조직화되어 있기 때문이다. 따라서 연령 효과를 개인들의 생애 과정 속에서 발생하는 주요한 사건, 가령 취업이나 결혼, 자녀양육 등을 중심으로 해석한다.

[그림 7-3] 세대 내, 세대 간 상향이동의식의 연령 효과

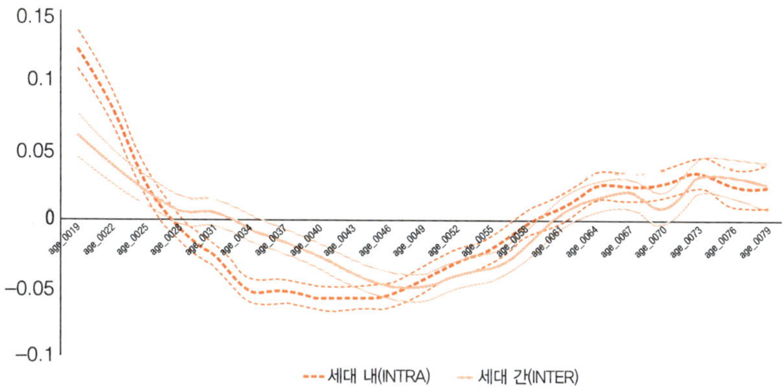

결과를 놓고 볼 때, 우선 세대 내 상향이동의식의 경우 대학진학 이전 혹은 직후(18~20세) 시기에 매우 높은 상향이동의식을 지녔음을 확인할 수 있다. 그러나 연령 효과는 이후 30세까지 약 10년이라는 기간 동안 급격히 하락하고 있다. 특히 구직을 준비하는 20대 중후반에는 그 하락폭이 급속했었는데, 이는 취업준비 과정에서 각 개인의 비현실적인 기대 수준이 노동시장 조건에 따라 조정되는 직업탐색의 과정이기 때문이다. 이후 연령 효과의 하락경향은 그 속도가 다소 완화되기는 하지만 30대 중반까지 지속되고 있다. 그러나 30대 중반시점부터는 하락이 아닌 정체의 단계로 전환됨을 확인할 수 있다. 이러한 낮은 연령 효과의 고착은 해당 시기가 직업이나 가정의 양 영역에서 다소 불안정한 위치를 지니기 때문으로 풀이된다. 그 후 세대 내 상향이동의식은 40대를 기점으로 조금씩 상승하며 60세의 진입을 기점으로 평균적 선형기울기보다 높아짐을 확인할 수 있다. 이는 해당 기간 동안의 경력을 통해 누적된 직업세계에서의 안정 및 자녀양육에 대한 부담이 점차 해소되면서 자신의 삶에 대한 자신감을 되찾는 과정으로 이해될 수 있다. 특히 노년기에는 삶에 대한 낙관적 태도 등으로 인해 상향이동의식을 중년세대에 비해 높게 인식하고 있는 것으로 보인다.

흥미로운 점은 세대 간 상향이동의식의 변화와 세대 내 상향이동의식과의 차이이다. 세대 간 상향이동의식은 그 대상을 자신이 아닌, 자녀세대를 중심으로 한다. 따라서 자녀에 대한 인식이 미비한 20대 초반에는 세대 간 상향이동의식이 세대 내 상향이동의식보다 낮은 것으로 확인된다. 또한 결혼 및 가정을 지니지 못한 30대 초반까지는 하락의 정도가 다소 완만한 것을 확인할 수 있다. 반면, 결혼 및 가정을 지니는 30대 초중반 이후부터는 선형기울기보다 낮아지는 하락추세가 발견된다. 특히 자녀세대가 대입을 준비하는 40대 중후반에 가장 낮은 세대 간 상향이동의식을 지니는데, 이는 대입 경쟁이 치열한 한국 사회에서 대다수 학부모들은 자녀의 성적이 상대적으로 낮음을 인식함으로써 상향이동에 인식을 하향 조정하는 것으로 보인다. 다만, 자녀의 대입 이후, 취업이나 결혼 등의 생애사건은 부모세대에게 긍정적으로 인식된다는 점에서 60세부터는 세대 간 상향이동의식이 높아짐을 확인할 수 있다.

(3) 기간 효과: 경제상황과 사회정치적 사건을 중심으로

[그림 7-4]는 세대 내, 세대 간 상향이동의식의 기간 효과를 보여준다. 해당 그림은 앞서 제시된 코호트, 연령 효과와 다소 차이가 있음을 확인할 수 있다. 즉, 경기종합지수를 그래프에 함께 반영한 것이다. 이는 개인들의 상향이동의식에 큰 영향을 미치는 경제적 상황을 고려하기 위함이다. 경제상황을 나타내는 지표에는 여러 가지가 있다. 그중에서도 경기종합지수는 유관된 여러 경제지표를 종합적으로 고려하고 있다는 점에서 경제상황의 전모를 가장 잘 대변하는 지수로 받아들여

[그림 7-4] 세대 내, 세대 간 상향이동의식의 기간 효과

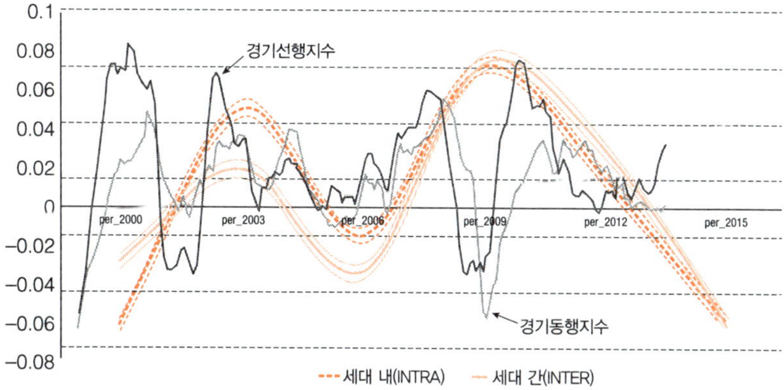

지고 있다.[5]

분석 결과를 살펴보면, 우선 이번 분석 자료의 시작점인 1999년이 IMF 경제위기 직후라는 점에서 세대 내, 세대 간 상향이동의식 모두가 낮은 것을 즉각 확인할 수 있다. 더구나 당해 연도에는 세대 내 상향이동의식이 세대 간 상향이동의식보다 낮다. 2006년까지의 변동 패턴이 다소 상이한 양상을 보인다는 점도 흥미롭다. 즉, 세대 내 상향이동의식은 경기회복과 밀접히 연동되며 높은 상승의 경향을 보인다. 그러나

5) 경기종합지수(CI: Composite Index)는 기존의 개별 경제지표들이 경제활동의 한 측면만을 보여준다는 점에서, 국민경제 전체의 경기동향을 파악하기 위해 여러 지표들을 종합하여 산출되는 지표로 간주된다. 경기종합지수는 시간적 예측목적에 따라 선행, 동행, 후행으로 구분된다. 이번 분석에서는 이 중 재고순환지표, 소비자기대지수, 가계수주액, 자본재수입액, 건설수주액, 순상품교역조건, 구인구직비율, 종합주가지수, 금융기관유동성, 장단기금리차의 10개 지표로 구성되는 '경기선행지수'와 광공업생산지수, 제조업동률지수, 건설기성액, 서비스업생산지수, 도소매업판매액지수, 내수출하지수, 수입액, 비농가취업자수의 8개 지표로 구성되는 경기동행지수를 활용하였다. 또한 각 지수는 시간에 따라 증가하는 강한 추세요인을 지니는바, 이러한 추세성을 제거한 순환변동치 모형을 활용한다.

세대 간 상향이동의 경우에는 이후 경기회복에 큰 폭으로 반응하지 않았음을 확인할 수 있다. 단, 2008년 이후부터는 세대 내, 세대 간 상향이동의식이 사실상 동일한 효과를 보이는 것을 확증할 수 있다.

이상의 기간 효과는 사실상 그 해석이 용이치 않다. 검증된 사실만 가지고 정리한다면, 첫 번째는 상향이동의식이 경기상황과 연동되는 양상이었다. 물론 경기종합지수 중, 2001년이나 2008년 사이에 급격한 하락들이 보이기는 하지만, 전반적인 추세양상은 경기상황과 유사한 패턴을 확인할 수 있다. 다음으로 살펴볼 점은 세대 내, 세대 간 상향이동의식의 차이이다. 즉, 세대 내 상향이동의식이 경기상황에 보다 민감하며, 세대 간 상향이동의식은 다소 충격에 둔감한 것으로 보인다. 셋째, 최근에는 세대 내, 세대 간 상향이동의식이 다소 수렴되는 경향을 보인다는 점이다. 특히 수렴되는 양상이면서도 2009년 이후로 급격히 하락하고 있다는 점은 장기적이며 근원적인 이유들로 인해 상향이동의식의 꿈이 사라져 가는 한국 사회의 모습을 여실히 보여준다.

5. 소결

본 이차자료 분석에서는 1999년 이후 세대 내, 세대 간 상향이동에 대한 한국인들의 의식적 변화를 연령, 기간, 코호트의 효과로 분해하고, 각 효과들이 지닌 이론적 토대와 내적 의미를 기초로 보다 정교한 해설을 시도하고자 했다. 연령 효과는 개인의 생애 과정과 사건을 통한 의식의 변화, 기간 효과는 그 사회가 처한 경제적 상황이나 사회정치적 사건을 통한 의식의 변화, 코호트 효과는 각자 살아온 시대를 중심으로 얻어진 세대경험과 인식을 통한 의식의 변화를 의미한다. 따라서 이번 분석에서는 서로 다른 사회적 구조와 층위를 대변하는 세 가지 효과를 중심으로 상향이동의식이 점차 저하되어 가는 한국 사회의 모습을 그려내고, 그 동학을 추적해 보고자 했다.

코호트 효과, 연령 효과 및 기간 효과를 중심으로 한 총체적 분석 결과는 다음과 같다. 첫째, 코호트 효과는 산업화세대를 분기점으로 상향이동에 대한 의식이 나뉘고 있음을 보여준다. 즉, 동일한 사회역사적 경험으로 정의되는 코호트 개념은 한국 사회에서의 상향이동의식 변동의 내부 모습뿐만 아니라, 이를 추동하고 있는 세대집단을 파악할 수 있게 한다. 즉, 산업화를 통한 급격한 사회경제적 성장과 구조적 사회이동, 그리고 민주화라는 개방적 사회를 목도한 산업화세대는 과거 성장에 대한 경험이 높은 상향이동 의식을 유지했을 가능성이 높다. 반면 직업세계의 진입시점에 IMF 경제위기를 겪었고, 저성장과 공적 분배 체계가 미흡한 현 시점을 경험하고 있는 이른바 '에코세대'로 불리는 산업화 이후 세대는 낮은 상향이동의식을 지닐 가능성이 높다. 본 분석의 결과는 이러한 추론을 경험적으로 지지한다. 즉, 산업화세대는 높은 코호트 효과를 보인 반면, 산업화 이전/이후 세대는 낮은 효과를 보이고 있다.

코호트 효과에서 포착되는 또 한 가지 특기할 점은 세대 내, 세대 간 상향이동의식의 차이이다. 즉, 세대 내 상향이동의식보다 세대 간 상향이동의식의 변동폭이 보다 큰 것으로 확인된다. 특히 세대를 기준으로 살펴볼 때, 산업화세대에게서는 세대 내 상향이동의식보다 세대 간 상향이동의식이 높게 나타난다. 반면 산업화 이전/이후 세대에게서는 세대 내 상향이동의식이 보다 높은 것으로 나타난다. 이 같은 차이는 산업화세대의 성장 이면에 내재된 자신보다 자녀세대의 성공을 위한 본인세대의 희생이 반영된 것으로 보인다.

둘째, 연령 효과로부터는 개인들의 생애주기와 주요한 생애사건들에 밀접하게 상응되고 있음을 확인할 수 있다. 이는 각 연령대에 따라 유사하게 경험되는 생애사건들이 개인의 상향이동의식에 영향을 미치고 있음을 시사한다. 세대 내 상향이동의식은 20세부터 30세까지 급격히 하락했다. 이는 청소년기에 지녔던 높은 상향이동 의식이 대입 이후 구직준비를 거치며 현실적으로 하향조정된 것으로 이해할 수 있다. 이러한 하향추세는 첫 취업과 결혼, 출산/양육이 포함되는 37세까지 지속된다. 그러나 40대부터 직업 및 가정영역이 안정된 뒤부터 큰 변화가 없으며, 자녀에 대한 교육이 끝나는 60대부터는 상승하는 것을 확인할 수 있다.

주목할 만한 또 한 가지 사항은 세대 간 상향이동의식이 세대 내 상향이동의식과는 다른 변화 양상을 보인다는 사실이다. 즉, 자녀가 없는 30대 초반까지는 막연한 의식으로 인해 초기값이나 하락폭이 세대 내 상향이동의식보다 적었다. 그러나 30대 초반, 결혼 이후 첫 자녀를 얻은 시점에는 세대 간 상향이동의식이 고착되나, 향후 본격적 자녀교육이 수반되는 37세부터는 하락추세가 여실히 드러난다. 이는 한국 사회의 과도한 교육열로 인해 원하는 수준의 교육에 도달하지 못한 경우, 자녀세대의 상향이동 가능성을 낮게 평가하고 있음으로 여겨진다. 이러한 하락추세는 자녀가 대학에 진입하는 40대 후반시점부터는 상승하는 추세를 보인다. 이는 최근 대학교육 기회의 확대로 인해 자녀세대의 다수가 대학에 입학할 수 있어 상향이동의 가능성을 긍정적으로 바라보기 때문으로 풀이된다. 또 자녀세대가 첫 자녀를 얻는 60대 초반부터는 세대 간 상향이동의식이 급상승하는 것도 확인할 수 있다.

셋째, 기간 효과는 해당 시기 동안 사회구성원 모두에게 효과를 미친 경제적 상황이나 사회정치적 사건이 원천이 된다. 따라서 본 연구진은 경제적 상황을 반영하는 대표적 지수인 경기종합지수(경기선행+경기동행) 순환변동치 그래프를 연계한 해석을 시도하였다. 분석 결과를 정리해 보면, 우선 IMF 직후인 1999년에는 세대 내 상향이동의식이 기간 효과가 매우 낮다고 판명되었다. 대신 세대 간 상향이동의식은 보다 높게 나타났다. 이는 IMF의 경제적 사건은 개인들의 세대 내 상향이동에 대한 가능성에는 큰 영향을 미쳤으나, 보다 장기적인 시점인 세대 간 상향이동의식에는 큰 영향을 미치지 못했음을 반증한다. 2003년부터의 결과를 연계해 보면, 세대 내, 세대 간 상향이동의식 전반은 경제적 상황에 연동되고 있는 것으로 보인다. 단, 세대 내 상향이동의식이 경기에 보다 민감하게 연동되고 있었으며, 세대 간 상향이동의식은 보다 둔감한 반응을 보였다. 이때 각별히 주시할 가치가 있는 대목은 2009년부터 세대 내, 세대 간 상향이동의식이 거의 동일하게 수렴되다가 차후 급격한 하락을 겪는다는 사실이다. 왜 2009년부터 세대 내, 세대 간 상향이동의식의 차이가 급격하게 주는지에 대한 명확한 설명은 용이치 않다. 현 시점에서 추론 가능한 것은, 2008년 금융위기 이후 잠시나마 풍미했던 경제적 희망이 이후의 장기적 불황으로 인해 실망으로 바뀌면서 사회구조 전반에서 상향이동 가능성을 의심받게 된 까닭이라고 본다. 특히 최근 사회불평등과 양극화에 대한 관심은 자신 세대뿐 아니라, 자녀세대에게까지 불리한 기회구조가 작동할 수 있음을 깊이 인지한 결과로 보인다.

이상과 같은 분석 결과들 중에서 가장 주시해야 할 우려스러운 대목은 개인이 '열심히 노력해도 상향이동을 할 수 없을 것'이라는 부정적 견해가 청년세대를 중심으로 급속히 확산되고 있다는 점이다. 그러한 추세는 1999년에서 2014년까지의 노동패널 자료에서의 세대별 계층

귀속의식과 상향이동의식을 집단중심추세모형(Group-based Trajectory Model)으로 분석한 이왕원(2017)의 연구 결과로부터 보다 명료히 판독할 수 있다. 즉, 현재의 계급적 상태를 대변하는 중상층 귀속의식은 산업화세대에서 민주화세대를 거쳐 '탈성장세대'로 규정할 수 있는 젊은 세대에 이르기까지 점진적으로 증가하고 있지만, 앞날의 계급적 전망과 직결된 상향이동의식은 급속히 하락하고 있다([그림 7-5] 참조).

이에 대해서는 성장세가 꺾인 수축기에 태어나고 자라나 사회 무대에 진출하게 된 탈성장세대가 성장세대보다 높은 중상층 귀속의식을 지니고 있음에도 불구하고, 가중되는 취업난이나 복지체계의 불비로 인한 상대적 박탈감이 가장 클 것이라는 추론이 가능하다. 특히 오늘날 한국 청년세대의 경우 부정적 상향이동의식 저변에 부모세대에 해당하는 민주화세대의 '점유의 정치(politics of occupation)'로 날로 심화되고 공고화되어 가는 세대 간 불평등에 대한 반감이나 절망감이 짙게 투영되어 있다(이철승, 2019). 자신의 삶이 나아질 희망이 전무하다는 그들의 암울한 심경을 엄중히 헤아려야 하는 이유가 바로 여기에 있다. 건국 이래 최초로 부모세대보다 못한 삶을 살아가게 될 것이라는 역진(逆進) 세대의 등장은 당사자들에게는 물론이요, 그들을 아들딸이나 손자녀로 둔 여타 세대층에 "하면 된다."는 약동적 의기대신 "해도 안 된다."는 패배주의를 주입시켜 아직도 '자식 농사'에 최대 가치를 부여하는 가족중심주의적 정서가 풍미하는 사회 전체의 활력을 격감시키고 있다.

[그림 7-5] 세대별 계층의식의 종단적 유형화

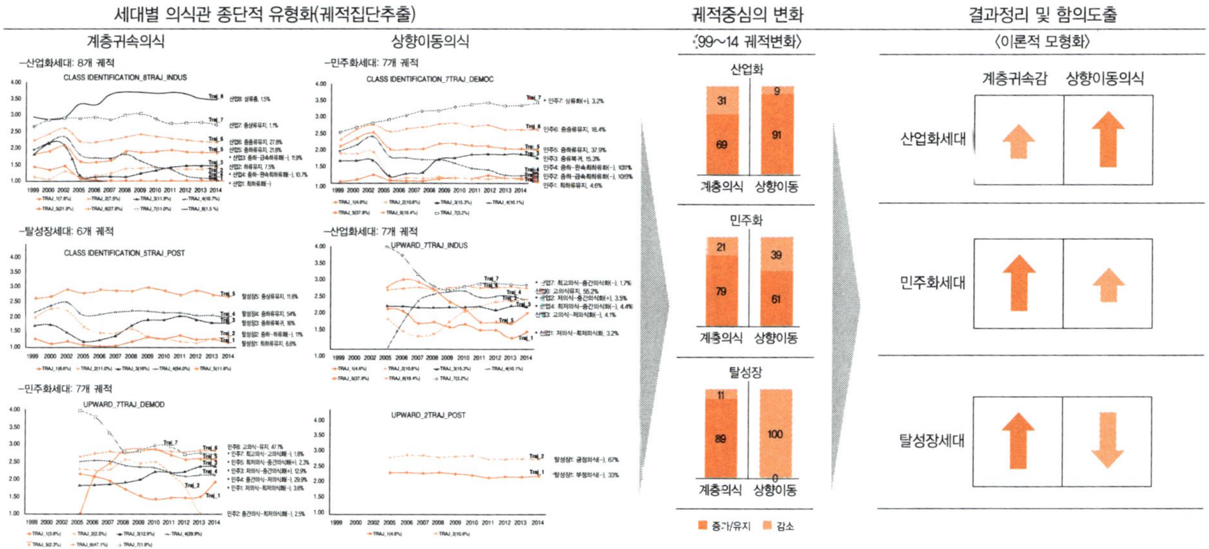

제8장

심층면접: 불평등 사회의 속살

1. 논의 배경

사회란 이해관계나 가치관을 달리하는 이질적 구성원들의 집합체인 만큼 시대나 장소를 불문한 어느 사회든 크고 작은 갈등이 상존한다. 그러나 최근 우리 사회의 갈등은 파국으로 치달아 위기를 가중시키고 있다. 갈등 관리 장치가 취약한 상황에서 계층, 이념, 노사, 세대, 지역, 젠더 갈등과 같은 전래적 갈등이 엄존하며 거기에 고용 · 연금 · 안보 · 입시 · 급식 · 역사관 · 에너지 정책 등을 소재로 한 새로운 갈등들이 가세해, 한국 사회는 신구(新舊) 갈등들이 난립하는 '갈등 공화국'으로 각인되고 있다.

막대한 사회적 손실을 초래하는 급진적 갈등은 국가적으로 바람직하지 않다. 그러나 보다 심각한 문제는 적대적 대결의식이 국민 개개인의 의식세계로 침투해 사회발전의 정신적 동력을 소진시키고 있다는 점이다. 한국 사회에서 갈등의 현황과 해법에 관한 관심이 고조되고 있는 것은 이 때문이다. 사회갈등의 구조적 요인과 특성에 관한 진단(조희연, 2008; 김원식, 2010: 129-154, 2013: 113-140), 갈등 관리 및 해소에 관한 논의(이재열, 2010: 1031-1058; 우명숙 외, 2013: 69-86; 서문기, 2014: 27-52), 계급, 세대, 종교, 젠더, 이데올로기 갈등 등과 같은 영역별 갈등에 대한 분석(신진욱, 2007: 57-93; 최우영, 2007: 73-83; 박재흥, 2010: 75-99; 이재경, 2013: 94-109; 강원택, 2014) 등과 같은 연구물들이 바로 그 전거(典據)라고 할 수 있다.

이 장에서는 상기 연구들과 기본적 문제의식을 공유하되, 심층 · 초점집단 인터뷰를 통한 질적 방법에 의거해 계급갈등의 내면을 정탐해 보고자 한다. 즉, 심층면접을 통해 불평등 사회의 생활체험을 내부자적 시각(insider's view)으로 조망하여 표층적 현상 이면에 소재한 불평등 사회의 속살을 파악하고, 그로부터 현존 계급갈등의 내재적 특성과 함의를 추출해 보고자 한다.

2. 연구 방법

1) 접근법

현실사회에 대한 객관적 측정과 분석에 치중해 온 사회과학계에서는 양적 자료를 활용한 계량적 접근이 전반적으로 우대받아 왔다. 그러나 인류사에 유의미한 영향을 끼친 사건들 중에는 수치로 환원할 수 없거나 환원시켜 바람직하지 않은 것들이 많다. 질적 접근은 바로 그러한 맹점에 대한 자각에서 출원한 것으로, 결과적으로 사회 현상에 대한 객관적 관찰과 설명보다 주관적 생활세계의 탐사나 이해를 목표로 하는 해석학적 전통(hermeneutic tradition)과 맥을 같이한다. 사회현상의 특수성이나 상황성을 중시하는 질적 접근은 표준화된 절차를 통한 정형적 분석에 크게 의존하는 양적 접근과 달리 현장성과 적합성이 높은 자료를 활용한 내적 의미구조의 파악에 역점을 둔다. 따라서 질적 접근법을 채택한 이 연구에서도 의미의 주관자라고 할 수 있는 응답자들의 내면세계로 잠입해 1997년 외환위기 이래 공고화되어 온 계급사회의 생활 현장에서 식별할 수 있는 주관적 태도, 사고, 정서, 기대, 열망 등을 포착하는 데 주력하고자 한다.

주어진 현실을 그곳에서 살아가는 현지인의 시각에서 바라보고자 하는 내부자적 관점은 냉철한 분립적 입장(cold, detached stance)을 견지하려는 외부자적 관점과 대비되어 왔다. 그러한 논의는 역사학이나 문학을 위시한 인문예술 분야에서는 오래전부터 존속해 왔는데(Michelet, 1967[1847]; Wilson, 1956), 사회과학 부문에서는 그 문제가 민속지연구가와 비교문화연구가 진영 간의 에믹(emic)–에틱(etic) 논쟁으로 촉발되었다(Goodenough, 1970; Harris, 1976; Morris *et al.*, 1999). 그런 와중에 로버트 머튼(Robert Merton)은 지식사회학의 주요 흐름을 논의하면서 내부자적 관점과 외부자적 관점의 방법론적 특성과 의의를 다양한 연구 사례와 함께 체계적으로 제시한 바 있다. 거기서 그는 임의적 해석의 위험성을 안고 있는 내부자적 관점의 결정적 장점이 현장 특유의 '주관적 합리성'을 포착할 수 있는 '직관적 감응력(intuitive sensitivity)'에 있음을 역설했다. 예컨대, 흑인만이 흑인 사회를 연구할 수 있고 동성애자만이 동성애 집단을 연구할 수 있으며, 마약상습자만이 마약 세계를 연구해야 하는 것은 아니지만, 정서적 함의가 농후한 소재에 관한 한 삶의 현장을 공유해 온 동시대 · 동공간 인들의 독특한 상호주관적 의식이나 정서를 담지한 내부자적 시각이 큰 효능을 발휘할 수 있다는 것이다(Merton, 1972).

1997년 외환위기 이후 저성장 단계로 들어선 한국 사회의 계급구조는 '양극화'라는 용어로 응축할 수 있을 만큼, 소득 · 자산 · 공간 · 학력 · 생활인프라 · 라이프스타일 등 다방면의 격차가 노골화하고 있다. 그뿐만 아니라 미래에 대한 공유된 희망을 주축으로 동질성을 유지해 왔던 의식체계도 분할되어, 사회경제적 자원을 독점하려는 야망계급과 그러한 의욕을 상실해 가는 절망계급으로의 간극이 커지고 있다(김문조, 2008; 이왕원 외, 2016). 요컨대, 지난 20년가량의 장기적 경기침체와 계급구조의 고착화로 한국 사회의 계급체계가 즉자적 계급 상황에서 적대적 계급의식을 동반한 대자적 계급 상황으로 변모해 가는 실정으로, 직관적 감응력을 활용한 내부적 관점의 접근이 각광받는 국면으로 접어들고 있는 것이다.

2) 자료 수집 및 정리

본 연구는 대통령소속 국민대통합위원회가 한국 사회의 갈등 현황을 파악하기 위해 실시한 2015년도 〈한국형 사회갈등 실태진단 2차 연구〉의 심층면접 결과를 활용한 것이다. 응답자들의 주관적 생활세계(subjective life-world)에 내재한 갈등 양상을 파악하기 위한 목적으로 기획된 면접은 계층, 지역, 성 및 생애 과정 등을 달리하는 전국의 만 19세 이상 성인 남녀 105명을 대상으로 2015년 8월 7일부터 9월 5

일까지 29일 동안 실시하였다. 총 83건의 개별 심층인터뷰(IDI: In-Depth Interview)와 4건의 초점집단 인터뷰(FGI: Focus Group Interview)를 병행했는데, IDI 및 FGI 대상자의 구성은 〈표 8-1〉과 같다.

개별 인터뷰는 1시간 30분~2시간, 집단 인터뷰는 약 4시간에 걸쳐 준비된 스크립트에 의거해 수행하였다. 인터뷰 내용은 현존 계급 현실, 근로나 직장생활 및 일상생활에 대한 문항들에 대한 응답자들의

〈표 8-1〉 인터뷰 대상자의 구성

<table>
<tr><th>구분</th><th>대구분</th><th>소구분</th><th>표본</th><th>조건</th></tr>
<tr><td rowspan="11">IDI</td><td rowspan="3">서울</td><td>강남</td><td>10</td><td rowspan="9">• 남녀 5:5
• 20대, 30대, 40대, 50대, 60세 이상 각각 1명씩
• 5개 대구분 지역별로 독거/싱글을 1명씩 포함
• 20/30대 연령층은 미취업자 포함
• 다양한 직업의 응답자를 포함</td></tr>
<tr><td>강북</td><td>10</td></tr>
<tr><td>탈북자</td><td>3</td></tr>
<tr><td rowspan="2">비서울 수도권</td><td>서울 인근 수도권</td><td>17</td></tr>
<tr><td>강원</td><td>3</td></tr>
<tr><td>충청</td><td>대전</td><td>10</td></tr>
<tr><td>전라</td><td>광주</td><td>10</td></tr>
<tr><td rowspan="2">경상</td><td>대구</td><td>5</td></tr>
<tr><td>부산</td><td>5</td></tr>
<tr><td rowspan="2">수도권/ 비수도권</td><td>외국인</td><td>5</td><td rowspan="2">• 한국어 능통자</td></tr>
<tr><td>다문화</td><td>5</td></tr>
<tr><td>FGI</td><td>서울/경기</td><td>주요 사건에 대한 소견 질문을 포함</td><td>22</td><td>• 40대 이하 남자 1그룹(5~6명)
• 50대 이상 남자 1그룹(5~6명)
• 40대 이하 여자 1그룹(5~6명)
• 50대 이상 여자 1그룹(5~6명)</td></tr>
<tr><td></td><td>계</td><td></td><td>105</td><td></td></tr>
</table>

견해를 기본으로 하되 생애주기별로 별도의 문항들을 추가했고, 또 '천안함' 사건이나 '세월호' 사태와 같은 국가적 재난에 대한 문항들까지 포함해 한국 사회의 계급 현실을 다양한 시각에서 인식할 수 있도록 구성하였다. 모든 응답 결과는 녹음되어 음성파일과 녹취록 형태로 자료화하여 분석하였다.

자료 분석은 살아 있는 경험의 고유성과 그 의미를 포착하기 위해 연구 대상자의 관점을 이해하고, 그들의 체험 이야기를 통해 세계와 경험 현실을 해석하고 재구성하는 데 주력하였다(Van Manen, 1990; 김애령, 2007: 231-232). 구체적으로는 녹취된 105인의 자료를 반복적으로 읽고, 질문 주제별 대상자들의 진술을 범주화한 후, 각각의 범주에서 의미 있는 진술을 도출하였다. 이렇게 추출된 의미 있는 진술들(원자료)은 다시 반복적 읽기를 통해 각각의 진술들이 공통의 속성으로 묶어지도록 범주화 작업을 진행하였고, 범주화한 자료들로부터 유사한 주제들을 모아 추상화 작업을 거친 후(Van Kaam, 1969), 그동안 양적 방법론에 입각해 이루어진 연구 결과들에서 추출된 주제어들과의 비교 방법으로 현재 사람들이 체험하고 있는 생생한 주관적 인식을 드러내게 함으로써 한국 사회의 민낯을 파악하고자 했다.

3. 계급갈등의 내재적 속성들

105인 면접을 통해 확보한 자료는 압축적 성장 이후의 압축적 불황기에 형성된 응답자들의 주관적 계급 체험과 그 의식적 파장, 즉 객관적인 외피 안에 내재한 계급의식의 이면을 응시할 수 있는 풍성한 자료를 제공한다. 그런데 우리 사회의 계급 현실을 논할 때, 불공정한 생활체험으로부터의 좌절로서의 과거형 불신, 불평등한 생활 현실로부터의 현재형 불만, 불안한 생활 전망으로부터의 미래형 불안이라는 '3불(三不)' 현상과 더불어, 그 원천을 이루는 계급 격차 및 각축적 경쟁, 또 이들의 후속적 파장이라고 할 수 있는 좌절과 갈등이 빈번히 거론되어 왔다. 따라서 이 장에서는 이들 일곱 가지 논제를 출발점으로 삼아 계급적 삶의 내면세계로 진입해보기로 하자.

1) 불신(Distrust)을 넘어선 적의(Hostility)

'헬조선'이라는 끔찍한 용어에 함축된 대한민국의 자화상은 실로 치참하다. 부조리의 이미지로 가득한 한국 사회에는 지옥이 차라리 낫다는 자조감이 풍미한다. 죄를 지은 것에 대한 벌을 받는 곳이 지옥이지만, 한국 사회는 죄가 없이도 벌을 받을 수 있는 곳, 즉 '유전무죄 무전유죄'로 상징되는 지옥보다도 못한 곳이라는 것이다.

이 같은 극단적 비하의 기저에는 사회 전반에 대한 깊은 불신이 자리한다. 정부를, 사회를, 사법기구를, 언론을, 기업가를, 스승을, 전문가를, 또 이웃이나 동료마저 믿을 수 없다는 불신이 도처에 깔려 있다. 그런데 오늘날 우리 사회에 만연한 불신은 단순히 서로가 서로를 믿지 못하는 수준을 지나 적의를 동반한 적대 의식으로 비화하고 있다는 데 심각성이 크다. 적의는 성, 계급, 세대, 지역, 직업, 인종, 국가-시민 등과 같은 다양한 영역을 포괄하지만, 상층과 하층 사람들 간의 몰이해에서 연원하는 계급 간 적대감이 가장 두드러지며, 그로부터 파생하는 거부감은 적대적 대결구도를 거쳐 계급적 단절을 초래하고 있다. 따라서 상이한 계급 간에 분쟁이 발생했을 때 양보나 타협을 통한 해소보다는 서로 상종하기 싫은 '종류가 다른 사람'으로 규정해 서로 등지고 살아가려는 배타적 관계로 귀결된다.

> 갈등 있었죠. 우리 경기도 고양에 가면 우리 동네가 선유동이라는 데인데 우리가 땅이 좀 있어요. 밭도 있고. 그게 경계가 항상 문제가 돼서 네 땅, 내 땅 이러면서 싸우고 그런 적이 있어요. 그거 심했어요. 그러니까 충고하건대 같은 레벨 사람하고 살아야지 그 밑의 레벨에 가면 쉽지 않아요.
>
> [남, 67세, 무직, 서울 종로]

상/하 계급 간의 적의는 동일한 사회 현상을 바라보는 관점이 근본적으로 다르기 때문에 발생한다. 같은 사회에 존재하나 서로 다른 꿈을 꾸는 '동상이몽(同床異夢)'의 상황에서 계급 간 타협이나 배려의 접점을 찾기란 극히 어려운 일이다. 다음 두 사례는 우리 사회의 기득권 집단과 박탈집단 간의 인식적 단절이 회복불능의 수준에 달하고 있음을 시사한다.

> 세월호 사태, 아주 간단한 거죠. 본래 학생들이 여행 가다가 배가 침몰해서 빠져 죽은 거 아니겠어요? 한마디로 얘기하면. 사고라고요. 그런데 그 후에 대처하는 게 문제죠. 메르스도 마찬가지예요. 메르스 해 봐야 몇 명 안 죽었어요. 세월호도 마찬가지예요. 다른 나라는 몇 천 명도 죽는데 사실 별 것도 아니거든요. 제가 해군 출신이라고 했잖아요. (천안함은) 어뢰 맞아서 반동강이 나서 죽은 건데 거기 보면 어떤 놈은 미국 잠수함하고 충돌했다. 나라에서 조작해서 하는 거다. 이런 식이거든요. 세월호도 똑같잖아요. 잠수함하고 충돌하고 나라에서 안기부에서 조정하고 이런 식이거든요.
>
> [남, 67세, 무직, 서울 종로]

세월호에 대해서는 진실이 하나도 밝혀진 게 없잖아요. 왜 침몰했는지 왜 구조를 그렇게 대응을 못했는지 그리고 구조를 하려고 했는데 그걸 방해했다는 얘기도 있고 여러 가지 말들이 많이 있지요. 실제로 괴담도 좀 있는 것 같고. 어쨌든 가장 중요한 건 진실이 밝혀지지 않았다는 것이지요. 정확한 진실이 밝혀지지 않았고, 정부에서는 처음에 구조를 분명히 제대로 안 하고 실패했는데 거기에 대해서도 인정하지 않았던 거고, 감추기 급급하고… 유족들이 원하는 거는 보상이나 이런 게 아니고 진실을 밝혀 달라는 건데 정부는 유족이 보상을 바라는 것인 마냥 호도하고 언론도 그런 굉장히 치졸한 모습을 보이고 있죠. 그러니까 세월호의 진실이 반드시 밝혀져야 돼요.

[여, 41세, 사무직, 대전]

전면적으로 엇갈리는 상기 진술에서 공통적으로 드러나는 것이 극단적 상호 거부이다. 선자가 보기에 세월호 사건은 한 마디로 여행가다 사고로 죽은 일종의 교통사고이기에 정부가 개입해야 할 하등의 이유가 없다. 오히려 소수의 세력이 문제를 증폭시켜 사회 분란을 조장하고 있다는 것이다. 반면 후자는 세월호 사건을 모종의 음모로 점철되어 있다고 본다. 사건의 전말을 감추기 급급하고 유족들이 금전적 이득만을 취하려 하는 것으로 호도해 유족들에 대한 국민적 반감을 이끌어 내고자 하는 정부의 행태가 보다 근본적 문제요, 그러기에 은폐된 '음모'의 진실이 파헤쳐져야 한다는 것이다.

2) 불만(Discontent)을 넘어선 원한(Resentment)

최근 한국 사회에서는 생존을 위한 치열한 사회경쟁과 그로 인한 탈진, 생활 격차의 심화와 계급의 고착화로 현실에 대한 불만이 팽배해

지고 있는데, 개선의 여지가 엿보이지 않을 때 불만이 극에 달해 억하심정(抑何心情)을 동반한 '원한(怨恨)'에 이르게 된다. 이는 고달픈 삶을 영위해야 하는 하층 사람들이 여유롭고 풍요로운 삶을 살아가는 상류층에 대해 느끼는 뿌리 깊은 박탈감에서 비롯된다. 다음과 같은 대학생의 진술은 높은 청년실업률, 등록금과 대출 등 경제적 이슈를 가장 크게 문제삼는 '생존주의 세대'로 호명된 청춘들의 초상을 대변한다(김홍중, 2015: 190).

하층민들은 여가도 없을 것 같아요. 일하기 바쁠 것 같고. 간다 해도 그냥 국내로 가는데, 국내도 진짜 가끔씩 가는데 상층 분들은 해외 자주 나가고 그러니까. 대학생들만 해도 다르잖아요. 누구는 방학만 되면 해외 나가서 놀고 이러는데 누구는 다음 학기를 위해서 알바하는 걸 보면 다른 것 같아요. 상층 사람들은 자기 기득권 세력을 유지해야 하잖아요. 그렇기 때문에 보수로 밀고 나가는 것 같고. 하층민들은 위로 올라가기 위해서 이 사회를 변화시켜야 된다면서 진보, 그런 것을 가끔은 느낄 때가 있어요. 하층 분들이 더 진보를 따르는 경향이 있다고 느낀 적이 많아요. 사회에 불만이 많게 되는? 내가 왜 이렇게 살아야 되나, 나라에서는 왜 아무런 도움을 주지 않나.

[여, 22세, 학생, 서울 관악].

그들에게 여가란 사치요, 여행이라야 가끔씩 하는 국내 여행이 전부이며, 방학은 다음 학기를 위해 아르바이트로 바쁜 나날을 보내야 하는 기간이다. 반면 상층 사람들은 수시로 해외 여행하면서 여유 있는 여가 생활을 즐긴다. 즉 하층계급이 결코 따라잡을 수 없는 부자들의 '새로운 구별 짓기, 소비의 향연'이 상대적 박탈감과 분노를 유발하는 요인으로 작용하고 있다(뉴욕타임스, 2012: 193). 이러한 경제 격차의 심화는 때로 '묻지 마 살인'과 같이 익명적 군중을 향한 무차별적 보복에 노출, 위험을 감수해야 하는 상황을 초래하기도 한다. 즉, 하층 사람들은 아무리 노력해도 격차가 줄어들기는커녕 자식들을 잘 교육시킬 수도 없을 뿐더러 위험에 처했을 경우 일차적 피해자가 되어야 하는 절망적 상황에서 현실세계에 대한 불만을 넘어 모종의 적개심을 동반한 원한을 품게 되는 것이다(매일경제, 2016).

심하죠. 빈부격차하고 직업이고. 재벌하고 지금 사회구조가 일반 개인하고 전혀 하늘과 땅 차이 아니에요. 재벌은 재벌이고, 서민들은 언제나 죽어나고. 정해진 것 같아요. 개천의 용은 없고. 앞으로 이렇게 되면 길 가다가 칼로 사람 쑤시게 생겼어요. 갑자기 와서 흉기로 쑤시든가 아니면 갑자기 차로도 받아버려요. 나 그거 봤어요. 어떤 사람이 성질나서 그냥 받아버리더라고요, 사람. 아무 관계가 없는 사람이 사고 나서 얘기 들어보니까. 그러니까 사회구조적으로 사회가 그렇게 만들어진 거예요. 그렇게 생각이 들어요. 심각한 건 옛날 같이 계약직이라도 한번 직장에 들어가면 거기에서 거의 다 밥벌이하고 자식들 대학보내고 했는데 지금은 (아이들을) 대학 보낼 수조차 없잖아요.

[남, 59세, 기능/숙련공, 광주]

그뿐만 아니라, 세월호 사건과 같이 부실한 위험 관리 시스템으로 언제든지 자신들의 생명이 위협받을 수 있다는 생각은 국가를 향한 원한을 불러일으키는 계기로 작용한다. 이러한 국민의 생명과 안전에 대한 무관심과 더불어 정경유착 등의 부정부패에 둔감한 권력자들에 대한 반복적 실망은 국가에 대한 거부감으로 귀결되어, 급기야 나라를 등지는 이민까지 생각하는 경우도 있다.

> 우리 동생이 왜 이민 갔냐면 제부가 세월호 보고 한국에서 자식 못 키운다고 해서지요. 전부 정부랑 결탁돼서 세월호 사건이 두루뭉술 넘어가 버리잖아요. 죄를 지어서 구속이 돼요. 그러나 구속이 돼 봤자 또 돈으로 나와요. 또 줄이 있으면 금방 나와요. 그러면 누가 누구를 단죄한다는 거예요. 특히 요즘 보험 일을 하는 사람들 주변에 보면 평범한 사람들이 돈이 없으니까 입원을 해서 입원비 타내고 그런 거 많이 들었죠? 하지만 그런 건 아무 것도 아니에요. 정부는 나쁜 짓을 더 많이 해요. 장비 같은 거 들여올 때 더 많은 부정을 저질러요. 이런 것들을 볼 때 세상은 참 슬픈 일이에요. 발버둥을 쳐도 돈이 있는 사람들이 세상을 움직이고 있어요. 이런 생각을 하게 되면 삶이 너무 억울하고 즐겁지 않아요. 그리고 이민도 제가 너무 늦게 생각했는데 30대에 생각을 해버렸다면 가 버렸을 거예요.
>
> [여, 55세, 판매/서비스직, 광주]

3) 불안(Anxiety)을 넘어선 강박(Obsession)

불안은 현대 사회를 특징짓는 대표적인 키워드이다. 앞서 인용한 하인츠 부데(Heinz Bude)는 현대 사회에서 모두에게 해당되는 주제로 불안을 꼽았고, 찰스 테일러(Charles Taylor) 역시 현대 사회를 '고도불안의 시대'로 규정한 바 있다(부데, 2015: 9; 테일러, 2001). 지구적 규모로 발병하고 있는 집단적 불안증후군의 가장 근본적인 원인은 '열린 사회'를 표방하는 새로운 자본주의 경제의 '불확실성'이다. 유연화 테제로 현대 사회를 진단한 리차드 세넷(Richard Sennett)은 불안의 원인을 정보기술에서 촉발한 새로운 경제체제의 불확실성에서 찾았다. 불확실성은 사람들을 어떤 목표도 세우지 못하고 그냥 떠밀려 가는 상태로 내몰아 불안감을 고조시키고 있다는 것이다(세넷, 2002, 2004[2003], 2013).

실제로 인터뷰를 통해 드러난 '불안' 정서의 두드러진 특징은 특정 세대나 계층, 그리고 일부 직업군에 국한된 것이 아니라 대부분의 한국인 모두가 안고 있는 문제라는 점에 있다. 청년세대는 취업 및 결혼이나 주택 마련에 대한 불안, 중·장년층은 자녀의 교육 뒷바라지나 취업 및 결혼에 대한 염려와 더불어 노후에 대한 불안, 노년층은 자녀들에게 안겨 줄 경제적 · 정신적 부담이나 빈곤층으로의 전락에 대한 두려움을 안고 살아간다. 직업과 관련된 지위 불안은 실직자나 비정규직 종사자에게만 해당되는 문제가 아니다. 정규직이나 전문직 자영업자, 공무원들조차도 직업 안정성, 노후 불안 등을 안고 살아가기는 마찬가지다. 여기에 건강, 정치, 사고에 대한 염려 등 다양한 불안들이 가중되어 사실상 한국 사회의 거의 모든 사람들이 미래에 대한 불안에 시달리고 있는 셈이다.

그런데 참여자들로부터 표출된 다종다기한 불안 심리는 단순하고 막연한 불안을 넘어 강박의 형태로 비화하고 있다. 대학생이나 취준생(취업준비생)들로 대변되는 다음과 같은 청년의 반응은 단순한 불안을 넘어선 강박적 불안의 모습을 역력히 현시한다.

> 당연히 취업 안 되는 게 불안하죠. 앞으로는 계속 뉴스에도 많이 나오더라고요. 제가 이제 관심이 있어서 그런 건지 모르겠는데 하루에도 2개 정도씩 맨날 불안하고 경기가 안 좋고 취업준비를 길게 해야 되고. 계속해서 더 불안해지는 것 같아요.
>
> [여, 24세, 학생, 서울 서초]

> 사실은 아직 졸업한 건 아니고요. 졸업을 유예해서 이번 8월에. (취업) 아직 골인은 하지 못했습니다. 이 이상 가고 싶다는 목표가 있는데 그 이상에 갈 수 있을까 하는 불안감도 있고 나중에 결혼해서 가장이 되려면 어느 정도 우뚝 서야 하는 건데.
>
> [남, 26세, 학생, 경기 군포]

취업에 대한 대학생들의 강박적 불안은 학점 관리, 고스펙 쌓기에 매진하는 것과 분리시켜 생각할 수 없다. 졸업 유예는 취업에 대한 강박적 불안을 유예시키기 위한 하나의 선택지이다. 이러한 불안은 '취업전쟁'에서 비롯되었기 때문에 아래와 같은 다른 취준생들과 비교했을 때 경쟁 우위를 가져야 된다는 강박감을 추동하는 것이다. 그래서 영어는 물론 제2외국어까지도 정복하고, 필요하다면 그 이상의 어학능력까지 갖춰야 한다는 강박에 시달리게 되는 것이다. 취업에 대한 강박적 불안은 대학생이나 미취업 청년들의 문제만이 아니다. 이미 직업 전선에 나가 있으나 비정규직이나 아르바이트로 생활해 나가는 청년들도 크게 다를 바 없다.

전업주부나 비정규직 또는 자영업자, 전문직이나 정규직 종사자를 막론한 중장년세대도 현재의 안정성 유지 또는 실패, 실직 등에 대한 불안에 시달린다. 그런데 아래 사례들에서 알 수 있듯, 그들의 현재적 불안은 자신의 노후 준비, 자녀 교육과 취업, 그리고 결혼 및 경제적 독립 등과 같은 미래적 불안들과 복합적으로 착종되어 있다.

> 당장 내일 내가 생활할 수 있을까? 먹고 살 수 있는가? 죽진 않을까? 사고 나서 다치진 않을까? 그럼 가족들을 어떻게 지켜야 하나? … 그런데 실제로 살아가면서 더 불안하다고 느끼는 거는 건강? 경제적으로 지금 이렇게 벌면 노후는 준비가 될 수 있나? 자녀는 키울 수 있나? 애가 원하는 걸 해줄 수 있을까? 불안 불안하죠.
>
> [남, 43세, 사무/기술직, 대구]

이처럼 중·장년의 경우도 "지금처럼 벌어서 먹고 살 수 있을지, 가족들을 책임질 수 있을지, 남들처럼 자녀들 뒷바라지를 해 줄 수 있을지"라는 당장의 문제에 대한 불안과 더불어 자녀들이 앞으로 "좋은 대학에 진학하고 취업할 수 있을지, 직장을 잃으면 어떻게 할지, 노후 준비는 제대로 할 수 있을지"와 같은 앞날에 대한 불안으로 강박적 형태로서의 불안의 심연을 벗어나지 못하고 있다.

4) 격차(Gap)를 넘어선 단절(Disconnection)

사회갈등의 핵심 요인의 하나로 꼽히는 경제적 격차는 오늘날 한국 사회의 첨예한 쟁점으로 대두하고 있다. 경제 격차로 인해 발생하는 계급갈등 및 그 해소 방안을 둘러싼 지적 관심이 증폭되고 있는 것도 경제력을 중심으로 한 생활 기회의 격차가 우리 사회의 절박한 현안 과제임을 간접적으로 시사한다. 더구나 고도성장 시대를 마감한 1997년 IMF 외환위기 사태를 계기로 직업 안정성이 약화되면서 중산층 함몰과 함께 경제적 양극화가 촉진되어, 계급 격차가 임금이나 자산을 넘어 교육, 주거, 소비 등으로 이어지고 있음이 저간의 연구를 통해 밝혀진 바 있다(김문조, 2008).

그런데 이번 인터뷰를 통해서는 있는 사람들과 없는 사람들 간의 격차가 단순한 양적 차이에 그치는 것이 아니라, 타자 의식으로 인해 상호 교류나 소통의 단절을 초래하는 수준으로 비화하고 있음을 확인할 수 있다.

요즘 시대는 물려받는 걸 못 따라가는 것 같아요. 금 수저 물고 태어났다고 하잖아요. 본인의 능력보다는 물려받은 갭을 본인 능력이 아무리 뛰어나도 그걸 쫓아가고 넘지 못하죠. 잠깐은 넘을 수 있어요. 몇 년? 그런데 그게 망해 버리고 없어지면 소용이 없잖아요. 그걸 유지를 하고 더 키워나가야 하는데 그러기에 뒷심 있게 본인의 능력 하나만 믿고 사는 건 불가능한 것 같아요.

[여, 42세, 가정주부, 서울 송파]

한번 가난하면 영원하기까지는 아니더라도 대대로 가난할 것 같아요. 왜 그러느냐 하면 어릴 때부터 생활, 교육, 취업 이런 영향 때문에 아까도 얘기했지만 제일 문제가 교육경쟁이 제일 심하거든, 그런 것에서 가난하면 처지는 거라고, 예를 들어 속된 말로 옛날에는 고시도 있고 하는데 요즘에는 로스쿨 해서 돈 많고 그런 곳에 들어가고 안 그렇습니까? 고시도 없어진다는 말이 있고 사법고시도, 이렇다 보니까 경제 상하가 상당히 신분을 고착화시키는 그런 방향으로 흘러가지 않을까 그렇게 생각이 되네요. 집이 어려우면 공부가 안 되는 것이거든. 사회 경험도 떨어지고 과외 공부에서도 떨어지고 학교 공부에서 또 떨어지고, 똑같이 학교에서도 하니까, 그래서 이거 참 어느 정도 경제력 차이가 신분을 고착화할 수 있지 않나, 막대한 영향을 미치지 않을까 그런 생각을 하고 있습니다.

[남, 68세, 무직, 부산]

이처럼 대부분 응답자들은 최근 개인의 노력이나 재능과는 무관하게 부 또는 빈곤의 고착화, 즉 계급의 대물림이 심화될 것이라는 의견을 공유한다. 청년들에게 일상어가 되다시피 한 신조어, '수저계급론'에 대한 공감이 폭증하고 있는 것이다(연합뉴스, 2019). 이러한 현실 인식은 인간관계, 여가활동, 소비에 있어서도 상층과 하층이 단절되이 있다는 생각을 강화시키고 있다.

> 항상 그들만의 세상이 있으니까. 상층에서는 예를 들어 커뮤니티가 따로 있을 거고, 예를 들어 모임이 있는데 어느 호텔에서 뭐 하고 요트에서 뭐 할 거고, 그런다고 하면 하층은 어디 강에 가서 삼겹살이나 구워 먹자 이렇게 할 거고. 경제력이나 거기에 따른 장소나 여러 제반 사항들이 달라지겠죠.
>
> [여, 52세, 가정주부, 서울 서초]

> 인간관계도 차이가 있죠. 상층하고 하층이 나뉘어져 있기 때문에 상층은 기름이고 하층 사람들은 물이에요. 그러니까 물이 기름을 쫓아갈 수도 없고 기름이 물 아래로 내려올 필요도 없는 거예요. 그게 분명하게 나뉘어져 있어요. 레벨이 안 맞아서 놀기도 싫은 거야, 왜냐하면 퍼주는 사람은 맨날 퍼줘야 돼? 그리고 받는 사람은 맨날 기분 나쁘게 받아야 돼? 그게 안 되는 거잖아요. 거기서 사회갈등이 나오는 거지.
>
> [여, 61세, 가정주부, 경기 고양]

그런데 위의 진술과 같은 경제적 격차에 따른 상하층 간의 단절에는 세대 간 단절이 중첩되어 사회갈등을 배가시키는 사례가 많았다. "당신의 계급 사다리는 안전합니까?", 우리 시대를 향한 이 같은 질문에

"No!"라고 답하는 사람들 중에는 젊은 청년층들이 많았다. 즉, '노동의 배신', '경쟁의 배신', '희망의 배신' 등과 같은 일련의 '배신 시리즈'에 적극 동조하는(뉴욕타임스, 2012; 에런라이크, 2012, 2016) 대부분 젊은 층은 한국 사회가 상향이동이나 성공스토리가 사멸된 사회라는 생각을 갖고 있었다. 교육, 의료, 소비, 주거, 결혼 등 인간 생애의 다양한 측면에서 계급적 단절이 심화되고 있다고 보는 것이다.

5) 경쟁(Competition)을 넘어선 사투(Battle)

한국 사회 전반에 침투해 있는 강박적 불안은 무한 경쟁 논리를 뒷받침한다. '안정'의 보호벽이 무너져 버린 사회에서 개인은 각자가 스스로를 돌보고, 자신에게 닥친 어려움은 스스로 구제하지 않으면 생존이 불가능하다는 생존 불안을 증폭시켰고, 이러한 현실은 '자기 통치'나 '자기 착취'가 강제되는 치열한 경쟁의 장에서 패배하거나 낙오되지 말아야 한다는 집단적 강박을 추동한다(바우만, 2010: 96; 한병철, 2015: 16-17). 따라서 자신이 어려움에 처했을 때 도움을 받은 적이 있거나 도움받을 사람이 있는가 하는 질문에 대해 응답자 절대다수가 부정적으로 답변한다.

> 금전적으로는 도움을 거의 못 받았습니다. 주변에 내가 솔직하게 얘기했더니 믿었던 사람들한테, 충분히 도움을 줄 수 있을 거라고 생각했던 사람들한테 외면을 많이 당했죠.
>
> [여, 32세, 사무/기술직, 광주]

도움받은 적 없고, 저 혼자 노동, 아파트 경비 그런 걸로 다 해결했어요. 우리 아들 도와주고. (가족이나 주위 친지 분들에게 도움받은 적은) 전혀 없어요. 또 제가 어렵게 되니까 가족들도 외면을 하더라고요. 물론 주위의 친구들도 싫어하고 그러니까 혼자 적응이 되더라고요. 이겨내고.

[남, 68세, 기능/숙련공, 대전]

경제적 난관에 처했을 때 가족은 물론 가까운 친구들로부터 외면을 받거나 심지어는 사기를 당하게 되는 사례는 요즘 우리 사회에서 흘러 넘치고 있다. 이러한 상황은 개인이 삶의 벼랑 끝에 몰리게 된다 하더라도 그것은 오롯이 자기 자신의 문제이므로 스스로 보호하고 구제해야 한다는 강박을 추동한다. 이러한 강박 심리는 패배와 낙오에 대한 집단적 두려움을 낳음으로써 경쟁의 농도를 강화시켜 생사를 결하는 사투적 경쟁시스템으로의 진입을 강요한다. 곧 오늘날 우리 한국 사회는 죽기 아니면 살기 식의 사투가 일상화되어 가는 격전장, 즉 생존 경쟁을 넘어선 생존 전쟁의 터전으로 변모하고 있음을 시사한다.

너무 많은 인구가 서울에 몰려 있고. 사람들이 많이 서울에서 일하려고 하고 또 대학도 다니려고 하다 보니까 박 터지는 것 같더라고요. 아이들이 어렸을 때부터 그런 경쟁 속에서 자라다 보니까 하나라도 특별한 걸 하자. 이런 식으로 많이 했잖아요. 커서 보니까 그런 애들 틈에서 또 경쟁을 해야 되고 이런 게 되게 심하고, 만약 그걸 안 했다면 되게 도태되고 이런 것 같아요. 제가 아는 분이 **약품 입사시험 최종 면접까지 갔다는 거예요. 그분은 7년 동안 외국에서 살다와 영어는 물론 스페인어도 할 줄 아는데 떨어졌다는 거예요. 2명이 들어갔는데. 그래서 왜? 그랬더니 그 옆에 있던 분은 아버

> 지가 외교관이어서 여러 나라에서 살아 외국어를 더 잘한다는 거예요. 프랑스어, 스페인어 이런 거 다. 심지어 중국어까지. 그런 식으로 경쟁이 수준이 날로 올라가는 것 같아요.
>
> [여, 24세, 학생, 서울 서초]

위의 진술에서 알 수 있듯 사람들이 한국 사회에 대해 가지는 이미지는 '박 터지는' 싸움터이다. 언제나 제한된 자리 하나를 따내기 위해서는 어떠한 조건에서든 상대적 우위를 점해야 하기 때문이다. 이렇게 볼 때 참여자들이 느끼는 경쟁의 본질적 구도는 반드시 상대를 떨어뜨리고 자신이 살아남아야 하는 '서바이벌 게임'인 것이다. 여기서 협력과 배려의 가치는 경시된다. 따라서 친구나 동료가 라이벌일 때 방해를 하는 경우도 자주 발생한다.

> 경쟁이 심하게 만들어 놨죠. 일단 학교 갈 때부터 딱 정해져 있잖아요. SKY 거기 가기 위해서 뭘 해야 되고, 하다 보니까 어릴 때부터 경쟁할 수밖에 없게 만들어 놨어요. 예를 들어 회장 후보가 나왔잖아요? 후보 1등 하는 놈, 뭐, 뭐, 하는데 어디 전학 온 놈이 하나 있어요. 그래서 우리 애한테 누가 뽑혔니? 했더니 얘가 뽑혔어요. 걔는 공부도 못하고 어디서 온 애가 왜 뽑혀? 그랬더니, 일부러 걔를 뽑은 거야. 왜? 회장이나 임원을 맡으면 가산점이 있잖아요. 얘가 맡으면 가산점이 더 간다 이거에요. 가산점 가봤자 자기하고 경쟁이 안 되니까.
>
> [여, 52세, 가정주부, 서울 서초]

사투의 정서는 대학생이나 취준생이라고 크게 바를 바 없다. 정보

공유나 협력을 통한 동반 성장의 정서가 사라지고 있는 것이다. 자기만 학점을 잘 받으려고 동료들에게 노트를 빌려주거나 보여주는 것을 꺼려한다는 참여자의 진술, 같은 회사에 지원하는 친구가 있다면 취업에 관한 정보를 친구와 공유하지 않고 자신만 알고 있어야 하므로 선의의 경쟁이란 존재하지 않는다는 진술은 우리 사회가 경쟁을 넘어선 사투의 윤리가 사회 전반에 확산되고 있음을 시사하는 사례들이라고 볼 수 있다. 다음의 집단 면접에서의 진술은 치열한 경쟁구도가 만들어 낸 사회에서 개인들이 어떻게 대처해야 되는가에 대한 주관적 이해의 단면을 보여주고 있다.

A: 발전적 경쟁이 돼야 하는데, 짓밟고 올라가는 경쟁이니 문제가 되죠.
C: 취직할 때 자리 자체가 별로 없어서 걔 모르게 정보를 알아내고, 내 동기도 이 회사에서 쓴다면 누군가한테 알려지면 안 되고 저만 알게 해야 하니까 선의의 경쟁이 없는 거 같아요. 학교에서는 더 치열하대요.
B: 살아남기 위한 전쟁판이죠.
D: 예전에는 뭐랄지 친구끼리 공유하는 우정이라는 게 있었는데. 지금도 우정이 있다곤 하지만, 친구가 앞서가면 내가 못 올라가잖아요.
C: 학교에서 더 치열하대요. 공책 빌려 달라고 하면 안 빌려주고.
D: 같이 가자는 추세였는데 지금은 뭘 해도 내가 일단 위에 있어야 하니까.

[FGI 40대 이하 남자]

6) 좌절(Frustration)을 넘어선 포기(Give-up)

미래적 불확실성이 점착된 강박적 불안, 투쟁적 생존 경쟁, 스스로 자신을 보호하고 구제해야 한다는 자구적 생활환경, 치열한 경쟁의 울타리에 갇혀 끊임없이 뛰어가지만 대물림되는 계급재생산, 거기에 패자부활전이 불가능한 사회라는 인식은 탈진, 절망, 좌절, 상실을 넘어 포기의 정서를 확대재생산한다. 청년실업문제가 심화되면서 유행하게 된 연애, 결혼, 주택 마련을 포기하는 '3포 세대'는 포기가 강제되는 청년세대의 팍팍한 삶의 조건을 보여주는 단적인 사례라고 볼 수 있다. 이렇게 '3포'에서 시작된 포기세대는 연애를 하지만 결혼은 포기하며, 결혼은 하지만 출산은 포기하고, 나아가 취업 포기, 주택구입 포기의 '5포세대', 희망도 인간관계 포기가 부가된 '7포', 나아가 외모 관리와 건강까지도 포기하는 '9포'세대, 점점 포기할 것이 늘어나 무한대의 포기로 진행된다는 'N포 세대', 급기야는 목숨만 포기하면 된다는 극히 '살벌한' 포기론으로 확대재생산되고 있다. 이들이 포기가 강제되고 있는 한국 사회의 현주소를 보여주는 정경이다.

자포자기 심리는 비단 청년세대에 국한된 문제가 아니다. 노력해서 부자가 되겠다는 꿈, 실패를 딛고 재기하겠다는 희망, 자녀들에게 재산을 물려주겠다는 희망, 자녀들에게 부모세대보다 더 나은 삶을 살 수 있는 조건을 만들어 주겠다는 희망, 자녀들에게 부양받을 수 있을 것이라는 기대 등을 접게 되는, 이른바 포기만이 남겨진 유일한 선택지라는 정서가 확산되고 있는 현실은 100인 응답자들의 답변을 통해서도 여실히 드러난다.

> 정말 주위에서 보면 노력을 진짜 많이 하고 공부를 열심히 하는데 그게 자기 생각만큼 노력한 만큼 안 되는 사람들을 보면 그런 생각이 좀 많이 들어요. 공부를 하는 거 보면 공부를 이렇게 해서 성공할 것 같은데 안 되는 사람들을 보면 성공을 너무 높게 잡아서 그런가 하는 생각도 있지만 이게 팔자라는 영향을 받지 않나 하는 생각도 들어요.
>
> [여, 30세, 사무/기술직, 대구]

열심히 살아도 절대 잘살 수 없다고 봐요. 요즘 기 싸매고 열심히 안사는 사람 없어요. 하지만 열심히 살아도 그저 밥 먹고 사는 정도예요. 절대 부자가 될 수 없어요.

[여, 55세, 판매/서비스직, 광주]

위의 두 응답 사례처럼 요즘 열심히 살지 않는 사람은 없다. 열심히 살면 그저 밥 먹고 사는 정도이고, 성공할 수 있을 만큼 공부를 열심히 하지만 노력한 만큼의 결실을 얻지 못하는 것이 오늘날 실정인 것이다. 이러한 현실 인식은 포기의 정서를 확대재생산한다. 아래의 응답에서 드러나는 것처럼 오늘날은 과거와 같은 자수성가의 신화가 불가능한 시대라는 좌절감을 낳고, 이러한 좌절감은 계급 상승의 희망에 대한 포기를 추동하게 되는 것이다. 자녀세대에게는 부모의 재산이 '비빌 언덕'이고, 자신이 획득할 계급의 절대적인 조건이기 때문이다. 부모의 조건이 대물림되는 이와 같은 상황과 노동시장의 불안정성이 결합돼 비정규직, 청년실업자뿐만 아니라 번듯한 것처럼 보이는 직업을 가지고 있는 사람들조차도 '포기'를 '선택'하는 사회로 변모해 가고 있는 것이다.

자수성가는 힘들어요 요즘은. 옛날에는 자수성가가 있겠지만 지금, 소도 언덕이 있어야 비빈다고, 빈손으로 어떻게 일으켜 나가요? 안돼. 자식들도 요즘 직장 다니는데 돈 한푼도 없어서 부모한테 손 벌려서 집 얻어줘야 장가간다 결혼시켜 달라 그러는 시대인데. 자수성가라는 건 옛말이예요. 기초가 있어야 일으켜 나가지요.

[여, 65세, 가정주부, 서울 서초]

> 자식들은 아들만 둘 뒀는데 둘 다 결혼을 못 하고 있어요. 나이가 40이고 40 돼 가고 이러는데 대한민국에서 부럽게 생각하는 학교도 다 나오고 나름대로 능력도 있고 한 아이들인데, 요즘 이상해졌는지 결혼들을 못 하고 살아요. 마음은 있는 것 같은데 자꾸들 나이 먹어가니까 결혼을 포기하는 그런 생각으로 접어드는 것 같아서 그 점이 제일 애비로서는 안타깝게 생각돼요.
>
> [남, 69세, 무직, 경기 군포]

자수성가 및 계급 상승의 꿈, 성공에 대한 희망, 연애, 결혼, 주택 등 미래에 대한 포기를 추동하는 사회구조는 한 번 실패한 사람이 재기하려는 노력이 부질없다는 확신을 갖게 한다.

> 10년 전 사업을 하다가 접었을 때가 가장 힘들죠. 10년 전이니까 다시 한 번 뭔가를 해 봐야겠다는 생각을 가졌는데 지금 현실은 그렇지 않거든. 재산이 별도로 많이 있어야 먼저 걸 잊어버리고 새로운 걸 시작하는데, 있는 재산이 없으니 되려 빚이 있으니 하려고 생각만 할 뿐이지 현실은 안 그런 거니까. 스트레스는 당연히 받았고, 내가 술을 잘 안 먹으니까 술 잘 먹는 사람은 뭔 일 있으면 술 먹고, 그런데 해결책은 아니잖아요? 술 먹었다고 그 다음날 머리가 맑아지고 그러나? 더 아프지. 어차피 해결 안 되는 건 마찬가지고. 어떠한 방법으로든 뭔가를 좀 해야 되는데, 결국 무엇 하나 할 수 없어 체념하는 거지.
>
> [남, 60세, 판매/서비스직, 서울 강동]

이러한 포기정서는 최근 노동세계가 "쇠우리(iron cage)로 상징되는 단단한 예속의 집"으로 변할 것이라는 고전사회학자 막스 베버(Max

Weber)의 우려보다 훨씬 가혹한 옴짝달싹할 수 없는 압착적 '고무우리(rubber cage)'로 변해버렸다는 자각 때문이다. 정규직은 점점 줄어드는 대신 계약직, 보조직, 시간제 근무직 및 새로운 형태의 자영업이 증가하는 불안정한 현실, 심지어 언제든지 착취당할 기회조차 주어지지 않는 '무업자(無業者)'가 될지 모른다는 불확실성의 공포가 무력감 또는 회피의 정서로 귀결된 것으로 보인다(세넷, 2002: 76-78: 구도 게이 · 니시다 료스케, 2015). 그러므로 현재 한국 사회의 저변에 흐르고 있는 포기 정서는 잭 바바렛(Jack Barbalet)이 말한 '내사된 공포'에 다름 아니다(바바렛, 2007: 266).

7) 갈등(Conflict)을 넘어선 정죄(Condemnation)

서두에서 언급했듯, 갈등은 어느 사회나 존재하는 보편적 현상이라고 할 수 있다. 따라서 갈등은 정상적 사회 현상의 일환이라고 할 수 있다. 그러나 상이한 집단 간에 존재하는 단절과 원한, 그리고 고조되는 적대적 정서가 서로가 서로를 견책하거나 질책함으로써 갈등을 화해 불능한 상태로 몰고 간다는 데 화근이 있다.

실제로 100인의 인터뷰를 통해 추출할 수 있는 핵심적 테제 중 하나가 갈등 당사자들이 상대방을 죗값을 톡톡히 물어야 하는 죄인으로 다스리려는 정죄(定罪)라고 하겠다. 요컨대 '갈등을 넘어선 정죄'가 우리 사회의 도드라진 속성의 하나인 것이다. 여성은 남성을 정죄하고, 남성은 여성을 정죄한다. 또 하류층은 상류층을, 상류층은 하류층을 정죄하는 것이다. 잘 사는 사람들은 못 사는 사람들을 게으름, 나태함, 잘사는 사람들에 대한 시기심을 가진 사람, 제도만 비판할 뿐 자신이 바뀔 생각은 안 하는 사림들이기 때문에 빈곤을 벗어나지 못하는 존재들로 정죄해 버린다. 나아가 하류층은 바닥에서부터 힘들게 살아온 과정이 있어서 인간성조차도 사악하다고 정죄한다. 반면 서민들은 잘사는 사람들이 부자가 된 것은 부정, 부패, 빽, 물려받은 부를 바탕으로 부자가 되었다고 정죄해 버린다. 부자들의 부(富)는 노력과 능력의 결과물이 아니라 부정부패의 산물이라고 보는 것이다. '노동자들의 등골을 빼 먹고 착취'하고, 권력과 결탁했기에 기업을 키울 수 있었다는 것이다. 이렇듯 부모의 부를 바탕으로 좋은 교육을 받고 능력을 키울 수 있게 된 것이 대를 이어 부를 재생산하게 된 토대가 되었다고 정죄해 버리는 것이다.

못사는 사람들은 바닥에서부터 힘들게 살아온 과정 때문에 인간성이 굉장히 사악해. 내가 여러 사람을 만나 보고 대해 보면, 너무 밑바닥에서부터 일궈내서 모든 사람에게 풍요롭게 대하지 못하고 마음이 굉장히 사악한 사람 많아요. 나쁜 마음을 가진 사람. 남을 못되게 배척하고 헐뜯고. 남 잘사니까 배 아프고. 그게 인간성이 나쁜 거 아니예요? 나는 왜 못사나. 사돈이 논 사면 배 아프다는 식으로. 훼방 놓고 배척하고 욕하고 그게 인간성이 나쁜 거예요. 상층하고 하층에 그런 비중이 많지요. 나하고 똑같은 위치에 살면 평등하니까 괜찮아. 그런데 내가 잘살면 문제가 커지지. 우리 친구 예를 들어볼까요. 나는 서초동에 53평짜리 살아. 지는 사업하다 실패해서 딸집에서 아기 봐주고 한 달에 50만원 받고 식모처럼 파출부하면서 살아. 그런데 어느 날 모임이 있어서 우리 집에 왔지. 그 때부터 걔가 변해버린 거야. 나는 이게 뭔가. 딸집에서 식모처럼 얹혀서 조그만 방에서 사는데 너라는 여자는. 그 후부터 관계가 나빠져 버린 거야. 인간성이 거기서 나오더라고요. 나는 이게 뭔데 너는 왜 이렇게 편하게 좋은 집에서 혼자 사니? 나는 내가 열심히 노력해서 다 해놓은 건데. 그래서 그걸 봐도, 그렇게 인간성이 나쁜 사람들이 주변에 많아요. 왜 나는 바닥에서 이렇게 기어야 돼? 힘들게 일하면서 살아야 돼? 당신은 일도 안 하고 편하게 차 굴리면서 살아야 돼?.

[여, 65세, 가정주부, 서울 서초]

실제로는 부징부패죠. 부정하게 권력과 부정하게 재산을 쌓아온 거지. 저는 그게 절대 능력은 아니라고 봐요. 실제 재벌들을 키워왔던 과정도 전쟁 이후에 적산부라고 일제시대 때 일본놈들 아니면 아무튼 몇몇 권력에 붙었던 놈들한테 준 거잖아요. 그렇게 해서 키워가는 과정도 노동자들 등골 빼 먹고 착취하고 이러면서 키워왔던 기업이잖아요. 능력은 물론 있겠죠. 왜 없겠어, 능력도. 좋은 조건에서 잘 배웠고 그러다 보니 능력도 있을 거예요. 분명히 있겠지만 문제는 그게 과대 포장되는 거죠. 애초에 그때부터 잘못 씨앗이 뿌려져서 계속 이 사람들은 부정하게 뇌물 주고받고 이러면서 부정하게 키워왔던 게 크다고 생각해요.

[여, 41세, 사무직, 대전]

빈부문제에 대한 배타적 정죄의식은 애국심과 도덕성에 대한 응답에서 가장 두드러지게 드러난다. 이에 대한 응답자들의 답변도 대체로 자신의 계급적 관점에서 상대를 죄인 취급하는 경향을 보였다. 위 전자의 응답자(서초동 65세 여성)는 상류층은 하층 사람들이 애국심 없는 사람들이라고 단죄한다. '전쟁이나 터져서 깽판으로 살자, 너는 잘살고 나는 못사니까 모두 다 죽자는 입장을 가진 사람들이 하층 사람들이라고 판단해 버리는 것이다. 반면 서민층은 상류층이 오히려 애국심이 없다고 단정한다. 전쟁이 나면 미국 영주권이나 시민권을 얻어서 도망갈 사람이 부자들이라고 단죄하는 입장을 취한다. 도덕성에 대한 질문에 있어서도 마찬가지 반응을 보인다. 부자가 도덕성이 높다고 생각하는 사람들은 하층민들이 인격이 무너져 버린 상태에서 살아가는 존재로서 막장 인생을 사는 사람들이기 때문에 도덕성이 결여되었다고 판단 내린다. 반면 일반인들은 부자들이 겉으로는 도덕성을 들먹이지만, 사실상 도덕심과는 거리가 먼 위선적 존재들이라고 정죄한다. 오히려 상류층은 부정부패와 내밀하게 연관된, 도덕적 해이가 높은 사람들로 인식한다.

4. 소결

상술한 일곱 가지 명제들을 외부자–내부자 시각으로 횡렬로 재정리하면 〈표 8–2〉와 같다. 한마디로 내부자적 시각에서 본 한국 사회의 주관적 계급 상황은 격차, 경쟁, 불신, 불만, 불안, 좌절, 갈등과 같은 용어로 진술되어 온 외부자적 진단보다 훨씬 우려스러운 상태로 들어서고 있다고 결론지을 수 있다. 단절, 사투, 적의, 원한 강박, 포기 및 정죄와 같은 감지적 개념들(sensitizing concepts)로 묘사할 수 있는 주관적 계급 상황은 오늘날 우리 사회의 계급적 삶이 단순한 경합 상태를 넘어 치열한 생존 투쟁의 격전장으로 변모하고 있음을 시사한다. 곳곳에 '폭탄 세일'이라는 안내판이 성행하고, '파이팅'이라는 말이 격려의 표시로 상용되고 있다는 사실들이 바로 그러한 인식을 뒷받침한다.

〈표 8-2〉 **한국 사회의 계급 상황: 외부자적 시각과 내부자적 시각의 비교**

외부자적 시각 (Outsider's View)	내부자적 시각 (Insider's View)
• 격차(Gap) • 경쟁(Competition) • 불신(Distrust) • 불만(Discontent) • 불안(Anxiety) • 좌절(Frustration) • 갈등(Conflict)	• 단절(Disconnection) • 사투(Battle) • 적의(Hostility) • 원한(Resentment) • 강박(Obsession) • 포기(Give-Up) • 정죄(Condemnation)

그뿐만 아니라, 외부적 접근에 의해 추출되어 온 경쟁, 불신, 불만, 갈등이라는 좌측 용어들을 내부적 접근을 통해 탐지한 투쟁, 적의, 원한, 단죄와 같은 우측의 감지적 어휘들과 비교해 볼 때, 다음과 같은 차이를 식별할 수 있다. 첫째로 후자는 전자에 비해 감성적 색조를 보다 농후하게 담지하고 있다는 점이며, 둘째는 전자보다 후자로부터 계급적 저항의 대상을 보다 구체적으로 상정하고 있다는 점이다. 요컨대, 현존 계급 상황에 대한 강한 정서적 반감과 더불어, 사회를 탓하기보다(social blaming) 명시적 타자를 겨냥한(other blaming) 표적적 반감이 계급적 삶을 살아가는 당사자들의 주관적 생활세계에서 증식하고 있음을 이번 질적 분석 결과를 통해 직감할 수 있다.

서베이 연구 및 이차자료 분석에서 경험적으로 포착되었으나 본 심층면접 연구에서 보다 여실히 드러난 깊은 내면적 상처의 바탕은 무엇이라고 말할 수 있을까? 내부자적 접근을 통해 드러난 일련의 개념들에 의거해 오늘날 한국 사회의 계급 현실로부터 생성된 상처의 근원을 추정한다면 '열패감으로 인한 분심(忿心)이나 노기(怒氣)'를 답으로 제시할 수 있다고 본다.

분노는 한국에만 있는 것은 아니고 중동, 중남미, 유럽에도 있고, 심지어 자본주의 중심국인 미국의 금융중심지 월가에도 있다. "분노하라!"는 구호는 지구 어느 곳에서나 쉽게 접할 수 있는 상시적 언표인 것이다(에셀, 2011). 이처럼 최근 세계 도처에서 통상적으로 목도할 수 있는 분노의 일반형은 미국 소설가 존 스타인벡(John Steinbeck)이 포도송이로 비유한 바와 같이, 노기가 이슬처럼 응결하는 결집적 형태일 것으로 생각된다.

하지만 자신이 아닌 타자, 또 내부가 아닌 외부를 지향하는 전가 양식과 표출 양식을 특징으로 하는 최근 한국 사회의 분노는 피해자적 열패감을 동반한 울분으로 특화되고 있다. 적층식(積層式)으로 흉중에 겹겹이 쌓이는 누적적 형태를 취하는 한국 사회 특유의 울분은 제어하기 힘들고, 개개인의 심성에 끼치는 영향력이 크며, 폭발력도 강하다. 실제로 한국 사회에서는 잘못 건드리면 노기를 분출하는 격분형 인간과 마주치는 경우가 많다. 포화상태로 누적된 울분을 폭발적으로 터뜨리는 사람들이 늘어가고 있는 것이다. 딱히 남녀 간 구분도 없고, 청장년층은 물론 중노년층에도 있으며, 직종이나 직급과 무관하게 각계각층에 널리 산재해 있다.

적대적 울분을 동반한 사회갈등이 초기에 제어되지 못한 채 임계점을 넘어서게 되면, 갈등은 통제 불능의 상태에 치달아 극심한 사회적 손실을 초래하게 된다. 이처럼 울분의 맥락과 원천에 해당하는 사회적 불확실성과 사회불평등, 또 그 촉발요소에 해당하는 사회적 불공정성이 시정되어야 할 시대적 과제로 부각되고 있는 만큼, 사회적으로 팽배한 부정적 에너지를 긍정적 방향으로 역전시켜 발전의 동력으로 삼을 수 있는 사회혁신 전략이 절실하다고 본다.

제9장

사례연구: 넬슨 만델라의 화해적 국가통합

제6장 서베이 연구 결과에서 실증적으로 확인된 회복적 정의에 대한 요청은 역사적으로도 널리 찾아볼 수 있다. 현대사에 국한시켜 가장 널리 알려진 대표적 사례들을 꼽아보자면, 영국 식민 통치체제에 맞선 마하트마 간디(Mahatma Gandhi)의 무저항 비폭력 운동, 진솔한 과거사 청산으로 전범 국가의 오명을 탈피해 독일 통일의 초석을 마련한 빌리 브란트(Willy Brandt)의 평화사상, 잔혹한 인종격리체제에 대한 보복을 철회함으로써 국가폭력의 악순환 고리를 차단한 넬슨 만델라(Nelson Mandela)의 인종화합정책 등을 전형으로 들 수 있다.

간디의 정의론은 우리 존재가 내재적으로 상호연관되어 있다는 접속 사상에 근거한 것이다. 이런 측면에서 그의 정의론은 인식론보다 존재론에 가깝다고 여겨진다. 불의의 고통에 더 큰 고통으로 맞불을 놓는 것이 정의의 존재 이유라는 기존의 지배적 정의 시스템과 대비시켜 볼 때, 불공정한 처우로 인한 상흔의 치유에 역점을 두는 간디의 정의론은 회복적 정의로 재현되고 있다고 말할 수 있다.

합리적 이해에 바탕을 둔 소통합리성을 넘어 교감 · 공감 · 동감에 의한 정의적 합리성을 전제로 하는 회복적 정의의 전범을 보여준 또 다른 인물이 브란트였다. 1970년 바르샤바의 전쟁 희생자 추모비 앞에서 무릎 꿇고 사죄하던 브란트의 모습은 진정성이 담긴 사과가 갈등 해결에 얼마나 지대한 영향을 끼칠 수 있는지를 단적으로 예시한 압권이다. "사과할 필요가 없는 사람이 사과를 했다."는 브란트의 감동적 사죄, 그것은 수십 년간 피의 일요일에 대해 끈질기게 사과를 요구해 온 아일랜드인들의 정서, 혹은 일제 식민통치 시절의 만행에 대한 속죄를 요청해 온 아시아 국가들의 상황과 극명히 대비되어 나타난다.

아파르트헤이트(Arpatheid)라는 냉혹한 인종격리정책에 대한 보복을 지양한 인종화해 정치를 실현한 넬슨 만델라의 사례는 피에 맺힌 응어리와 한은 보통 혁명적 수단이 아니고서는 벗어나기가 힘들고, 그 분노는 처절한 피의 보복으로 이어진다는 인류 역사의 질곡에 대한 반전의 백미(白眉)로 평가된다. 만델라가 화해 정치의 실천을 위하여 발족한 '진실과 화해 위원회'의 목적은 상호이해의 정신으로 국가적 통합과 화해를 도모하는 일이며 어떠한 반민주, 반인권 인사라도 자기가 저지른 범죄를 고백하면 처벌을 면하게 하자는 데 있었다. 이러한 만델라의 숭고한 사상과 탁월한 지도력이 원한과 증오를 상호이해로 승화시켜, 온 국민을 하나로 뭉치게 한 화해적 사회통합을 이룩한 것이다.

1. 시대적 배경

1652년 네덜란드 상인들이 동인도회사의 보급기지를 케이프타운에 설립하면서 시작된 남아프리카 공화국의 식민 지배 역사는 1824년 영국의 지배, 1910년 영연방 내 남아프리가연방의 선포로 이어졌다. 남아프리카 공화국은 1961년 영국에서 독립하였지만 인종차별에 기반을 둔 공화국 내 백인들의 지배는 계속되었다. 가장 노골적이고도 혹독한 인종차별/인격차별—때문에 가장 참혹한 유혈사태가 초래될 것으로 예상한 사람들이 많다.—은 1990년 아파르트헤이트정책이 폐지되기까지 약 340년간 지속되었다(랑, 2007[2004]).

1) 아파르트헤이트(Apartheid)체제

남아프리카 공화국의 인종차별정책, 이른바 '흑백분리발전정책'은 주로 '아파르드헤이트'라는 말로 상징된다. 이 말은 아프리카너 또는 아프리칸더(afrikander)라 불리는 남아프리카 백인들의 언어인 아프리칸스(afrikaans)어로 '분리' 또는 '격리'를 뜻한다. 아파르트헤이트는 1948년 5월, 총선거에서 아프리카너의 정당인 국민당이 인종차별을 슬로건으로 내걸고 아프리카너의 전폭적인 지지를 받아 극적인 승리를 거둔 것으로부터 시작되었다. 국민당의 다니엘 말란(Daniel Malan) 수상은 아프리카너만의 단독 내각을 수립하고, 잡혼금지법(1949), 반공법(1950), 집단지역법(1950), 원주민법(1952), 사회안전법(1953) 등 인종차별법을 계속 제정했다. 당시 아프리카너 정신을 지배했던 것은 네덜란드 개혁교회파의 칼비니즘에 뿌리를 둔 '선민사상'이었다. 이들은 자신들이야말로 신에게 선택되었으며, 신의 은총에 부흥하기 위해

끊임없이 정진하여 자기완성을 이루어야 한다고 주장했다. 이러한 독선적이고 배타적인 사명감과 백인우월주의는 흑인을 완전히 배제한 백인만의 이상사회를 추구하게 했다(이종욱, 1990: 266-268).

흑인 탄압을 위해 제정된 수많은 악법들이 남아프리카의 아파르트헤이트체제를 뒷받침하는 기둥이었다. 그 대표적 사례의 하나가 거주와 이동의 자유를 제한하는 '통행증법(1952)'이다. 16세 이상의 아프리카인이면 누구나 신분증명서를 소지하도록 의무화함으로써 흑인들의 행동의 자유를 극도로 제한한 법안이다. 또한 어떤 아프리카인이라도 계속해서 3일간 도시지역에서 거주하지 못하도록 하는 원주민도시거주금지법(1945)과 주민등록법(1950), 흑인 · 혼혈인 · 아시아인 등 백인이 아닌 인종들은 인종별 거주지를 정해 주고 그 지역에서만 살게 하는 집단지역법(1950) 등도 인종에 따라 거주의 자유를 제한하는 대표적 악법이었다. 이 밖에 백인과 비백인의 성행위를 일체 금지하는 부도덕법(1927)과 수정 부도덕법(1950), 백인과 비백인의 결혼을 금지하는 잡혼금지법(1949)은 순혈주의를 강조하는 아프리카너의 모습을 보여주는 대표적인 차별법이며, 백인과 비백인 사이의 적대 감정을 조장하는 자는 모두 공산주의자로 몰아 투옥하거나 국외 추방할 수 있는 반공법(1950), 언론검열을 정당화하고 비백인이 글을 발표하는 길을 근본적으로 차단한 출판물규제법(1963), 공산주의자나 그에 관련된 자를 재판 없이 90일간 구속할 수 있으며 그 횟수를 무기한 연장할 수 있는 90일간 무재판구속법(1963) 등 역시 백인우월주의에 도전하는 모든 길을 근원적으로 차단하고 사후에는 철저히 탄압하기 위한 법안이었다.

토지와 관련한 공적 차별로는 흑인의 토지 소유를 원천적으로 봉쇄하고 있는 법률인 원주민토지법(1913)을 우선적으로 꼽을 수 있다. 이로 인해 아프리카인이 농사를 지으며 살 수 있는 지역은 전 국토의 9%에 한정되었다. 더불어 1958년에 수상으로 취임한 페르부르트(H. Verwoerd)는 아프리카인에게 '자치권'을 주는 '분리발전'의 방침을 확립하기 위해 1959년 5월 반투자치촉진법을 제정했는데, 그로 인해 아프리카인은 언어 · 종족에 따라 도시에서 멀리 떨어진 10개의 지역에 강제로 이주되어 자치정부를 이루게 되었다. 이 정책은 아프리카인을 지리적으로 격리시키려는 백인 정부의 의도를 적나라하게 표출한 것이었다(이종욱, 1990).

2) 국내외의 반발

(1) 흑인들의 저항

인종차별에 대한 투쟁은 1912년 아프리카민족회의(ANC: African National Congress, 이하 ANC)의 모태인 남아프리카토착민족회의 창설 시기로부터 시작되었다. 남아프리카토착민족회의는 1923년 ANC로 개명하였으며, 초기 ANC의 활동과 투쟁은 간디의 비폭력주의의 영향을 받아 전반적으로 평화적인 대중투쟁의 성격을 띠었다. 1952년에 앨버트 루툴리(Albert Luthuli, 1960년 노벨평화상 수상)가 의장에 선출되었으며, 같은 해 불복종운동, 1954년 '자유헌장' 채택 등의 활동을 벌였다.

그러나 2차 세계대전 종전 이후 백인들의 아파르트헤이트정책이 강화되면서 ANC 무력투쟁도 나타나기 시작했다. 1959년에는 ANC 내의 과격파가 분리되어 범아프리카회의(PAC: Pan Africanist Congress)를 결성하였는데, 1960년 3월 PAC의 시위에 백인 경찰관이 무차별 발포하여 수많은 사상자를 낸 샤프빌사건이 일어나자 ANC 내부에서 1961년

'민족의 창(Unmkhonto we Sizwe)'이라는 게릴라 조직이 조직되었다. 민족의 창은 1969년 무장투쟁을 선언하고 1976년에 일어난 소웨토 봉기에서 경찰과 군대가 흑인 600여 명을 살해하자 흑인 대중들의 지지를 더욱 받았다. 민족의 창은 1980년 석탄액화공사를 폭파하였으며, 1983년에는 남아프리카 공화국의 공군본부를 습격, 200여 명의 사상자를 내는 등 계속해서 게릴라에 의한 파괴활동을 지속하였다.

1983년 남아프리카 공화국 정부가 ANC의 해외기지를 공격하기 시작하고 1982~84년 스와질란드와 모잠비크가 불가침조약을 체결하자 주변국의 무력투쟁 기지를 유실한 ANC는 한때 고전을 면치 못했으나, 1984년 흑인대중의 반(反)아파르트헤이트 폭동이 고조되자 입지는 회복되고 더욱 강화되었다. 1990년 국내·외 정세변화로 ANC · PAC는 30여 년간의 비합법 조치에서 해체되고 만델라는 석방되어 ANC 부의장에 취임하였다. ANC는 1994년 총선으로 만델라의 대통령 당선과 집권여당의 지위를 획득했으며 1999년 선거에서도 압승을 거둬 여당의 지위를 지속적으로 확보하고 있다.

이때, 주목을 요하는 점은 ANC의 활동이 반인종차별에 대한 명분을 유지함으로써 백인과 토착민의 지지와 연합을 견지할 수 있었다는 사실이다. 이는 범아프리카회의(PAC)와 같은 다른 단체들이 백인과 토착민, 공산주의 운동 등을 외래의 것으로 여겨 배척한 행태와 크게 변별된다. ANC는 독자적 입장을 통해 인종차별에 반대하는 광범위한 세력과 동맹을 유지하면서 각종 운동단체의 주도권을 발휘하여 대중적 기반을 확대하면서 소기의 활동을 전개할 수 있었다.

(2) 국제사회의 제재

공화국 인구의 약 10%를 차지하는 백인이 70% 이상의 흑인과 나머지 유색인종에 대해 펼치는 시대착오적 인종차별정책은 많은 국가들로 하여금 남아프리카 공화국에 대한 제재조치에 동참하도록 했다. 유엔안전보장이사회는 1960년 3월 샤프빌 학살사건 이후 4월 남아프리카 공화국의 인종차별정책을 폐지하도록 요구하는 결의안을 채택하는 동시에 샤프빌 학살이 발생한 3월 21일을 '인종차별 철폐의 날'로 선포했다. 유엔안전보상이사회는 이후 남아프리카 공화국에 대한 무기 수출금지 결의안을 채택하였으며(1963.8.), IOC의 동경올림픽 참가금지 조치(1964.1.), 유엔안보이사회의 남아프리카 공화국 유엔 축출 결의(1974.10., 미국 · 영국 · 프랑스의 거부권 행사로 부결됨), 유엔총회 석유수출금지 결의(1977.12.), 유엔총회의 남아프리카 공화국 제재 조치 결의(1979.5.), 미국 하원의 남아프리카 공화국 경제제재 조치(1985.8.) 등을 통해 남아프리카 공화국은 국제적으로 고립되었다. 또한 미국은 1986년 남아프리카 공화국으로부터 철 · 석탄 · 농산물의 수입을 금지하고 새로운 투자와 차관 공여의 중지를 명령하는 반아파르트헤이트법을 제정함으로써, 경제제재 조치의 선두주자로서 아파르트헤이트체제 철폐에 지대한 역할을 수행했다(이종욱, 1990: 290)

남아프리카 공화국 경제는 1980년대 들어 연평균 1% 성장에 머무는 등 급속히 나빠졌으며, 국내 생산력의 저하와 경제적 고립의 심화로 수출이 감소하며 외채의 이자를 갚기에도 급급한 상황이었다. 이 같은 경제위기에서 벗어나는 첩경은 서방자본의 투자와 교역증대였으나 대부분 국가들은 남아프리카 공화국에 대한 경제제재를 결의한 UN 등 국제사회의 따가운 시선으로 선불리 투자 등 경제교류에 나서지 못했다. 미국, 영국, 일본 등은 남아프리카 공화국 정부에 아파르트헤이트의 폐지 내지는 대폭 개혁을 경제지원의 전제조건으로 요구하였다(이종욱 · 최재봉, 1990: 314-315).

3) 체제 붕괴와 민주주의 정권수립

아파르트헤이트체제는 ANC의 지속적인 투쟁과 대중적 저항, 서방 각국의 경제제재, 드 클레르크 정권의 출범으로 전환기를 맞이하게 된다(조화성, 1999: 125). 우선 유엔의 경제제재는 원재료 공급 위주의 경제구조를 지닌 남아프리카 공화국에 심각한 악영향을 끼쳐 1985년 이후 남아공 경제는 급격히 침체되었다. 또 계속되는 ANC의 사보타주와 무장 투쟁은 사회의 혼란을 야기하여 국가경제에 악영향을 끼쳤다. 급속히 악화되는 경제위기와 갈수록 확대되는 정치·사회적 갈등 속에서 드 클레르크 정권은 백인과 비백인의 연애나 결혼을 금지한 부도덕법과 잡혼금지법을 폐지(1985.6.)하고 도심중심부에 흑인의 유입을 금지한 패스(통행증)법을 폐지(1986.6.)하는 등과 같은 회유책과 더불어 비상사태 선언을 통한 철저한 탄압책으로 당근과 채찍의 이중적 정치를 펼쳤다.

이와 같은 긴장과 갈등, 경제악화 속에서 1962년 수감된 만델라의 석방 협상은 여러 차례 진행되었다. 마침내 1990년 국제사회의 압력과 남아공의 피폐한 경제사정, 흑인들의 계속되는 투쟁의 결과 만델라가 석방되고 뒤이어 1991년 아파르트헤이트폐기 선언이 이어졌다. 그러나 1994년 선거가 실시되기까지 흑백 혹은 흑흑 갈등으로 인한 사망자는 인종차별정책이 실시되던 시기보다 오히려 많았다. 일부 흑인들은 만델라의 석방을 복수의 기회로 여겼으며, 인종차별정책으로 권력과 부를 독차지하던 소수 백인들은 그들의 생존권을 지키기 위한 여러 조치를 취했기 때문이다(이한규, 2012: 145).

이와 같은 상황에서 만델라는 일부 강경파 흑인들과 극우파 백인들의 반대를 무릅쓰고 드 클레르크 정부와의 협상을 시도, 인종 간 화합과 공존을 위한 새로운 민주주의 정부의 수립을 추진하였다. 그 결과, 흑백평등권을 인정하는 새 헌법이 비준되어, 1994년 4월 역사적인 민주적 총선거를 통해 만델라가 대통령으로 취임하였다.

2. 주요 사건들

만델라는 1949년 비트바테르스란트 대학을 졸업하고 1952년 정식 변호사가 되었지만 법조인보다는 정치인으로서 명성을 펼쳤다. 그는 ANC에서 활발히 활동하며 1952년 통행법의 제정에 반대하는 시민 불복종 캠페인, 1955년 자유헌장 선포 등을 주관하여 1956년 국가 반역죄로 체포되어 수감되었다. 1961년 장기간에 걸친 반역죄 재판은 무죄로 종결되나 그 사이 발생한 1958년 흑인을 배제한 총선거는 아파르트헤이트정책의 심화를 불러왔으며 1960년 발생한 샤프빌(Sharpville) 학살사건은 만델라가 무장투쟁의 길로 전환하는 계기가 되었다. 만델라는 1961년 ANC 내 무장투쟁단체인 '민족의 창'을 조직하고 초대 지휘관에 취임하였다. 그는 아프리카 전역을 순회하며 무장투쟁에 필요한 정보를 습득했다. 1962년 그는 요하네스버그 부근에서 거주지 이탈 및 반란선동에 의해 5년형을 선고받고 수감되었다. 그러나 1963년 국민의 창 사령부가 체포되면서 다시 국가전복행위로 종신형을 선고받는다. 만델라는 이후 27년간 로벤 아일랜드의 감옥에서 복역하고 1990년 석방된다.

1) 광산 노동자들의 파업시위(1946)

리프 지역에서 발생한 7만여 명에 달하는 광산 노동자들의 파업시위는 남아프리카 공화국 역사상 가장 규모가 컸으며 일주일 동안 계속된 파업에서 정부의 강경 대응으로 인해 12명의 사망자가 발생하고 노조 지도자가 체포되었으며 파업이 강제로 진압되고 노조가 해산되었다. 또한 같은 해 정부는 아시아인 토지소유법(Asiatic Land Tenure Act)을 통과시켜 인도인들의 자유로운 활동을 제한하였다. 이는 유색인들의 자유를 박탈하는 집단구역법(Group Areas Act)의 전신이었다.

당시 파업은 광부조합의 조합장이면서 남아프리카 공화국 공산당과 ANC의 일원인 막스(Marks)에 의해 조직되었다. 만델라는 당시 공산주의자들의 효율성에 경탄했지만 결코 그들의 강령에 공감하지 않았다(랑, 2007[2004]: 81). 만델라는 이 같은 사건들을 통해 대중운동과 통일성에 대한 고민을 품게 되었다.

2) 시민불복종운동(1952.6.)

1848년 총선에서 승리한 국민당 정권이 아파르트헤이트정책을 추진하며 연속적으로 악법을 도입하자 만델라가 조직한 ANC 청년동맹은 시민 불복종 운동을 펼쳤다. 이는 흑인과 인도인이 주도했는데 비폭력 무저항 원칙에 입각하여 평화적이긴 하지만 불법적인 시위로 악법에 맞서는 것이었다(이종욱, 1990: 274). 그 결과 8,500여 명이 체포되고 14명이 사망하였다.

정부는 시민불복종운동을 범죄행위로 간주했고, 아프리카인과 인도인 사이의 관계 증진에 대하여 불안해했다(만델라, 2006: 199). 저항운동의 배경에 공산주의 선동가들이 있다고 주장한 정부는 만델라를 공산주의 활동금지법 위반혐의로 재판에 회부하였다.

3) 샤프빌 학살사건(1960.3.)

1960년 3월 21일, 요하네스버그 근교의 흑인 거주지 샤프빌의 흑인 5천여 명이 샤프빌 경찰서 앞에 집결해 통행증법에 항의하는 시위를 벌이자 경찰이 무차별 발포하여 부녀자 18명을 포함한 69명이 사망하고 186명이 부상당했다. 이 중 85%가 등 뒤에서 총격을 받았다. 3월 29일, 전국에 비상사태가 선포되었음에도 불구하고 시위는 날로 확산되어 랑가를 비롯한 다른 흑인 거주지에서도 자신의 통행증(pass)을 공공연히 불태워버리는 시위가 연일 지속되었다. 그 결과 4월 19일까지 경찰의 총격에 의해 아프리카인 83명이 사망하고 365명이 부상당했으며, ANC와 PAC 등 민족해방단체의 지도자 2천여 명이 5개월간 연금되었고, 체포된 2만여 명 가운데 수천 명이 비밀재판에 부쳐지거나 강제노동수용소로 보내졌다.

샤프빌 사건 직후 정부는 ANC를 불법단체로 선언하고 해체를 강요했다. ANC는 해체를 거부하고 지하로 들어갔다. 그러자 전 세계가 남아프리카 공화국 정권을 비난하였으며, 4월 1일 유엔 안전보장이사회는 남아프리카 공화국의 인종차별정책을 폐지하도록 요구하는 결의안을 채택하는 동시에 3월 21일을 '인종차별 철폐의 날'로 선포했다. 샤프빌 사건을 계기로 만델라는 평화시위운동을 중단하고 무장투쟁 노선에 착수했다.

4) 리보니아 재판(1963~64)

1963년 10월 만델라는 프리토리아에서 게릴라 교육과 임시혁명정부 수립 등의 혐의로 재판을 받게 된다. 리보니아 재판이라 불리는 이 재판은 만델라를 일약 세계적인 인물, 전 세계에서 가장 주목받는 정치범으로 만들었다. 만델라는 이 재판에서 장장 4시간이 넘는 최후진술을 통해 자신의 신념과 사상을 밝혔으며, 그것이 세계적으로 확산되어 큰 파문을 불러일으켰다. 만델라는 일단 자신의 범죄를 시인한 후 ANC의 민주주의 및 반인종차별주의 정책에 대해 이야기했으며, 무력투쟁은 정부의 탄압과 폭력에 대한 최후의 수단이었다고 주장했다. 또 ANC와 공산당의 차이점을 강조하였다. 재판의 파장과 국내외적인 압박으로 인해 1964년 6월 최종 재판에서 만델라와 시술루를 포함한 아프리카인 6명, 인도인 1명, 백인 1명에 사형 대신 종신형이 선고되었다.

5) 소웨토 학생의거(1976.6.)

1976년 6월 16일, 요하네스버그 남서쪽 교외의 흑인 거주지인 소웨토(인구 약 100만)에서는 아프리카인 학교에 아프리칸스어(백인의 3/5을 차지하는 아프리카너의 언어로서 영어와 함께 공용어)를 강제로 배우게 하는 정부정책에 반대, 아프리카인 고교생들이 시위를 벌였다. 학생 시위대에 경찰이 발포하여 13세 소년이 살해되자 시위는 폭동으로 변했다. 6월 18일 요하네스버그 주변의 7개 마을로 시위가 확대되고, 학생들은 정부 기관 및 차량 등에 불을 지르고 우체국을 습격하고 전화선을 절단했다. 반정부 열기는 더욱 가열되어 8월 14일에는 다시 소웨토의 대학생들을 주축으로 2만여 명이 시위를 벌였고, 8월 23일부터 3일간 소웨토에 거주하는 흑인 노동자 수만 명이 파업에 돌입하여 첫날에는 요하네스버그에서 일하는 흑인 노동자의 80%가 결근했다. 1977년

2월 28일까지 지속된 이 사건으로 575명이 사망했고, 3,907명이 부상당했다. 소웨토 의거는 백인 인종주의의 상징인 아프리칸스어의 강제학습에 대한 항의라는 제한된 성격에서 비롯되어 아파르트헤이트체제에 반대하는 민족해방운동으로 발전하였으며 전 세계의 주목을 끌었다.

6) 만델라 석방운동(1985.8.)

1985년 1월 정부는 폭력을 정치수단으로 사용하지 않는다는 조건하에 만델라의 석방을 제의하지만 만델라는 거절하며 대신 아파르트헤이트를 해체하라는 답변을 딸 찐지를 통해 전달한다. 같은 해 8월, 케이프타운 근교에서는 '넬슨 만델라의 석방을 요구하는 대행진'이 벌어졌다. 모두 2만여 명이 참가한 이 계획은 아침 10시에 케이프타운의 교외 아슬론 흑인 거주지의 운동장에서 출발하여 만델라가 갇혀 있는 폴스무어 감옥까지 약 5킬로미터를 행진할 예정이었다. 집회장 주변에 몰려든 군대와 경찰은 만델라의 초상화를 치켜들고 주기도문 노래를 부르는 시위 참가자들에게 해산명령을 내렸다. 그들이 해산의 기미를 전혀 보이지 않자, 한 지휘관이 아프리칸스어로 "쓸어버려."라는 명령을 내린 것을 신호로 그의 부하들은 곤봉과 채찍으로 무차별 난타를 가하면서 최루탄을 터뜨려댔다. 경찰의 폭력에 의해 이날 30여 명의 흑인이 살해되었다.

7) 석방 이후(1990~94)

만델라는 1990년 2월 11일, 27년간의 수감생활을 마치고 출감하였다. 뒤이어 3월 2일 ANC 부의장에 선출되었으며 ANC가 무장투쟁에 대해 전향적인 입장을 보이면서 정부와의 협상이 진행된다. 1991년 만델라는 ANC의 의장에 선출되며 실용주의 노선으로 선회하여 드 클레르크 정부와 협상 끝에 350여 년에 걸친 인종분규를 종식시킨다. 토지법, 집단지역법, 인종등록법이 폐지되었으며 아파르트헤이트가 역사의 장으로 사라졌다(랑, 2007: 402). 만델라는 1994년 4월 총선을 통해 5월 대통령에 임명되었다.

3. 화해적 통합론의 사상적 기초

극심한 역경과 악조건하에서 응결된 만델라의 화해 사상은 크게 아프리카 민족주의를 기반으로 한 차별 없는 정치 · 경제적 민주주의 사회 건설이라는 한 문장으로 요약할 수 있다. 폭력의 사용과 국유화, 인종적 화합과 공존을 위한 각종 정책들은 민주주의와 민족주의의 기반에 입각해야 한다는 것으로, 이는 모든 사람이 조화롭게 그리고 동등한 기회를 가지고 함께 사는 민주적이고 자유로운 사회의 이념과 맞닿아 있다.

1) 아프리카 민족주의

만델라는 아프리카의 역사와 아프리카인의 업적을 강조하고 백인우월주의에서 벗어나고자 노력하였다. 1964년 4월 리보니아 재판의 최종변론에서 만델라는 자신은 공산주의자가 아니라고 말하며 다음과 같이 주장하고 있다.

"ANC의 이데올로기적 신조는 항상 아프리카 민족주의였으며 지금도 그렇습니다. ANC가 지지하는 아프리카 민족주의는 우리 자신의 땅에서 아프리카 민족을 위한 자유와 자아실현이라는 개념인 것입니다.”

만델라는 아프리카 민족주의가 혁명적으로 백인들을 몰아내고 아프리카인만의 국가를 건설하는 것이 아니라 아프리카인들의 민족적 자유를 획득하고 인종적 억압과 박해를 불법화하는 자유사회를 창조하는 것임을 거듭 상조했는데, 이는 인종적 공존과 화해를 주장하는 후기의 정치적 행보와 연관된다.

2) 민주사상

당시 남아공 정부는 극도로 보수적인 1950년대 냉전 이데올로기를 받아들이고 있었고, 소련을 악마의 제국으로, 그리고 공산주의를 악마의 활동으로 간주하고 있었다. 정부는 공산당이 ANC를 지배 및 통제하고 있다고 주장했고, 협상을 시작하기 위해서는 ANC가 공산당과 손을 끊어야만 한다고 선언했다.

만델라에게 있어 공산주의자들은 수십 년 동안 아프리카인들을 평등한 인간으로서 대할 준비를 해 온 남아프리카 공화국에서 유일한 정치집단이었다. 그러나 만델라는 ANC 내부의 공산주의 조직과 공산당과 ANC의 친화성을 경계하며 ANC와 공산당은 별개의 조직이라고 주장하였다. 공산당과 ANC는 인종적 억압에 반대하고 인종차별 없는 국가의 탄생을 기도한다는 단기적 목적을 공유하는 독립된 별개 조직이라는 것이다. 만델라의 경계는 계급과 혁명에 대해 언급한 부분에서 찾아볼 수 있다. 우선 만델라는 ANC의 지도부가 노동계급 출신으로만 한정되어야 한다는 주장에 동의하지 않는다고 이야기한다. 그는 지도부가 노동계급으로만 한정되어야 한다는 것은 부르주아적 지식인으로

만 구성되어야 한다고 말하는 것만큼이나 비민주적이라고 주장한다. 또 만델라는 ANC가 한 번도 국가경제구조의 혁명적인 변화를 지지한 적이 없으며, 자본주의 사회를 증오한 적도 없다고 해명하였다. ANC의 최고의 목적은 자본주의를 전복하고 노동자정부로 대치하고자 하는 공산당과 달리 아프리카인들이 단결과 충분한 정치적 권리를 획득하는 것이었다. ANC는 계급 간의 조화를 추구한 반면, 공산당은 계급 구별을 강조하였다.

만델라는 자신을 비인종차별 사회의 건설에 온 몸을 투신한 민족주의자라고 밝힌 바 있다. 만델라는 자신은 민주주의와 인권의 원칙들을 구현하는 자유헌장을 존중하며 공산주의의 청사진을 그리지 않고 있다고 주장하면서, 소수 백인들이 어떤 새로운 모습의 남아프리카 공화국에서도 안전하다고 느낄 수 있어야 한다는 의견도 개진하였다.

3) 비폭력주의

만델라는 투쟁의 형태를 결정하는 것은 늘 압제자지 압제를 당하는 사람들이 아니라고 주장한다. 그는 폭력에 대한 책임은 정부에게 있고 압제자가 폭력을 쓴다면 당하는 사람들 역시 폭력적으로 반응하는 것 외에 다른 방법은 없다고 역설한다. 정부가 평화적인 방법을 쓴다면 ANC 역시 평화적인 방법을 사용할 것이기 때문에 폭력을 포기하는 것은 정부에게 달린 일이라는 것이다(만델라, 2006[1994]).

4. 실천운동 및 반향

1) 만델라의 용서

만델라는 자신을 박해하고 투옥시킨 사람들을 용서하였다. 만델라는 투옥 전까지는 대단히 호전적인 인물이었으나, 27년간의 옥중생활에서 용서 없이는 미래가 없다는 점을 깊이 깨닫게 된다. 그는 백인들에 대한 태도를 감옥생활을 계기로 전면적으로 전환하여, 무력이나 폭력이 아닌 화해를 통해 새로운 남아프리카 공화국을 만들고자 했다. 따라서 석방 후 아프리카너들과 화해하고 그들도 정부에 참여시켜야 한다고 생각했으며, 정적이었던 사람들을 찾아가 먼저 화해의 손을 내밀었다. 1995년, 석방된 지 약 5년이 지난 후 그는 자신을 가둔 보타(P. Botha) 전 대통령을 방문하였다. 또 아파르트헤이트체제의 최고 정보책임자와 감옥이 있었던 로벤 섬의 총사령관을 초청해 만찬을 함께 했다. 심지어 자신을 기소해 감옥으로 보내는 데 결정적 역할을 한 검사와 만찬을 함께하기도 했다. 로벤 섬 교도소 소장을 오스트리아 주재 대사로 임명하였으며, 대통령 취임식에 교도관을 귀빈석으로 초대해 기쁨을 나누기도 했다. 만델라는 화해가 약함을 드러내는 것이 아니라 용기를 보여주는 것이라고 믿었다. 그는 "용기 있는 사람들은 용서하는 것을 두려워하지 않음"을 거듭 역설했는데, 이 같은 그의 신조는 인간 본성에 대한 낙관적 사고에 기반한 것으로 보인다.

만델라가 역설한 화해와 용서는 백인 세력의 분열과 무장해제라는 정치전략적 효과를 발휘했는데, 이때 특히 힘을 가진 자만이 용서할 수 있다는 신념이 힘의 우위를 바탕으로 한 용서와 화해라는 그의 전향적 입장을 뒷받침했다. 만델라는 화해를 통한 변화를 가져오는 데

스포츠가 중요한 역할을 할 수 있다고도 생각했다. 그는 백인 선수들로 구성된 럭비 팀의 경기 승리에 직접 트로피를 수여함으로써 럭비를 좋아하는 백인들의 지지를 얻기도 하였다. 이 같이 폭넓은 화해와 용서의 실행을 통해 모든 인종이 고루 참여하는 국민통합정부를 구성할 수 있었던 것이다(만델라, 2006[1994]: 934-939).

2) 새 헌법과 내각 구성

1993년 합의된 남아공 새 헌법과 내각구성은 흑백공존의 정치, 다인종 민주주의의 내용을 담았다(조화성, 1999: 129). 새 헌법에서 대통령은 하원에서 과반수 이상의 찬성으로 선출하며 부통령은 제1당에서 1명, 20% 이상의 지지를 받는 제2당에서 1명 등 2명을 둘 수 있었다. 총선에서 만델라는 대통령, 음베키와 전 대통령이었던 클레르크가 부통령으로 선출되었다. 27명의 내각 구성원 중에는 과거 백인 정권의 각료들과 잉카타자유당(IPF, 줄루족중심) 등의 참여가 이루어졌다. 이러한 일련의 과정은 일당 독주를 막고 흑백 간의 상호공존을 유지하고자 하는 정신의 반영이자 기존 백인 정권의 평화로운 퇴장을 보장하려는 제도적 노력의 산물이었다(조화성, 1999: 129).

만델라는 다른 아프리카 지도자와 달리 국민의 전폭적인 지지를 통해 진정성 있는 민주적 방식으로 선출되었다는 점에서 국민화합이라는 지도이념을 주도하려는 강한 의지를 표명했다. 정치제도를 통해 피상적인 흑 · 백 간 갈등은 일시적으로 봉합될 수는 있지만 아파르트헤이트로 인한 피해자의 다수가 일반국민이라는 점에서 밑으로부터의 진정한 화해가 초기 만델라 정부에게 매우 절실했던 것이다. 진실과 화해 위원회의 출범은 이를 표상하는 대표적 사례이다.

3) 진실과 화해 위원회

진실과 화해 위원회(TRC: Truth and Reconciliation Commission, 이하 TRC)는 남아프리카 공화국에서 일어난 과거의 인권침해 범죄에 대한 진실을 밝히기 위한 목적으로 만들어진 기구로서, 진상은 철저히 규명하되 법적인 책임을 더 이상 묻지 않고 사면한다는 취지를 담고 있다. 요컨대, '진실'을 조건으로 '화해'한다는 것이다. '망각에 맞선 기억의 전쟁'이라는 말이 지시하듯, '망각하지 않는 용서(forgiveness without forgetting)' 즉 '용서하되 망각하지 않는다.'는 것이 그의 신조였다(만델라, 2006[1994]: 907).

TRC는 가해자와 피해자가 함께 살아갈 수밖에 없는 현실에서 비참하고도 추악한 과거사를 밝히기 위해 만들어 낸 타협의 산물이다. TRC 활동은 그것을 통해 오랜 세월 은폐되었던 수많은 인권피해 사건의 끔찍한 진상들이 세상에 드러나게 되었다는 점에서 '협상을 통해 이루어 낸 혁명(negotiated revolution)'이 결과물로 인정받는다(만델라, 2006[1994]: 907).

(1) 설립과 구성

남아프리카 공화국의 진실과 화해 위원회(TRC)는 1955년 국가 통합과 화해 증진법(Promotion of National Unity and Reconciliation) 34조에 의해 설립되었다. 이 법안은 아파르트헤이트로부터 다수결 민주주의로의 평화적 전환을 이루기 위해 남아공의 주요 정당들에 의해 시작된 협상의 소산인 것이다. 국가 통합과 화해 증진법은 아래 사항들의 합의에 기반해 국민들의 화해와 협력을 이루기 위해 진실과 화해 위원회(TRC)의 설립을 규정했다(김광수, 2002: 31).

- 1960년 3월 1일(샤프빌 대학살)부터 1993년 12월 5일(만델라 대통령 취임) 사이의 기간 동안 행해진 총체적 인권피해의 원인과 본질 그리고 정도를 입증하는 것
- 정치적 목적과 연관된 인권피해의 사실을 모두 폭로하는 사람들을 사면하는 것
- 총체적 인권피해 피해자들의 피해사실을 입증하고 알리는 것. 그리고 그들로 하여금 인권피해를 밝히고 보상 기준을 제시함으로써 그들의 인간으로서 그리고 시민으로서의 존엄성을 복귀시키는 것
- 미래의 인권피해를 방지하기 위한 제언을 포함하는 위원회 활동에 대한 보고서를 편찬하는 것

이러한 조항에 따라 진실과 화해 위원회는 산하에 인권침해 위원회(The committee on Human Right Violation), 사면 위원회(The Committee on Amnesty), 그리고 배상과 복구 위원회(the Committee on Reparation and Rehabilitation)를 포함시켰다. 위원장으로는 노벨평화상 수상자인 데스먼드 투투 주교(Archbishop Desmond Tutu)가 임명되었으며, 여러 정당이 심사위원회에서 공개 청문회를 열어 인터뷰를 한 후 25명의 위원을 만델라 대통령에게 추천하고, 이 가운데 17명의 위원이 선출되었다. 위원회의 공정한 판결을 위해 위원은 7명의 흑인, 2명의 유색인, 2명의 인도인 그리고 6명의 백인으로 구성되었다.

TRC는 권력으로부터 독립된 기관으로서 소환권과 수사권을 가지고 범죄자들을 조사했다. 자료를 확보하기 위해 다른 국가 기관이나 단체들도 조사할 수 있었다. 확실한 자료가 없는 경우라도 피해자의 고발이나 진정만으로도 가해자들을 소환할 수 있는 '피해자중심주의'를 유지했다. 그리고 정치적 동기가 작용된 모든 폭력과 인권침해 사건을

조사대상으로 삼았다. 모든 기관, 단체, 개인 등을 포괄적 대상으로 삼았다. TRC에 접수된 아파르트헤이트체제의 인권피해 사건은 약 2만 1,300건에 달하였으며, 이들 사건으로 인한 피해자 수는 약 305만 명인 것으로 밝혀졌다. 이러한 사건들과 관련하여 사면을 청구한 범죄자들은 약 7,000명이었으며, 이들의 약 10분의 1 정도가 청문회에 나와야만 했다. 1998년 10월 29일 3년여에 달하는 조사 끝에 TRC는 만델라 대통령에게 최종 보고서를 전달하였다.

(2) 통치질서의 재정립

앞서 언급한 것과 같이 TRC는 과거의 역사를 의미하는 '진실'과 새 국가의 건설을 의미하는 '화해'를 동시적으로 추구하고자 했다(김광수, 2002: 40). TRC는 아파르트헤이트 정권하에서 말하지 못했던 인종차별과 인권피해에 대한 진실을 밝혀냄으로써 잃어버린 역사의 조각들을 복원하고 검열되어 있던 불완전한 과거를 드러내었다(김광수, 2002: 41). 이를 통해 모든 사람들이 아파르트헤이트 정권의 잔혹성을 깨달을 수 있었다. 과거를 묻어 버리는 것은 희생자들을 억울한 죽음 속에 영원히 사장시키는 것을 뜻한다. TRC는 진실을 드러내어 죽은 사람들이 또는 살아 있는 피해자들이 그들의 이야기를 하게 함으로써 그 사람을 한 '인간'으로, '그 자신'으로 복권시키고자 했다. 희생된 동포들의 과거를 남아프리카 공화국 전체 흑인들의 과거로 인식하게 함으로써, TRC는 흑인들의 정체성과 인간의 존엄을 회복하는 계기를 마련하였다.

이러한 조처들은 현재와 과거를 단절하는 데에도 적극 활용되었다. 특히 만델라 정권과 아파르트헤이트 정권을 차별화시킴으로써 새로운 통치질서에 대한 정당성을 확보하고, 질서 확립에 있어 정부의 역할을 강화함으로써 오랜 시간 이어져 온 인종 간의 갈등과 대립을 극복할 수 있었다. TRC는 새로운 정부가 과거의 불평등을 치유하고 사회를 재구성하는 역할을 수행할 수 있게 하는 가교 역할을 담당하였다. 이를 통해 국가의 구성원 모두가 특정한 역할을 수행하며 새로운 미래를 만들어 나갈 수 있는 계기를 마련하였다. 국가적 화해는 바로 TRC의 존재 이유였다.

(3) 처벌과 사면 사이

TRC는 '재판'과 '고백' 그리고 '도덕'의 요소를 동시에 가지고 있었다. 이는 아프리카의 '우분투(Ubuntu, brotherhood, 형제애)' 정신에 근거한 것이다. 우분투는 남아프리카 공화국 헌법에 다음과 같은 말로 표현되고 있다. "이해할 필요가 있다. 그러나 복수해서는 안 된다. 보상해야 한다. 그러나 보복해서는 안 된다. '우분투'가 있어야 한다. 그러므로 희생자를 만들어 내서는 안 된다"(만델라, 2006: 913).

TRC 설립 초기 범죄자들을 아무런 처벌 없이 사면한다는 것에 대한 반론이 ANC 측에서 주로 제기되었으며 국민당 측은 조건 없는 전면적인 일괄사면을 요구했다. 만델라는 ANC를 대표하여 사면에 우선한 전제조건으로 완전히 자기 고백이 있어야 함을 주장했다(김광수, 2002: 48). 지난날의 비참한 과거를 기억하고 있는 사람들은 과거사의 올바른 처리가 미래를 위해 얼마나 중요한 일인가를 잘 알고 있다는 견지에서, 지난날의 죄과와 과오를 밝혀 잘못을 깨닫고 그로부터 교훈을 얻지 않으면 과오가 되풀이되기 십상이라는 것이다(만델라, 2006: 914).

TRC의 사면 기준은 인권피해가 정치조직이 내린 명령에 따른 것이거나 조직을 대신하여 범죄를 저지른 경우, 이 범죄를 둘러싼 모든 관련된 사실을 완전히 밝히는 것이다. 개인의 원한, 악의, 이익을 위해

폭력을 행사한 사람은 사면대상에서 제외되었다. 종종 피해자의 가족들은 사면을 전적으로 거부했다. 그들은 사면의 제공은 정의에 대한 의식을 송두리째 빼앗아 가는 것이라 주장했다. 살해자들은 범죄에 대한 심판을 받고 감옥에 갇혀야 했다. 야만적인 행위를 단순히 고백하는 것으로 가해자들을 사면한다는 것은 피해자들의 생명의 가치를 떨어뜨리는 것이라 주장하였다(Du Preez, 1999: 24).

다른 국가의 진실 위원회와 비교해 보았을 때, TRC는 재판법정에 비견될 만한 사법적 결정권을 가진 최초의 위원회였다. 위원회는 활동기간 중 권한과 관련된 많은 법정 논쟁에 휘말렸다. 희생자 유족들은 위원회를 상대로 위원회의 사면 권한이 합법적인가를 묻는 소송을 제기하였으나 헌법재판소는 위원회의 권한이 적법하다고 판성했다. 전임 대통령인 드 클레르크와 ANC는 TRC 보고서의 발간을 중지시키는 법정 소송을 제기했으나 패배하였다(헤이너, 2008: 96-97). 그러나 TRC는 체제와 행위자를 철저히 분리하고, 잘못된 체제로 인해 발생된 범죄들에게 면죄부를 부여함으로써 올바른 체제나 정권하에서 모든 행위자들에게 새로운 가능성을 부여한다는 원대한 비전을 갖춤으로써, 인종갈등의 재연을 원천적으로 차단하는 무지개 국가의 기틀을 확립할 수 있었던 것이다.

5. 용서와 화해의 변증법

만델라 대통령 취임 이후의 새로운 남아공에서는 과거청산의 방법 문제를 놓고 적지 않은 격론이 있었다. 반인권, 반인륜 범죄를 저지른

자들을 모두 법정에 세워 처벌하는 뉘른베르크 재판 형식을 원한 사람들도 많았다. 그러나 이 방식은 신생 공화국에는 맞지 않는다는 결론에 도달하기에 이르렀다. 상대방에게 '승리한 자의 정의'를 요구할 수 있을 만큼 결정적인 승리를 거둔 쪽이 없다는 것이다(만델라, 2006[1994]: 911). 협상과 조정을 통해 달성된 남아공의 정권교체는 민주주의와 법의 지배, 그리고 인권존중이라는 오랜 염원을 조심스럽게 이루어 가는 과도기로 받아들여졌다. TRC의 위원장인 데스먼드 투투 주교는 TRC가 단순히 가해자들에게 그들이 치러야 하는 대가를 삭감해 준 것이 아니라 기억하는 것과 잊는 것을 동시에 수행하기 위해 설립되었다고 말한다. 과거의 무게와 짐을 기억하고 또 동시에 해방됨으로써 무지개 국가의 형성을 이룩해 나아가고자 했던 것이다.

TRC의 특성과 권한은 무지개 국가 건설자로서의 위상에서 엿볼 수 있다. TRC는 인종적으로 한정된 적대적 그룹들로 하여금 새로운 국가를 건설하기 위한 목적을 위해 화해를 요구했다. TRC 보고서는 자신들에게 주어진 핵심적 사명을 인권사상 및 민주주의의 기초 위에 국가를 이끄는 데 이바지할 수 있는 다리를 놓는 과정의 '일부'로 규정했다. TRC 보고서에 의하면, 다리 건설에 대한 TRC의 공헌은 진실 발언의 촉진, 책임의 수용, 그리고 그에 관한 거국적 화해를 추구하는 것이다.

"과거사를 다루는 정책이 지난날의 과오를 징벌하려는 목적에 매몰되어서는 안 된다. 피해자들의 권리와 당대의 사회적 요구를 동시적으로 포용하는 담대하고 창의적인 전략이 바람직하다." 이처럼 만델라가 주도한 TRC는 인권피해의 유제를 극복하고 보편적 정의를 제도화하기 위한 제3의 방안을 대변했다고 평할 수 있다. 그것은 기소에 대한 비타협적 자세를 고수하되, 사면의 요구를 이상적으로 결합한 중도의 길을 추구했다(Van Zyl, 1999). 진실의 확보와 관용에 기초한 화해의 놀라운 기적은 새로운 국가 건설의 책무를 충실히 수행했음은 물론, 인종갈등의 재연을 원천적으로 차단하면서 화해적 사회통합을 달성할 수 있었던 것이다.

이처럼 만델라의 용서와 화해의 정신은 약 340여 년에 걸친 남아공의 내국적 갈등을 딛고 새 출발을 하는 데 막중한 역할을 수행했다. 그로부터 인종에 근거한 고착적 불평등 구도를 벗어나 발언되지 못했던 진실을 밝힐 수 있다는 결의가 도출되었는데, 이는 참담한 과거사가 행위자 개개인의 문제가 아닌 잘못된 사회체제나 지배구조 때문이라는 깊은 각성의 소산으로 풀이된다. 이러한 신념을 통해 만델라는 화합적 미래를 만들어 가자는 국민 대다수의 동의를 이끌어 내어 국가 건설과 발전의 동력을 확보할 수 있었던 것이다.

물론 제도로부터 개별 행위자의 그릇된 행태를 분리해 실상을 충분히 밝힐 수 있는가라는 의혹이나 희생자들에 대한 보상과 직결된 논쟁 등이 끊임없이 제기되어 1994년 흑인 대통령의 선출과 함께 남아공이 새 출발한 이후 오랜 기간이 경과한 지금까지 사회경제적 불평등이나 인종갈등이 엄존하고 있음은 부인할 수 없다(국민일보, 2014). 그러나 남아공에서 민주적 절차를 통한 권력 승계가 성공적으로 이루어지고 있다는 사실은 적어도 사회통합에 관한 한 만델라가 추구한 처벌과 사면 사이의 대안적 경로가 적실하고 유효했다는 점을 확신시켜 준다.

요컨대, 용서와 화해의 정신을 바탕으로 한 만델라의 무지개 국가론은 단순한 인종적 공존과 상생에 근거한 상호인정의 차원을 넘어선 화합적 통합을 겨냥한 것인바, 그런 점에서 그의 무지개 국가론은 단순한 다채색 무지개가 아닌 '무지개 너머의 곳(somewhere over the rainbow)'을 향한 원대한 이상을 담지한 것으로 평할 수 있다(라피에르, 2010[2009]).

6. 소결: 한국 사회에의 함의

오랜 식민통치체제에서 유래한 혹독한 반민주 · 반인권 · 반인격 · 반인륜적 차별과 착취, 그에 대한 거센 반발과 저항, 강력한 국제사회의 관여와 제제, 공멸 회피를 위한 진지한 타협과 조정, 새로운 통치질서의 확립을 위한 개각과 법안 개정, 고통스러운 삶에서 배태된 화해와 용서의 정신, 또 그러한 정신에 기초한 TRC라는 특단의 거버넌스 등은 한국 현대사를 장식해 온 어떠한 사건이나 사태보다 훨씬 처절하고 혹독하며 극단적이며 뿌리 깊은 것이었다고 말할 수 있다. 이 같은 현저한 차이에도 불구하고, 역사나 사회문화적 배경을 달리하는 아프리카대륙 최남단에 위치한 먼 나라 남아공의 체험은 오늘날 우리 대한민국에 복기할 가치가 크다고 본다.

얼핏 보면 만델라의 나라 남아공의 사회통합은 소통, 이해, 관용 및 배려와 같은 상생적 행위를 통해 사회적으로 차별받아 온 개인이나 집단이 자신의 삶을 당당히 살아갈 수 있는 여건을 마련한 것처럼 보인다. 하지만 최근 우리 사회에서도 널리 회자되고 있는 그러한 공동체적 덕목들은 깊은 단절의 골을 경계로 서로 호각세를 견지하는 심각한 대치국면에서는 통합의 필요조건이 될지언정 결코 그 충분조건이 될 수 없다는 점을 화해와 용서의 정신을 바탕으로 한 만델라의 지도력이 돋보인 남아공 사례로부터 절감할 수 있다.

이해, 관용, 배려들은 타자를 위한 이타적 행위임에 분명하나, '나는 나, 너는 너'라는 피아관(彼我觀)을 고수하는 약한 이타주의(weak altruism)의 굴레를 벗어나지 못한 것들이라고 말할 수 있다. 그러나 화해와 용서를 통한 치유를 전제로 하는 만델라의 사회통합론은 피아간

융합(融合)을 지향하는 보다 적극적이고 능동적인 이타심이 발동해야 '사회다운 사회'로 도약할 수 있는 통합사회로의 이행이 촉진될 수 있음을 우리에게 일깨워 준다.

용서와 화해를 통한 치유는 통상적 교감을 넘어선 강한 공감대하에서 지난날의 과오에 대한 참회를 통해 맺힌 마음을 풀어 정신적 상처를 아물게 하는 일종의 고신로(high-road) 해법이라고 말할 수 있다. 혐오나 증오가 만연한 오늘날 우리 사회에서 응어리진 마음의 매듭을 풀기란 수월치 않은 일이지만, 그것은 시혜적 이타심을 넘어선 호혜적 행위에 의한 고진로 경로를 통해 해소를 기대할 수 있다고 본다. 쌓여가는 불신, 불만 및 불안과 함께 타자에 대한 혐오, 적의 및 울분이 누적되어 단절적 대립과 갈등이 격화되고 있는 오늘날 한국 사회에는 역사적 배경, 공간 및 여건이 판이함에도 불구하고 만델라의 화해적 통합론과 같은 강한 프로그램(strong program)이 화합적 사회통합을 견인하고 그것을 완결할 수 있는 알파와 오메가의 이중적 역할을 수행할 수 있을 것으로 확신한다.

제10장

메타사회학적 접근의 요청

모든 시대마다 당대를 특징짓는 고유한 질병이 있다고 하듯, 오늘날 우리는 결핍이나 격차와 같은 전래적 난제와 변별되는 새로운 형태의 위기에 직면해 있다. 이 장에서는 현대적 위기의 본질을 파악하기 위한 기초 작업으로 우선 그 맥락을 이루는 현대성의 특징을 개관한 후, 현대 사회를 이해하기 위한 새로운 방안으로서의 메타사회학적 접근을 제안해 보고자 한다.

1. 현대 사회 특유의 속성들

1) 초(超)시간성(Timelessness)

현대 사회에서는 정보교류, 의사결정 및 작업수행과 같은 제반 활동에서 민첩한 사람이 우대되어, 속도가 선택이 아닌 성공의 필수 요건이 되어 가고 있다. "속도의 폭력은 정주(定住)이자 율법이 됐으며, 세계의 운명이자 목적이 되어 버린 질주의 시대에 공간을 점유하기 위한 경쟁은 시간을 앞지르기 위한 경쟁으로 바뀌어, 빠른 속도를 낼 수 있는 자가 세계를 지배한다."는 폴 비릴리오(Paul Virillio)의 묵시론적 발언이 그러한 정황을 대변한다.(Virillio, 1986[1977]).

그뿐만 아니라, 전통사회 및 산업사회를 구성하는 핵심 요소의 하나였던 자연적 · 기계적 시계시간(chronos)이 임의적 환치나 변경이 가능한 초월적 시간(kairos)으로 대체되고 있다. '오래된 미래(Ancient Futures)'나 '미래의 기억들(Memories of the Future)'과 같은 말들이 그런 경향을 지시하는 언표라고 할 수 있다. 심지어 유연시간제 노동이나 24시간 식당 등과 같이 남이 일할 때 쉬거나 잠자는 야밤까지 먹을 기회가 확장되면서 카이로스적 시간관이 우리 일상에 착근하고 있다. 학술적으로는 앙리 베르그송(Henri Bergson), 장 프랑수아 리오타르(Jean-François Lyotard) 및 알랭 바디우(Alain Badiou)가 『창조적 진화』, 『담론, 형상』 및 『존재와 사건』과 같은 책자들을 통해 시간의 문제를 현대성의 핵심 과제로 설정해 논의를 선도하였는데, 과거-현재-미래가 순차적 · 단선적으로 발현하는 대신 변속 · 역전 · 재편될 수 있다는 새로운 시간관은 현대 사회를 초시간적 시간(timeless time)이라는 시제적 블랙홀로 인도하고 있다.

2) 유목성(Nomadism)

장소는 추상적 개념에 그치는 것이 아니라 3차원 공간에 거주하는 사람들에게 자신의 위치를 파악하고 이해하는 기틀을 제공한다(카스텔, 2001; 김남옥, 2016). 현대 사회의 변화는 공간 개념과 밀접한 연관성을 지닌다. 산업화가 주로 거점 도시의 한정된 공간에서 이루어졌던 것임에 반해, 탈산업사회로의 진전은 우리 삶을 한정된 처소로부터 벗어나게 함으로써 장소귀속성을 약화시키고 있다.

재택근무나 온라인을 활용한 원격근무의 증가는 기존의 일터나 직장이라는 개념을 무너뜨리고 있다. 또 온라인-오프라인 공간의 경계를 허무는 인터넷 쇼핑도 접속 가능한 곳이라면 어디서든 물건을 구매할 수 있게 함으로써 여가 공간에 대한 고정 관념을 해체시키고 있다. 공간사회학자 앙리 르페브르(Henri Lefebvre)는 자신의 변증법적 운동법칙에 준거해 공간 개념의 통사적 생성 과정을 절대공간, 역사공간, 추상공간, 모순공간, 대안공간으로서 차이공간 등으로 포착한 바 있는데(르페브르, 2011([2008]), 최근 정보통신기술의 발달로 인한 장소귀속성 탈피는 공간적 이동성을 무한대로 증폭시키고 있다. 자크 아탈리(Jacques Attali)가 21세기를 첨단 정보통신기기나 통신망에 의존해 정보의 소재지를 찾아 유랑하는 디지털 유목민이 사회의 주류를 이루는 신(新)유목 시대가 될 것으로 전망한 것도 이 때문이다(아탈리, 1999).

3) 유연성(Flexibility)

사회유연화의 단초는 1970년대 중반 생산영역에서 일어난 축적체제의 전환에서 찾아볼 수 있다. 마이클 피오어(Michael Piore)와 찰스 사벨(Charles Sabel)이 *The Second Industrial Divide*라는 책에서 지적한 바 있듯, 경직성을 특징으로 하는 포디즘적 축적체제가 위기에 직면하자 '유연적 축적체제(regime of flexible accumulation)'를 기반으로 한 자본주의의 재구조화가 촉발된 것이다(Piore and Sabel, 1984).

따라서 지난날 굳건히 유지되던 산업시대의 가치는 유연사회로 접어들면서 부적절한 것으로 격하되고 있다. 반복적 작업을 수행하는 근로자, 상부에 맹목적으로 복종하는 사람보다 비판적 판단, 환경적응력 및 대인교섭력 등을 지닌 인물이 높이 평가받는다. 불안정성이나 불확실성을 특징으로 하는 유연사회는 높은 상황 대처능력을 지닌 유연한 인력을 선호하기 때문이다. 교육 목표도 지속적 변화에 빠르게 적응할 수 있는 '적응적 순발력'을 증대시키는 쪽으로 이동하며, 창의적 기획력에 대한 높은 사회적 요청으로 학교나 직장은 물론이요 가정생활에 있어서까지 실무적 난관에 대한 대응력 함양이 강조된다. 놀이와 학습의 경계를 넘나드는 에듀테인먼트(edutainment), 생산자와 소비자 역할의 혼재를 뜻하는 프로슈머(prosumer) 혹은 사실과 허구의 이질적 접합인 팩션(faction)과 같은 용어로부터도 유연화의 파고를 짐작할 수 있다. 유연화는 생애주기상으로도 여실히 드러난다. 학습-근로-여가라는 단선적 생애주기모형은 이제 요람에서 무덤에 이르는 생애 전체에 걸쳐 앎-일-쉼을 동시적으로 추구하는 복선형 형태로 변모하고 있다. 여기에 날로 성행하는 멀티태스킹 추세까지 감안하면, 유연화는 이미 우리 생활 각처에 깊이 침투해 있는 셈이다.

4) 접속성(Connectivity)

제러미 리프킨(Jeremy Rifkin)이 논급한 바와 같이, 금세기는 '접속의 시대(age of access)'이다. 접속의 끊김은 죽음을 의미한다. 따라서 "나는 생각한다, 고로 나는 존재한다."라는 데카르트의 코기토 명제는 "나는 접속한다, 고로 나는 존재한다."는 언구로 대체되어야 마땅하다(Rifkin, 2001). 접속의 시대에는 사람은 물론 여타 생명체나 사물을 망라한 만물이 접속적 연결망을 통해 존재적 의의나 가치를 발휘하게 된다. 모든 물질이나 활동을 연동시키는 접속이 사회관계의 주축을 이루는 것이다.

따라서 접속사회는 그 자체가 하나의 살아 있는 존재, 즉 자신의 생명력이 고유한 접속 메커니즘에 따라 지속적으로 재생산되는 생동적 체계로 간주된다. 이런 상황에서는 점유가 아닌 연결이 위력을 발동한다. 인터넷 용어로 '링크 가치(link value)'라고 불리는 것이 사회적 성격을 좌우하는 초연결사회로 들어서고 있다. '인터넷 최강국'을 자처하는 한국 사회도 그 예외 지대가 아니다. 오랜 기간 인간관계의 기축으로 작용해 왔던 혈연 · 학연 · 지연과 같은 연고성의 비중이 약화되는 대신 SNS와 같은 빠르고 간편한 교류를 조장하는 접속적 연결성이 면내면 관계를 대체하는 접속사회로 탈바꿈하고 있다.

5) 혼종성(Hybridity)

현대 사회는 선택적 만남인 접속과 이종적 섞임인 혼합(混合), 혼성(混性), 변성(變性) 및 신생적 창발(創發)을 특징으로 한다. 이종적 개체간 결합은 물리적 혼합에서 머무는 것이 아니라 화학적 결합을 통한 새로운 개체의 생성으로 이어진다. 혼성이 기존 개체들의 성격에서 파생된 변화를 뜻하는 것이라면, 변성은 질적 속성을 달리하는 새로운 산물의 전환을 뜻한다. 창발 현상은 예상을 뒤엎는 전혀 새로운 산물의 생성을 지시하는데, 그것은 이전 형태와 질적으로 변별되는 상이한 상호작용과 생태적 지위를 구성하는 특례적 현상에 해당한다(김문조, 2013a).

이종적 결합은 우리 생활 도처에서 관망할 수 있는데, 그러한 실험이나 도전은 영상과 미술, 음악 등의 분야에서 자주 목격된다. 예컨대 앤디 워홀(Andy Warhol)은 산업과 예술을 성공적으로 접합시켜 혼성성을 새로운 미술 장르로 발전시킨 공로자로 평가받고 있는데, 그보다 더 담대한 이종적 혼성체를 창출한 인물로 기술적 상상력과 예술적 상상력의 결합으로 '미디어 아트'라는 새로운 표현 양식을 개척한 백남준을 꼽을 수 있다고 본다.

혼종성에 대한 학술적 담론이 가장 왕성했던 분야는 종족적 차이로 인한 편견이나 차별 문제를 집중적으로 다루어 온 탈식민주의론, 인종학 및 문화연구 부문이었다(Bhabha, 1995). 그러나 세계화 추세와 함께 국제 이주자가 늘어나고 다문화주의가 확산되면서 혼종성이 사회적 다양성을 담보하는 현상으로 인정받게 됨은 물론 현대성을 상징하는 키워드의 하나로 꼽히고 있다.

6) 가상성(Virtuality)

뉴미디어가 우리를 가상공간이라는 새로운 세계로 인도한다. 특히 현실세계의 대체제인 가상공간은 현실공간과 교합해 현실적 욕구와 가상적 욕구를 동시적으로 충족시킬 수 있는 혼합현실(mixed reality)을 창출, 현실적 질곡을 벗어나기를 원하는 사람들의 탈주적 욕망을 자극하고 있다.

장 보드리야르(Jean Baudrillard)의 초현실(hyper-reality) 개념에 따르면 이제 우리는 현실보다 더 현실적인 이미지 과잉 상황을 향유하며 살아가고 있다(Baudrillard, 1994). 즉, 실존하지 않는 인공현실 속에서 사는 셈인데, 이는 첨단 미디어기술이 '한계 없는 가상(unlimited virtuality)'을 축조하는 까닭이다. 따라서 현실 속의 사물보다 더 실재적이고 더 우월하여 현실을 압도하는 초과 실재가 강력한 호소력을 발휘하고 있다.

지난날의 가상세계는 기술적 한계나 콘텐츠 빈곤 등으로 현실세계의 조잡한 모조품에 불과한 가짜로 폄하되었다. 그러나 모사기술의 발달로 실제 현실과 구분하기 힘든 가상현실이 개발되고 인터넷과 모바일 기능을 통합한 스마트 기기들이 속출하면서 상상을 현실로 바꿀 수 있는 기회가 날로 확장되고 있다. 특히 가상현실이 실제 현실과의 융복합으로 혼합현실이나 증강현실(augmented reality)을 창출하면서 가상성은 우리 일상에 급속히 전파되고 있다.

7) 경박성(Frivolity)

경박단소형(輕薄短小型) 기술이 중후장대형(重厚長大型) 기술을 밀어내고, 부드러운 것이 경직된 것을 지배하는 소프트 시대로 진입하면서, 영민함을 뜻하는 스마트 추세가 상품, 주거, 금융, 근로, 여가생활 등 도처에 풍미함은 물론이요 바람직한 덕목으로까지 찬양받기도 한다. 이러한 스마트 사회에서 눈여겨봐야 할 가장 특징적 변화는 장기간 우리 정신세계를 관류해 왔던 진정성 에토스가 피상성 에토스로 대체되고 있다는 점이다. 삶의 무게나 깊이 대신 인생을 가볍고 편하고 즐겁게 살아가려는 피상성 에토스는 원천적으로 쾌락연기에 대한 보상이 무망하다는 자조의식에서 발원한 것이라고 할 수 있다. 고통과 실존, 역사와 사회 등 거창하고 무거운 명분이나 도덕적 가치를 외면한 채 삶을 요령껏 재미있게 살아가려는 신세대 라이프스타일에 대한 종합적 평가는 아직 시기상조이다. 하지만 한 가지 명백한 점은 피상성 에토스가 성찰성, 공공성, 사회성, 윤리성과는 상이한 즉흥성, 개체성, 친밀성, 심미성을 추구하고 있다는 사실이며, 보다 특기할 점은 그런 성향이 SNS의 확산과 더불어 각계각층으로 급속히 파급되어 내면세계와 분리된 외양 관리에 주력하는 작위적 생활방식을 보편화시키고 있다는 경향이다.

작위적 존재가 삶에 가장 역점을 두는 것은 타자나 외부세계에 자신의 모습을 인상적으로 각인시키는 일이다. 작위적 존재는 성찰성이나 성숙성을 일종의 위선으로 간주한다. 대신 발랄하고 거침없는 자아, 혹은 표출의 풍요로움을 추구하는데, 이는 문예비평가 발터 벤야민(Walter Benjamin)이 기술복제 시대에 '제의가치(worship value)'를 대체할 수 있는 새로운 인성적 가치로 제시한 '전시가치(exhibition value)'에 상응한다(Benjamin, 2008). 그에 따라 '참을 수 없는 존재의 가벼움'에 반하는 존재의 무거움이 보다 참을 수 없게 되는 시대가 도래하고 있다.

8) 개체성(Individuality)

산업사회에서는 자기만의 의사를 표현해 줄 매체가 부재했기 때문에 개인은 제도권에서 주어지는 정보를 일방적으로 받아들일 수밖에 없었다. 이런 상황에는 자신의 주관적 의지가 제도권 압력에 의해 좌우되었고 개인의 힘도 거대한 사회를 바꾸기에 태부족이었다. 이처럼 산업사회의 자아는 주어진 정보를 수직적으로 받아들이는 수동적 존재였다. 따라서 개인은 견고한 사회의 프레임 속에 살아가면서 사회가

구성한 지배적 이데올로기들을 수용하며 사는 것을 미덕으로 여겼다. 그러나 울리히 벡(Ulrich Beck)과 엘리자베스 벡-게른샤임(Elizabeth Beck-Gernscheim)은 오늘날의 '이차적 개인화' 과정에서는 자의성이나 자발성이 극대화하여 결혼도 선택이요 출산도 선택, 나아가 취업이나 이혼 등 모든 것이 주관적 선택의 대상이 되는 개체화가 심화되고 있다고 진술한다(Beck and Beck-Gernscheim, 2002).

그뿐만 아니라, 급변하는 기술환경에서 개인은 정보를 적극적으로 생산하고 소비하는 능동적 존재로 변신하고 있다. 따라서 개인은 활력적 주체로 변모해 타인과의 관계 속에서 자신들의 힘을 극대화시키고자 하며, 자신의 의사와 존재를 인정받고자 하는 욕구를 강화해 가고 있다. 더구나 가상공간에서는 자신만의 새로운 세상을 구축할 수 있어, 현대 사회의 개인은 현실적 제약을 벗어난 자유로움을 한껏 향유할 수 있다. 최근 성행하는 SNS는 그러한 개인적 욕구를 간편하고 즉각적으로 실현하기에 적실한 수단을 제공함으로써, 개인이 주체적 의지를 표출하거나 실현할 수 있는 기회를 높여주고 있다.

2. 비정형성(Amorphism): 현대성의 포괄적 정의

시간적 측면에서의 초시간성, 공간적 측면에서의 탈공간성, 형태적 측면에서의 유연성, 관계적 측면에서의 접속성, 구성적 측면에서의 혼종성, 존재적 측면에서의 가상성, 물성적 측면에서의 경박성, 그리고 수행적 측면에서의 개별성이라는 전술한 현대 사회의 여덟 가지 속성들을 단일 테제로 응축하면 어떻게 표시할 수 있겠는가?

지그문트 바우만(Zygmunt Bauman)은 '액체성(liquidity)' 개념으로 그러한 경향을 일괄한다. 고형성에 대응되는 액체성이야말로 탈근대 과정에 놓인 현대 사회의 성격을 총괄할 수 있는 압축적 표상어(表象語)요 사회적 경관의 지시어라는 것이다. 액체는 쉽게 이전하는 속성을 지닌다. 그것은 흐르고, 쏠리고, 부어지고, 튀고, 뿌려지고, 엎질러지고, 새고, 넘쳐난다(바우만, 2009). 이러한 속성들을 포괄하는 액체성은 고형성, 무더움, 견고성, 확정성 등으로 연상되는 과거의 고정성 개념이 이동성, 가변성, 편향성 등과 같은 새로운 특성으로 대체되고 있음을 함축하는 용어라 하겠다.

유사한 주장은 이주나 그 유관 현상들에 주목해 사회질서를 새로운 시각으로 바라보고자 하는 존 어리(John Urry)의 '이동성(mobilities)' 논의에서도 찾아볼 수 있다. 엄청난 규모의 물리적 · 비물리적 이동이 진행되는 현대 사회에서는 세상 전체를 이동의 상태로 바라보는 것이 오히려 타당하다는 인식을 출발점으로 한 그의 이동성 담론은 전통적으로 지리학의 핵심 과제였던 공간문제를 새롭게 응시할 수 있는 계기를 제공한다. 종전의 시각에서 바라보자면, 장소란 고정적 공간으로 이해되는 반면, 이동은 그와 상반된 장소바꿈의 의미를 내포한다. 즉, 장소는 부동적 영역으로 표상되는 데 반해 이동은 탈영역적 개념으로 간주된다. 이처럼 상호 대립적 범주로 인식되어 왔던 장소와 이동에 흐름의 공간(space of flow)이라는 개념이 개입해 새로운 인식의 창이 열리게 된다. 즉 이동활동에 보다 큰 의미를 부여하는 흐름의 공간이 장소개념을 탈장소화함으로써, 사회적 과정들을 새로운 시각에서 바라볼 수 있는 기회가 주어지고 있다(Urry, 2003).

이상과 같은 액체성 논지와 이동성 논지는 유동성 테제(fluidity thesis)로 단순화시킬 수 있을 것 같다. 유동성은 흐름을 차단하는 높고 견고한 칸막이를 허무는 내적 경계의 파괴, 즉 '내파(implosion)' 효과를 조장한다. 주체와 대상, 공과 사, 생산과 소비, 일과 놀이, 노동과 여가, 인간과 기계, 신체와 정신, 상상과 현실 등 오랜 기간 엄존해 왔던 이분법적 담장을 허물어 용해되고, 흐르고, 흩어지고, 다시 섞이고, 재구성하고, 창발하는 움직임을 만들어 내는 것이 바로 내파의 위력이다. 내파라는 해체의 물결이 개방성, 복잡성, 비예측성, 돌발성을 증대시켜 사회가 새로운 형태로 축조되어 가고 있는 것이 오늘날 정황인 것이다.

전술한 바우만이나 어리뿐 아니라 게오르그 짐멜(Georg Simmel)과 같은 고전 사상가로부터 앙리 르페브르(Henri Lefebvre), 질 들뢰즈(Gilles Deleuze), 데이비드 하비(David Harvey), 마누엘 카스텔(Manuel Cstells), 피에르 부르디외(Pierre Bourdieu) 등에 이르는 유수한 학자들의 견해에 널리 반영되어 있는 유체론적 발상이 역동성과 복잡성을 더해 가는 현대 사회를 새로운 방식으로 이해할 수 있는 단초를 제공하고 있다는 점은 결코 부인할 수 없다. 액체의 움직임을 탐구 과제로 삼는 유변학(rheology)적 사고가 유용성을 더해 가는 것은 이 때문이다.

그러나 이 대목에서 액상이 모두를 대변하는 것이 아님을 유념할 필요가 있다. 마샬 버만(Marshal Berman)이 책 제목으로 삼아 유명해진 『공산당 선언』의 한 구절 "견고한 모든 것이 공기 속으로 녹아버린다(All that solid is melt into the air)."로부터 유추할 수 있듯, 고체는 액체가 아닌 기체로 승화될 수도 있을 뿐더러, 첨단 정보통신기술의 사회적 구성성이 증대되는 오늘날 그것이 실체가 없는 파동으로 환치될 수 있는 가능성도 있다. 즉, 유동성 논제는 모래나 먼지에서 점성(粘性)을 달리하는 각종 액체는 물론이요 기체나 파동과 같은 모든 형태소의 행적까지 통괄하는 '비정형(不定形)' 테제로 확장시키는 것이 타당하다는 생각이다(유승호, 2015).

비록 논의를 경제 부문에 한정시키고 있기는 하나, 로버트 터섹(Robert Tercek)이 그러한 사고를 『증발』이라는 저서에서 본격적으로 제기한다. 기계, 상품, 조직체, 백화점 등 실물로 존재해 온 많은 것들이 보이지 않는 소프트웨어로 대체되어 눈앞에서 사라지는 탈물질화 현상을 증발(vaporization)이라는 개념으로 압축적으로 제시하는 터섹은 만물을 데이터로 환원할 수 있는 디지털 시대의 진전과 함께 보고, 듣고, 소유하는 많은 것들이 속속 오프라인 공간을 떠나 온라인 공간으로 이동하면서 물리적 실체가 증발하게 된다고 전망한 바 있다(터섹, 2019). 그렇다면 사회체계는 용기에 따라 형태가 변하는 액체보다 더 형상을 파악하기 힘든 비정형 상태로 치닫게 될 것임이 분명하다.

3. 메타사회학: 비정형 시대의 사회학적 대응

에스트라공: 어디로 갈까?
블라디미르: 멀리 갈 순 없지.
에스트라공: 아냐. 아냐 여기서 멀리 가버리자.
블라디미르: 그럴 순 없어.
에스트라공: 왜?
블라디미르: 내일 다시 와야 할 테니까.
에스트라공: 뭣하러 또 와?
블라디미르: 고도를 기다리러.

사뮈엘 베케트(Samuel Beckett)의 부조리극 〈고도를 기다리며(*En Attendant Godot*)〉 종반부 대사의 일부이다. 따분하고 단조로워 보이는 2인극 〈고도…〉가 세계 곳곳에서 절찬리에 공연되어 왔다는 사실은 절망적 상황에서 생명력을 유지할 수 있는 유일한 방편이 기다림이라는 극의 주제에 공감하는 이들이 많다는 점을 시사한다. 그렇더라도 기다림이라는 소극적 자세는 개조적 임무에 앞장서야 할 사회학이 취할 도리가 아니라고 본다.

정형화된 옛 질서가 더 이상 기다려도 오지 않을 '고도'로 화석화되어 가는 상황에서 비정형 사회는 회피할 수 없는 지적 도전의 대상이 되어 가고 있다. 혼돈 속의 질서 찾기라는 사회과학의 기본 목적은 비정형적 사회체계에 대한 정련된 진단과 해석, 요컨대 비정형 사회 현상에 대한 정연한 분석에 있다 하겠는데, 불가지(不可知)를 가지화(可知化)시켜야 하는 이 같은 역설적 과업은 어떻게 추진할 수 있을까?

지난한 과제를 앞둔 고뇌의 순간을 모면하기 위한 편법에 대한 유혹이 결코 적지 않다. 고답직 이론이나 기법으로 그들만의 성채 안에 칩거한 컬트 사회학, 대중의 입맛에 맞는 논제나 주의주장에 천착하는 포퓰리스트 사회학, 현상 규명보다 멋스러운 표현에 공을 들이는 내러티브 사회학, 소소한 신변잡기에 관한 진술로 일관하는 에세이 사회학 등 다양한 파생상품들이 쏟아져 나오고 있다. 이들은 각자의 방식으로 사회학 연구나 확산에 진력해 온 것이 사실이다. 그러나 이들이 공통적으로 안고 있는 본질적 한계는 복잡한 문제를 단순하게 처리하려는 안주적 · 기피적 행태이다. 바로 이 대목에서 후발 사회과학인 사회학에 학문적 정당성을 부여한 적발적 기능 외에 사회학의 지적 소명을 일깨워 주는 또 한 가지 중요한 측면을 제기할 수 있으니, 그것은 종합적 관심(synthetic interest)에 의해 추동되는 메타사회학이다.

사회학은 사회적 위기의 산물이자 위기 극복을 위한 학문이라는 본원적 특성을 함유한다. 바로 이 점을 현대적 맥락에 적용해 메타사회학의 의의를 살펴보도록 하자. 현대 사회의 위기는 과거의 그것에 비해 실로 독특하다고 말할 수 있다. 초시간성, 유목성, 유연성, 접속성, 혼종성, 가상성, 경박성 및 개별성이라는 시대적 특성을 원천으로 하는 비정형 사회의 위기는 객관적 사실에 대한 무지(無知)나 주관적 행위 의지에 대한 몰이해(沒理解)보다, 혼잡성을 더해 가는 고(高)엔트로피 사회(high entropy society)에 대한 메타사회학적 통찰(meta-sociological insight)의 결여에 기인하는 바 크다고 여겨진다.

금세기에 들어서면서 분화나 세분화에 대한 일방적 찬양이 퇴조하는 대신 탈경계(border-crossing), 섞임(fusion), 혼융(creolization) 등을 내세운 융합이 바람직한 사회적 목표나 실천적 정명으로 대두하고 있다. 따라서 분절적 세계관이나 활동, 혹은 인과율이나 명판성 원칙 등에 준거한 근대적 사유양식은 적합성 한계를 드러내며 차츰 설득력을 잃어가고 있다. 예컨대 에너지 위기, 지구온난화, 신종 바이러스 등 최근 인류사회를 위협하는 심각한 문제점들은 어느 특정 분야에 한정시킬 수 없는 융복합적 위기의 양상을 띠어가고 있는데, 이러한 현대적 위기에 대한 효과적 대응을 위해서는 종합적 관심에 의해 인도되는 메타사회학적 통찰이 실로 긴요하다는 생각이다. 융복합적 도전과제들에 대한 응전력을 갖춘 메타사회적 대응을 통해 통합학문적 지위를 확보함으로써, 사회학은 앎의 세계와 삶의 세계의 증진을 동시적으로 추구하는 존중받는 학문으로서의 위상을 높여 나갈 수 있을 것으로 본다.

4. 메타사회학 연구의 유형

'메타'라는 용어는 beyond(초월), abstract(추상), total(총합), trans(횡단), behind(배후), under(저변), own(자체), hidden(은폐)과 같은 다채로운 의미를 담지하나 전체적으로는 가시적 표상을 넘어선 이면적 실상의 총체라는 뜻을 함의하고 있어, 메타사회학이란 곧 광대무변한 제반 현상들을 관장하는 사회체계의 이법(理法)을 탐지하기 위한 종합적 관심의 소산으로 규정할 수 있다. 그러나 메타사회학의 연구는 그 수준별로 분석적, 방법론적 그리고 이론적 유형으로 대별할 수 있다(Zhao, 1991).

1) 메타분석

분석적 수준에서의 메타사회학, 즉 메타분석(meta analysis)이라고 불리는 것은 상이한 경험적 연구 결과를 종합적으로 인식하기 위한 기법을 뜻한다. 한정된 표본, 주어진 절차만으로 실상을 파악하기가 어렵다는 전제하에, 유사한 목적을 위해 시행된 여러 경험적 연구들의 결과를 병합해 분석하면 보다 의미 있는 결론을 도출할 수 있을 것이라는 견지에서 시도되어 온 것이 메타분석인 것이다. 메타분석은 '효과크기(effect size)'라고 불리는 실증연구의 결과를 일정 기준에 따라 재정리한 후, 소정의 통계적 절차를 거쳐 효과크기의 평균과 신뢰구간을 구하여 수집한 효과크기가 동질적인지 이질적인지의 여부를 판정하는 것으로, 메타분석이 '연구 결과의 통계적 종합'이라고 불리는 것은 이 때문이다(이종승, 1983).

2) 메타방법론

방법론적 수준에서의 메타연구 본연의 목적은 편파성문제를 해결하기 위해 다양한 자료수집방법을 적용하자는 것이다. 동일한 주제에 대해 다양한 출처의 자료를 사용하거나 다양한 방법을 동원해 동일한 결론을 산출하면 연구 결과의 정당성을 높일 수 있다는 것이 메타방법론의 지론이다.

그러나 메타방법론의 가장 전형적 형태는 동일한 연구 대상에 대해 질적 방법과 양적 방법을 동시적으로 사용하는 삼각측정법(triangulation)이라고 불리는 다각적 접근으로서, 피지 여인들의 출산 고통을 연구할 때 인류학자 마르셀 모스(Marcel Mauss)가 민속지적 인터뷰라는 질방과 심리학적 척도를 사용한 양방을 병행한 것이 우리에게 널리 알려진 메타방법론적 접근의 고전적 사례에 해당한다(Mauss, 1974 [1925]).

3) 이론적 차원을 포괄한 메타사회학

시기적 선후 관계를 엄격히 가려내기가 쉽지 않으나, 수령(樹齡) 200년을 헤아리는 지금까지의 사회학은 대체로 다음 두 가지 범주로 대별할 수 있다. 첫째는 강고한 실증주의적 이념하에 경험적 측정이나 분석을 목표로 해 온 과학적 사회학(scientific sociology)이요, 다른 하나는 해석주의적 전통하에 주관적 의미의 파악이나 이해에 주력하는 해석적 사회학(interpretive sociology)이다. 신뢰성 높은 결과의 산출을 목표로 하는 전자는 미지(未知)의 것을 기지(旣知)의 것으로 바꾸는 데 힘을 기울여 온 반면, 타당성문제를 중시한 후자는 비상궤적(非常軌的)인 것을 상궤적(常軌的) 틀로 풀이함으로써 세상에 대한 이해를 증진시키는 데 진력해 왔다. 사회학의 양대 기둥에 해당하는 이들을 '제1의 사회학' 및 '제2의 사회학'으로 명명한다면, 비정형 시대의 현대 사회가 요청하는 메타사회학은 '제3의 사회학'으로 지칭할 수 있다(Sztompka, 2008). 신뢰성이나 타당성보다 복잡다단한 현실과의 합치성(合致性)을 중시하는 메타사회학은 비정형적 현상 이면에 내재한 정형적 원리의 파악을 목표로 하는 것으로, 이들 세 유형의 사회학이 담지한 특성과 지향들을 요약적으로 정리하면 〈표 10-1〉과 같다.

〈표 10-1〉 사회학 연구전통의 유형별 비교

유형	제1의 사회학	제2의 사회학	제3의 사회학
명칭	과학적 사회학 (Scientific Sociology)	해석적 사회학 (Interpretive Sociology)	메타사회학 (Meta-Sociology)
관념적 기초	실증주의 (Positivism)	해석주의 (Hermeneutics)	통섭주의 (Consilience)
과업	미지의 것을 기지의 영역으로 (Unknown to Known)	비상궤적인 것의 상궤적 풀이 (Uneccentric to Eccentric)	비정형적 현상의 정형적 인식 (Unstructured to Structured)
방법	분석 (Analysis)	이해 (Understanding)	발견 (Discovery)
자료	양적 (Quantitative)	질적 (Qualitative)	혼합적 (Mixed)
주요 기법	측정 (Measurement)	분류 (Classification)	사상(寫像) (Mapping)
평가 기준	신뢰성 (Reliability)	타당성 (Validity)	합치성(合致性) (Accordance)

5. 소결

메타연구란 두 개 이상의 연구자료 결과를 종합하여 평균 혹은 공통의 효과를 추정함을 목표로 하는 탐구방식을 말한다. 그것은 연구 결과의 검정력이나 정확성을 제고하고, 연구물들 간의 상반된 결과에 대한 논란을 해소하며, 그들 틈새에서 새로운 가설이나 탐구 주제를 발굴하려는 목적에서 출범한 것으로, 정량적 · 정성적 · 이론적 차원에서 학문적으로 많은 기여를 해 왔다고 평할 수 있다. 즉, 양적 데이터에서 질적 텍스트를 거쳐 모든 형태의 문건에 이르기까지 다면적으로 활용되어 왔지만, '사과와 오렌지' 같이 상반된 대상에 대해서는 메타연구가 금기시되어 왔다. 성격이 지나치게 이질적일 경우 참 효과값(genuine effects)이 불명해지기 십상이기 때문이다.

서베이 연구와 이차자료 분석을 위주로 한 이 책 6장과 7장은 양적 자료에 근거한 것이기에 원론적으로 분석 수준의 메타사회학적 진단이 가능하다고 본다. 한편, 양적 분석 위주의 6, 7장과 질적 분석 위주의 8, 9장으로부터는 메타방법론적 담론 추출이 가능할 것으로 본다. 그러나 6, 7, 8, 9장 전체 연구 결과를 놓고는 가장 높고 추상적인 이론적 수준의 메타사회학적 해석이 가능하다고 판단되는바, 다음 제11장에서는 이론적 층위를 포괄하는 메타사회학적 접근을 통해 한국 사회의 불평등 현황과 새로운 통합방안을 마이너리티 문제틀에 입각해 논구해 보고자 한다.

제11장

한국 사회의 메타사회학적 조명

'배달민족'이라는 강고한 단일민족 관념의 영향하에 성장해 온 한국인에게 소수민족이 일상생활의 시야에 포착되기 시작한 것은 외국인 노동자나 결혼이민자를 통해 외국인 이주자가 늘어난 근자에 이르러서이다. 그러던 2007년 여름 태평양을 건너 온 하나의 짧은 문건은 배달민족으로서의 자긍심을 견지해 왔던 많은 우리 국민들에게 뜻하지 않은 자괴심을 안겨주었다. 즉, 동년 8월 유엔 인종철폐위원회(UN Committee on Elimination of Racial Discrimination, 2007)는 "인종적 동질성에 관한 한국인의 순혈주의는 취업, 혼인, 주거, 교육 및 인간관례를 포함한 모든 생활영역에서 혼혈한인들에게 다양한 형태의 차별을 가하고 있다."는 내용의 보고서를 우리 정부에 전송했다. 아직 많은 우리 국민들이 소수민족(ethnic majority)을 받아들일 마음의 준비가 충분치 못하다는 실로 뼈아픈 지적이었다.

1. 논의 배경

'종족 및 인종관계'라는 논제와 더불어 거론되어 온 마이너리티(minority) 문제는 오랫동안 한국 사회에서 경시되어 왔다. 세계 도처에서 인종 갈등이 속출했지만, 단일민족국가인 우리와 무관한 '먼 나라, 이웃 나라 일'로 치부되었기 때문이다. 그러나 세계화가 자본이나 문물을 넘어 인적 차원으로 확장되면서 국내에서도 인종문제가 쟁점화하기 시작했고, 특히 외국인 체류자가 200만 명을 넘어선 2017년 이후부터는 화급한 현안 과제의 하나로 주목받고 있다(윤인진, 2008; 박경태, 2014; 설동훈, 2014; 김혜순, 2014; 법무부, 2019).

더구나 결혼이주 여성 및 외국인근로자의 대거 유입으로 인종문제가 실생활 전면에 당도해 있건만, 우리는 아직 '배달민족'이라는 종족중심적 통념을 탈피하지 못하고 있는 실정이다. 이러한 '관념적 지체' 현상은 올림픽경기나 월드컵대회와 같은 유명 스포츠행사에서의 판정시비 같은 곳에서 여실히 드러나지만, 한국 사회가 변화하는 현실에 뒤처진 단일민족국가 이미지를 극복해야 한다는 전술한 국제사회의 권고 등으로부터 단적으로 확인된다.

한국 사회의 '순혈주의'는 모든 외국인들에게 무차별적으로 적용되어온 것은 아니다. 그것은 선진국이나 강대국이 아닌 약소국 출신자들에게 선별적으로 작동해 그들을 무시하거나 배제하는 반인권적 · 반사회적 행태를 조장해 왔다. 바로 이 대목에서 마이너리티 논의가 소수민족에 대한 편견이나 차별의 정당성에 관한 논쟁을 계기로 생물학적 차원을 넘어선 새로운 범역으로 확장되어 온 경과를 주시할 필요가 있다. 마이너리티에 대한 지적 관심사는 소수민족의 신체적 특성을 중심으로 한 '인종적 마이너리티(racial minority)'를 넘어, 문화적 습속을 달리하는 '문화적 마이너리티(cultural minority)' 및 사회적 약자(social vulnerablc)를 표상하는 '사회적 마이너리티(social minority)'로 확장되어 왔다.

문화활동의 주체가 인간인 까닭에 문화적 마이너리티는 인종적 마이너리티와 중첩되는 경우가 많다. 반면, 사회적 마이너리티는 인종적·문화적 소수자와 구성을 달리할 수 있으며 규모도 늘어날 수 있다. 동일한 종족 간에도 사회적 우열관계가 엄존하는 경우가 있을 뿐더러, 홀대받는 주변층이 두터운 상황에는 사회적 마이너리티가 전체 인구의 다수를 점할 수 있기 때문이다. 1997년 외환위기 이후의 중산층 침하 현상으로 사회적 양극화가 심화되고 여기에 '흙수저'로 대변되는 의식적 빈곤층이 가세함으로써 소외층이 급증한 한국 사회가 바로 그 전형에 해당한다.

따라서 이 장에서는 외국인근로자나 결혼이주자와 같은 인종적 소수자 집단에 천착해 온 기존 마이너리티 연구의 관행을 넘어, 인종적 차이와 무관하게 도처에서 부당한 편견이나 차별에 시달리는 다양한 형태의 사회적 약자들을 탐구 대상으로 포괄할 수 있는 확장적 연구 프레임을 설정해 보고자 한다. 요컨대, 자신을 불공정 경쟁이나 부당한 사회관계의 희생양이나 피해자로 일체화하는 심정적 마이너리티가 양산되는 오늘날 한국 사회의 현실을 비주류적 시각으로 조망하고 해석할 수 있는 새로운 분석 패러다임을 구축한 후, 다양한 사례 연구를 통해 그 유용성을 입증해 보고자 한다.

2. 마이너리티 개념의 이행 과정 및 현황

1920~30년대 시카고학파를 중심으로 한 실용주의 사회학자들은 긴밀한 접촉, 수용 및 동화 과정을 통해 종족을 달리하는 소수민을 주류 사회에 편입시킬 수 있는 용광로 테제를 제안한 바 있다(Park, 1928; Park and Thompson, 1939). 그러나 생물학적 · 인구학적 특성을 근간으로 한 인종적 마이너리티 개념은 소수민에 대한 편견이나 차별의 정당성에 관한 논의와 더불어 탐구 범역을 확장해 왔다. 그 결과, 마이너리티에 관한 지적 관심사는 생물학적 특성을 중심으로 한 '인종적 마이너리티'를 넘어, 문화적 습속을 달리하는 '문화적 마이너리티' 및 사회적 약자(social vulnerable)를 표상하는 '사회적 마이너리티'로 이행되어 왔다(Wirth, 1945; Schaefer, 1993).

이 같은 후속적 행보는 기본적으로 생활양식(lifestyle)과 생활기회(life chance)에 대한 강조점 차이에 기인한 것으로, 마이너리티 문제의 성격, 현상, 정책적 비전 및 방안에 있어서도 그 양상이 되풀이된다

〈표 11-1〉 문화적–사회적 마이너리티 개념의 비교

마이너리티 개념의 변천	문화적 개념 (Cultural Conception)	사회적 개념 (Social Conception)
준거 기준	생활양식(Lifestyle)	생활기회(Life Chance)
문제의 성격	차이(Difference)	격차(Differential)
핵심 현상	편견(Prejudice)	차별(Discrimination)
정책적 비전	조화(Harmonization)	동등화(Equalization)
대응 방안	상호문화적 소통 (Intercultural Communication)	포용적 조처 (Affirmative Action)

(〈표 11-1〉 참조).

이 같은 마이너리티 개념의 전개 과정을 되돌아볼 때, 그들은 배제적으로 교체되어 왔다기보다 부가적으로 확장되어 왔다고 인식함이 타당하다고 본다. 인종적 소수민족의 고립적 삶에 대한 성찰이 사회적 편견이나 다수자주의(majoritarianism) 극복을 위한 인본적 기획을 낳고, 그것이 기회구조의 개선을 통해 부당한 사회적 차별이나 배제를 극복하려는 의식과 실천을 추동한 면모가 역력한 까닭이다(Spitko, 1998). 따라서 '수적 열세'에 기초한 종족 담론에서 '문화적 차이'에 주시한 문화 담론을 거쳐 '사회적 우열관계'를 강조하는 불평등 담론으로 이어온 마이너리티 논의의 진전 양상은 후자가 전자를 밀어내는 선형적 대체가 아니라 후자가 전자를 포섭하는 누적적 확충 과정으로 규정할 수 있다. 그뿐만 아니라, 현 단계 한국 사회의 마이너리티 문제는 인종 담론 및 문화 담론을 포괄하는 불평등 담론을 기초로 한 확장적 관점에서 일괄적으로 진단되고 풀이될 수 있다.

요컨대, 불평등 테제를 기축으로 한 마이너리티론은 인종적 혹은 문화적 소수민에 관심을 집중해 온 고전적 마이너리티론과 적어도 다음 세 가지 측면에서 변별 가능하다고 본다. 그것은 첫째, 마이너리티 문제를 탐구 대상을 넘어선 질료로 삼아 기존 사회질서를 새로운 관점으로 관조할 수 있는 대안적 시각을 제공한다. 둘째, 그로부터 "누가 마이너리티인가?"라는 식별(identification)의 문제(Who Question)를 넘어, "사람들이 어떻게 마이너리티가 되는가?"라는 전환(transition)의 문제(How Question)를 새로운 화두로 제시할 수 있다. 셋째, 마이너리티를 사회해체의 주역으로 단죄하려는 일방적 입장에서 벗어나, 마이너리티를 삶에 다양성이나 활기를 불어넣는 문화자원의 공여자로 바라보려는 긍정적 시각을 확보할 수 있다.

따라서 기존 마이너리티론을 한국 사회에 적용하게 되면 국내 소수종족이나 문화적 소수민을 소재로 한 '한국 사회의 마이너리티'라는 지금까지의 연구를 이어나갈 수 있겠지만, 전술한 세 가지 부가가치를 함유한 새로운 마이너리티론을 통해서는 종전의 소수민 연구는 물론 이요 현존 한국 사회를 소외자적 시각에서 재조명할 수 있는 대안적 '마이너리티 한국 사회'라는 새로운 연구의 장을 열어갈 수 있을 것으로 기대된다.

3. 선행 연구의 점검

마이너리티 연구를 주도해 온 서구학계의 경우, 연구의 흐름은 대체적으로 다음 세 가지 방향으로 구분된다.

첫째는 소수민족을 대상으로 하는 연구이다. 이는 다민족사회를 구성하는 서구사회의 특성과 직결된 것으로, 사실상 마이너리티 연구의 주류를 차지한다. 소수민 연구는 백인, 남성으로 대변되는 주류 세력과 대비되는 히스패닉, 흑인, 아시아인에 대한 차별과 편견 및 구조화된 불평등과 사회제도, 소수민족의 지위 등을 포괄적으로 다룬다(Tienda and Lii, 1987; Ogbu, 1990). 여기에는 소수민의 언어 및 종교도 포함된다. 이들 연구는 아직도 마이너리티의 번역어로 인정되는 '소수자'에 대한 개념 정립과 소수자 인권과 사회운동에 지적 기반을 제공했다는 점에서 큰 의의를 부여할 수 있다. 그러나 이러한 연구 전통은 주로 주류사회에 대한 소수민의 적응이라는 동화(assimilation)를 강조해 왔다는 점, 드러난 현상 분석에 치중해 왔다는 점, 또 전통적 마이너리티의 경계가 허물어지고 있는 현 시점에서 적실성을 상실하고 있다는 한계점들을 안고 있다.

둘째는 미디어 연구로서, 대중매체에 재현된 인종적 · 성적 마이너리티 이미지 탐색을 중심으로 한 연구이다. 이는 현실세계의 고정관념과 편견을 반영 또는 형성한다는 논지 혹은 문화운동으로서의 효과 분석 등 다양한 입장을 견지한다(Dyer, 1979; Berg, 1990; Steiner *et al*., 1993; Shohat and Stam, 2003; Raley and Lucas, 2006; Cottle, 2000). 미디어 세계를 '새로운 지형의 인류학(Media Worlds as Anthropology on New Terrain)'으로 간주한 페이 긴스버그(F. Ginsburg)의 논의 역시 이 범주에 귀속시킬 수 있는데(Ginsburg *et al*., 2002), 매체중심 마이너리티 연구는 마이너리티 문제의 본질보다 그에 대한 고정관념 및 편견의 재현 정도를 밝히는 이차적 · 부수적 수준에 그친다는 한계를 지닌다.

셋째는 페미니즘을 포함한 사회 · 정치철학 영역에서의 차이와 인정의 정치 및 시민권 담론이다. 이에 대한 논의의 방향이나 초점과 주장은 학자마다 상이하나, 사회에 존재하는 다양한 마이너리티에 대한 차별과 배제 정치의 부당성을 지적하고, 차이의 인정을 실현하는 것이 사회정의의 토대라는 논제로 압축할 수 있다(Taylor, 1997; Andersson, 2001; Young, 2011; Honneth, 1996; 버틀러 · 아타나시오우, 2016; Kymlicka, 1995). 이 계열의 연구들은 마이너리티 탐구에 새로운 이론적 자원을 공급해 주고 있다는 점에서 중요성을 지니나, 대부분 추상적 수준에 머물고 있을 뿐 아니라 마이너리티를 타자화하고 있다는 구습을 탈피하지 못하고 있어 넘어서야 할 과제가 많다. 존재를 인정해야 하는 대상적 차원을 넘어 '주체 구성'의 주역으로 마이너리티를 인식하려는 혁신적 발상이 병합되어야 한다는 비판이 가해지고 있는 것은 이 때문이다.

반면, 인종문제로부터 비교적 자유로웠던 국내 연구는 주로 다음과 같은 두 가지 경로로 진행되어 왔다.

첫째는 미디어나 예술 분야의 마이너리티 연구이다. 문학이나 영화를 대상으로 한 연구는 대체로 작품에 나타난 마이너리티의 표상에 대한 탐색에 집중해 왔는데, 해외 연구와 마찬가지로 현실의 재현이라는 텍스트의 특성상 대체로 지엽적이고 부수적 수준에 머물고 있다(강정구, 2010; 소명선, 2011).

둘째는 인권이나 기본권 관점에 준거한 마이너리티 연구이다. 이는 다양한 형태의 억압체제에 억눌려 왔던 한국 사회의 마이너리티 연구를 주도해 온 흐름으로, 성소수자, 여성, 이주노동자와 결혼이주민, 화교, 주한미군을 아버지로 둔 혼혈인, 청소년, 노인, 성매매여성, 노숙인 등의 마이너리티에 대한 차별적인 현실을 부각시킴으로써 소수자 권리 신장의 필요성을 주지시켜 왔다(박경태, 2008, 2009; 한인섭, 2000). 특정 집단에 대한 차별은 차이가 있어서가 아니라 차별을 위해 차이를 만들어 낸 것으로, 이렇게 조성된 차별이 소수자들의 삶을 힘겹게 만들고 있다는 것이다. 즉, 마이너리티가 고통받는 집단이 된 것은 다름 아닌 차별의 결과로서, 차별은 정치적이고 사회적으로 만들어진 것이라는 인식틀에 기초한 이러한 인권적 관점의 마이너리티론은 이론적 측면에서나 정책적 · 실천적 측면에서도 의의를 인정받아, 다문화정책의 근간이 되었을 뿐 아니라 소수자운동과 접목되기도 한다.

윤수종 등은 이 같은 소수자운동을 '수탈당한 존재'로서의 약자나 피지배계급의 의미를 담지한 기존의 수동적 개념을 탈피한, '표준화를 거부하는 사람들'로 규정한다. 그는 소수자들을 국가장치에 포획되는 것을 거부하며 자신들만의 존립공간을 만들어 나가려는 경향성을 보인다고 강조하면서, 정체성, 조직, 자기구성, 연대 등을 소수자운동을 구성하는 핵심 개념으로 제시한다(윤수종, 2009, 2012a, 2012b; 정근식, 2013). 이러한 관점은 우열 논리를 해체하고 개개인의 고유성(특이성)을 기초로 하는 새로운 사회적 비전을 제시한 반(反)헤게모니적 발상에 근거한 것으로, 주류–비주류의 위계적 관계의 재정립을 역설하는 탈근대론자 질 들뢰즈(Gilles Deleuze)와 펠릭스 가타리(Felix Guattari)의 '소문학(minor literature)' 논지와도 맞닿아 있다(Laurie and Khan, 2017).

4. 연구 초점의 재(再)조준

사회적 약자로서의 마이너리티는 사회갈등의 정도를 가늠할 수 있는 핵심적 지표가 된다. 사회적 차별 · 배제 · 억압의 주역으로 사회적 반목과 격돌의 기폭제가 될 수 있기 때문이다. 따라서 '인간의 조건을 박탈당한 존재' 혹은 '없어도 되는 부존재의 존재'로 간주되어 증오와 혐오의 대상으로 전락하는 사회적 약자로서의 마이너리티 이슈에 대한 대책은 첨예한 사회갈등을 해소하거나 관리할 수 있는 단서를 제공한다(아렌트, 2017; 엠케, 2017).

더구나 기술적 · 사회경제적 · 문화적으로 급변하는 현대 사회는 전통적으로 조망해 왔던 신체적 마이너리티(인종, 성, 장애)를 넘어 경제, 기술, 생활양식, 외모, 취향, 학력, 지역, 이념 등을 망라하는 마이너리티의 누진적 확충을 추동하고 있는데, 그로 인해 사회체계는 거대한 갈등의 장으로 변모할 수 있는 위험성을 떠안게 된다. 따라서 마이너리티 연구는 종전의 협애한 소재영역을 넘어 유형을 달리하는 사회성원들이 마이너리티화되어 가는 역동적 과정에 보다 주시할 필요가 있다. 이때 그들을 사회적 보호나 온정적 대상이 아닌 사회문화적 자원이나 활력의 담지자로 바라보는 시각적 전환도 동반되어야 한다.

그럼에도 지금까지의 마이너리티 담론은 국지적 수준에 머물러 새롭게 구성되는 다양한 형태의 마이너리티를 온전히 포괄하지 못함으로써, 대안 역시 차이를 인정해야 한다는 소극적 수준으로 일관해 왔다. '차이와 인정의 정치'와 연동되는 현존 마이너리티 이론의 선도적 논지조차 우열논리의 해체를 역설하는 수준에는 이르고 있으나, 사회적 약자에게 동등한 권리를 부여하자는 주장을 넘어 그들이 사회적 주류로 활약할 수 있는 역량을 소지한 존재라는 인식에 미치지 못하고 있다.

따라서 이 장에서는 생활기회의 격차로 인한 다원적 차별이 일상화하고 있는 한국 사회의 마이너리티 세계를 결핍, 예속, 거부, 적의 및 탈주와 같은 일련의 속성들을 포착할 수 있는 대안적 접근을 적용해 심층적으로 파헤쳐 보고자 한다.

마이너리티에 대한 관심이 수적 열세에 기초한 종족 담론에서 경제적 · 정치적 · 사회구조적 측면에서 주도적 지배집단에 예속된 사회적 약자로 총칭되는 비주류 담론으로 진전해 왔음은 부인할 수 없다. 그럼에도 현존 마이너리티 연구는 지적 답보 상황을 면치 못하고 있다. 주도적 지배집단에 예속된 비(非)헤게모니(non-hegemonic) · 비(非)지배(non-dominant)집단, 경쟁이나 투쟁의 중심권에서 밀려난 주변인, 혹은 지위, 권력, 존중의 평등을 누릴 기회를 박탈당한 사람들, 주류의 규율과 규범으로부터 배제당한 자들로 묘사되는 사회적 마이너리티는 종족, 성 및 신체장애와 같은 고착적 속성에 기초한 마이너리티 담론으로는 결코 온전히 해명될 수 없다(Alcoff *et al.*, 2006; Young, 2011).

열등한 권세나 낮은 사회경제적 지위 등으로 표상되는 사회적 마이너리티는 사회적 희소자원을 획득할 기회나 향유의 평등원칙이 위배된 결과라고 할 수 있다. 따라서 마이너리티에 대한 새로운 접근은 불평등 논의에서 출발함이 마땅하다. 차별과 배제는 부당한 사회적 자원배분의 소산으로, 사회적 마이너리티는 개인적 차원을 넘어선 경제적 · 정치적 · 사회적 · 문화적 · 의식적 불평등이 중층적으로 작동한 결과라고 할 수 있다. 따라서 이 장에서는 우리 사회에서 "마이너리티는 누구인가?"라는 물음 대신 "사람들이 어떻게 마이너리티화되어 가는가?"를 대안적 화두로 삼아, 급변하는 상황에서 출현하는 마이너리티의 생성 메커니즘과 거시사회적 배태 조건을 확장적 분석 패러다임에 의거해 규명하고, 그러한 논법의 연장선상에서 갈등 해소를 통한 사회통합 방안을 탐지해 보고자 한다.

5. 한국 마이너리티의 총체적 지형

사회적 약자로 총칭할 수 있는 한국 사회의 마이너리티는 다양한 시각에서 포착할 수 있다. 개인적 · 사회인구학적 · 지위적 · 문화적 특성이라는 분류 기준에 따른 대표적 사례들을 열거하고 나무형태로 도식화하면 다음과 같다([그림 11-1] 참조).

1) 개인적 특성

- 신체/질환: 장애인, 고도비만, 키 작은 사람, 치매
- 습벽: 알코올중독자, 도벽, 성도착자

- 인간관계: 외톨이, 열외자(왕따)

2) 사회인구학적 특성

- 종족: 화교, 외국인근로자, 결혼이민자
- 국적: 조선족 이주자, 탈북자
- 성: LGBT(Lesbian/Gay/Bisexual/Transsexual), 여성
- 연령: 아동, 청소년, 아재, 꼰대, 틀딱
- 가족관계: 독신자, 무자녀부부, 이혼가족
- 지역: 농어촌 출신, 비수도권, 비서울, 비강남권
- 종교: 이단, 무신자, 광신도
- 위법사항: 음주운전자, 신용불량자, 전과자

3) 지위적 특성

- 학력: 저학력자, 재수생, 비명문대 출신, 비인기학과 출신
- 직업
  - 취업지위: 무직자, 취준생, 일용직, 계약직, 프리터
  - 직무: 생산직, 단순직
  - 직위: 실습생, 하급직
  - 직장: 자영업자, 중소업체 직원
- 경제상황: 빈곤층, 무주택자, 노숙자

4) 문화적 특성

- 신념: 운동권, 좌파, 극우, 마초족, 여권주의자
- 취향: 홀로족(혼밥, 혼술, 혼영, 혼행), 지름족, 흡연자, 채식주의자, 오타쿠, 떠돌이

[그림 11-1] 한국 사회의 마이너리티 나무

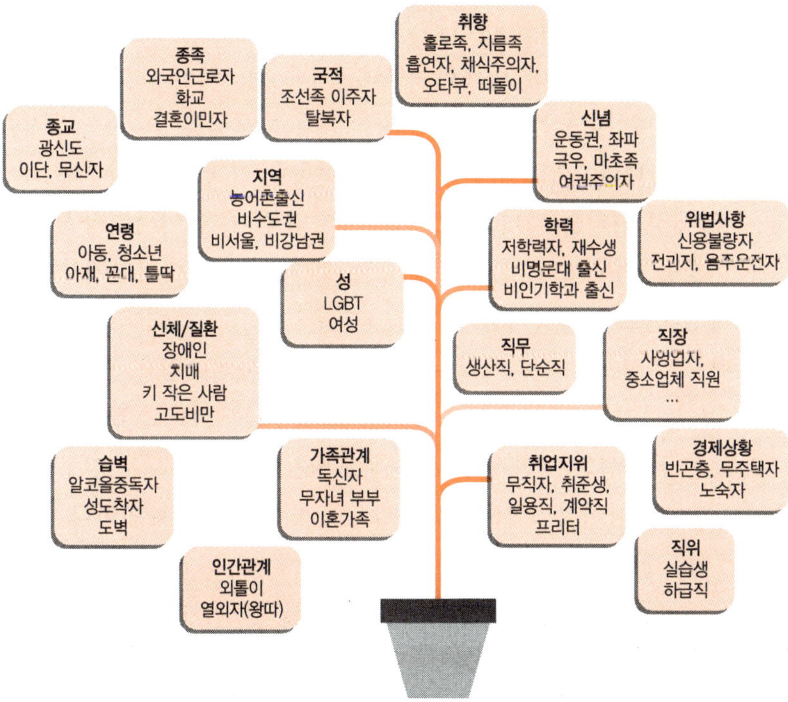

6. 마이너리티 한국 사회

이 장의 궁극적 목적은 유관 지식의 통섭을 통해 마이너리티 패러다임을 확장하여 소정의 학제적 성과를 도모하자는 데 있다. 마이너리티 연구의 지적 토대가 되는 인종연구, 사회인류학, 문화사회학 및 사회불평등론 등의 성과를 융합하여 마이너리티가 사회구조적 맥락하에서 갖는 의미와 특성에 관한 정치한 논의를 통해 마이너리티 이론의 확장을 기하고자 한 것이다. 이러한 시도는 기존 연구에서 개별적으로 논의되던 마이너리티들을 보다 확장된 개념틀로 포섭할 수 있는 계기를 제공할 뿐 아니라, 새로운 연구 관점의 태동을 기대할 수 있다는 점에서 큰 잠재적 의의를 지니고 있다고 본다. 요컨대, 마이너리티 담론의 적용 대상을 수적 소수 집단인 인종적 · 문화적 마이너리티에서 사회적 약자 일반으로 확장시킬 수 있고, 연구의 초점도 탐구의 대상으로부터 탐구 관점으로 전환시킬 수 있는 새로운 패러다임을 정립함으로써, 분석적 역량을 한 단계 높일 수 있다고 본다(〈표 11-2〉 참조).

요즘 한국 사회의 보편적 화두인 갑을(甲乙)관계는 새로운 연구 패러다임으로서의 마이너리티론 2.0의 효능을 명시적으로 대변한다. 그것

〈표 11-2〉 마이너리티론: 기존 유형 및 새로운 유형

유형	기존 유형(마이너리티론 1.0)	새로운 유형(마이너리티론 2.0)
초점	탐구 대상으로서의 마이너리티 (Minority as Research Topic)	연구 관점으로서의 마이너리티 (Minority as Research Perspective)
적용	한국 사회의 마이너리티 (Minority in Korea)	마이너리티 한국 사회 (Korea as Minority Society)

은 사실상 최근 우리 사회의 거의 모든 불평등 현상들을 일거에 빨아들이는 총괄적 개념틀로 현존한다. 요즘 우리 국민들은 점유한 자산이나 지위에 관계없이 자신을 을(乙)로 일체화하려는 강고한 하향적 성향을 견지한다. 지도층이든 서민층이든 자신이 피해를 입었다고 생각하는 을로 자처하는 사람들이 대다수인 거대한 마이너리그의 참여자들인 것이다. 이런 점에서 한국 사회는 '피해자 공화국'이라 불릴 만한데, 흥미롭게도 우리 사회는 갑질이 유달리 만연한 곳이기도 하다. 따라서 그 많은 갑질은 소재가 묘연한 극소수 갑이 아니라 을을 자처하는 사람들에 의해 자행되어 왔다고 풀이하지 않을 수 없다. 이런 을들이 병영, 직장, 지역사회는 물론 가족이나 동호회 등 도처에 칩거하다가 기회가 주어지면 갑질로 지위를 과시하거나 실리를 취하려는 불공정한 행태를 표출하는 것이다. 이처럼 자신이 을이라서 불행하다고 느끼는 피해자 의식을 지닌 사람들이 흘러넘치는 사회, 그럼에도 을로 자처하는 사람들이 갑질을 통해 자신들이 힐난하던 갑의 지위를 확보하기 위해 분투하는 사회란 얼마나 이율배반적인가?

7. 소결

주류사회에서 배제된 마이너리티는 한 사회의 문화적 다양성이나 포용성에 관한 징표이므로, 마이너리티 연구의 성과는 기본적으로 학술적 · 정책적 측면에서 큰 보탬이 될 것으로 본다. 더구나 마이너리티가 주류사회에 병합할 수 있는 독창적 소재나 가치를 동반한다는 점을 고려할 때, 세계화 시대의 마이너리티 담론은 향후 보다 적극적으로 개진될 필요성이 있다.

그뿐만 아니라, 마이너리티 연구는 사회적 약자의 인권이나 부당한 처우에 대한 관심을 환기시키는 데에도 크게 기여할 것으로 판단된다. 마이너리티 담론은 사회정의에 대한 각성을 촉발해 사회의식의 갱신과 정책적 제도 정비에 큰 힘을 발할 것으로 기대된다. 특히 종전의 사회정의에 관한 논의가 불법이나 위법과 같은 형사적 비리에 치우친 것이었다면, 새로운 마이너리티 담론은 사회규범 전반에 걸친 보다 폭넓은 사회정의를 포괄하는 것이기에 끝없는 기득권 논쟁에 포획되어 활로를 찾지 못한 채 방황을 거듭하는 우리 사회를 성숙한 통합 단계로 격상시키는 데 크게 기여할 수 있으리라 본다.

제12장

결론: 사회통합의 실현 방안 및 전망

사회적 불확실성으로 인한 혼란과 좌절은 한국 사회에 국한된 문제가 아닌 지구 차원의 난제에 속한다. 그러나 취약한 사회적 신뢰나 불공정한 처우로 인한 반감이 의식체계 전면에 침습해 혐오와 적의를 동반한 적대적 형태로 악성화하는 우리 사회의 갈등에 대해서는 손쉬운 해법을 내세우는 미봉책이 사리에 맞지 않을 뿐더러 유효하지도 않다.

사회갈등이 적기에 제어되지 않고 임계점을 넘어서면 통제불능의 상태로 비화해 크나큰 사회적 손실을 초래한다. 따라서 의식개선과 제도개혁을 병행한 다양한 경로를 통해 사회분열적 파괴력을 통합적 결속력으로 전환할 수 있는 방안을 진지하게 모색해야 한다.

1. 생활정치의 시대

1997년 IMF 외환위기 이래 한국 경제는 침체의 늪을 벗어나지 못하고 있다. 오일 파동이나 비상적 정변과 같은 특정 시기를 제외하고는 높은 성장세를 유지하던 우리 경제가 IMF 환란 이후 저성장 상태에 머물고 있다. 더구나 미중 무역갈등 등으로 인한 세계 경제의 혼조 국면에 소득주도성장책이나 친환경 에너지정책과 같은 일련의 정책적 실험이 소기의 성과를 거두지 못하고 있는 최근 우리의 경제 상황은 위태롭기 짝이 없다.

정체상태를 면치 못하고 있는 경제 영역과는 달리 시민사회 영역은 약진을 거듭해 왔다. 1987년 6월 항쟁으로 자체적 역량을 확신한 바 있는 우리 시민사회는 2002년 월드컵을 분수령으로 보다 능동적 · 참여적 형태로 변신, 기회 있을 때마다 적극적 역할을 수행해 왔다. 더구나 시민사회는 최근 SNS라는 새로운 소통도구의 확산에 힘입어 '밀실에서 광장으로(from closet to agora)' 진출, 공론장의 주역으로 발돋움하고 있다(김문조, 2011). 오래전 미국 언론학자 조지 트로우(George Trow)가 『문맥 없는 문맥(*With the Context of No Context*)』이라는 저서에서 표명한 다음과 같은 진술은 기실 미국보다 한국 사회의 현실을 보다 잘 대변하고 있는 듯하다.

> 우리는 발밑에서 벌어지는 거대한 지각 변동을 알아채야 한다. 아직 모른다면 알아야 한다. … 정당들은 지금도 같은 이름들을 사용하고 있으며 CBS, NBC, 뉴욕타임즈의 명칭도 아직 그대로이나, 우리 국민은 예전의 그 국민이 아니다(Trow, 1980).

그뿐 아니라 진보사상이나 기술발전에 입각한 근대적 기획이 의문시되고 생활세계가 다변화하면서 시민들의 시선이 날로 예리해지고 있다. 환경 파괴와 오염으로 인한 자연적 생존근거의 박탈, 돌발적이고 간단없이 발생되는 대형사고들로 인한 안전문제, 전통적 사회관계의 와해, 기술주의의 확산에 따른 비인간화문제, 대량소비체제나 대중문화의 확산에 따른 삶의 방향감 상실, 지구 차원의 불평등 현상이나 테러리즘의 위협 등과 같은 다양한 쟁점들에 관해 시민들은 이제 당당한 어조로 소신을 펴고 행동에 나서고 있다. 위대한 보통사람(a giant every(wo)man)의 탄생과 함께 해방의 정치가 가고 '생활정치(life politics)' 시대가 도래하고 있는 것이다(Giddens, 1991a, 1991b).

시민사회의 능동적 모습이 한국 사회에서 최초로 표출된 시기는 전술한 1987년 6월 항쟁이었으나, 그 여진 속에서 분출한 노동자 대투쟁은 시민참여의 또 한 가지 기념비적 사건으로 기록될 만하다. 그로부터 농민운동, 교사운동, 빈민운동 등 다양한 사회운동이 촉발되어 환경, 식품, 주거, 교육, 교통 등과 같은 일상적 소재에 대한 생활정치가 우리 사회에도 뿌리내리고 있다(임희섭, 2018).

생활정치의 위력은 2002~04년 미군 장갑차 사고로 사망한 여중생 추모시위나 2008년 미국산 쇠고기 수입 반대시위 등에서 단속적으로 표출되다가 2014년 4월 16일 세월호 침몰사고 후부터 2017년 3월 10일 대통령 탄핵 선고가 내려지기까지 주최측 추산 약 1,700만 명(정부 추산 약 40만 명)이 참여한 정권퇴진 촛불집회에서 절정의 면모를 과시한 바 있다(조대엽, 2008; 윤성이, 2009; 손호철, 2017).

이제 모였다 하면 수만 명대에 이르곤 하는 대규모 집회나 시위로부터 짐작할 수 있듯, 기세를 더해 가는 우리의 생활정치는 임금투쟁이나 연금투쟁과 같이 이해갈등의 전형에 속하는 것들로부터 성평등운동이나 연령차별 철폐운동과 같은 정체성 갈등에 이르기까지 소재를 다변화시켜 왔을 뿐 아니라, 군복무가산제나 기초노령연금제와 같은 복합적 쟁점으로 영역을 확장해 시민사회의 힘을 배가시켜 왔다. 그뿐만 아니라, 생활정치의 현장에 유입된 각종 뉴미디어는 시민참여의 기회를 대폭 확장시켜 시민운동에 새로운 활력을 불어넣고 있다. 비교적 간단한 장비나 저렴한 비용으로 누구나 자신의 의견을 자유롭게 개진할 수 있는 접속적 의사소통은 사회의식의 다원화 및 생활양식의 다양화를 촉진시켜 왔다. 그 결과, 국가나 자본의 힘에 맞설 수 있는 비판적 여론 형성이 용이해져 시민사회의 역동성이 배가하고 있으며, 그와 더불어 수평적 사회질서에 대한 요구가 고조되고 있다.

2. 분석 결과의 메타사회학적 종합

생활정치시대의 사회통합은 개인 차원을 넘어 시민사회 전체와 결부된 집합적 책무에 속하는 것인 만큼 국민 다수의 적극적 참여와 협력을 요한다. 그러기 위해서는 공과에 대한 공정한 평가나 보상에 대한 정당성이 확보되어 안정된 사회질서를 향한 국민의 기대를 충족시킬 수 있는 생활정치의 기틀이 갖춰져야 할 것이다.

이 같은 시대적 요청을 감안하면서 앞서 여러 장에서 살펴본 분석 결과들을 총괄적으로 종합해 보도록 하자. 우선 제6장 서베이 연구 결과 및 제7장 이차자료 분석 결과의 종합은 분석 수준의 메타연구에 해당하는 것이라고 말할 수 있다. 여기서는 두 가지 자료를 수리적으로 접합하는 메타 분석을 본격적으로 시행하는 대신, 두 연구 결과의 비교를 통해 판독 가능한 공통적 특성들을 추출하는 선으로 논의를 한정하고자 한다.

경험적 방법에 의존한 상기 두 연구로부터는 다음과 같은 점들을 식별해 낼 수 있다. 오늘날 한국 사회는 개선 불가한 격차를 현실과 기대, 삶의 세계와 꿈의 세계, 현재와 미래라는 세 가지 차원에서 명확히 드러내고 있다는 점이다. 더불어, 사회갈등이 공리적 형태로서의 이해갈등과 정체성갈등의 복합적 형태로 현시되고 있다는 사실도 연구 결과의 횡적 비교를 통해 확인할 수 있다. 이런 상황에서 도출 가능한 사회통합 방안은 '품자'라는 온정론이요, 발현하는 갈등의 주체는 어려움을 함께하는 '고난의 공유체'로 명명할 수 있다고 본다.

반면, 8, 9장 질적 연구 결과를 메타적으로 종합해 보면, 사회격차에 대해서는 감성적 반응이 고조하고, 격차 인식 과정에서 비교대상을 보다 구체화 · 세분화하면서, 갈등의 책임도 세상이나 사회를 탓하기보다 타인이나 타 집단을 문제시하는 대인화 경향이 커지고 있음을 간파할 수 있다. 따라서 사회통합도 '트자'라는 소통적 측면을 중시할 것인바, 이때는 갈등 주체가 '혐오의 공감체'라는 모습으로 탈바꿈할 것으로 본다. '여혐', '남혐', '극혐' 혹은 '한남충', '맘충', '출근충' 등과 같은 혐오성 표현들이 회자하는 오늘날 한국 사회의 현황이 그러한 추정을 뒷받침한다.

한편 6, 7, 8, 9장 전체의 모든 연구 결과들을 총체적으로 망라한 이론 수준에서의 메타연구로부터 산출된 마이너리티 담론의 핵심 요소들을 본론에서 거론한 격차–갈등–통합이라는 기축적 논제와 결부시켜 본다면, 사회적 격차를 자성적 · 자해적으로 해석하는 내면화 · 내상(트라우마)화 경향이 강화되고, 사회갈등의 책임을 사회나 타자와 같은 외부에 묻기보다 오히려 자문(自問)하는 내향화 추세가 드러나, 사회통합도 마음의 응어리를 '풀자'는 치유적 방향으로 전환될 것임을 전망할 수 있는데, 이때 출현할 것으로 예견되는 갈등 주체는 '피해자 공동체'로 규정할 수 있으리라 본다. 이상 세 가지 층위의 메타적 고찰을 통해 식별할 수 있는 결과들을 도식적으로 정리하면 〈표 12-1〉과 같다.

〈표 12-1〉 연구 결과에 대한 메타적 해석에 대한 요약

메타적 층위	사회격차	사회갈등	갈등의 주체	사회통합
메타분석 6장 (서베이 연구) 7장 (이차자료 분석)	고착화: 개선 불가 영속화: 세대적 전승	복합화: 이해갈등 + 정체성갈등	고난의 공유체	온정론: '품자'
메타방법론 6, 7장 (양적 분석) 8, 9장 (질적 연구)	감성화: 감정적 전가 표적화: 비교대상의 구체화	대인화: 사회 탓에서 사람 탓으로	혐오의 공감체	소통론: '트자'
메타이론 10장 (메타사회학적 탐구)	내재화: 자책적 내상화: 자해적	내향화: 남의 탓에서 자기 탓으로	피해자 공동체	치유론: '풀자'

3. 화해적 사회통합을 향하여

사회통합은 사회체계의 위기를 초래하는 갈등을 제어할 수 있는 사회구성원들의 연대나 결속력 강화를 본령으로 한다. 안정적 삶을 보장하는 화합적 사회통합을 일궈 내려면 갈등을 은폐하거나 통제하려는 권위주의 시절의 갈등관리 양식을 탈피해, 갈등의 원천이나 촉진 요소를 규명하고 시정하는 데 진력해야 한다. 따라서 이 절에서는 제5장 불평등 시대의 사회통합에서 거론한 기존 사회통합론들의 주요 맹점들을 살펴본 후, 그들을 초극할 수 있는 대안적 사회통합의 길을 탐지해 보고자 한다.

1) 징벌적/정죄적 통합론의 허점: 포퓰리즘의 폐해

응보적 정의에 의거한 처벌위주의 사회통합전략은 포퓰리즘적 방식으로는 정당화되기 어렵고 실효성 역시 크게 기대할 수 없다. 사회지출 수준이 높고 공공복지의 기반이 튼실한 복지 선진국 국민들의 사회적 만족도가 여타 국민들의 그것보다 현격히 높다는 사실은 우리에게 큰 시사점을 던져준다. 통합사회의 실현여부는 사회구성원들의 여론동향보다 사회체계의 보편적 건강성에 달린 때가 많다. 사회통합을 위해서는 인간적 삶을 보장하는 소정의 사회적 안전망이 주어져야 함은 물론이나, 제도적 여건을 넘어 인간 존엄성과 공동체적 가치를 높여 갈 수 있다는 믿음이 동반되어야 한다.

지난날 우리 사회에서 갈등 대처에 가장 애호되어 온 방식은 '막자'에 해당하는 강력한 처벌위주정책, 말하자면 무관용정책 쪽에 가까웠다. 그러나 인권이나 공동체적 가치를 높여 나가기 위해서는 대중적 환호에 영합하는 응징사회를 재생 가능성이 높은 회복탄력적 상태(resilient state)로 전환시킬 필요가 있다. 사회적 격리나 배제를 근간으로 하는 징벌적 접근은 더 이상 잃을 것이 없다고 자위하는 사회적 패배자를 양산하기 때문이다. 처벌 위협으로는 법적 억제(deterrence) 효과는 물론이요 예방적 효과도 크게 기대할 수 없다. 현재 한국 사회에서 시행되는 강력한 대책들(학교 폭력에 대한 강력한 처벌, 집단 시위에 대한 엄중한 처벌이나 법집행 등)로부터 직시할 수 있듯, 응징적 방안은 사회구성원들의 관계를 악화시켜 공동체의 와해를 초래할 때가 많다. 여기에 특권층의 전횡이나 불공정 행위에 대한 반감으로 초법적 응징에 대한 선호도가 이례적으로 높은 우리 사회의 특수성까지 감안한다면, 사회갈등을 법적으로 해결하려는 징벌적 방안은 사법자제(judicial self-restraint) 정신에 의해 가급적 억제될 필요가 있으며, 그것을 여론에 편승해 임의적으로 적용하는 포퓰리즘적 행태도 극력 경계해야 한다.

2) 복지적 통합론의 취약점: 제도화의 잠재적 역기능

지도층의 도덕적 의무를 뜻하는 '노블레스 오블리주(noblesse oblige)'라는 용어로부터 짐작할 수 있듯, 사회적으로 우대받고 살아가는 사람들은 그러한 혜택을 자신이 몸담고 사는 사회의 음덕으로 받아들여 사회에 대한 보상적 책무의식을 갖게 된다. 노블레스의 어원은 닭의 벼슬, 오블리제의 그것은 달걀 노른자라고 한다. 따라서 복합어 노블레스 오블리주에는 닭이 자신의 벼슬을 자랑하지 않고 알을 낳아 주변 사람들에 혜택을 베풀자는 시혜적 의미가 내포되어 있다.

그러나 복지국가 이념의 확산과 더불어 시혜적 보상보다 제도화된 형태의 보상이 사회통합에 긴요하다는 인식이 파급되면서, 복지 혜택을 누리는 수혜층이든 그에 해당하지 않은 사람들이든 모든 사회구성원들이 나눔이나 베풂과 같은 이타적 덕목을 의무적으로 행해야 하는 공적 책무로 여기게 된다. 그 결과, 복지체제의 강화를 통한 사회통합은 사회적 위화감이라는 뜻하지 않은 복병과 마주칠 수 있다.

복지체계는 가난한 이들에게 자선을 베풀자는 시혜적 형태로부터 인간다운 삶은 만인이 누려야 할 기본권이라는 인식에 준거한 제도적 복지의 형태로 진전되어 왔다(세넷, 2004[2003]). 이러한 변화는 복지 수준이나 대상을 제고할 수 있다는 점에서 타당하고 바람직한 변화임이 분명하나, 시혜층과 수혜층 사이에서 불거지는 사회적 위화감은 복지제도의 강화에 의한 통합사회로의 진전 과정에서 식별하는 잠재적 역기능의 전형에 해당한다.

3) 포용적 통합론의 한계: 전가의 부작용

사회갈등의 상처나 후유증은 시간이 가면서 호전되거나 잊히지 않고 악화되는 경우가 있다. 사회갈등에 대한 해법을 모색하고자 할 때 갈등의 배경 요소나 원인을 밝히고, 갈등의 양상과 과정을 분석하며, 그 내재적 의미를 추적하여 갈등 비용을 추산하고 폐해에 대한 책임을 규명하려는 것은 바로 악성 갈등의 폐해를 대비하기 위함이다. 이때 고통의 부과를 수반하는 귀책이 전가(attribution) 논리에 휘둘릴 수 있다는 점이 포섭적 통합론의 가장 큰 한계로 꼽힌다.

결과로부터 원인이나 과정을 해명하려는 전가적 사고는 갈등의 본질에 관한 규명보다 갈등을 누군가가 책임져야 할 사회악(social evil)으로 치부함으로써 포섭적 통합을 저해할 수 있다(Zehr, 2002). 과거사에 대한 과도한 집착, 즉 지난날 벌어진 일에 대한 책임 추궁이나 응징에 천착하려는 이러한 처사는 갈등 사회의 구성원들을 선인과 악인으로 구분해 갈등을 조정 불가한 상태로 몰고갈 수 있다. 사회통합 과정에서 필연적으로 요구되는 협력이나 화합의 정신에 정면으로 위배되는 이러한 행태는 복잡다단한 현대 사회의 갈등을 선과 악이라는 이분법으로 재단함으로써 갈등 현황이나 동학을 곡해할 위험성이 크다.

더구나 선과 악이라는 이원론으로부터 파생하는 승자-패자의 비대칭적 구도는 사회갈등의 원인과 메커니즘을 규명하는 과정에서 현실과 동떨어진 왜곡된 진단이나 해석을 자초할 위험성이 있다. 멀리는 마르크스의 허위의식(false consciousness), 이후에는 게오르그 루카치(Georg Lukács)의 물상화론(reification theory)이나 미셸 푸코(Michel Foucault)의 지식권력론(thesis on knowledge and power)'과 같은 논의로부터 유추할 수 있듯, 은폐나 합리화 기제를 손쉽게 활용할 수 있는 승자의 우월한 지위가 사회현실에 대한 편향적 인식을 조장할 위험성은 결코 간과할 수 없다.

4) 대안으로서의 화해적 통합론

이상과 같은 한국 사회의 불평등문제를 해소하기 위해서는 징벌적 규제론이나 복지사회론은 물론이요 우리 사회에 뿌리내리지 못하고 있는 포용적 통합론을 넘어서는 새로운 시각이나 실천적 대안의 모색이 절실하다. 응보적 원리에 의거한 징벌적 통합론이나 공리적 원리에 기반한 복지적 통합론은 인적 유대를 약화시켜 사회분열을 조장할 수 있다. 또 그로 인한 대립과 갈등이 새로운 분쟁을 야기함으로써 갈등을 재생산할 수도 있다. 따라서 모종의 공동체적 결속에 기반한 대안적 사회통합 방안을 도출하는 일이 긴요한 시대적 과업으로 떠오르고 있다. 새로운 갈등의 소지를 없앨 수 있는 유효한 대안의 하나로 기대되는 것이 회복적 원리에 준거한 화해적 접근이다.

오늘날 한국인은 통상적 수준의 '각축(contest)'과는 질적으로 구분되는 일종의 전투적(combative) 상황을 살아가고 있다. '생존경쟁'이 '생존투쟁', '생활현실'이 '생활전선'으로 회자되고, 경쟁자가 승패를 결하는 '적'이요, '성공'이 '승리', '실패'가 '패배'의 동의어로 간주되는 현상이 그러한 정황을 대변한다. 삶의 격전장에서는 상처를 입은 부상자가 속출하기 마련인데, 상처의 대부분은 '외상 후 스트레스(trauma)'라고 불리는 정신적 상처일 것이다.

사회통합을 향한 갈등 해소의 관건은 바로 이러한 마음의 상처를 치유하는 것이라고 할 수 있는데, 그 기본 발상은 지그문트 프로이트(Sigmund Freud)의 정신분석학과 알프레트 아들러(Alfred Adler)의 심리학을 접목해 로고테라피(logotherapy, 의미치료)라는 치유법을 제안한 빅터 프랭클(Viktor E. Frankl)의 논지에서 찾아볼 수 있다(프랭클, 2012[1946]). 로고테라피는 "인생의 의미를 찾아 미래를 바라보며 삶에 충실하라는 희망을 불어넣고 격려하는 사회심리적 요법"이다. 이것이 바로 회복적 정의(restorative justice)에 기초한 갈등 극복 방안인 화해적 접근(reconciliation approach)에 부합하는 실천 방안으로, 현재 우리 사회에 팽배한 사회적 트라우마의 치유를 위한 최적의 해법이 될 것으로 기대된다. 넬슨 만델라의 화해적 국정 운영은 바로 그 구체적 성공 사례로 꼽을 만하다.

"눈에 보이고 의사가 고칠 수 있는 상처보다, 보이지 않는 상처가 훨씬 아픕니다. 남에게 모멸감을 주는 것은 쓸데없이 잔인한 운명으로 고통받게 만드는 것이라는 걸 알게 되었습니다."라는 넬슨 만델라의 고백적 진술은 곧 지금 우리 사회현실과 직결된 고뇌와 상통하는 것으로, 이는 삶의 질곡이 희망을 되살릴 수 있는 재활적 힘의 원천인 로고테라피 이념을 통해 극복될 수 있음을 확신시켜 준다. 애초에는 범죄피해자의 상처와 고통의 치유를 궁극적 목표로 한 사법체계 변혁 운동의 일환으로 출발한 회복적 정의는 이렇듯 이해당사자의 자발적 참여와 대화를 통해 화해를 도모하는 갈등 해결 방안을 창출할 수 있다.

상처가 있는 사회는 병든 사회요, 그것이 마음의 상처라면 사회는 정신적으로 건전치 못한 상태라고 말할 수 있다. 단순한 격려나 위로와 같은 립 서비스가 효험을 발휘하지 못할 만큼 마음의 상처가 깊은 경우에는 심층적 성찰과 각성을 출발점으로 한 심성 재정립(mental reset)이라는 적극적 치유책을 필요로 한다. 범법자가 가해자로서의 책임을 수용하고, 그로부터 쌓여 가는 피해자와의 동반자 의식에 근거해 형성될 것으로 상정되는 치유로서의 화해적 사회통합은 개인 차원을 넘어선 시민공동체에 부여된 집단적 과업으로 많은 사람들의 능동적 참여와 협력을 요한다. 그 이념적 토대에 해당하는 회복적 정의는 처벌 위주의 사회통제 양식을 지양해 갈등으로 인한 심적 고통이나 상처의 치유를 위해 머리를 맞대고 숙의하는 소통적 전략을 지향한다. 수평적 대화를 통해 갈등 당사자들이 자신의 체험을 반성적으로 회고한 후, 각성을 통해 용서하고 화해함으로써 화합적 통합의 길이 열리게 된다는 것이다.

화해를 이끄는 용서는 자신의 지난 행적을 자성하고 숙고하는 자숙(自肅)을 전제로 한다. 그러나 법적 위반과 직결된 명백한 범죄 상황이 아니라면, 용서를 구하기 위해 자숙하랄 때 "크게 잘못한 일도 없는데 무엇을 반성하고 숙고하란 말인가?"라고 반문하는 이들이 흘러넘치리라 예상된다.

영국 풍자시인 알랙산더 포프(Alexander Pope)는 『비평에 관한 에세이』에서 "실수하는 것은 사람이고 용서하는 것은 신이다(To err is human, to forgive divine)."라는 경구를 남겼다. 이는 지은 죄나 허물을 탕감해 주는 용서는 신의 경지에서나 할 수 있는 것이라는 종교적 신념을 대변하는 진술로서, 그러한 논리의 연장선상에서 세속세계에서는 용서란 강자가 약자에게 베풀 수 있는 시혜로 여겨질 때가 많다. 그러나 윌리엄 셰익스피어(William Shakespeare)가 희곡 〈베니스의 상인〉에서 샤일록과 안토니오라는 인물을 대비시켜 세상을 평화로 이끌어 가는 것은 강자의 자선이요, 약자의 자비임을 피력했듯(Shakespeare, 1957), 용서는 자신을 괴롭혀 온 강자에게 베풀 수 있는 약자의 특권이 될 수 있다. 요컨대, 화해의 전제 조건인 용서란 강자나 약자를 막론한 만인이 행사할 수 있는 보편적 덕목으로, 그것은 자신의 허물을 인정하고 변화를 다짐하는 반성과 사과에 대한 인류 공통의 화답인 것이다.

한국 사회의 경우, '화해와 통합'이라는 슬로건은 김대중 정부 시절부터 본격적으로 알려지기 시작했다. 김대중 대통령은 반독재 투쟁 및 고행의 시절에 넬슨 만델라의 화해 사상에 심취해 그의 자서전 『자유를 향한 머나먼 여정』을 번역했을 뿐 아니라, 대통령직에 오른 후 국정 수행에 화해적 자세를 접목하고자 했다. 그때부터 우리나라에서도 화해를 통한 사회통합이 거론되었으나, 아직도 화해의 선행 조건인 자숙이나 그 시원인 성찰이 발동치 않아 용서와 화해의 변증법 정지 상태(Dialektik im Stillstand)에서 국민 대통합으로의 길이 요원하기만 하다.

4. 화해적 통합의 실현 조건

화해적 사회통합론은 갈등 당사자들에게 상호협력적 문제 해결의 동기를 부여한다. 그것은 개인을 자유의지를 가진 도덕적 행위주체로 상정할 뿐 아니라, 자신의 행위에 대한 책임을 다하는 개인의 행위가 상호주관적 상호작용의 소산임을 자각시켜 주기 때문이다.

징벌적/정죄적 사회통합은 대상자들에게 법적 · 도덕적 제재만 부과하고 그들의 인식적 · 심정적 관계 회복에 주목하지 않는다. 회고적 성찰을 동반하지 않는 복지적 접근도 그와 크게 다를 바 없다. 하지만 화해적 접근은 분쟁 당사자들에게 자성의 기회를 부여함으로써 시민적 책무의식을 일깨워 퇴화된 인식적 · 심정적 관계 회복을 독려한다. 화해적 접근의 실효를 체험한 사람들은 그것을 자기 생애의 의미 있는 사건으로 받아들임으로써 긍정적 인간관, 사회관 및 세계관을 정초한다. 그뿐만 아니라 회복적 원리에 기반한 진솔한 대화를 통해 상대방의 의중을 헤아리는 과정에서 집단적 체험이나 감정을 재구성함으로써 화해의 토대를 마련할 수 있다(Braithwaite and Strang, 2001).

이처럼 회복적 정의의 실현은 기본적으로 개인의 내면세계와 직결된 사항이지만, 실천 단계에서 제도화 조치와 결부된다. 그러한 면모는 '사법외적 조치(extrajudicial measures)'의 실현 과정에서 여실히 드러난다. 일찍이 회복적 실천을 시행해 본 여러 나라들에서 사법외적 조치들이 지역사회의 갈등과 분쟁 해결에 효과적 대책으로 자리매김할 수 있다는 점은 다양한 성공 사례들을 통해 입증되어 왔다.

회복적 정의의 실천으로부터는 갈등과 같은 사회문제의 해결뿐 아니라 위기극복을 위한 공동체 역량의 강화라는 부가적 효과도 기할 수 있다. 그것은 사회갈등을 해결하는 데 있어 억압적 통제나 물질적 보상이 아닌 인간 존엄성의 회복이나 공동체 의식의 복원이라는 사회적 연대감을 고취하기 때문이다.

회복적 정의를 바탕으로 한 화해적 사회통합론은 공리적 이해타산을 넘어 공감이라는 집단적 감성(collective emotion)과 깊은 연관성을 지닌다. 정감적 연대를 통한 비공리적 사회통합은 세계 최저의 출산율과 함께 가족원들을 중심으로 한 친족적 유대에 더 이상 크게 의존할 수 없는 소자화(小子化) 시대로 접어들고 있는 한국 사회에서 매우 유효한 팁을 제공한다.

2007년 태안 앞바다 기름띠 방제 작업에 뛰어든 수십만 자원봉사자, 2009년 김수환 추기경 선종 시 명동성당에 운집한 수많은 애도 인파, 〈태극기 휘날리며〉와 같은 애국 영화에 몰려든 1,000만 관람객, 누적 인원 수천만 명에 달한 대통령 퇴진 촛불집회 참가자 등… 이따금 한 번씩 솥뚜껑이 열리면 격정적으로 분기하는 거대한 '감동예비군(emotional reserved army)'의 가슴 속에 내재한 집단감성(collective sentiment)의 배출구는 크게 다음 두 가지 경로로 구분할 수 있다. 하나는 사회적 분열이나 혼돈을 자초하는 난장(getaway)이라는 '소진적 경로(road to social burning)'요, 다른 하나는 새로운 사회질서로 발돋움하는 관문(gateway)으로서의 '결집적 경로(road to social building)'이다. 따라서 만약 이해타산을 넘어선 공감적 결속을 생성하는 집단감성의 도관을 올바른 방향으로 인도해 화해와 존중에 기반한 통합사회를 이룰 수 있는 결집적 경로로 집단감성을 이끌어 갈 수 있다면, 심화되어 가는 각축적 경쟁사회를 '살 만한 세상'으로 역전시켜 '참을 수 없는 존재의 각박함'을 타개할 해법을 강구할 수 있을 것으로 확신한다.

이때 감성에 대한 과신이나 오남용에 대해서는 예의주시할 필요가 있다. 감성적 맹신의 위험성은 표도르 미하일로비치 도스토옙스키(Fyodor Mikhailovich Dostoevsky)의 『카라마조프의 형제들』에서 부친 살해범으로 몰려 법정에서 심문받는 장남 드미트리(미챠)의 "주피터여 그대는 노했노라, 따라서 그대는 틀렸노라."라는 항변에서 직감할 수 있다. 주류층에 대한 불신과 증오가 팽배한 와중에 비주류의 주류화로 악감이 확대재생산되는 최근 우리 사회에서도 감성을 앞세운 감상주의 광풍이 오프라인 및 온라인 양면에서 요동치고 있다. 화해적 통합의 주체가 되어야 할 국민들이 선과 악의 감정 프레임에 포박되어 아군과 적군, 의인과 악인으로 엇갈려 헐뜯고 단죄하는 악습이 되풀이되고 있는 것이다.

콜린 크라우치(Colin Crouch)는 극단주의가 득세하는 포스트 민주주의 시대에 그러한 위험성이 고조되어 포퓰리즘 통치가 성행하리라 예고한 바 있는데(크라우치, 2008[2005]), 이른바 '셀럽'이라는 유명인에 대한 열광이 사회 전역에 팽배해 감성적 파고를 제어할 수 있는 이성의 힘이 마비되곤 하는 한국 사회 같은 경우 포퓰리즘 정치의 위험성이 어느 곳보다 높다. 냉철한 이성을 바탕으로 한 '숙려(깊은 생각)'는 공감 결핍(empathy deficit)의 위험성을 안고 있는 이성주의로의 복귀를 위해서가 아니라, 이성과 감성 역할의 황금분할을 위해 절실하다고 본다.

사회이론가 랜달 콜린스(Randal Collins)는 사회생활의 핵심 기제가 상호작용 의례라는 전제하에, 지난날 사회과학에서 잔여범주로 다루어져 왔던 감정이나 정서가 미시적 상호작용에서 거시적 구조의 형성에 이르는 사회생활 모든 부문에 동원 가능한 삶의 에너지라고 규정한 바 있다(콜린스, 2009). 그러나 운동에너지란 물리학에서 벡터로 표시되는 화살의 몸통이라고 할 수 있는 화살대에 해당할 뿐, 시위를 떠난

화살의 움직임은 이성적 사유라는 화살촉이 인도해야 하므로 사회통합의 실천과정에는 '정념의 베일'을 걷어내기 위한 다음과 같은 인식틀이 선행되어야 할 것이다.

5. 부조화 패러다임: 화해적 사회통합의 인식틀

대한민국은 경제규모, 교역량, 외환보유고, 무역 상장회사 수와 같은 경제지표에서 세계 10위권 내외를 오르내리는 양호한 수준을 보이는 반면, 출산율, 이혼율, 자살률, 부패지수 등과 같은 사회지표에 있어서는 중하위권을 탈피하지 못하고 있다. 세계적으로는 중간 정도에 불과하고, OECD 국가군에서는 바닥에 가까운 한국의 행복 관련 지수들로부터 이 같은 모순적 현실의 일단을 식별할 수 있다(김문조, 2016). '풍요 속의 빈곤' 혹은 '번영 속의 고난" 등으로 진술할 수 있는 이 같은 우리 사회의 이율배반적 면모는 기본적으로 로널드 잉글하트(Ronald Inglehart)가 지칭한 '탈(脫)물질주의적 이행(post-materialist shift)'시기를 특징짓는 현상의 일환으로 간주할 수 있다(Inglehart, 1990).

1차 세계대전의 참혹한 체험에서 도출된 '물질에서 정신으로'라는 테야르 드 샤르댕(Teilhard de Chardin)의 신학적 명제, 혹은 나치정권의 억압체계하에서 제기된 '소유에서 삶으로'라는 에리히 프롬(Erich Fromm)의 사회철학적 논제들과 상통하는 이러한 의식체계의 전환은 언론의 자유, 사회참여, 생활환경의 개선 등과 같은 삶의 질적 측면에 대한 강조와 더불어 '외형적 성취에서 내면적 향유로'라는 욕구체계의 전환에 상응하는 것이기도 하다.

그러나 요즘 대다수 한국인은 지난날의 고도성장기에 달성한 물질적 풍요를 본인이 누려야 할 당연한 기본 권리로 간주함과 동시에 보다 높은 수준의 편익이나 충족감을 누릴 수 있는 새로운 가능성을 희구한다. 이런 과정에서 삶의 조건과 삶의 목표와의 간극이 벌어져 딱히 누구에게 책임을 전가하기 힘든 신종 갈등들이 만연하고 있다.

1) 부조화 패러다임

사회경제적 발전 단계의 초창기에는 빈부격차가 절대적 빈곤과 같은 결핍(scarcity)의 문제로 표상되어 왔고, 후속 단계에 들어서는 상대적 빈곤과 같은 격차(gap) 테제로 대변되어 왔다. 하지만 근자에 와서 현존 생활 여건과 기대적 생활 목표와의 간극은 부조화(mismatch)라는 새로운 형태로 구현되는 양상이 역력하다. 다음 〈표 12-2〉에 예시된 우리 사회의 절박한 현안 과제들이 특정 범주나 계층에 책임을 전가할

〈표 12-2〉 부조화 패러다임에 준거한 주요 사회문제의 진단

사회문제	부조화 양상
고령화	출산과 사망의 부조화
저성장	생산과 재생산의 부조화
양극화	성장과 분배의 부조화
취업난	교육기회와 취업기회의 부조화
통치성	참여와 권한의 부조화
생태위기	개발과 보존의 부조화
일상적 위기	일과 삶의 부조화
회복탄력성 약화	성공과 실패의 부조화
문명충돌	지역성과 세계성의 부조화
유(類)적 위기	인간과 비(非)인간의 부조화

출처: 김문조 외. 『빅데이터를 통해 본 2030년대 한국사회』 2019: 73.

수 없는 구조적 부조화의 산물로 변모하고 있다는 점이 그러한 추정을 뒷받침한다(김문조 외, 2019).

2) 부조화 패러다임의 기대 효과

부조화 패러다임은 문제를 바라보고 대처하는 사유 양식의 일대 혁신을 요청한다. 거기서는 이질적 범주들 간의 어긋남이 문제의 원천이요, 어울림을 지향하는 '재조합(rematching)'이 문제 해결의 목표가 된다. 따라서 그것은 구래의 성장론이나 재성장론, 실현 가능성이 박약한 탈성장론, 혹은 무책임하거나 기만적인 절충론(복지성장론, 동반성장론, 시민성장론 등)과 같은 기존 도식의 한계를 극복하는 데 기여할 것으로 본다. 더구나 부조화 패러다임은 지능화 · 혼성화 · 전재화 경향의 증대와 함께 초월직 융힙 딘계로 이행되어 갈 미래 사회에 보다 높은 정합성을 발휘할 것으로 기대된다.

이처럼 부조화 시대의 사회통합은 멸시나 모욕, 혹은 사회적 약자로 시달려 온 개인이나 집단들이 바람직한 삶의 행로를 설계하고 실행할 수 있는 지적 역량을 갖췄을 때 착수될 수 있는데, 지금까지 그것은 소통을 통한 이해, 혹은 관용이나 배려와 같은 상생적 행동에 의해 주도되었다고 여겨져 왔다. 그러나 상대방에 대한 소통, 이해, 관용 및 배려와 같은 행위들은 바람직한 사회통합의 필요조건이 될지언정 결코 그 충분조건은 아니라고 본다. 소통을 넘어선 성찰, 이해를 넘어선 자숙, 관용을 넘어선 용서, 배려를 넘어선 존중과 같은 심도 있는 행동이 수반되어야 '나라다운 나라'의 내실을 갖춘 통합사회로 향진할 수 있다.

6. 소결

표현의 자유는 신념의 자유나 결사의 자유와 더불어 민주주의의 필수적 요건으로 알려져 있다. 그렇다고 민주사회의 시민은 무슨 말이든 입에 올려도 되는 것일까? 최근 우리 사회에서 크게 문제시되고 있는 막말 사태로 미뤄 알 수 있듯, 사회갈등을 적절히 제어하여 통합사회로 진전하기 위해서는 공론장(public sphere)의 질서를 담보할 수 있는 분별 있는 행위가 요청된다. 영국의 대처 수상을 소재로 한 영화 〈철의 여인〉에 "생각은 말이 되고, 말은 행동이 되며, 행동은 습관이 되고, 습관은 인격을 형성하며, 인격이 운명을 결정한다."라는 대사가 나온다. 이는 오프라인이나 온라인을 막론한 공론장 행위자들에게 '공론' 주체가 갖추어야 할 일련의 금도를 일깨우는 발언이라고 할 수 있다.

특히 합리적 사회통합 방안을 구상하는 데는 규범적 도리를 넘어선 비판적 이성의 역할이 필수적이다. 비판적 담론의 중요성은 통치권이 지향하는 바와 방향을 달리하는 다양한 이견들이 반동적 사고로 단죄되는 위기 상황에서 크게 부각된다. 비판적 견해를 불온시하는 경향이 한 사회에 풍미하면, 현실과 상반된 엉뚱한 정책들이 여론의 이름으로 속출하는 국가 차원의 위험이동(risky shift)이 촉발, 민주사회의 모습과 동떨어진 '유사민주적 전제주의(pseudo-democratic despotism)'가 준동할 수 있다.

이때 비판의 본령을 벗어난 냉소나 비난은 극력 제어될 필요가 있다. 경제난, 취업난, 주택난, 의료난, 교통난 등과 같은 현안 과제들은 우리 일상생활의 근간을 위협하는 난제들이어서 누구를 탓하고 넘어

가는 선으로 끝낼 수 없는 소재인 까닭이다. 따라서 같은 시대, 같은 생활터전을 공유한다는 동반자 정신을 기반으로 한 의식체계의 일대 혁신이 화합적 사회통합의 선결 과제라고 본다. 요한 볼프강 폰 괴테(Johann Wolfgang von Göthe)의 희곡 파우스트 제2부에 나오는 다음과 같은 '근심의 말'은 타자의 존재를 거부하는 자폐적 독단주의의 폐해를 압축적으로 묘사한다.

> 일단 나에게 사로잡힌 자 /
> 그에게는 온 세상이 아무 소용없나니 /
> 영원한 어둠이 내려앉고 /
> 태양은 뜨지도 지지도 않으니 /
> 외부의 감각이 완전해도 /
> 내면에는 어둠이 자리 잡는다네 /
> 온갖 귀한 보물이 있어도 /
> 자기 것으로 갖지 못하지
>
> (엠케, 카롤린, 2017: 45에서 재인용)

이런 점에서 "사람이 먼저다."라는 구호를 내세운 현 정부의 발상 자체는 긍정적으로 평가해 마땅하나, 그것이 수사적 차원을 넘어 실천적 대안이 될 수 있느냐 아니냐의 여부는 먼저 챙겨야 한다는 사람들의 됨됨이(personhood)에 달렸다 해도 과언이 아니다. 무조건 사람이 아니라, 어떤 사람이냐가 보다 중요한 것이다. 바로 이 대목에서 체제 변화나 제도 혁신을 우선시해야 할 사회과학자가 의식문제를 앞세워 관념세계로 도피하려느냐는 비판이 속출할 것으로 예상된다. 지금까지 종교계나 학계, 혹은 통치권이나 시민사회 명망가들이 역설해 온

회개, 의식개혁, 정신혁명 등에 식상한 사람들이 적지 않으리라 판단되기 때문이다. 그러나 국가발전보다 국민행복이 강조되는 오늘날 "이게 나라냐."라는 거국적 비난의 배후에는 "이게 사람 사는 세상이냐." 라는 힐난이 내재해 있고, 그 내면에는 "내 삶이 고작 이뿐이더냐."라는 한탄이 농축돼 있다. 즉, 나라다운 나라에 살고 싶다는 욕구의 저변에는 사람대접 받으며 살고 싶다는 '품격사회(decent society)'에 대한 소망이 태동하고 있다.

빈곤 극복이 시대적 과제였던 1970년대까지 한국인은 등 따습고 배부른 상태를 동경해 왔고, 먹고사는 문제가 어느 정도 해소된 연후에도 "부자되세요."라는 말이 통상적 덕담으로 오갈 만큼 물질적 풍요를 중시해 왔다. 그러나 생활 수준이 최대 관건이던 곤궁의 시기를 넘기면서부터 안전이나 주관적 만족감을 포함한 삶의 질로 관심이 이동했는데, 최근에 이르러는 자신의 존재 가치를 인증할 수 있는 '삶의 의미'가 생활관심의 중심권으로 진입해 실존적 의미를 담보할 수 있는 품격에 대한 기대가 높아가고 있다. 품격사회를 향한 집합적 열망을 충족시킬 수 있는 심층 전략(deep strategy)의 모색에 천착해야 할 이유가 여기에 있다.

나라의 품격은 국민 개개인의 심성을 기초로 한다. 따라서 국격의 바탕을 이루는 심성(mind)의 가치가 상승하고 있다. 이 점은 국가경쟁력의 요건 변화에 관한 최근 동향을 통해 감지할 수 있다. 오랫동안 국제사회에서는 군사력을 중심으로 한 국력(國力)이 국가의 위상을 좌우하는 관건으로 꼽혔다. 그러나 냉전질서가 해체되면서 경제력을 기반으로 한 국부(國富)가 한 동안 국가의 수준을 가늠하는 핵심 요소로 간주되어 왔다. 하지만 부국강병론을 넘어 국가의 품격인 국격(國格)이 바람직한 나라의 요건으로 주목받기 시작하는 최근에는 국격의 기초를 이루는 사람들의 심성이 새로운 국가경쟁력의 예표로 대두되어 심성 자본(mind capital)의 중요성을 주지시키고 있다.

따라서 군주를 위한 통치사상의 제공자로 알려진 니콜로 마키아벨리(Niccolò Machiavelli)가 일찍이 '시민적 덕성(Virtù, civil virtue)'이라는 개념으로 제시한 바 있는 시민의식이 시민권(市民權)을 넘어 시민성(市民性)이 강조되어 가는 오늘날 새삼 각광받고 있다. 사회성원 다수가 공유하는 사회적 성격(social character)으로서의 시민성에 대한 관심은 퍼스낼리티 위기를 경제적 위기와 정당성 위기 이후에 도래할 핵심적 도전 과제가 될 것으로 전망하는 현대 자본주의 연구가들의 경고와 함께 더욱 고조되고 있다(Skinner, 2002; Matei, 2011; 오코너, 1990). 의식세계의 중요성을 함축하는 이 모든 주장들은 심성 변화를 전제로 하는 화해적 사회통합론의 적실성을 뒷받침하는 방증이 아닐 수 없다.

제13장

보론: 포스트휴먼 시대의 사회통합

인간처럼 생각하고 반응하는 지능형 가공물이 출현하면서 첨단 기술력을 활용한 여타 생명체나 사물들도 독자적 행위능력을 지닌 행위 주체로 간주해야 한다는 견해가 대두하고 있다. '비인간적 전환(non-human turn)'이라는 이러한 세계관의 변화와 함께, 인간을 세상의 주역으로 간주한 근대 휴머니즘의 대안에 해당하는 포스트휴먼 논의가 주목받고 있다. 이런 상황에서 인간 아닌 존재들도 '사회적인 것(the social)'에 포함되어야 한다는 주장이 확산되어(Latour, 2005; 김환석, 2012), 사회통합론에 비(非)인간적 요소까지 고려해야 한다는 의견이 힘을 받고 있다(김문조, 2013a). 따라서 본 보론에서는 (1) 포스트휴먼 담론의 출현 배경을 첨단 기술과의 연관성하에서 개관하고, (2) 포스트휴먼 담론의 기본 내용과 계보를 점검한 후, (3) 포스트휴먼 이론의 유형별 특성과 함의에 의거해 포스트휴먼 시대의 사회통합적 과제와 의의를 살펴보고자 한다.

1. 신기술을 통한 인간과 비인간의 만남

인간사회에 대한 비인간의 개입을 표상하는 사례로 널리 알려진 것의 하나가 외계인 논쟁이다. 우주에 무수한 행성들이 있으므로 외계인의 존재를 전적으로 부인할 수 없으리라 본다. 1961년 천문학자 프랭크 드레이크(Frank Drake)가 인류가 '지구 외 생명체(extraterrestrial life)'로 불리는 외계인과 조우할 확률을 방정식으로 제시한 이래 유사한 시도가 이어졌다(Vakoch and Matthew, 2015). 그러나 이들을 뒷받침할 확증이 따르지 않아 외계인이 불확실한 가설로 존속하던 중, 1982년 스티븐 스필버그(Steven A. Spielberg) 감독의 SF영화 E.T.가 그에 대한 대중적 관심을 환기시켰다.

사실상 실제가 아닌 상상의 세계에서는 인간과 비인간과의 접촉이 결코 생소한 소재가 아니었다. 구전 설화로부터 소설, 영화, 애니메이션 및 온라인게임 등과 같은 상상계에서는 인간과 교류하는 신, 자연물 혹은 사물들을 널리 찾아볼 수 있다. 토끼나 애벌레로부터 모조거북 등 다채로운 존재들이 등장하는 루이스 캐럴(Lewis Carroll)의 『이상한 나라의 앨리스(*Alice's Adventures in Wonderland*)』를 대표적 사례로 꼽을 수 있겠는데, 색깔이나 바람과 같이 형상조차 없는 것들까지 의인화하여 인간과 소통하는 정경을 묘사한 작품도 속출하고 있다(파묵, 2004; 무라카미, 2006). 더구나 최근에는 고도의 접합 기능을 함유한 신

(新)기술을 통해 실존하거나 상정 가능한 세상 모든 것들이 통교하는 만유소통(萬有疏通)이 상상계를 넘어선 현실 세계에서 실현되고 있다. 그런 정황을 다음과 같은 기술 범주들을 중심으로 간략히 살펴보도록 하자.

1) 웨어러블(Wearable) 기술

웨어러블 기술은 우리 몸에 기기를 부착해 신체 기능을 강화시키려는 목적으로 개발된 것으로, 그 선구자로 꼽히는 스티브 만(Steve Mann)은 이동식 카메라와 디스플레이 장치를 이용해 기록된 자신의 모든 일상생활을 다른 사람들이 웹을 통해 볼 수 있는 프로젝트를 진행하던 중 컴퓨터와 키보드, 스크린과 무선 송신기를 몸에 부착시키는 웨어러블 기술을 창안했다(Mann and Nicdzviecki, 2001).

애초에 전투력 증강을 위한 군사기술의 일환으로 각광받던 웨어러블 기술은 최근 소형화와 접속화를 촉진하는 하드웨어 및 소프트웨어의 발전, 거기에 생명공학기술이나 나노기술까지 가세해 기술적으로 크게 신장하고 있을 뿐 아니라, 안경, 시계, 신발 등과 같은 제품으로 상업성을 강화해 왔다. 휴대형, 부착형, 이식/복용형으로 구분되는 웨어러블 기술은 신체와 기계, 인간과 사물을 서로 뒤섞지 않으며 결합시킨다는 점에서 온전한 의미의 포스트휴먼이 아닌 원시 포스트휴먼(proto-posthuman) 유형에 속한다고 여겨지나, 인간 정체성문제를 촉발하지 않는 가장 거부감 없는 연접 방식에 해당한다는 점에서 소정의 의미를 부여할 수 있다(Ryan, 2014).

2) 사이보그(Cyborg) 기술

기계를 대변하는 사이버네틱스(cybernetics)와 유기체(organism)의 합성어로 기계인간이라는 개조적 생명체를 지칭하는 사이보그에는 단순한 기계와 생체의 교류를 넘어 양자가 새로운 유기적 통합체를 이룬다는 의미가 내포되어 있다. 자연적(nature)인 것과 인공적인 것(nurture), 생물권(biosphere)과 기술권(technosphere)의 경계에서 생성되는 혼성 유기체라는 함의가 내재해 있는 것이다. 실제로 생명체 간의 이종이식(異種移植), 유전정보를 옮기거나 새로운 유전자들을 종합하고 삽입하는 유전자 이식, 뇌-컴퓨터 인터페이스, 감각의 재편을 향한 신경과학의 메타-디자인, 새로운 생명체의 창조 등을 위한 융복합 기술이 확산되고 있는 최근 생체와 사물의 접합은 지난날 꿈꿀 수 없던 새로운 경지로 들어서고 있다(보스트롬, 2017).

웨어러블 기술과 마찬가지로 신체의 확장을 일차적 목표로 삼은 사이보그 기술은 다음 세 단계로 진전되어 왔다. 첫째는 의족, 의수, 의안 등과 같이 손상되거나 상실된 신체 부위를 복구하기 위한 보철(補綴) 단계, 둘째는 신체에 생물학적 한계를 뛰어넘는 역능을 부여하는 강화(强化) 단계, 셋째는 기존 유전자의 일부를 새로운 것으로 대체하는 조작(造作) 단계이다. 그런데 1996년 7월 복제 양 '돌리'의 탄생 이후 생쥐, 소, 돼지, 염소, 토끼, 고양이, 개와 같은 동물 복제가 잇따라 성공하고 급기야 배아 유전체 편집을 통한 인간 복제 소식마저 들려오면서 복제(複製) 사이보그라는 새로운 사이보그 단계가 현실화하고 있다(김남옥 · 김문조, 2013; 전방욱, 2019).

3) 사물인터넷(IoT) 기술

사물인터넷은 정보기술을 이용해 만물(萬物)을 지능적으로 연결시키자는 목적으로 고안된 것으로, 언제, 어디서든 인간의 직접적 개입 없이 인터넷으로 연결해 필요한 정보처리나 제어를 수행하는 기술과 서비스를 말한다(김송덕, 2015). 1990년대의 인터넷이 사람과 사람 간에 필요한 정보를 주고받는 '사람 간 인터넷'이었다면, 사물인터넷의 활용이 증대되어 가는 오늘날은 사람과 사람 사이는 물론이요 세상 모든 것들을 인터넷으로 연결하는 만유접속의 시대로 변모하고 있다. 사물인터넷의 핵심 기술은 무선 센서 네트워킹 기술로, 컴퓨팅 능력과 무선통신 능력을 갖춘 센서 노드가 응용 환경에 배치된 자율적 네트워크가 센서 노드로부터 얻은 정보를 무선으로 수집 · 제어 · 감시하는 기능을 수행한다(하원규 · 최민석 · 김수민, 2013). 즉, 필요하다고 판단되는 정보를 사람을 통하지 않고 스스로 생성하거나 재생함으로써 연결 기능을 촉진시키자는 것이 사물인터넷으로, 그 활용도에 비례해 인간관계에 사물이 개입할 여지가 커진다.

4) 인공지능(AI) 기술

컴퓨터의 초창기 명칭은 전자계산기였고, 이후의 명칭은 정보처리기기였다. 근자에 이르기까지 정보처리기기는 인간이 입력한 정보를 주어진 프로그램에 따라 가공처리하는 CPU를 주축으로 한 충직한 사역자(使役者)에 머물러 왔다. 그러나 다양한 기능을 자율적으로 처리할 수 있는 소프트웨어나 앱이 보강된 요즘 첨단 정보처리기기는 외부의 자극이나 상황 변화를 독자적으로 인지 · 판단 · 대처할 수 있는 역량을 높여 나가고 있어, 머지않아 인공지능(AI)이 인간지능(HI)을 넘어서는 특이점(singularity)에 도달할 것이라는 전망이 속출하고 있다(커즈와일, 2007; 켈리, 2017).

사용자의 욕구나 성향을 파악해 맞춤형 서비스를 제공하는 AI가 출현해 실생활에 편익을 주고, 실시간 건강 모니터링을 통해 사전에 질병에 대처할 수 있는가 하면, 지능형 소셜 로봇과 함께 정서적 풍요가 더해질 것이라는 신나는 얘기가 세간에 넘쳐난다. 반면 일자리 축소 등 AI 시대를 부정적으로 바라보는 시각도 적지 않다. 하지만 이들 상반된 전망은 모두 통제의 주도권이 인간에게 주어져 있다는 전제를 공유한다. 1970~80년대에 성행했던 정보사회론은 인터넷이 확산되기 시작한 1990년대에 지식사회론으로 탈바꿈했고, 향후에는 논점이 지식을 넘어 지능, 지혜, 감성 등으로 외연되었건만, 그럼에도 불구하고 병렬적인 기계적 사고 능력이 인간 본연의 직관이나 통찰을 따를 수 없다는 견해가 우세했던 까닭이다. 그러나 신경학적 심층연결망(DNN: deep neural network)을 갖춘 AI가 꾸준한 자기학습과 풍부한 실전 체험을 통해 사람이나 기계 누구에게 딱히 책임을 묻지 못할 HI-AI 앙상블을 구축하게 되면 결과에 대한 책임 추궁이나 원인 규명 자체가 불가한 행위 주체의 망실(亡失) 상태에 이를 것으로 예견된다(Tegmark, 2017).

5) 빅데이터(Big Data) 기술

빅데이터는 단일 데이터 집합의 크기가 테라바이트에서 페타바이트 단위에 이르러 종전의 자료처리 능력으로 감당하기 힘든 규모에 이르는 경우에 해당하는 것으로, 자료 증식 속도가 빠를 뿐 아니라 내적 이질성이 높다는 부가적 속성을 겸비한다. 따라서 빅데이터는 전통적으로 양(volume), 입출력 속도(velocity), 및 다양성(variety)이라는 '3V'로 특성화되어 왔지만, 요즘에는 거기에 정확성(veracity) 및 가변성(variability)이 더해진 '5V'로 대변되고 있다.

빅데이터 기술은 그러한 대규모의 비규격적 자료를 신속히 처리할 수 있는 방안을 제공한다는 점에서 큰 의의를 부여할 수 있으나, 기대에 반한 우려나 비판도 수반되고 있다. 가장 빈번히 제기되어 온 부정적 측면은 사생활 침해문제였다(Andrejevic and Gates, 2014). 하지만 그보다 더 심각한 쟁점은 데이터화(datafication)라고 불리는 물상화 현상이다. 무한소의 유전자에서 동식물을 포함한 자연이나 사물은 물론 무한대의 우주에 이르는 모든 것들이 데이터화되어 가는 데이터 범람 시대에 쌓여 가는 데이터를 임의적으로 쪼개거나 결합해 새로운 데이터를 양산할 수 있는 데이터 복제나 변조가 실상을 압도하는 허상이 창궐하고, 존재하는 모든 것들을 데이터로 환원시켜 본질적 고유성을 말살하는 위험성이 높아가면서 인류사회는 실로 엄중한 존재론적 도전에 직면해 있다(한병철, 2015).

6) 신기술 효과의 종합 정리

전술한 신기술들은 독자적 기능들을 통해 인간과 기계, 인간과 사물, 혹은 인간과 비인간의 결합을 촉진시켜 왔다. 결합 과정은 크게 '인간(신체)의 외화(exteriorization) 및 기계(기술)의 내화(interiorization)'라는 양대 트렌드로 일괄할 수 있는데, 그 결과 자연적인 것(natural)과 인공적인 것(artificial), 인간(human)과 비인간(nonhuman), 주체(subject)와 객체(object)와 같은 이분법이 의미를 상실하고 있다.

이러한 양상을 신기술의 기능적 요소들과 연관시켜 재고해 보자. 웨어러블 기술, 사이보그 기술, 사물인터넷 기술, 인공지능 기술 및 빅데이터 기술은 각기 확장(extension), 접합(articulation), 개입(intervention), 향상(enhancement) 및 합병(amalgamation) 기능을 통해 양대 영역의 결합을 주도해 왔다고 말할 수 있다. 그런데 이들 중 웨어러블 및 사이보그 기술은 기본적으로 인간(신체)을 기점으로 한 외화, 반면 사물인터넷 및 인공지능 기술은 기계(기술)를 거점으로 한 내화를 통한 결합에 진력해 왔다. 하지만 빅데이터 기술에 의한 합병 단계에 이르면 외화-내화 구분 자체가 무의미해지는 국면에 이르게 된다. 그것이 '상호변환(transduction)'이라는 개념으로 통칭될 수 있는 것은 이 때문이다(정보통신정책연구원, 2014). 그뿐만 아니라, 웨어러블 기술로부터

[그림 13-1] 신기술의 기능적 특성 및 효과: 유형별 비교

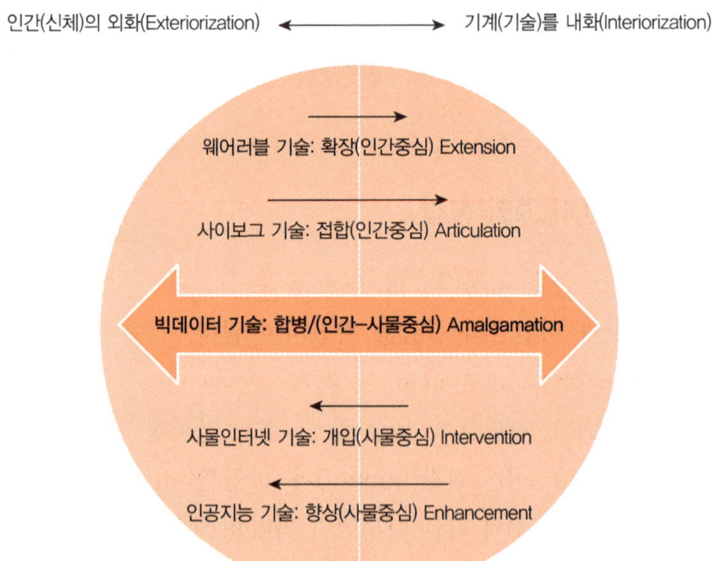

빅데이터 기술에 이르는 일련의 신기술들은 후속하는 것일수록 선행 기술의 기능들을 포섭해 가는 누적 효과를 발휘함으로써 세상 만물을 융합의 장으로 인도한다([그림 13-1] 참조).

2. 포스트휴먼 담론의 개요와 계보

포스트휴머니즘은 의미의 폭을 한정짓는 방식에 따라 크게 협의적 개념과 광의적 개념으로 양분할 수 있다. 좁은 의미의 포스트휴머니즘은 최첨단 기술력에 의해 현존 인류의 한계를 초극할 수 있다는 트랜스휴머니즘과 대비되는 주장이라고 할 수 있다. 반면, 넓은 의미의 포스트휴머니즘은 인간을 세상의 주인공으로 설정하는 근대 휴머니즘을 대체할 수 있는 '비인간적 전환(non-human turn)'의 인식을 대변하는 포괄적 개념이다. 그런데 포스트휴먼 논의의 활성화와 더불어 그에 관한 함의가 확장되어 가는 현 시점에서는 많은 학자들이 풍성한 논의가 가능한 후자 쪽을 선호한다(Ferrando, 2013; 이경란, 2017; 박인찬, 2017). 따라서 이 글에서도 광의의 포스트휴머니즘으로 시각을 확장해 일반적 주장과 내용을 개관한 후, 논의의 갈래와 특성을 살펴보고자 한다.

1) 포스트휴먼 담론의 개요

포스트휴머니즘의 전신인 휴머니즘은 15세기부터 유럽에서 태동되어 20세기 초까지 이어진 것으로, 중세의 신(神)중심의 학문체계에 반기를 들고 인간다운 학예를 부활시켜 교권에 질식되어 가는 인간성을 회복하고자 한 '인간중심적 사상'을 일컫는다. 인간 본성과 인간의 절대적 우위가 신성불가침의 보편적인 가치로 확고하게 인정되어 온 이러한 사상적 토대하에 인류는 수백 년간 문화, 예술, 과학, 사회 등 전반에 걸쳐 많은 진보를 이룰 수 있었다. 그러나 20세기 후반부터 생명공학, 유전공학, 인지과학, 정보통신기술, 컴퓨터공학, 나노기술 등 과학기술의 놀라운 성과들로 진보의 양상이 크게 변모하고 있다. 기계장치가 인간의 능력을 강화하기 위해 인간의 몸과 결합될 뿐만 아니라 유전자 조작을 통해 생명체가 복제되고 변이되고 있으며, 특히 인공지능의 등장과 발전으로 지금까지 인간이 자신의 지적 능력을 바탕으로 명확한 경계짓기를 해 왔던 기계장치가 고도의 지적 능력을 갖춰 나가고 있다. 그뿐만 아니라, 기술 발전에 따라 육체와 정신의 확장, 디지털 네트워크화에 따른 시·공간 개념의 변화 및 육체성 없는 주체의 등장과 같은 탈경계적 현상들도 속출하고 있다. 이러한 일련의 변화는 인간 본성에 대한 새로운 규정을 요구하여, 이들을 규명하기 위해 근대적 휴머니즘을 넘어서는 새로운 이해의 틀로서 '포스트휴먼(post-human)' 논의가 각광받고 있다(Philbeck, 2013; 브라이도티, 2013; 이경란, 2017).

포스트휴먼 담론의 기원은 1946~53년에 사이버네틱스에 대해 열렸던 메이시 컨퍼런스와 노버트 위너(Norbert Wiener), 그레고리 베이트슨(Gregory Bateson), 존 폰 노이만(John von Neumann) 등이 함께 발명한 시스템 이론으로 소급할 수 있다(Wolfe, 2010). 다양한 분야에 속한 이들의 노력은 추후 의미와 정보 및 인지 문제와 관련해 호모 사피엔스라는 인간으로부터 특권적 위치를 박탈하는 생물학적 · 기계적 · 커뮤니케이션적 과정들에 대한 종합적 연구로 확장된다. 따라서 포스트휴머니즘 사상에는 서로 상이하고 경합적인 요소나 내용들이 병존하지만, 어떻든 그것은 인류가 자신과 자연과 세상을 이해함에 있어 전망론적 · 관계론적 · 존재론적 측면의 전면적 인식 전환을 요구하는 담대한 대안적 패러다임을 축조해 온 것이 사실이다.

철학, 윤리학, 의학, 기술과학, 정치학, 사회학, 미학 등 다양한 학문 분야를 횡단하는 포스트휴먼이란 용어는 합의된 정의를 갖고 있지 않다. 그러나 포스트휴먼은 일반적으로 '인간과 기술이 만들어 내는 변화 속에 사는 인간'을 지칭한다고 볼 수 있는바(아이디, 2013), 여기에는 현생 인류와는 다른 새로운 종의 인간이 등장하고 있다는 인식이 깊이 반영되어 있다(이수진, 2013). 캐서린 헤일스(Katherine Hayles)는 포스트휴먼 담론은 적어도 다음과 같은 네 가지 명제를 공유하고 있다고 주장한다. 첫째, 서구전통에서는 데카르트가 인간은 사유하는 존재라고 생각하기 훨씬 이전부터 인간의 정체성이 의식에 내재한다는 생각이 지배적이었지만, 포스트휴먼 관점에 따르면 의식은 부수적인 현상이며 별로 중요하지 않은 문제에 불과하다는 점이다. 둘째, 포스트휴먼 관점은 육체란 우리 모두가 조작법을 배우는 최초의 인공기관이며, 따라서 육체를 다른 인공기관으로 확장, 대체하는 것은 우리가 태어나기 전부터 시작된 과정의 연속일 뿐이라는 점이다. 셋째, 포스트휴먼론은 앞서 언급된 것을 포함한 여러 시도들을 통해 인간을 지능을 가진 기계와 매끄럽게 접합될 수 있는 무언가로 만들고자 한다는 것이다. 포스트휴먼에서는 육체를 가진 존재와 컴퓨터 시뮬레이션, 사이버네틱스 메커니즘과 생물학적 유기체, 로봇의 목적론과 인간의 목표 사이에 본질적인 차이나 절대적인 경계가 존재하지 않는다. 넷째, 포스트휴먼 관점은 물질적 예화보다 정보 패턴을 특권화한다는 것이다. 따라서 생명체가 생물학적 기층에 육화된 것은 필연이라기보다는 오히려 우연에 가까운 것으로 간주된다(헤일스, 2013).

포스트휴머니즘은 이러한 기본 명제를 중심으로 활발하게 전개되어 온 지적 · 문화적 운동으로, 과학기술의 발전뿐 아니라 포스트모더니즘으로 대변되는 현대 철학이 그 결정적 계기를 조성했다고 말할 수 있다. 따라서 포스트휴머니즘은 오늘날 현대 과학과 인문학이 가장 활발하게 통섭되고 있는 담론의 소재라 할 수 있다. 육체성, 혼종적 주체성, 감각과 인지의 새로운 양상, 구성적 정체성과 같은 특성을 중심으로, 개인(자아)이나 집단의 정체성, 인간성의 본질과 삶의 의미, 자연계에서의 인간의 지위, 그리고 그와 연관된 다양한 윤리적 · 철학적 이슈들을 추적하고자 하는 것 등이 포스트휴머니즘 담론의 단골 메뉴로 꼽힌다(임석원, 2013; 신상규, 2014).

2) 포스트휴먼 담론의 계보

사회변화의 현황이나 향방을 논의하고자 할 때 학계 내외에서 즐겨 활용해 온 방식의 하나가 유토피아-디스토피아론과 같이 긍부정적 전망에 기초한 낙관론과 회의론으로 구분해 논하는 것이다. 그러한 이분법적 접근은 사회과학을 배태한 근대 산업사회에 관해서는 물론이요, 다음 단계인 정보사회의 추이를 파악하고자 할 때도 채택되어 왔다. 포스트휴먼 시대를 진단하는 과정에서 유사한 시도가 답습되고 있는데(정보통신정책연구원, 2014; 김환석, 2017), 그것은 일차적으로 포스트휴먼 단계의 존재 자체를 거부하는 부정론(否定論) 및 그러한 단계의 설정에 동의하는 인정론(認定論)으로 대별할 수 있으며, 인정론의 경우 긍정적 측면을 강조하는 낙관론(樂觀論)과 부정적 측면을 거론하는 비판론(批判論)으로 세분할 수 있다고 본다.

"세상에 포스트휴먼 같은 것은 없다(There is no such thing as

'posthuman')."는 언명으로 표기할 수 있는 부재론적 입장의 원천은 마르틴 하이데거(Martin Heidegger)의 생명론에서 찾아볼 수 있다. 모든 생명체에게는 자신이 살아가는 세계가 충동의 억제와 탈억제 그리고 전환의 폐쇄적 회로로 형성되어 있다고 주장하는 하이데거는 『형이상학의 근본문제』에서 인간은 자신이 처한 상황에 기계적으로 반응하는 대신 상황적 의미를 자신의 삶과 연관시켜 해석하며 행동을 취한다고 말한다. 즉, 삶에 파묻혀 주어진 상황에 맨몸으로 대처하며 생존하는 여타 생명체와는 달리, 삶을 벗어나 자신의 존재를 문제 삼는 인간 특유의 탈존(Ex-sistenz)적 존재방식이 인간과 여타 생명체의 결정적 차이라는 것이다(이종관, 2012). 이러한 특성이 인공지능이 시뮬레이션할 수 없는 인간 고유의 영역으로 간주되어, 인류의 실존적 위기에 직면해 인간 존재의 의미를 재확보하려는 네오휴머니즘(neo-humanism) 철학운동을 이끌고 있다.

포스트휴먼 사상의 형성 및 특성 규명에 주력하고자 하는 이 자리에서는 부정론이 아닌 인정론, 즉 낙관론 및 비판론에 해당하는 트랜스휴머니즘 및 비판적 포스트휴머니즘에 논의를 국한하고자 한다. 하지만 날로 복잡다단한 속성을 더해 가는 포스트휴먼 현상은 전망론에 소속된 이원적 시각으로 한정해 설명하기에 절대적으로 미흡하다고 판단된다. 지적 기원이나 강조점을 달리하는 논의 중에서도 집중적 토의가 필요하다고 생각되는 것들이 적지 않다. 따라서 본 보론에서는 전망론을 넘어 관계론 및 존재론으로 지칭할 수 있는 범주와 직결된 이론들, 즉 사이보그론과 행위자연결망 이론, 그리고 신유물론과 사변적 실재론을 더불어 고찰해 보도록 하자.

(1) 트랜스휴머니즘(Trans-humanism)

포스트휴먼이 "기본적인 능력이 현재의 인간을 근본적으로 넘어서서 현재의 기준으로는 더 이상 명백하게 인간이라고 할 수 없는 미래의 존재"를 지시하는 개념이라고 한다면, 트랜스휴머니즘은 포스트휴먼적 미래를 기술결정론적인 관점에서 낙관적으로 바라보는 사조를 뜻한다. 현대 과학기술의 눈부신 발전이 인류를 멀지 않은 미래에 향상된 능력을 지닌 새로운 종으로 변화 혹은 진화시킬 것이라는 입장인 것이다(임석원, 2013; 박인찬, 2017). 포스트휴머니즘이 계몽주의 휴머니즘과 이원론을 대체하는 인간의 구성에 대한 새로운 패러다임을 모색하는 쪽에 관심을 둔 것이라면, 트랜스휴머니즘은 그러한 확장을 기술이라는 힘의 도움을 받아서 달성하기를 희망하는 견해라고 할 수 있다(Philbeck, 2013).

트랜스휴머니즘을 대표하는 철학자 닉 보스트롬(Nick Bostrom)이 주장하듯, 트랜스휴머니즘은 르네상스 휴머니즘과 계몽사상으로부터 물려받은 인간의 완전성 · 합리성 · 행위성이라는 이상에서 연원한 것이다. 트랜스휴머니스트 사상에 관한 그의 소개글에 명시되어 있듯, 트랜스휴머니즘은 르네상스 휴머니즘을 뉴턴, 로크, 칸트, 콩도르세, 그리고 합리적 휴머니즘의 기초를 이루는 다른 사상가들의 영향과 결합시킨 것으로(Bostrom, 2005), 이런 의미에서 트랜스휴머니즘은 휴머니즘과 변별되는 새로운 단계가 아니라 그 증강 상태로 이해된다.

트랜스휴머니즘은 첨단과학 발전과 병행하여 인간 신체의 한계를 극복하려는 무한한 가능성에 도전한다. 사회운동의 한 형태이기도 한 트랜스휴머니즘은 인간의 육체적 · 지적 · 심리적 가능성을 강화하고, 인간이 노화와 죽음에서 벗어날 수 있도록 과학적 성과를 활용하는 이성적 세계관에 입각해 있다. 인간 종(種)이 물질 진화의 마지막 단계가 아니라 오히려 진화의 시작이라는 관점을 옹호하는 트랜스휴머니즘 지지자들은 인류가 기술에 의해 포스트휴먼으로 진화할 것이라는 신념을 공유한다(박영은, 2013). 이처럼 현대적 기술은 이제 인간의 삶과 인간 능력을 개선하는 데 그치지 않고 인간 조건 자체를 변화시키고자 한다. 나노테크놀로지, 바이오테크놀로지, 로봇공학, 정보통신기술, 신경과학, 인공지능과 같은 첨단 과학지식이 가세한 새로운 융합기술은 과거와 전혀 다른 새로운 상황과 역할을 만들어 내고 있다.

이런 입장에 동조하는 한스 모라벡(Hans Moravec)이나 레이 커즈와일(Ray Kurzweil) 등은 현대 과학기술의 눈부신 발전이 우리 인류를 머지않은 미래에 향상된 능력을 지닌 새로운 종으로 변화 혹은 진화시킬 것이라고 진밍한다. 이들은 인간과 기계, 인간과 정보의 융합을 통해 인간이 노화, 질병, 죽음, 공간 제약 등과 같은 육체적 한계를 극복하고 포스트휴먼 단계로 진입할 수 있다고 본다. 요컨대, 생명 진화와 기술 진화가 동일한 패턴을 통해 연속선상에서 진행된다고 여기면서, 허약한 인간 육체를 더 나은 기계+육체로 대체하는 것을 반기며, 인간 의식을 컴퓨터와 같은 비유기적 기계장치에 업로딩하는 것과 같은 정신의 탈육체화를 기대한다. 이를 통해 지금까지와 같은 형태의 인간 종은 점차 사라지고 새로운 종으로서 포스트휴먼이 등장하게 된다는 것이다(임석원, 2013).

과학기술을 통해 인간의 완전성을 추구하고, 외적 제약에서 탈피하여 지적 기술적 성취를 이루고자 하는 이러한 입장은 계몽주의 휴머니즘에서 말하는 이성적 주체의 태도와 동일하다고 볼 수밖에 없다. 이성적 주체가 자신의 이상을 추구하기 위해 이분법적으로 인간/자연을 구분하고 지배/종속이라는 의미를 구성했던 것처럼, 기술애호주의적 주체가 자연에 대한 인간의 조작을 찬양하는 트랜스휴머니즘론에서도 인간의 우월성을 지키고 인간-비인간의 경계를 재설정하려는 의지를 엿볼 수 있다(Graham, 2014).

(2) 비판적 포스트휴머니즘(Critical Post-humanism)

비판적 포스트휴머니즘은 기술에 대한 공포와 의심으로 인해 과학기술의 성과를 거부하는 디스토피아적 입장과, 기술우호적인 관점에서 과학기술의 발전에 인류의 미래를 맡기는 유토피아적 입장 모두에 비판적으로 접근한다. 슈테판 헤어브레히터(Stefan Herbrechter)는 '비판적'이라는 용어에는 두 가지 기능이 결합되어 있다고 말한다. 한편으로는 혁신적 기술의 혜택에 동조해 휴머니즘을 비판하고, 다른 한편으로 휴머니즘 전통에서 유래한 사유 전통과의 모종의 연속성을 강조한다는 것이다(헤어브레히터, 2012), 근대 휴머니즘의 근간이 되어온 인간, 특히 유럽, 백인, 남성 중심주의적인 인간 개념을 해체하고 그것을 대체할 새로운 인간 개념을 모색하려는 시도로 평가되는 비판적 포스트휴머니즘은 계몽주의 휴머니즘에서 인간을 이루는 요소의 목록에 빠져 있는 것이 기술이라고 주장하면서, 인간과 기술, 즉 비물질적 주체(인간)와 물질적 대상(세계)이 더 이상 근본적으로 구분되지 않아야 함을 요구한다(박인찬, 2017). 또 그것은 인간이 기술과 구별될 수 없다는 것, 인간의 구성이 기술적 구성이라는 것, 그리고 기술이 인간을 구성하는 근본 원리의 일부여야 한다는 주장을 동반한다(Philbeck, 2013). 이러한 입장에 동조하는 인물로서는 캐서린 헤일스, 캐리 울프(Cary Wolfe), 일레인 그레이엄(Elaine Graham), 닐 배드밍턴(Neil Badmington) 등을 들 수 있다. 이런 관점에서, 기술적 · 문화적 개념으로서의 포스트휴먼은 특정한 역사적 조건하에서 기술과 문화가 편성되어 나타나는 새로운 구성체(formation)로 규정할 수 있다. 실제로 헤일스는 포스트휴먼적 주체를 하나의 혼합체, 즉 이질적 구성요소들의 집합물이고 물질정보의 총체로서 그 경계가 계속 구성되고 재구성되는 것으로 보았다. 그에 따르면, 포스트휴먼적 주체는 순수 계몽적 주체와는 거리가 멀지만, 그렇다고 해서 반드시 기계인간일 필요도 없다는 것이다. 인간과 기계의 결합 못지않게 포스트휴머니즘에서 중요한 것은, 비주체를 더 이상 지배와 통제의 대상으로 규정할 수 없게 만든 기술의 등장이다. 이에 헤일스는 인간의 사이보그화에서 인간 신체를 단순히 지배와 통제의 대상으로 간주함으로써 정신하고만 자신을 동일시하는 자유주의적 휴머니즘에 비판적 입장을 취한다(헤일스, 2013).

배드밍턴 역시 고전적 휴머니즘과 포스트휴머니즘의 뒤섞임에 경계를 표한다. 그에 따르면 포스트휴머니즘 내에서 여전히 휴머니즘의 다시 쓰기가 계속되고 있는데, 이는 어느 누구도 완전히 자신이 속한 담론 바깥에서 생각하고 말할 수 없기 때문이라는 것이다. 그럼에도 배드밍턴은 비록 근대적 휴머니즘이 잔존하고 있을지라도 포스트휴머니즘은 인간중심적 사고의 해체를 조장함으로써 고전적 휴머니즘을 극복할 수 있는 계기를 제공해 줄 것으로 기대한다. 이 때문에 그는 휴머니즘이 어떻게 스스로를 포스트휴머니즘으로서 다시 쓰고 있는지 노출시켜 주는 모순들과 내적 불안정성을 발견하는 작업을 강조한다(Badmington, 2003). 이처럼 비판적 포스트휴머니즘은 포스트휴머니즘 내의 휴머니즘적 유산을 청산하는 한편, 포스트휴먼화 속의 긍정적 잠재성을 강조한다. 하지만 기술적 변화를 이상화하지도, 부인하지도 않는다. 휴머니티 원칙의 다양화나 파편화가 휴머니즘 비판을 가능케 한다는 신념이 확고한 때문이다(헤일스, 2013).

(3) 사이보그론(Cyborg Theory)

인문학적 상상력을 통해 포스트휴머니즘의 성행에 큰 자극을 주었던 것의 하나가 다나 해러웨이(Dana Haraway)의 1985년 논문 "사이보그 선언문"이다(Haraway, 1991). 해러웨이는 포스트휴머니스트임을 자처한 적이 없었지만, 그녀의 독특한 사이보그 이론을 통해 포스트휴머니즘의 형성과 확산에 크게 기여했다. 이 논문에서 그녀는 사이보그적 미래의 유토피아 전망과 디스토피아 전망 모두를 거부하면서, 인간/기계, 남성/여성의 이분법을 넘어선 하이브리드적인 포스트모던 페미니즘을 선보였다.

기계-인간, 동물-인간 사이의 경계 이반 문법은 내파, 해체, 연결, 융합, 창발 등과 같은 용어로 서술될 수 있는데, 그러한 일련의 과정을 주도하는 기술과학의 자궁에서 수태된 변형체들을 해러웨이는 '사이보그(cyborg)'로 통칭한다. 해러웨이가 사이보그 개념에 천착하는 것은 동물의 유전자를 이식받은 토마토나 감자 등과 같이 자연상태와 비자연(非自然, non-nature)상태를 넘어선 새로운 잡종, 예컨대 유기체적 요소와 인공두뇌학적, 혹은 합성적 요소들이 뒤섞인 다양한 잡종들이 속출하는 '잡종 시대'의 드높은 파고를 감지했기 때문이다. 해러웨이는 사이보그를 기계인간의 특정 형태에 국한된 것이 아니라 고정된 범주를 해체시키는 기술과학적 실험장이라는 진화공간에서 만들어지는 모든 변형체나 변형성을 총괄하는 개념으로 인식한다(Haraway, 2007). 따라서 포스트휴머니즘 특성의 하나로 꼽히는 사이보그는 인간과 비인간을 코드화된 텍스트로 지속적으로 개념화-재개념화하고, 코드화된 텍스트를 통해 인간과 비인간의 관계를 새롭게 읽고 쓰면서 탄생하는 잡종성의 표상이라고 말할 수 있다.

일상세계에서 접할 수 있는 사이보그의 전형은 〈육백만 불의 사나

이〉나 〈소머즈〉와 같은 인기 방송물에 등장한 기계와 인간의 결합 이미지일 것이나, 뇌를 제외한 몸 전체를 의체화한 〈공각기동대〉의 주인공 '쿠사나기 모토코'의 이미지 같은 것이 보다 완벽한 고전적 사례라고 본다. 그 작품은 기계에 대한 인간 신체라는 특권적 지위의 포기를 모사한 것으로, 이러한 전망은 유전자가 이식된 특허 동물인 '온코마우스' 혹은 영화 〈스플라이스〉에 등장하는 다종(多種)의 유전자의 잡종 생명체인 '드렌'과 같은 각종인간-동물 융합 이미지들을 통해 재확인할 수 있다(김남옥 · 김문조, 2014). 더구나 생명공학기술의 혁명적 사건으로 기록되는 DNA 이중나선구조의 발견, 원하는 대로 자르고 붙여 짝이 될 수 없던 유전자들을 짝짓게 하는 유전자 재조합기술, 그리고 생명의 설계도 입수 사건인 인간유전체 사업의 완성 등은 생명을 복제하거나 재설계할 수 있다는 가능성을 확산시켜 사이보그의 진화에 대한 기대감을 불러일으키고 있는데, 그 구체적 사례로는 질병치료를 위해 이종 동물의 유전자를 이식받아 특정 치료물질을 배양하는 일련의 작업을 들 수 있다. 현재는 쥐, 돼지, 원숭이 등과 같은 동물을 대상으로 한 실험이 성행하고 있는데, 인간의 몸에 면역거부반응이 일어나지 않고 이식할 수 있는 방법을 찾아내는 것이 궁극적 목표라고 한다. 이러한 유전자 변형 유기체들은 다가올 다음 세계의 모습을 만들어 갈 기술과학의 성과를 예고하는 것으로, 종(種)의 경계, 심지어는 식물이나 동물과 같은 계(係)의 경계를 넘어 '이식된 유전자'를 가지고 있는 '유전자 이식 유기체'의 생성을 통한 사이보그 2.0 단계로 이어질 것으로 예상된다.

(4) 행위자연결망 이론(Actor-Network Theory: ANT)

사회과학을 인간사회의 여러 현상을 과학적이고 체계적으로 연구하는 경험과학이자 방법론이라 할 때, ANT 이전의 사회과학은 사회의 변화를 사회주체들 사이의 권력관계와 이해관계로 분석하는 방식이었다. 사회와 물질세계는 항상 분리된 채 인식되며 사회변화의 동인은 인간들 사이의 관계 속에서 파악되는 방식이었는데, 이에 대해 브뤼노 라투르(Bruno Latour), 미셸 칼롱(Michel Callon), 존 로(John Law)는 공동 기획을 통해 사회변화는 항상 물질세계의 변화와 함께 이루어지는 것이므로 사회과학자들은 사회와 물질세계의 공동변화에 주목해야 함을 역설하며 행위자-연결망 이론을 제안하였다.

그들의 지적 기획은 수 세기 동안 근대성에 의해 보호받고 있었던 과학지식의 객관성과 보편성을 해체하는 데서부터 시작하여 과학적 사실은 인간적 이해관계와 비인간적 기술이 협상과 결합을 통해 일체로 작동하는 과정에서 구성되는 것임을 주장하였으며, 자연과 문화 사이에 어떤 존재론적 차이가 있다는 것 자체에 의문을 제기하였다. 이들은 과학과 사회의 밀접한 상호연결에 대한 정교하고 섬세한 연구를 통해 자연과 사회는 결코 분리된 영역이었던 적이 없었고 언제나 인간적·비인간적 요소들의 하이브리드 연결망에서 서로 얽혀 있는 것으로 보았다(라투르, 2009).

계몽주의 휴머니즘 또는 이로부터 영향을 받은 근대의 이분법적 경계짓기를 초월하여 사회과학에 대한 새로운 이론적·방법론적 접근으로 제시된 행위자연결망 이론은 그동안 제기된 몇몇 문제점들에도 불구하고 이제 다양한 학문 분야에서 폭넓은 방식으로 적용되면서 매우 큰 영향력을 미치는 행위자로 자리매김하고 있는데(Gad and Jensen, 2010), 그것은 여타 사회학 이론들처럼 요소들이 맺는 관계의 성격이 무엇인지를 규정함으로써 다양한 영역에 적용될 수 있는 보편적 이론이 아니라, 요소들이 서로 어떻게 연관되는지를 탐지하는 방법으로 연구자가 이종적인 개체들 간의 결합을 추적하는 데 역점을 두고 있다는 점에서 특기할 만하다.

ANT의 행위자란 '어떤 행위를 하는 실체들'로서의 행위자를 의미하며 인간과 비인간 모두를 포함한다(Latour, 1992). 또 인간/비인간과 같은 범주나 형상에 의해 정의되는 것이 아니라 행위 능력을 지닌 존재론적 실체로서 내러티브 속에서 역할을 담당하는 모든 존재를 뜻한다. 즉, 연결망 속의 다른 행위자들이 인정하고 고려하고 혹은 영향을 받는 존재를 말하는데, 예를 들어 실험실의 실험기구, 그래프, 설계도, 물질의 입자, 바이러스, 동물 등이 인간과 동일한 행위자로서의 지위를 가진다.

한편, 연결망이란 "그 성격이 아직 미결정된 실체들 사이의 비구체화된 관계들의 집합"으로 정의되는 것으로(Callon, 1993), 행위자와 연결망은 서로를 지속적으로 재규정하고, 하나가 다른 하나에 의존한다. 한 행위자의 행위 능력이란 연결망에 가입된 숱한 행위자들의 상호작용에서 비롯된 '관계적 효과'로 볼 수 있으므로 문제를 해결하는 것은 행위자가 아니라 연결망이다. 양자 간의 상호관계에 대해 칼롱은 다음과 같이 상술한다.

> "행위자-연결망은 행위자만으로도 연결망만으로도 환원될 수 없다. 그것은 생물과 무생물의 이질적인 일련의 요소들로 구성되어 있는데, 이 요소들은 일정한 기간 동안 서로서로 연결되어 있다. … 행위자-연결망이란 자신의 활동을 통해 이질적 요소들을 연결하는 행위자인 동시에, 자신의 구성 요소들을 재규정하고 변형할 수 있는 연결망이기도 하다"
>
> (김환석, 2009: 55에서 부분적으로 재인용).

(5) 신(新)유물론(New Materialism)

지난 약 20년 동안 물질 세계에 대한 새로운 개념, 즉 물질성(materiality)이 사회과학의 뜨거운 쟁점으로 부상하였다(Dolphijn and Tuin, 2012; DeLanda, 2015; 김환석, 2018). 즉 '사회적인 것'에서의 물질에 대한 배제가 인공물 범람의 시대와 조우하면서 관계적 전환(relational turn), 물질적 전환(material turn)이라는 거대한 변화의 흐름이 형성되었는데, 이러한 탈인간중심주의 사상의 대표적인 사유 중 하나가 신유물론이다. 신유물론은 최근의 포스트휴머니즘적인 시도들을 '물질의 존재론'에 입각해서 새롭게 명명한 용어로서 마르크스 유물론을 비롯한 기존의 유물론이 휴머니즘 전통과 불가분의 관계에 있다면, 신유물론은 포스트휴먼 시대의 유물론이라고 할 수 있다(박인찬, 2017).

신유물론적 기획의 출발점은 물질에 내재하는 '활기찬', '창조적인', '자기조직적인' 역능을 인지하고 있는 유물론자들의 숨은 혈통을 부활시키자는 것이었다. 신유물론의 청년 장교단들은 바뤼흐 스피노자(Baruch Spinoza), 드니 디드로(Denis Diderot), 앙리 베르그송(Henri Bergson), 찰스 다윈(Charles Darwin) 그리고 프리드리히 니체(Friedrich Nietzsche) 같은 대사상가들에 대한 작업을 통해 모든 형태의 기계주의와 이원론에 대한 거부의 근거를 색출하고자 했다(Lowrie, 2015). 자기조직적인 물질성에 대한 이들의 주장은 과격한 급진주의로 여겨지기도 하나, 이들이 속한 철학적 계보를 따라 유전되어 온 생기론적 입장과 수학, 물리학 그리고 생물학에서 비롯된 복잡계 이론의 최근 사유에 대한 종합으로 이해하면, 오히려 포스트휴머니즘이라는 시대적 요구에 대한 선지적 통찰로 간주할 수 있다.

신유물론자들에게 물질은 단순한 물질이 아니라 '내재적 생기'를 지닌 어떤 것이며, 물질성이란 '물질을 능동적이고, 자기 창조적이고, 생산적이며, 예측할 수 없게' 하는 성질들, 즉 '초과, 힘, 생기, 관계성, 혹은 차이'를 일컫는다(Coole and Frost, 2010). 즉, 신유물론은 존재하는 것들의 생기론(vitalism)적 물질성에 입각해 새로운 존재론과 행위론(agency)을 추구한다. 유기체든 무기체든 모든 것들을 물질의 관점에서 사유하는 신유물론에서 가장 중시되는 것은 물질에 내재된 물질성으로, 관계망 속의 물질들이 저마다 행위능력을 가진다는 점이다. 또 지속적 유동상태로 인식되는 '물질세계의 내용인 자연', '문화', '물질', '사회'는 물질성의 연속적 계열을 이루는 것으로서, 지속적으로 변화하는 세계에서 서로 영향을 주고받는 것으로 상정된다. 요컨대, 행위자로서 연결된 다른 물질들에 영향을 주기(affect)도 하고, 다른 물질들의 행위로부터 영향을 받는(be affected) 양면적 존재로 묘사된다(DeLanda, 2015).

(6) 사변적 실재론(Speculative Realism)

신유물론과 함께 사물의 존재성과 관련해 최근에 주시되고 있는 새로운 철학적 사조가 사변적 실재론이다. 사변적 실재론은 행위자연결망 이론이나 신유물론과 마찬가지로 인간/비인간 행위자를 대칭적으로 파악하며, 사물의 행위능력에 대해서도 인간과 동등한 지위를 부여하는데, 사변적 실재론자들은 사물의 행위능력 이전에 모든 것을 동등한 층위의 '객체(Object)'로 환원하여 사물의 '존재 그 자체(things-in-themselves)'에 대한 물음과 존재론적 해답을 정조준한다(Bryant, Srnicek and Harman, 2011). "현상은 존재하기 위해 의식에 의존한다."는 주장을 상정한 칸트 이후 현대 철학이 근원적으로 품고 있는 반실재론(antirealism)을 적극적으로 반박하는 이들 철학은 '사물 그 자체'에 대한 의미는 물론이거니와 존재 가능성에 대한 어떠한 담론도 허용하지 않는 데 대해 문제를 제기하면서 그 대안으로 사변적 실재론을 제시한다(Shaviro, 2011).

이러한 대안은 그레이엄 하먼(Graham Harman), 퀭탱 메이야수(Quentin Meillassoux), 레이 브레시어(Ray Brassier), 이안 그랜트(Ian Grant)로 대표되는 '사변적 실재론자'들로 알려진 철학자들에 의해 제시되고 있다. 사변적 실재론은 2007년 영국 골드스미스 대학에서 열린 최초의 사변적 실재론 학술회의에서 강연한 네 명의 철학자들로부터 유래되었는데, 이들은 각각 다른 입장과 프로그램들을 가지고 있었기 때문에 사실상 '사변적 실재론들'이라고 표현하는 것이 보다 합당하다(Shaviro, 2015). 당시 회의에서 그들은 "칸트주의(또는 상관주의)에 반대한다."는 정도에 대한 잠정적 합의에 도달했을 뿐이다. 이후에도 다양한 분파들이 내용을 다소 달리하는 견해들을 발표하고 있는 만큼, 사변적 실재론은 아직 상호 간의 독해와 토론 등을 통해 형성 중인 사조로 보아야 할 것이다(Harman, 2011).

이들에게서 현대적 사유는 하먼의 표현대로는 '인간의 접근(human access)'(Harman, 2009)이라는 관념, 메이야수의 표현대로라면 '상관주의(correlationism)'(Meillassoux, 2008)라는 관념의 노예가 된 채 유지되고 있다는 것인데, 하먼의 경우는 "객체를 그것에 대한 인간의 접근으로 환원시키는 근원적 형이상학"으로 특징짓는 것을 거부하는 것이며, 메이야수에 있어서는 "우리는 주체에 대한 객체의 관계와는 별개로 객체 '자체'를 결코 파악하지 못한다."는 관념에 대한 거부의 형태로 드러난다(Shaviro, 2014).

이러한 각자의 존재론적 기획은 하먼에게는 객체지향 존재론(O-O-O: Object-Oriented Ontology), 메이야수에 있어서는 사변적 유물론의 형태로 발현하게 된다(Harman, 2011, 2018; Meillassoux, 2008). 하먼은 세상 모든 존재를 객체로 환원하고, 거기에 하이데거의 이론을 결합해 실재적인 것과 감각적인 것을 분리한 후, 객체 그 자체와 그것의 속성을 분리하여 객체지향 존재론이라는 종합적 이론틀을 구축했다. 반면, 존재를 인간의 의식 속에서 포착되는 것만으로 한정하여 사고하는 방식을 상관주의라는 이름으로 비판한 메이야수는 '선조성(ancestralite)' 개념에 의거해 상관주의의 허점을 제기했다. 화석처럼 인간이 존재하지도 않았던 먼 과거에 생성된 어떤 존재의 직간접적인 증거들에 대해, 이들을 오직 인간이 인식하기 시작했을 때부터 있어 왔던 것이기에 그 존재론적 의미를 판단하는 것은 과도한 인간중심주의에 불과하다고 공박한다. 그 존재는 인간의 의식과 상관없이 존재 그 자체로서 사고해야 한다는 입장이다(김연철 · 이준석, 2016).

3) 포스트휴먼 담론의 계도(系圖)

앞에서 논의한 포스트휴먼 담론의 계보를 압축적으로 정리한 것이 〈표 13-1〉이다. 포스트휴머니즘이라는 일반론 산하의 주요 계보들이 총 여섯 범주로 나뉘어 있는데, 이들은 한 쌍씩 전망론적, 관계론적, 존재론적 시각을 대변한다.

〈표 13-1〉 포스트휴먼 담론의 계도

	이론명	대표적 학자
	포스트휴머니즘 (PH: Posthumanism)	캐서린 헤일스(Katherine Hayles), 로지 브라이도티(Rosi Braidotti), 슈테판 헤어브레히터(Stefan Herbrechter)
전망론적 시각 (Perspectual View)	트랜스휴머니즘 (TRH: Trans-humanism)	한스 모라벡(Hans Moravec), 레이 커즈와일(Ray Kurzweil), 에릭 브린욜프슨/앤드류 맥아피(Erik Brynjolfsson/Andrew McAfee), 닉 보스트롬(Nick Bostrom)
	비판적 포스트휴머니즘 (CPH: Critical Posthumanism)	일레인 그레이엄(Elaine Graham), 캐리 울프(Cary Wolfe), 캐서린 헤일스(Katherine Hayles), 닐 배드밍턴(Neil Badmington), 슈테판 헤어브레히터(Stefan Herbrechter)
관계론적 시각 (Relational View)	사이보그론 (CBT: Cyborg Theory)	다나 해러웨이(Dana Haraway), 스텔리오스 아르카디우 스텔락(Stelios Arcadiou Stelarc), 마가렛 그레보비츠/헬렌 메릭(Margret Grebowicz/Helen Merrick)
	행위자연결망 이론 (ANT: Actor Network Theory)	브뤼노 라투르(Bruno Latour), 미셸 칼롱(Michel Callon), 존 로(John Law)
존재론적 시각 (Ontological View)	신유물론 (NMT: New Materialism)	로지 브라이도티(Rosi Braidotti), 마누엘 데란다(Manuel DeLanda), 캐런 바라드(Karen Barad), 퀭탱 메이야수(Quentin Meillassoux)
	사변적 실재론 (SPR: Speculative Realism)	그레이엄 하먼(Graham Harman), 레비 브라이언트(Levi Bryant), 퀭탱 메이야수(Quentin Meillassoux), 이언 보고스트(Ian Bogost)

3. 포스트휴먼 시대의 사회통합 과제

1) 포스트휴먼 담론의 사회통합적 함의

전술한 트랜스휴머니즘(TRH), 비판적 포스트휴머니즘(CPH), 사이보그론(CBT), 행위자연결망 이론(ANT), 신유물론(NMT) 및 사변적 실재론(SPR)은 기본적으로 포스트휴머니즘이라는 육각형 우산의 우산살에 해당하는 이론들인 만큼 서로 중첩되는 내용이 적지 않으리라 본다. 그러나 포스트휴머니즘의 전모를 파악할 수 있는 방안의 일환으로 여섯 개 이론들을 가장 특징적으로 대표한다고 생각되는 핵심 개념 한 가지씩을 선정해 보면, 트랜스휴머니즘의 경우는 초월(transcendence), 비판적 포스트휴머니즘은 난관(predicament), 사이보그론은 혼성(hybrid), 행위자연결망 이론은 연결(linkage), 신유물론은 생기(vitality), 그리고 사변적 실재론의 경우는 임재(presence)를 꼽을 수 있을 것 같다. 물론 상기 여섯 가지 속성들은 상통하는 부분이 많을 뿐 아니라 그 발원적 터전에 해당하는 이론들과 1:1의 배태적 관계를 맺고 있는 것도 아니지만, 우산살의 꼭짓점을 대변하는 이들을 연결시킨 육각형은 포스트휴머니즘의 주요 키워드들이 포괄하는 개념적 공간으로 간주할 수 있다고 본다. 이때, 주어진 육각형 공간 내에서 포스트휴먼 시대의 사회통합적 가치에 상당한다고 판단되는 포스트휴머니즘의 내재적 함의를 추려보면 동등성(equivalence), 자율성(autonomy), 교류성(association), 조합성(assemblage), 인정성(recognition), 상생성(symbiosis) 등을 식별해 낼 수 있다([그림 13-2] 참조).

[그림 13-2] 포스트휴머니즘론의 유형별 핵심 개념과 사회통합적 가치

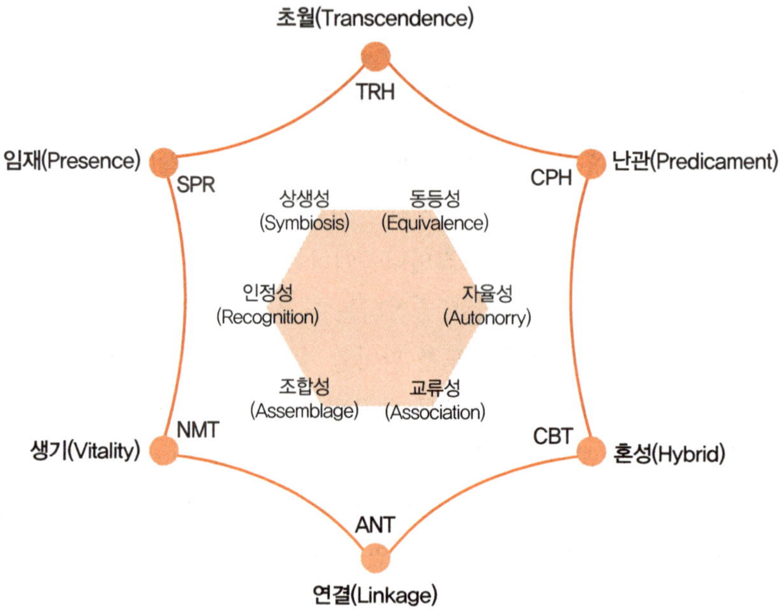

2) 포스트휴먼 시대의 사회통합적 목표

그런데 전술한 여섯 가지 포스트휴머니즘의 사회통합적 가치들을 인간중심적 사회통합론의 키워드와 대비시켜 보면 동등성, 자율성, 교류성, 조합성, 인정성 및 상생성은 차별, 억압, 단절, 분열, 무시, 배제와 같은 현대 사회의 주요 난제들을 극복하기 위한 사회통합의 핵심 가치로 꼽혀 온 평등, 자유, 소통, 연대, 관용 및 공존과 같은 기존 사회통합론의 의제들과 상응함을 짐작할 수 있다. 따라서 포스트휴머니즘의 여섯 가지 사회통합적 가치들을 기존 사회통합론의 의제들과 매치시킨 후, 양자의 의미론적 차이에 준거해 가치 변화의 추세를 '___

으로부터 ___'라는 이행 양식으로 명제화한 진술과 지향성을 축약한 결과를 요약적으로 정리하면 〈표 13-2〉와 같다.

그런데 〈표 13-2〉의 비교 도식, 특히 이행 도식으로 정리한 여섯 개 명제들을 횡렬로 재배치한 후 양자 간의 의미론적 차이를 검토해 보면, 인간중심의 기존 사회통합론과 비교한 포스트휴먼 시대의 사회통합 논제, 즉 동등성, 자주성, 관계성, 배열성, 존재성, 전체성이라는 키워드 세트에 해당하는 포스트휴먼 시대의 사회통합 가치는 평등, 자유, 소통, 연대, 인정, 관용과 같은 기존 것들에 비해 동격성, 체화성, 접합성, 결연성, 예우성, 친화성과 같은 특성들이 보강된 것이라고 말할 수 있다. 이는 정보화, 지구화, 개인화, 분산화, 다원화, 유연화, 친

〈표 13-2〉 기존 사회통합론과 포스트휴먼 사회통합론의 비교

기존 사회통합 가치	포스트휴먼 사회통합 가치	가치 이동	지향성
평등	동등성	'위치에서 자격으로' From Position to Entitlement	동격성
자유	자율성	'권리에서 속성으로' From Right to Attribute	체화성
소통	교류성	'교환에서 교섭으로' From Exchange to Interaction	접합성
연대	조합성	'정명(定命)에서 선택으로' From Mandate to Choice	결연성
관용	인정성	'허용에서 존중으로' From Allowance to Respect	예우성
공존	상생성	'포섭에서 화합으로' From Inclusion to Harmony	친화성

환경화 등과 같은 현대사회의 거시적 동향이 복합적으로 반영된 결과로 풀이된다.

4. 소결

탈인간중심주의(de-anthropocentrism)를 지향하는 포스트휴먼 시대의 도래와 함께 기존 사회통합론의 확장적 수정이 권고 사항을 넘어선 필수 요건이 되어가고 있다. 이러한 시대적 요청의 골자는 크게 다음 두 가지 논제로 집약할 수 있다.

첫째는 '사회통합'이라는 용어의 앞부분에 해당하는 '사회, 또는 사회적인 것'의 범역과 직결된 인간중심주의에 관한 사항이다. 포스트휴먼 시대에 인류는 다양한 비인간적 존재자들과 조우하게 된다. 인간은 비인간의 힘을 통해 여러 당면 과제들을 해결하지만 그 과정에서 새로운 문제에 직면하게 되어 문제 해결을 위해 또 다른 종류의 비인간을 동원한다. 이런 상황에서 인간은 더 이상 비인간과 분리될 수 없어, 우리가 사회라고 부르는 것마저 인간-비인간의 복합체(collective)와 다름없는 존재가 된다. 인간의 사물화, 사물의 인간화가 촉진되는 과정에서 객체를 변화시키시고 움직이게 하는 행위를 이해하기 위해서는 종전의 인간중심적 사고틀을 넘어 인간-사물의 잡종적 연합을 기반으로 하는 발상적 대전환이 요구된다. 인간은 태생적인 유기체적 능력을 발휘하는 특권적 존재가 아니라 특정 연결망에 의해 구성-재구성되는 행위소의 하나로 인식되며, 사물 역시 주어진 속성에 머무른 채 수동적으로 반응하기만 하는 존재가 아니라 특정 연결망 상태와의 번역 과정에 적극적으로 참여하는 능동적 행위소로 이해되어야 한다. 그래야만 인간과 사물, 사회와 자연이라는 이분법을 벗어나 만물이 세상을 움직이는 주관자가 되어 가는 포스트휴먼 사회의 통합 과제를 대처할 수 있는 포스트휴먼(post-human) 상상력을 온전히 만끽할 수 있다.

이런 측면에서 근대주의가 초래한 생태적 위기를 극복할 수 있는 '코스모폴리틱스(cosmopolitics)'를 제안한 라투르의 견해는 주목할 가치가 크다(김환석, 2017). 코스모폴리틱스란 비근대주의에 입각한 새로운 정치로, 주체/객체의 이원론에 기초하여 인간들만의 이해관계를 추구하는 기존 정치와는 달리 자연과 기술 등 다양한 비인간들의 이해관계도 존중을 하는 인간-비인간의 대칭적 정치이다. 포스트휴먼 시대에는 인간과 비인간이 주체/객체의 관계가 아니라 공동세계를 구축하는 동반적 행위자들이기 때문에, 인간과 비인간이 이루는 '공동세계의 점진적 구성'을 전제로 하는 코스모폴리틱스가 실현되어야 한다는 것이다.

두 번째 과제는 '사회통합'의 뒷부분인 '통합'과 직결된 사항으로, 포스트휴먼 시대에는 이전과 다른 어떤 통합 원리를 강구해야 할 것인가라는 문제이다. 앞서 동등성, 자율성, 교류성, 조합성, 인정성, 상생성이라는 내재적 속성을 더해 갈 포스트휴먼 시대의 사회통합 어젠다에서는 합의보다 공감, 권한보다 의식, 이해보다 협력, 철칙보다 선호, 허용보다 존중, 그리고 단순한 수용보다 타자에 대한 개방성, 참여성, 유연성, 다양성, 개별성, 친화성 등이 강화될 것으로 추정할 수 있다. 이는 곧 사회통합 논리가 보다 불확정적이고 역동적으로 변모할 것임을 시사하는데, 그에 따라 존재(being)보다 생성(becoming), 요컨대 사회통합의 과정이나 경로와 같은 동태적 측면에 대한 관심이 증대할 것으로 예견된다. 그러한 역동적 과정을 '진화'라고 통칭한다면, 과거에

찰스 다윈이 지구상의 무수한 생명 종의 발현을 '진화'라는 단순한 원리로 설명해 냈던 것처럼 인공물을 위시한 사물에 대해서도 기술 진화의 계보나 그 잠재 효능에 기반해 사회체계의 추세를 효과적으로 진단할 수 있으리라 본다.

자연의 진화 원리를 인공물의 진화에 유비한 기존 연구들은 대체로 외형적 유사성을 토대로 인공물의 진화에 적용하고자 하는 시도가 주류였는데, 인공물과 비교할 때 생명체가 가지는 본원적 차이인 유전자의 매개와 선형적 유전이라는 한계에 처해 극히 제한적으로만 유비할 수 있다는 식의 난관에 봉착한 바 있다. 생명체에 관한 다윈의 진화론을 인공물에 적용할 수 있는 가능성에 대한 가장 직접적인 연구는 존 지만(John Ziman)에게서 찾아볼 수 있다. 지만은 인공물의 진화를 생명체의 진화에 비유할 수 있는지에 대한 연구를 수행했는데, 이러한 작업을 통해 지만은 다음 세 가지 한계를 지적했다. 1) 생물의 진화는 무작위적이나 인공물은 무작위적으로 만들어지지 않는다(인간의 목적에 따라 만들어진다.), 2) 인공물에는 생명체의 유전자와 같은 역할을 하는 요소가 없다, 3) 생명체는 직계존속으로부터만 형질을 이어받는데 인공물은 다양한 선조로부터의 재조합이 이루어진다(Ziman, 2000). 이러한 명제를 보다 심층적으로 논구하기 위해 지만은 생물학, 물리학, 사회학 등 다양한 분야의 연구자들로 구성된 Epistemology Group이라는 모임을 만들어 진화론의 응용 가능성을 다각도로 탐지해 왔는데, 아직은 구체적 성과가 산출되지 않고 있다.

늦은 밤바람을 가르며 말 달리는 자는 누구인가?
그것은 아이를 품에 안고 질주하는 아버지
……
지친 몸으로 집에 도착했을 때,
아기는 품에서 죽어 있었네

(프란츠 슈베르트의 가곡 마왕(Erlkönig)의 첫 소절과 마지막 소절)

신기술 하이프 사이클의 길목마다 빼곡히 들어선 첨단기술들은 인류에게 어떠한 영향을 끼칠 것인가? 질주하는 기술혁신의 마상(馬上)에서 품은 아기의 안위, 혹은 그것이 영물이나 괴물로 변하는 양상을 살펴야 하듯 기술사회구성체(technological social formation)의 현재와 미래를 점검해 '인간주의적 유토피아(humanistic utopia)'의 가능성을 탐지하는 일은 인공지능이 인간의 자연지능을 넘어서는 특이점이 다가온다는 언설이 확산되는 오늘날의 절박한 시대적 과업임에 틀림없다.

카덴차: '공황'의 블랙홀 속으로

카덴차(cadenza)란 협주곡 말미에 독주자가 오케스트라의 반주 없이 화려하고 기교적인 애드리브 혹은 그 풍을 살려 자신의 역량을 최대한 발휘할 수 있도록 설정해 놓은 부분을 말한다. 애초에는 연주자의 즉흥연주에 의존했으나, 낭만파 시대에 들어서서 베토벤 같은 작곡가들이 직접 카덴차를 포함한 협주곡을 작곡하면서 지금 형태로 정착되었다고 한다. 카덴차는 기본적으로 독주자가 혼자 이끌어 나가는 부분이기에 지휘자도 잠시 동작을 멈추고 감상할 정도라는데, 재즈나 힙합 같은 것이 이 같은 즉흥적 연주

전통의 현대적 버전이라고 하겠다.

이마누엘 칸트(Immanuel Kant)의 주관주의 인식철학을 계승한 아르투어 쇼펜하우어(Arthur Schopenhauer)는 "모든 예술은 음악의 상태를 동경한다."고 말한 바 있다(쇼펜하우어, 2019[1819]). 소재를 형식과 분리할 수 있는 여타 예술과 달리, 양자의 구분이 불가능한 음악의 경우만이 순정한 예술로 간주될 수 있다는 것이다. 이처럼 예술 중의 예술로 꼽히는 음악세계에서나 통용되어 온 카덴차를 에필로그나 들어섬직한 사회과학 서적의 말미에 끌어들이고자 한 이유는, 완벽한 자료나 엄정한 과학적 논증에 크게 얽매이지 않는 자유로운 입장에서 저자의 소회를 자신의 음색과 톤으로 토로하고 싶은 의욕에서이다.

오늘날 한국인은 사회적 안전망의 부실로 인한 상시적 불안, 생활환경의 위험으로 인한 공포 및 인간관계의 단절로 인해 고립으로 통합사회의 모습과 대비된 심난한 상태로 빠져들고 있다. 따라서 불안, 공포, 고립이라는 세 가지 고초를 꼭지점으로 하는 '내면적 위기의 삼각형(internal crisis triangle)'은 '고통받는 개인'이라는 주제로 통괄할 수 있으리라 생각한다.

한편, 유무형 자원의 불균등에 근거한 차별, 악성 서열 짓기로 인한 인격적 무시, 타자에 대한 적대적 혐오도 우리 사회의 통합을 저해하는 심각한 장애 요소로 엄존한다. 차별, 무시, 혐오라는 부정적 현상들이 구성하는 '관계적 위기의 삼각형(relational crisis triangle)'은 '무너지는 공동체'로 명명할 수 있을 것 같다.

그렇다면 상기 여섯 개 쟁점들의 종합, 즉 내면적 위기의 삼각형과 관계적 위기의 삼각형을 결합한 '위기 육각형(crisis hexagon)'의 전모를 대변할 수 있는 개념은 무엇일까? 불안 · 공포 · 고립 · 차별 · 무시 · 혐오를 한 몫에 주제화할 수 있는 것, 요컨대 내면생활 및 인간관계를 절망의 심연으로 몰아넣는 여섯 가지 난제들이 융복합적으로 착종된 '멘붕'이라고 불리는 이 같은 상황을 대변할 수 있는 최적의 용어로는 '공황(panic)'을 들 수 있다(석승혜 외, 2019, [그림 C-1] 참조).

[그림 C-1] 내면적 · 관계적 · 융복합적 위기의 축도와 주제어

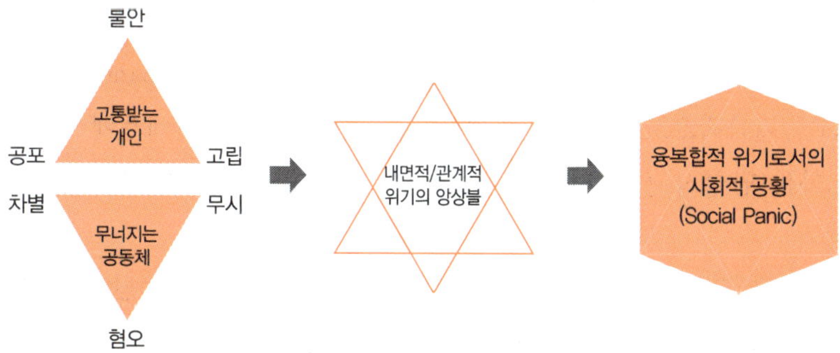

공황이라는 말은 인간의 상반신에 염소의 다리를 가진 목축의 신 판(Pan)에서 유래했다고 한다. 깊은 산골이나 황량한 들판을 오가는 행인들 목전에 흉측한 모습으로 출몰해 곤경에 빠트리게 하는 '놀람의 신' 판이 공황의 어원이라는 것이다. 따라서 심리학에서는 심적 충격이나 동요로 인한 극심한 두려움을 공황으로 규정한다. 반면, 현상의 객관적 측면을 보다 강조하는 경제학에서는 심적 공황장애(panic disorder)를 일으키는 급박한 경제적 위기 상황을 공황으로 정의한다. 그러나 공황 상태에서는 내면세계와 외부세계가 교호작용을 통해 뫼비우스의 띠처럼 상통하게 되므로, 사회적 차원의 공황을 문제 삼는 논의에서는 내부와 외부 혹은 주관적 차원과 객관적 차원에 대한 논쟁이 불필요하다고 본다.

공황을 현 단계 한국 사회를 특징짓는 핵심어로 간주할 때 일차적으로 제기할 수 있는 문제는 공황의 급작성(急作性)이다. 판이라는 어원에 내포된 의미는 "갑작스러운 출현으로 인한 놀람"이다. 20여 년 전 우리 사회를 엄습한 IMF 외환위기는 명백히 그 전형에 귀속시킬 수 있다. 하지만 향후의 경기침체나 사회적 불안정 등은 우리 삶을 크게 위축시켜 왔음이 분명하나, 결코 예측불가의 범주에 포함시킬 만큼 돌발적 현상이라고 말할 수 없다. 따라서 '공황'이라는 보편적 현상으로서의 위난을 거론할 때는 놀람을 동반한 급성 공황(acute panic)은 물론이요, 일과적으로 반복되면서 부지불식간에 우리 생활세계에 침전(沈澱)하는 만성적 공황(chronic panic)도 논의에 포함시키는 것이 옳다고 본다.

공황을 오늘날 심각한 사회적 위기를 초래하는 일련의 난제를 총괄하는 개념으로 설정할 때 급작성 못지않게 주시해야 할 측면이 작위성(作爲性)이다. 공황의 작위적 속성을 집중적으로 탐구한 이들은 '도덕적 공황(moral panic)' 연구자들이었다. 도덕적 공황이라는 개념은 1972년 사회학자 스탠리 코언(Stanley Cohen)이 *Folk Devils and Moral Panics*라는 저작에서 최초로 제기한 것으로, "사회구성원들이 특정 집단, 쟁점 혹은 사건들을 해당 사회의 지배적 가치나 집합적 이익을 위협하는 파괴적 요소로 단죄하면서 집단적 공포심을 동원해 사회에서 추출하려는 행태"로 정의된다(Cohen, 1973). 도덕적 공황의 주도자들은 과도한 도덕적 잣대를 들이대는 사회주류층인 경우가 대부분인데, 시현 과정에서는 미디어가 의제 설정, 이미지 전달, 침묵을 깨는 발언 기회의 제공과 같은 측면에서 결정적 역할을 담당한다. 이처럼 공황은 작위적으로 만들어지거나 조장될 개연성이 높은 만큼, 사회적 공황을 논할 때 자연발생적 공황은 물론이나, 가짜 뉴스 등으로 인한 현실 왜곡의 가능성을 예의주시해야 할 것이다.

더구나 품거나 트는 수준을 넘어 교착된 마음을 푸는 화해적 사회통합으로 공황이라는 블랙홀의 어둠으로 인도하는 악마의 목구멍(devil's throat)으로부터 우리 사회를 구출하기 위해서는 선제성과 예우성이라는 부수적 행위 요소가 필수적이라고 본다. 다름을 인정하고 서로 관용하자는 식의 공허한 다원주의가 더 이상 통용될 수 없는 지경에 이르렀기 때문이다.

친구나 동료를 뜻하는 companion이 "빵(pan)을 나눈다."는 포르투갈 말에서 기원했다고 하듯, 성공과 실패가 교차하는 삶의 역정에서 우리는 빵을 나눠먹듯 타자와 애환을 나누며 고난에 대처해 왔다. 그런데 나눔이라는 호혜적 관계가 발동하기 위해서는 마중물에 해당하는 조건 없는 베풂(giving)이 선행되어야 한다. 화해의 선행 요소인 용서하다(forgive)라는 말의 어원은 "for-(completely) + giefan(give)", 즉 "주저없이 선뜻 내주다."라고 한다. 즉 '미리주다'라는 의미로 확대해석할 수 있어, 선제적 행위가 발동하지 않는다면 용서를 통한 화해란 성립될 수 없다. 또 통상적으로 예상할 수 있는 선제적 행위의 전형은 강자의 관용과 약자의 양보일 테지만, 그 전도적 행태인 강자의 자숙과 약자의 아량은 보다 큰 선제성 효과를 발휘할 수 있다.

한편, 상대방을 높이는 행위로서의 예우는 교류–이해–관용–배려를 주축으로 하는 포용적 사회통합과 자성–협력–존중–치유에 기반한 화해적 사회통합의 차이를 변별해 준다는 점에서 각별한 중요성을 지닌다. 지금까지 '갈등과 통합'에 관한 논의의 장에서 중점적으로 거론되어 온 것은 징벌적 통합론, 복지적 통합론 및 포용적 통합론 같은 저진로 해법이었다. 그런데 제9장 사례연구 소결에서 언급한 바와 같이, 이들 저진로 해법과 고진로 해법으로서의 화해적 통합론과의 결정적 차이는 나와 남, 혹은 내 편과 네 편의 관계를 어떻게 바라보느냐라는 피아관(彼我觀)에서 비롯된다. 전자가 나와 남, 혹은 내 편과 네 편을 분리시켜 생각하는 격리적 피아관(隔離的 彼我觀)에 기초한 것이라면, 후자는 양측을 화합적으로 인식하려는 합체적 피아관(合體的 彼我觀)에 근거한 것이라고 할 수 있다(프롬, 1999[1955], [그림 C-2] 참조).

[그림 C-2] 기존 세 가지 통합론과 화해적 통합론의 차이

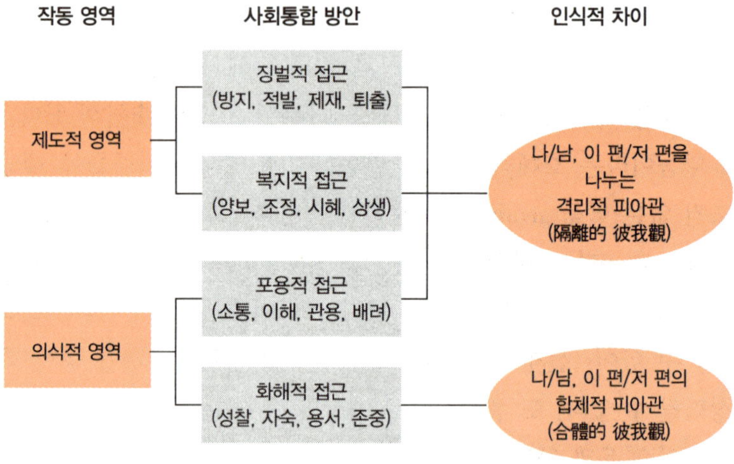

이때, 새로운 합체로서의 '우리'를 두고 장 뤽 낭시(Jean-Luc Nancy)는 "내가 추가된 것도, 내가 병존하는 것도 아닌 단수이자 복수인 존재"로 규정한다(Nancy, 2000). '단수적 복수(the singular plural)'로 존재한다는 것은 모든 사람이 각자의 개인성이나 독특함을 서로 존중한다는 것을 뜻한다. 따라서 개인은 다른 사람과 똑같이 살아갈 필요도, 똑같은 믿음을 지닐 필요도 없다. 이런 의미에서, 일치(unanimity)가 아닌 합체적 형태로 마음을 합하는 '합심(合心)'은 모든 사람들이 같은 소리를 내는 제창이 아니라 각자가 다른 선율로 화성을 이루는 합창에

비견될 수 있으리라 본다.

제2부의 6장 및 8장에서 각기 양적, 질적 방법으로 검증된 바 있는 화해적 사회통합의 가치는 호화주택 가족과 그에 대비되는 반지하 가족 및 벙커 가족들 간의 상호관계를 소재로 인간적 예우의 중요성을 부각시켜 국제적 호응을 불러일으킨 봉준호 감독의 최근 영화 〈기생충〉으로부터도 익히 엿볼 수 있으나, 일산지에 재수록된 고영미의 다음과 같은 동시로부터 보다 직설적으로 감지할 수 있다.

> 나는 너를
> 높이려고
> 쿵덕
>
> 너는 나를
> 올리려고
> 쿵덕
>
> 서로 높이다
> 통하는 때가 있지.
>
> (고영미의 동시 <시소>, 조선일보 2019.5.30., A34면,
> "가슴으로 읽는 동시"에서 재인용)

갈등과 통합에 대한 지난날의 연구를 다시금 되돌아보면, 갈등은 이해 갈등 및 정체성 갈등으로 대별되어 왔고, 갈등 해소를 위한 사회통합 방안은 징벌적 접근, 복지적 접근 및 포용적 접근이라는 세 가지 차원으로 분류되어 왔다. 징벌적 접근, 복지적 접근 및 포용적 접근은 각

기 안정적 질서를 이상시하는 균제적 상상력, 경제적 형평성을 중시하는 공리적 상상력 및 상생적 삶을 강조하는 생태적 상상력을 인식적 기반으로 한다. 이처럼 발상적 원천이나 목표가 상이함에도 불구하고 지금까지 학계 내외의 사회통합 담론에서는 관용, 배려, 양보, 희생, 공유, 나눔, 이해, 소통, 경청, 용서, 상생, 공존 등과 같은 좋은 말들이 무차별적으로 혼용되어 왔다. 그러나 '나는 나, 너는 너'라는 격리적 피아관을 고수하는 복지적 접근이나 포용적 접근에 속하는 사회적 덕목들은 겉보기와는 달리 나와 남의 혼융을 전제로 하는 합체적 피아관 산하의 성찰, 자숙, 용서, 존중 같은 사회적 덕목들과는 소정의 격차가 엄존함을 유념할 필요가 있다.

기본적으로 전자는 동질화를 통한 일치를 지향하는 것인 반면, 후자는 화합을 통한 조화를 목표로 한다. 즉, 전자는 위로나 연민과 같은 시혜적 조처를 통해 동정(sympathy)이라는 동질적 마음의 상태를 조성하는 데 진력한다면, 후자는 나눔이나 협력과 같은 호혜적 상호작용을 통한 공감(empathy) 창출에 주력한다. 따라서 화해적 통합의 당사자들은 굳이 동일한 사고나 정서를 견지할 필요가 없다. 나와 남의 합체를 전제로 하는 화해적 접근이 의식세계의 심층적 변화를 요하는 수월치 않은 대안임에도 불구하고, 생각이나 느낌을 달리하는 사람들이 섞여 사는 현대 사회에 적실성을 지니는 이유는 무리한 단합이나 통일이 아니라 공감적 결속(empathic solidarity)에 기초한 화합적 사회통합(harmonious social integration)을 추구한다는 점에 있다.

근육이나 심적 긴장을 완화하라는 '힘 빼'라는 말이 거의 모든 운동의 기초적 권장 사항으로 받아들여지고 있듯, 사회라는 기구도 개개인이 획일성의 신화에 얽매이지 않고 자유로이 살아갈 때 원활히 작동한다. 오래전 고전경제학자 애덤 스미스(Adam Smith)는 『도덕감정론(*The*

Theory of Moral Sentiments)』에서 "자신이 받고 싶은 그대로를 타인에게 해 주라."는 성서의 언명을 연상케 하는 "타인의 입장에서 세상을 바라보자."는 연민적 교감을 강조한 바 있다(스미스, 2009[1759]). 이러한 입장은 타인의 고통에 대한 인문학적 성찰을 역설한 아르투어 쇼펜하우어(Arthur Schopenhauer), 프리디리히 니체(Friedrich Wilhelm Nietzsche) 및 지그뷴트 프로이트(Sigmund Freud)의 사상에서도 관망된다(만, 2009[1986]). 그러나 수전 손택(Susan Sontag)은 "타인의 고통에 연민을 느끼는 것만으로는 부족하다. 고통받는 타인도 우리와 같은 세상을 살아가는 동반자임을 자각해 그들의 삶도 존중해야 한다."고 주장함으로써(손택, 2004[2003]), 동감을 넘어서는 공감(empathy)을 통한 연대의식을 역설한다.

진화철학자이자 신학자인 테야르 드 샤르댕(Teilhard de Chardin)은 일찍이 그러한 의식적 상태를 '차별적 일체화(differentiated unification)'라는 논제하에서 탐색한 바 있다(샤르댕, 1997[1955]). 개체가 뒤섞이지 않으면서 조화롭게 합류하는 차별적 일체화를 통해 남과 하나가 되면서 내가 되어가는 변증법적 신비가 달성될 수 있다는 그의 신조는 합류적 사랑(confluent love, 서로 다름을 인정하면서 상호존중하는 대칭적 애정관계)을 낭만적 사랑의 대안으로 제시한 앤서니 기든스(Anthony Giddens)의 친밀성 이론에서 재현되고 있다(기든스, 1999[1992]). 울리히 벡(Ulrich Beck)과 엘리자베스 벡 게른샤임(Elizabeth Beck-Gernscheim)이 현대인의 사랑을 "사랑과 자유 사이에서 '함께 살기'와 '따로 살기'의 투쟁"으로 묘사한 것도 같은 입장을 피력한 것이지만(벡 · 벡-게른샤임, 1999[1990]), 그러한 견해는 동질성이 인류의 미래를 축소시킬 위험이 크다고 경고한 실용주의 사상가 존 듀이(John Dewey)의 다음과 같은 진술, "우리의 일체성(unité)은 동질적인 것들로 이루어질 수 없다. […] 개별 인종이나 국민이 제공할 수 있는 가장 최선의 것들, 가장 특징적인 것들이 조화로운 하나의 전체를 형성하고 그 전체의 구성인자로 참여할 때 일체성이 창조될 수 있다."에서 명시적으로 드러난다(1980[1916]: 204).

요컨대 일체(unity)는 일치(unanimity)와 구분되어야 한다는 것인데, 동양 고사성어를 인용해 풀이하자면, 같은 생각을 해야 한다는 일심동체(一心同體)가 아닌 화이부동(和而不同), 즉 차이를 인정하면서 조화로운 합일의 경지에 도달하려는 화쟁적(和諍的) 노력에 힘이 실리는 것이라 하겠다. 결혼식 주례사에 빈번히 등장하는 일심동체란 말은 요즘 신랑신부나 하객은 물론 발설자인 주례에게조차 믿겨지지 않는 허언으로 격하되고 있지 않는가! 샤르댕에 의하면 나와 남 혹은 개인과 전체의 차별적 일체화는 성찰을 통한 개인의 초(超)인간화(ultra-hominization)에 의해 달성된다는 것이니(샤르댕, 1997[1995]) 자신을 대상으로 삼아 자신의 존재와 가치를 되돌아보는 성찰이야말로 자숙과 용서를 거쳐 화해적 통합에 이르는 행로의 시발점으로 삼아 마땅하다고 본다.

한편, 화해적 사회통합 과정의 가장 결정적 요소로 간주되는 용서에 주목해 볼 때, 그것은 이념이나 가치관 등 여러모로 본인과 생각을 달리하는 남과의 결합을 위한 특단의 결의와 용기를 필요로 한다는 점에서 통상적인 시민적 덕목들과 질적으로 변별된다. 용서를 통한 화해의 메시지를 만방에 전파해 온 대표적 인물의 한 사람으로는 말씀의 중심에 항시 용서를 앞세워 온 프란치스코 교황을 들 수 있다. 2014년 8월 세 번째 방한 중에도 프란치스코 교황은 새터민, 장애인, 이주노동자, 세월호 희생자 유가족 등 사회적 약자들을 연이어 만나며 용서의 중요성을 설파한 바 있다. 제9장 사례연구에서 집중적으로 논구한 넬슨 만델라의 위업은 신앙인들이 중시해 온 용서의 신비를 세속적 질서에 접목시켜 인종 간 화해를 통한 사회적 대통합을 이뤄냈다는 점이라 하겠다.

울분과 증오가 포화 상태로 치달아 살짝 건드려도 격분하는 사람들이 늘어나는 오늘날 한국 사회에서도 통상적 관용의 수준을 넘어선 용서가 사회통합을 위해 절실히 요구되고 있다. 관용과 용서의 차이는 다음과 같은 문자풀이로부터 식별할 수 있다. 공통어에 해당하는 얼굴 용(容) 자를 제외한 나머지 글자를 놓고 양자의 차이점을 비교하자면, 관용의 관(寬)은 용(容) 자와 유사한 '넓음'이라는 속성을 내포한 글자인 반면, 용서의 서(恕)는 같을 여(如)에 마음 심(心), 즉 나와 너, 혹은 우리와 너희가 마음을 합쳐 한 마음을 이뤄가자는 피아적 합일을 함축한 글자인 것이다.

이 책에서 저자는 사회통합 방안에 용서를 통한 회복적 정의에 기초한 화해적 접근이 남북한 관계개선은 물론이요, 심화되어 가는 남남갈등의 해소를 위한 적실한 방안이 될 것으로 상정한 후, 최근 우리 사회에서 사회통합책이 징벌 · 복지 · 포용이라는 삼원적 구도로부터 사법적 · 비사법적 응징을 포괄한 정죄적 접근, 그리고 복지적 · 포용적 접근을 망라한 화해적 접근이라는 이원적 구도로 수렴되어 간다는 점을 확증하였다.

화해적 접근의 도입과 함께 이원적으로 재편되어 가는 사회통합 양식은 사회통합론에 관한 기존 시각의 전면적 수정을 요한다. 그 구체적 동학을 이해갈등 및 정체성 갈등을 표상하는 "소유(Having)냐 존재(Being)냐."라는 에리히 프롬(Erich Fromm)의 이원적 개념틀에 생성(Becoming)이라는 범주를 추가해 재론해 보도록 하자(프롬, 2002 [1976].

통시적으로 볼 때, 소유란 지금까지의 노력에 대한 보상이 축적된 과거 활동, 존재는 지금의 현실세계에 관심을 기울인다는 점에서 각기 과거의 삶과 현재의 삶의 반영이라고 말할 수 있다. 반면, 생성은 향후의 변화에 역점을 둔다는 의미에서 미래적 삶을 대변한다고 할 수 있다. 그런데 사회변동이 가속화하여 흘러간 과거나 현재보다 미래의 부가가치가 높아지게 되면, 종전까지 막연한 가능성의 공간에 불과했던 미래가 치열한 경쟁과 갈등의 장으로 변신해 미래적 삶이 사회통합을 구상하는 과정의 중심적 화두로 대두할 전망이다. 즉 "존재가 생성이요, 생성이 존재(Being is becoming and becoming is being)"라는 프리드리히 헤겔(Georg Wilhelm Friedrich Hegel)의 변증철학적 언표처럼, 과거의 행적이나 현재적 상태에 고착된 징벌적 접근이나 복지적 접근 대신 미래적 삶에 최대의 관심을 부여하는 화해적 사회통합 방안이 적실성을 더해 갈 것으로 예견된다.

물론 미래의 중요성을 강조하는 이러한 일반적 해설만으로는 오랜 동안 혹독한 인종갈등을 치른 남아공 같은 곳에서나 효험을 본 화해적 통합론을 단일민족국가를 견지해 온 한국 사회에 적용하기에 충분치 못하다는 반론을 잠재우기 힘들 것으로 본다. 그럼에도 불구하고 이 자리에서 용서와 화해의 변증법을 근간으로 한 의식 변화의 문제에 천착하고자 하는 주된 이유는, 요즘 우리 사회를 공황의 블랙홀로 인도하는 결정적 요인이 과거의 적폐나 현재의 고난이 아니라 희망의 상실이라는 마음의 문제에 있다고 확신하기 때문이다.

암담한 미래상으로 인한 의기 상실, 이것이 오늘날 우리를 고달프게 하는 결정적 요건이라는 주장을 뒷받침하는 증거는 책 도처에서 찾아볼 수 있다. 미래적 불안을 주제로 한 제2장의 내용 전반이 그렇거니와, 제3장 4절 의식적 분절에 관한 부분, 제7장 이차자료 분석에서 드러난 청년세대의 미래적 절망감에서도 그러한 정경을 경험적으로 확인할 수 있다. 제8장 심층 분석을 통해서는 그러한 양상을 보다 실물적으로 포착할 수 있다. 또 최근 우리 현실을 메타사회학적으로 진단한 제11장에서는 자신을 사회적 약자나 희생자로 일체화하는 사람들이 다수에 이르고 있음이 판명되어, 대한민국이 '을(乙)의 공화국'이라고 지칭되리만큼 많은 국민들이 수변화(marginalized) · 소수자화(minoritized)되어 가고 있음을 밝힐 수 있었다.

그뿐인가. 심화되는 소득격차, 악화하는 빈부격차, 증가하는 빈곤층, 사라지는 중산층, 부러진 계층 사다리, 늘어나는 이민 희망자, 하락하는 행복지수, '부모보다 못사는 최초의 자식세대', '노력해도 흙수저', 'N포 사회', '약육강식의 배틀그라운드', '갑질 횡포', '악다구니 사회', '사기범죄 1위 국가', '시위 천국', '희망지수 하락' 등과 같은 제하의 언론 보도가 쏟아져 나오고 '맘충', '한남충', '틀딱충', '급식충', '설명충', '난민충', '개슬람', '똥남아', '김치녀', '개저씨' 등과 같은 혐오성 용어들이 흘러넘쳐 우리의 정신세계가 얼마나 피폐해지고 있는가를 절감케 한다(매일경제, 2018; 머니투데이, 2019; 세계일보, 2018; 연합뉴스, 2018; 조선일보, 2018, 2019; 중앙일보, 2018, 2019a, 2019b; 파이낸셜뉴스, 2018; KBS, 2019).

이러한 심성적 악화 증후는 팍팍한 삶이 우리 사회 전면으로 확산된 1998년 IMF 외환위기 시절 이후부터 본격화되었다는 것이 통설이다. 이 같은 진단은 사고와 현실 혹은 의식과 사회 간의 상관성을 논하는 지식사회학의 기본 명제와 일치하는 것으로(Mannheim, 1936; Stark, 1956), 즉자적 양극화(polarization-in-itself)에서 대자적 양극화(polarization-for-itself)로의 이행, 요컨대 객관적 현상에 근거한 '양극사회(兩極社會)'에서 '대결적 행위를 특징으로 하는 '상극사회(相剋社會)'

로의 전환을 적시한 3장 5절의 진술이 그러한 주장을 뒷받침하는 전거(典據)라고 할 수 있다.

에드워드 톰슨(Edward P. Thompson, 1963)이나 아이라 카치넬슨(Ira Katznelson, 1986)과 같은 계급 연구가들이 일정한 기간과 절차를 걸쳐 점진적으로 진행되는 것으로 상정한 의식화가 우리 땅에서 이처럼 짧은 시일에 촉진될 수 있었던 것은 전술한 환란의 충격 외에 압축적 성장, 압축적 민주화, 압축적 위험 등 많은 일들이 급진적으로 진행되어 온 한국 사회 특유의 압축적 현상의 일환으로 풀이할 수 있다고 본다(Chang, 1998; 구해근, 2002[2001]; 김태균, 2016). 그렇다면 현 시점에서 우리는 "무엇을 해야 할 것인가?" 의식 전환을 위해 시민사회가 추구해야 할 핵심적 과업 세 가지를 추리자면, 가족이기주의(egoistic familism), 서열주의(rankism) 및 극단주의(extremism)의 극복을 우선적으로 꼽을 수 있지 않을까 한다.

첫째, 가족이기주의의 해독은 우리 사회 전반에서 널리 찾아볼 수 있다. 인사청문회에서 가장 많이 거론되는 위장전입이나 불법상속에서 끔찍한 존비속살해와 같은 비극적 사태에 이르는 거의 모든 병폐들이 가족에 대한 과잉 기대와 과잉 실망을 야기하는 과잉 가족주의의 소산인 것이다. 드라마에서는 물론이요 현실세계에서도 가족사의 비밀이 개인의 안녕이나 행복을 좌우하는 핵심 요건으로 작용하며, 학교, 지역사회, 직장을 위시한 사회 각처에서 친밀성을 높이려는 가족 혹은 친족 호칭이 즐겨 사용된다. 혈연을 중심으로 한 우리 가족주의는 학연이나 지연 혹은 같은 종교를 믿는 사람들끼리의 교연(教緣)이나 온라인상의 친분관계를 뜻하는 넷연(net tie)과 같은 끼리끼리라는 파당주의의 원형을 이루고, 급기야 우리 사회 최대 악습의 하나인 망국적 진영 논리로 외연되기까지 한다.

둘째, 모든 것을 일렬종대로 줄 세우려는 서열주의의 부작용은 "행복이 성적순이냐."는 항변이나 "억울하면 출세하라."는 오만한 언사들을 통해 직감할 수 있다. 그뿐만 아니라, 그럴 필요성이 없는 경우에서조차 높낮이를 매겨 우열을 가리고자 하는 서열화 욕구가 위계적 사고나 인식을 조장하는 정황은 우리 사회 도처에서 목도할 수 있다. 일차적으로 수도권이니 대도시에 대한 정책적 특혜로부터 명문대나 거대기업에 대한 대중적 선호도에 이르는 수직의 시선으로부터 그러한 면모를 찾아볼 수 있지만, 격투기를 방불케 하는 치열한 경쟁판을 만들어 스타를 탄생시키는 오디션 열풍은 바로 그 통속적 전형으로 꼽을 수 있다. 위계적 권위에 의존해 복종이나 충성을 강요하는 서열주의의 병폐는 끼리끼리를 조장하는 파당주의의 폐단 못지않게 우리 사회의 통합을 저해하는 반(反)사회적 현상임에 틀림없다.

셋째, 무한경쟁, 무한도전, 극한체험, 극한투쟁, 극기훈련, 끝장토론 배째 심리, 극혐, 막가파, 막말, 막춤, 막장 드라마 등 우리 일상생활 주변에 엄존하는 극단주의적 성향이나 그 파생체들이 자극의 인플레이션을 야기해 중도적이거나 온건한 선택지들의 가치를 폄하시키는 위험 이동을 내심 부추기고 있다. 이로부터 파생하는 가장 우려스러운 현상이 주체적 판단력이나 대처 능력을 발휘하지 못한 채 여론에 휘둘리며 속절없이 살아가는 무성찰적 존재로서의 다중(多衆, multitude)의 출현이다(Hardt and Negri, 2004; 비르노, 2004). 한나 아렌트(Hannah Arendt)가 주제화한 '악의 평범성(bunality of evil)'을 변별해 낼 수 있는 사유 능력을 상실해 가는 다중은 급진적 변동이 상시화되어 가는 변혁의 시대에 세상에 대한 균형적 인식을 가로막는 극단주의에 빠져 우민화(愚民化)함으로써, 다음 두 가지 성향을 내화하게 된다. 하나는 정교한 사고를 회피한 채 상황을 자의적으로 단정하려는 속단주의 성향이요, 다른 하나는 심각한 고민거리를 말초적 유희로 덮어버리려는 열락주의 성향이다.

이러한 의식적 한계는 우리의 대북정책에서 전형적으로 드러난다. 남북한 화해란 지극정성을 다해야 할 신성한 민족적 숙원임에도 불구하고, 북한체제의 속성이나 북한 인민의 의중에 관한 사려 없이 놀자판 공연을 거듭하는 현 정부의 여흥적 대북공정은 "통일은 대박이다."라는 지난 정부의 장삿속 발언 못지않은 발칙한 행태라고 본다. 이는 민족화합을 염원하는 남북한 주민 모두에게 외람된 것일 뿐 아니라, 냉전 시대의 마지막 유제인 한반도 분단 상황을 응시해 온 국제사회에도 볼썽사나운 정경이 아닐 수 없다. 왜 우리는 이산가족 상봉 장면에 눈물짓다 말고 희희낙락하는 탈(脫)맥락적 공연에 속절없이 맞장구 쳐야 하는가? 또 억지 미소로 응답하는 북한 주민들에게는 개방체제에 대한 탄성이라도 기대하는 것일까? 이처럼 뜬금없는 처사에 대해 대중적 환호가 뒤따르고 있다는 점은 우리 사회가 얼마나 경박한 무리들이 설치는 천격의 심연으로 추락하고 있는가를 암시하는 증좌가 아닐 수 없다.

가족주의, 서열주의, 극단주의와 그 파생체로서의 파당주의, 권위주의 및 경거망동은 사회변화의 진폭이 증가함과 더불어 넓혀져야 할 마음의 문을 걸어 잠그는 시대역행적 심향을 부추긴다. '빗장 심리(gated mentality)'하에서는 보고 싶은 것만 보고 듣고 싶은 것만 들으며, 어울리고 싶은 자들과만 어울리는 집단적 자폐성이 강화, 화합적 사회통합의 기회를 외면한 채 상대방의 존재를 부정하면서 상처를 덧씌우게 된다.

"무엇을 해야 할 것인가?"를 설정하고 난 연후에는, "그것을 어떻게 달성할 것인가?"라는 실천적 문제로 눈길을 돌려야 할 것이다. 의식 변화를 주축으로 한 피아합체적 사회통합은 의식의 궁극적 주체인 국민 개개인의 내면적 변화를 요한다는 점에서 정부나 관변 단체들이 주도하는 관제성 의식개혁운동과 같은 것으로 달성될 수 없다. 기본적으로 그것은 사회적 가치의 거류지인 '시민 영역(civil sphere)'에 부여된 책무이자(Alexander, 2006)이자 시민사회가 추동해야 할 자율적 활동의 일환인 것이다. 시민사회의 역능이 강화되어 가는 현 시점에서는 더더욱 그래야 한다.

영국 르네상스 시대를 대표하는 시인 존 밀턴(John Milton)은 『실낙원(*Paradise Lost*)』에서 "마음은 독자적 처소로서, 그 자체가/천국을 지옥으로 만들고, 지옥을 천국으로 만들 수 있다."(Milton, 2004[1667]: Book 1. line 254-255)고 읊었다. 그러면서 에덴의 동산이라는 낙원에서 쫓겨난 아담과 이브를 자연스러운 성 관계를 추구하는 상호의존적 동반자로 묘사했는데, 이는 앞서 언급한 합류적 친화에 다름이 없다. 따라서 알렉산드르 푸쉬킨(Aleksandr Pushkin)의 시구처럼 "삶이 그대를 속인지라도(Should this life sometime deceive you)", 요컨대 실제적 삶이 자신의 기대에 미치지 못하는 상태일지라도, 사람들이 자신의 존재 이유를 찾을 수 있는 한 세상은 살 만한 가치가 있는 유의미한 생활권(noosphere)으로 잔존할 수 있으리라 본다. 반면, 삶의 의지를 훼손하는 '시민사회의 실패(civil society failure)'는 시장의 실패(market failure)나 정부의 실패(government failure)보다 개인의 생활세계에 직접적 충격을 가할 것이라는 점에서 더 깊은 고통이나 상처를 초래할 것으로 여겨진다(강수택, 2019 참조). 이런 견지에서 보자면, 무시, 혐오, 경멸, 증오 등이 교차하는 존중의 품귀상태는 시민사회의 각성, 그것도 통상적 수준의 각성이 아니라 불가에서 말하는 대각(大覺)에 버금가는 맹성으로 답해야 할 시대적 난제임에 틀림없다.

하지만 이 같은 개개인의 의식적 빈곤이나 타락은 제도적 장치에 의해 틀지어지는 것이라는 점에서, 사회통합에 대한 국가의 책무는 면제될 수 없다. 국태민안(國泰民安)의 궁극적 책임이 정치에 있다는 동서고금의 격언들로부터 유추할 수 있듯, 집단적 심성인 사회적 성격(social character)의 향방에 대한 통치권의 막중한 역할은 예나 지금이나 크게 다르지 않다. "국가가 개입하면 될 일도 안 된다."는 자유주의자들의 비판에는 일리가 있다. 그런 논리의 연장선상에서 공적 규제를 줄여나가야 한다는 탈규제론이 위세를 더해 가는 것도 부인할 수 없는 사실이다. 하지만 이때 가장 주시해야 할 점은 공적 역할의 비중보다 공적 역할의 성격 변화인 것이다.

'불확실하다는 점보다 더 확실한 것이 없는(Nothing is more certain than uncertainty)' 불확실성의 시대를 맞아 공공복지의 궁극적 책임자인 정부는 국민생활을 집권층 의중대로 끌고 나가려는 '지시자(director)' 혹은 대소사에 일일이 관여해 잘잘못을 가리려는 '심판자(judge)'와 같은 과도한 자세를 거둬야 한다. 대신 민의의 향방을 살펴 미래사회의 비전과 실천전략을 강구하는 '촉진자(facilitator)' 역할에 머물러야 할 것이다. 산행에 비유하자면, 사회통합이라는 고산 정복의 주역은 시민사회에 맡기되, 함께할 식량이나 등반 도구를 챙겨들고 등반대가 위난의 크레바스에 빠지지 않도록 등정을 인도하는 셰르파와 같은 길잡이의 소임을 다하여 정상으로의 행보를 함께하는 호응적 동반자 관계(responsive partnership)를 견지할 때 사회통합이 최적화할 것으로 본다. 요컨대 정부는 주제넘은 선도(先導)나 계도(啓導)가 아니라 대오의 방향과 속도를 조절하는 향도(嚮導) 역할에 주력해야 한다.

오늘날 한국 사회는 물적 생활 수준의 증진에 주력하던 단계를 넘고, 주관적 차원을 포함한 삶의 질적 향상을 추구하던 단계를 지나, 개

개인이 자신의 존재 가치를 향유할 수 있는 삶의 의미로 관심을 확장시켜 가는 새로운 단계로 들어서고 있다. 제12장 6절의 소결에서 언급한 바와 같이, 변화의 징후는 크게 다음 두 가지 차원에서 읽혀진다. 첫째는 국가에서 개인으로의 초점 이동이요, 둘째는 삶의 질을 대변해 온 안녕(well-being)대신 의미 있는 삶의 의식적 토대인 품격(decency)이 생활관심(life-interest)의 중심권으로 이동하고 있다는 점이다.

이처럼 품격이 새로운 시대적 화두로 출현하고 있음에도 그것은 아직 분석적 혹은 사회과학적 용어로 정착하지 못하고 있는데, 그 최대 걸림돌은 용어에 잔재한 상류풍 뉘앙스 때문이 아닐까 한다. 그러나 품격을 존귀성이나 위계성을 함축한 존엄(dignity), 품위(prestige) 혹은 우아(elegance) 등과 변별되는 '단아(modesty)'라는 일상적 어의를 함축한 개념으로 받아들이게 되면, 그것은 과잉, 허세, 과장과 같은 사회적 거품(social bubbles), 나아가 허위, 은폐, 사주, 공작 및 위해와 같은 사회적 병폐(social evils)의 대척적 용어로서, 새로운 사회적 가치나 질서를 주도하는 개념으로 활용될 수 있으리라 본다.

품격 개념의 화용론적 가치는 공동체 의식과 같은 정신문화적 요소를 강조하면서 양적 성장에 대신한 내면적 발전을 대안으로 내세운 '성숙사회론(theory of mature society)'에서 명시적으로 표출되어 왔다. 성숙사회 테제는 월트 로스토(Walt W. Rostow)의 경제발전 5단계설(전통사회 단계 → 도약준비 단계 → 도약 단계 → 성숙 단계 → 대중소비 단계)의 일환으로 최초로 제기된 바 있지만, 그것이 대안적 시회발전의 목표로 주목받게 된 것은 노벨물리학상 수상자 데니스 가보르(Dennis Gabor)의 『성숙사회(*Mature Society*)』라는 책이 발간된 1972년부터라고 할 수 있다. 양적 확대와 대량 소비를 뒷받침하는 성장사회는 더 이상 가능하지도 바람직하지도 않은 만큼, 자유와 문화, 삶의 질을 바탕으로 한 성숙한 사회로의 전환이 불가피하다는 것이 그의 지론인데, 그러한 견해는 같은 해 로마클럽이 인류의 위기에 관한 프로젝트 보고서를 바탕으로 엮은 책 『성장의 한계(*The Limits to Growth*)』의 출간과 함께 성장경제체제를 대신할 수 있는 성숙사회 모형을 세계적으로 전파하는 데 크게 기여했다(Gabor, 1972; 정규호, 2012).

사전적 의미의 '성장(成長)'이 사람을 비롯한 생체의 크기나 규모가 커지는 것이라면, '성숙(成熟)'은 생체의 균형적 발육, 특히 신체적 성장을 뒷받침하는 정신적 · 의식적 발달을 뜻하는 것으로, 성숙 개념은 개인을 넘어선 사회체계의 진전 과정에도 적용되고 있다(Kegan, 1982). 한국 사회의 경우도 마찬가지다. 지금까지 대한민국 현대사를 장식해 온 양대 핵심 동학이 산업화와 민주화였다. 그러나 고성장 추세가 꺾이고 87년 체제도 퇴조하면서부터 우리 사회는 산업화나 민주화를 넘어선 새로운 사회발전적 의제를 요청하고 있는데, 성숙화가 그 가장 유력한 대안의 하나라고 본다(김경동, 2012).

최근 신기술에 대한 높은 기대감을 견지하는 가트너사(Gartner Inc.)를 위시한 기술애호론자들은 기술 발전의 궤적을 하이프 사이클 모형(Hype Cycle Model)으로 제시한다. 그런데 이를 중간 과정을 사상한 보다 간결한 형태로 단순화하면 S자형 성장곡선(Sigmoidal Growth Curve)으로 대체할 수 있다. 투약 효과나 학습 이론에서 효용 이론 등에 이르는 다양한 현상들에 높은 설명력을 보여온 S자형 성장모형은 거시적 사회변동의 경우에도 적용 가능하다(벨, 2006[1999]). 그럴 경우 인류 역사는 '확대성장 및 침하정체'의 연속적 반복 과정으로 간주할 수 있고, 한국 사회의 동학 역시 성장기와 정체기라는 이원적 관점으로 조망할 수 있다.

이때 성장세가 꺾이는 정체기는 모든 활동이 정지된 암흑기로 단정하기 쉽다. 하지만 그것을 새로운 성장 동력을 예비하는 관념이나 사상이 생성되는 '의식적 빅뱅' 시기로 받아들일 수 있다. 철학자 카를 야스퍼스(Karl Jaspers)가 말한 인류 정신사의 획기적 비상 시기인 '차축(車軸)시대(Axial Age)' 혹은 문예부흥이나 종교개혁이 촉발한 계몽주의 시대라는 개념이 바로 그러한 입장을 대변하는 것이라고 말할 수 있다(Jaspers, 2011[1953]). "관념에 의해 형성된 세계상(world images)은 마치 철로의 전철수처럼 이해관심의 역학에 따라 움직이는 인간행위의 궤도를 결정해 왔다."는 사회사상가 막스 베버(Max Weber)의 진술도 그런 견해를 뒷받침하는 주장과 다름이 없다(Weber, 1948[1920]: 280). 그럴 경우, 정체기는 외적 확대성장을 대신한 새로운 내적 심화성숙을 기하는 정신적 성장의 기간이라고 긍정적으로 재평가할 수 있다. 따라서 제4차 산업혁명(the fourth industrial revolution)이나 디지털 혁신(digital transformation)으로 외부세계가 급진적으로 변모하는 와중에 개인의 실존적 가치를 중시하는 품격사회에 대한 열망이 최근 우리 사회에서 분출하고 있다는 사실은 곧 안팎, 고저, 좌우, 남녀, 중심-주변 등과 같은 제반 범주들을 화합적으로 결속시킬 수 있는 화해적 사회통합에 관한 의식이 숙성하는 내면적 발전의 기간으로 재해석할 수 있다.

불감청고소원(不敢請固所願)일지 모르겠으나, 지금까지의 논의를 종합해 현 정부가 사회통합을 위해 진력해 주었으면 하는 점을 다음 세 가지로 추려 덧붙이면서 탄주를 마치고자 한다. 첫째, 지금은 소유나 현존보다 생성이 중시되어 가는 시기이므로, 시대역행적 적폐청산 논리에 집착하지 말고 미래중심적 시각에서 통합정책을 정립하고 시행해 주었으면 한다. 둘째, 정치란 골수 지지층만 쳐다보고 하는 것이 아니라 국민 전체의 소망을 두루 살펴야 하는 것인 만큼, 용서와 화해의 리더십을 발휘해 국가발전의 발목을 잡아온 단죄와 보복의 악순환이 차기-차차기 정권으로 이어지지 않도록 대승적 결단을 취해 주었으면 한다. 화해란 싸움을 그치자는 것인데, 오히려 갈등을 조장하는 권력게임에 몰두하게 되면 국가의 번영을 결코 기대할 수 없다. 세째, 지금 대한민국은 내국적으로는 '87년 체제에서 새로운 체제, 한반도 차원에서는 적대관계에서 공존관계, 지구적으로는 정보사회에서 지능정보사회, 문명사적으로는 분화문명에서 융합문명으로의 사중적 전환점(quadruple turning point)에 직면해 있다. 따라서 모쪼록 잡다한 시대의 소음을 멀리하고 국가의 명운을 예시하는 역사의 속삭임에 귀를 기울여, 기품 있는 성숙사회로 도약하고자 하는 국민의 여망(輿望)이 실현되도록 향도적 역할을 다해 주기 바란다.

참고문헌

Alcoff, L., M. Hames-García, S. P. Mohanty, and P. M. Moya(eds.). 2006. *Identity Politics Reconsidered*. Springer.

Alexander, J. C. 2006. *The Civil Sphere*. Oxford University Press.

Amin, A.(ed). 1994. *Post-Fordism: A Reader*. Blackwell.

Andersson, M. 2001. *The Situated Politics of Recognition: Ethnic Minority Youth and Identity Work*. Goldsmiths College Press.

Andrejevic, M. and K. Gates. 2014. "Big Data Surveillance: Introduction." *Surveillance & Society* 12(2): 185–196.

Arendt, Hanna. 1983. *Eichmann in Jerusalem: A Report on the Banality of Evil*. Viking Press.

Badmington, N. 2003. "Theorizing Postmodernism." *Cultural Critique* 53: 10–27.

Baudrillard, J. 1994. *Simulacra and Simulation*. University of Michigan Press.

Beck, U. and E. Beck-Gernscheim. 2002. *Individualization: Institutionalized Individualism and its Social and Political Consequences*. Sage.

Bell, D. 1999. *The Coming of Post-Industrial Society(Special Anniversary Ed.)*. Basic Books.

Benjamin, W. 2008. *The Work of Art in the Age of Mechanical*

Reproduction. Penguin.

Berg, C. R. 1990. "Stereotyping in Films in General and of The Hispanic in Particular." *Howard Journal of Communications* 2(3): 286–300.

Bhabha, H. K. 2006[1995]. "Cultural Diversity and Cultural Differences." in B. Ashcroft, G. Griffiths, and H. Tiffin(eds.). *The Post-Colonial Studies Reader*. Routledge: 155–157.

Blau, P. and O. Duncan. 1967. *American Occupational Structure*. The Free Press.

Bostrom, N. 2005. "The Transhumanist FAQ: A General Introduction." Available from: http://Nickbostrom.com/. [January 2, 2019].

Bourdieu, P. 1977. *Outline of Theory of Practice*. Cambridge University Press.

__________. 1979. *The Logic of Pratice*, Stanford University Press.

Boushey, H. *et al.*(eds.). 2017. *After Piketty: The Agenda for Economics and Inequality*. Harvard University Press.

Braithwaite, J. and H. Strang. 2001. *Restorative Justice and Civil Society*. Cambridge University Press.

Bryant, L., N. Srnicek, and G. Harman. 2011. *The Speculative Turn: Continental Materialism and Realism*. re.press.

Cabinet Office. 2018. *Civil Society Strategy: Building a Future That Works for Everyone*. HM Government, UK.

Callon, M. 1993. "Variety and Irreversibility in Networks of Technique Conception and Adoption." in D. Foray and C. Freemann(eds.). *Technology and the Wealth of Nations: Dynamics of Constructed Advantage*. Pinter.

Castells, M. 2000, *The Rise of the Network Society. The Information Age: Economy, Society and Culture* Vol. 1. Wiley.

Chang, K. S. 1998. "Risk Components of Compressed Modernity: South Korea as Complex Risk Society." *Korea Journal* 38(4): 207–228.

Chauvel, L. 2011. "Age–Period–Cohort with hysteresis APC–H model/A

Method." Available from: http://www.louischauvel.org/apchmethodoc.pdf

Cohen, J. and A. Arato. 1994. *Civil Society and Political Theory*. MIT Press.

Cohen, S. 1973. *Folk Devils and Moral Panics: The Creation of the Mods and Rockers*. Paladin.

Coole, D. and S. Frost. 2010. *New Materialisms: Ontology, Agency, and Politics*. Duke University Press.

Corak, M. 2006. "Do Poor Children Become Poor Adults? Lessons from a Cross Country Comparison of Generational Earnings Mobility." *Research on Economic Inequality 13*. Emerald: 143–188.

Coser, L. 1956. *The Functions of Social Conflict*. The Free Press.

Cottle, S. 2000. *Ethnic Minorities & The Media: Changing Cultural Boundaries*. McGraw–Hill Education.

Deflem, M.(ed.). 1996. *Habermas, Modernity and Law*. Sage.

DeLanda, M. 2015. "The New Materiality." *Architectural Design* 85(5): 16–21.

Dewey, J. 1980[1916]. *John Dewey: The Middle Works*. Vol. 10. Southern Illinois University Press.

Dolphijn, R. and I. Tuin. 2012. *New Materialism: Interviews & Cartographies*. Open Humanities Press.

Douglas, M. and B. Isherwold. 1978. *The World of Goods: Toward an Anthropology of Consumption*. Penguin.

Drucker, P. 1993. *Post–Capitalist Society*. Harper Business.

Du Preez, M. 1999. "TRC Healed and Opened Eyes." *The Star*(1999.7. 29.).

Durkheim, E. 1893. *De La Division du Travall Social*. Paris: P.U.F

Dyer, A. F. 1979. "The Culture of Fern Gametophytes for Experimental Investigation." *The Experimental Biology of Ferns* 253: 305.

Eichengreen, B. 2016. "The Age of Hyper Uncertainty." *Project*

Syndicate. Dec. 14.

Elkind, D. 1998. *Ties that Stress: The New Family Imbalance*. Harvard University Press.

Englisch, G. 2001. *Jobnomaden: wie wir arbeiten, leben und lieben werden*. Campus-Verlag.

Erikson, R. and J. Goldthrope. 1992a. *The Constant Flux: A study of Class Mobility in Industrial Societies*. Clarndon Press.

______________________________. 1992b. "The CASMIN Project and the American Dream." *European Sociological Review* 8(3): 283-305.

Featherman, D. L., F. L. Jones, and R. M. Hauser. 1975. "Assumptions of Social Mobility Research in the US: The Case of Occupational Status." *Social Science Research* 4(4): 329-360.

Ferrando, F. 2013. "Posthumanism, Transhumanism, Antihumanism, Metahumanism, and New Materialisms: Differences and Relations." (PDF). ISSN 1932-1066. Retrieved 2014-03-14.

Fienberg, S. E. and W. M. Mason. 1985. "Specification and Implementation of Age, Period and Cohort Models." *In Cohort Analysis in Social Research*. Springer: 45-88.

Fraser, N. and A. Honneth. 2004. *Redistribution or Recognition?: A Political-Philosophical Exchange*. Verso.

Gad, C. and C. Jensen. 2010. "On the Consequences of Post-ANT." *Science, Technology & Human Values* 35(1): 55-80.

Ganzeboom, H. B., P. M De Graaf, and D. J. Treiman. 1992. "A Standard International Socio-Economic Index of Occupational Status." *Social Science Research* 21(1): 1-56.

Ganzeboom, H., R. Luijkx, and D. Trieman. 1989. "Intergenerational Class Mobility in Comparative Perspective." *Research in Social Stratification and Mobility* 8.

Giddens, A. 1973. *The Class Structure of the Advanced Societies*. Harper Collins.

__________.1984. *The Constitution of Society. Outline of the Theory of Structuration*. Polity.

__________.1991a. *Modernity and Self-Identity: Self and Society in the Late Modern Age*. Stanford University Press.

__________.1991b. *The Consequences of Modernity*. Cambridge University Press.

Gillmor, D. 2004. *We the Media: Gtassroots Journalism by the People, for the People*. O'Reilly Media, Inc. pp.1–22.

Ginsburg, F. D., L. Abu-Lughod, and B. Larkin(eds.). 2002. *Media Worlds: Anthropology on New Terrain*. University of California Press.

Girth, H. and C. W. Mills. 1953. *Character and Social Structure: The Psychology of Social Institutions*. Harcourt, Brace & World.

Glenn, N. 1977. *Cohort Analysis*. Sage.

Goldstein, J. and J. Rayner. 1994. "The Politics if Identity in Late Modern Society." *Theory and Society* 23(3): 367–384.

Goode, E. and N. Ben-Yehuda. 1994. *Moral Panics: The Social Construction of Deviance*. Wiley.

Goodenough, W. 1970. *Description and Comparison in Cultural Anthropology*. Aldine.

Graham, E. 2014. "Post/Human Conditions." *Theology & Sexuality* 10(2): 10–32.

Granovetter, M. 1973. "The Strength of Weak Ties." *American Journal of Sociology* 78: 1360–1380.

Grusky, D. B. 1983. "Industrialization and the Status Attainment Process: The Thesis of Industrialism Reconsidered." *American Sociological Review* 48(4): 494–506.

Habermas, J. 1973. *Legitimationsprobleme im Spätkapitalismus*. Suhrkamp.

Haraway, D. 1991. "A Cyborg Manifesto: Science, Technology, and Socialist–feminism in the Late Twentieth Century." In Simians, *Cyborgs* *and Women: The Reinvention of Nature*. Routledge: 149–181.

___________. 2007. *When Species Meet*. University of Minnesota Press.

Hardt, M. and A. Negri. 2004. *Multitude: War and Democracy in the Age of Empire*. Penguin Press.

Harman, G. 2009. *Prince of Networks: Bruno Latour and Metaphysics*. re.press.

__________. 2011. "The Road to Objects." *Continent* 3(1): 171–179.

__________. 2018. *Object-Oriented Ontology: A New Theory of Everything*. Penguin books.

Harris, M. 1976. "History and Significance of the Emic/Etic Distinction." *Annual Review of Anthropology* 5: 329–350.

Harvey, D. 1991. "Flexibility: Threat or Opportunity." *Socialist Review* 21(1): 65–77.

Held, D. and A. McGrew. 2002. *Globalization/Anti-Globalization: Beyond the Great Divide*. Polity.

Herbrechter, S. 2013. *Posthumanism: A Critical Analysis*. Bloomsbury.

Honneth, A. 1996. *The Struggle for Recognition: The Moral Grammar of Social Conflicts*. Mit Press.

Inglehart, R. 1977. *The Silent Revolution: Changing Values and Political Styles among Western Publics*. Princeton University Press.

___________. 1990. *Values, Ideology, and Cognitive Mobilization in New Social Movements*. Taylor & Francis. pp. 43–66.

Isaacs, J. 2008. *International Comparisons of Economic Mobility*. Brookings Institution.

Jackman, M. and R. Jackman. 1973. "An Interpretation of the Relation between Objective and Subjective Social Status." *American Sociological Review*. 38(5): 569–582.

Jaspers, K. 2011[1953]. *Origin and Goal of History*. Routledge Revivals.

Jones, F. L. 1992. "Common Social Fluidity: A Comment on Recent Criticisms." *European Sociological Review* 8(3): 233–237.

Katznelson, I. 1986. "Working Class Formation: Constructing Cases and Comparison." In I. Katznelson and A. Zolberg(eds.). *Working Class Formation: Nineteenth-Century Patterns in Western Europe and the United States*. Princeton University Press.

Kegan, R. 1982. *The Evolving Self: Problem and Process in Human Development*. Harvard University Press.

Kim, M. 2019. *IT and the Shaping of New Social Order: Exploring Possibilities and Challanges in the Digital Age*. Korea University Press.

Kupper, L., J. J. Janis, A. Karmous, and B. Greenberg. 1985. "Statistical Age-Period-Cohort Analysis: A Review and Critique." *Journal of Chronic Disease* 38(10): 811-830.

Kymlicka, W. 1995. *Multicultural Citizenship: A Liberal Theory of Minority Rights*. Clarendon Press.

Lamont, M. and V. Molnár. 2002. "The Study of Boundaries in the Social Sciences." *Annual Review of Sociology* 28: 167-195.

Lash, S. 2007. "Power after Hegemony: Cultural Studies in Mutation." *Theory, Culture & Society* 24(3): 55-78.

Latour, B. 1992. "Where Are the Missing Masses? The Sociology of a Few Mundane Artifacts." In W. Bijker and J. Law(eds.). *Shaping Technology/Building Society*. MIT Press.

________. 2005. *Reassembling the Social: An Introduction to Actor-Network-Theory*. Oxford University Press.

Laurie, T and R. Kahn. 2017. "The Concept of Minority for the Study of Culture." *Continuum: Journal of Media & Cultural Studies* 31(1): 1-12.

Lenski, G. 1966. *Power and Privilege: A Theory of Social Stratification*. Mcgraw-Hull.

Lockwood, D. 1964. "Social Integration and System Integration." in G. K. Zollschan and H. W. Hirsch(eds.). *Explorations in Social Change*. Mifflin.

Michelet, J. 1967[1847]. *History of the French Revolution*. Trans. by C. Cocks. University of Chicago Press.

Milton, J. 2004[1667]). *Parsdise Lost*. Earl Miner, William Moeck and Steven Jablonski(eds.). Bucknell.

Morris, M. W. ***et al.*** 1999. "Views from Inside and Outside: Integrating Emic and Etic Insights about Culture and Justice Judgement." *Academy of Management Review* 24(4): 781-796.

Nancy, J. 2000. *Being Singular Plural*. Stanford University Press.

O'brien, R. 2015. *Age-Period-Cohort Models: Approaches and Analyses with Aggregate Data*. CRC Press.

O'Connor, R. ***et al.*** 1987. "Risk Perceptions, General Environmental Beliefs, and Willingness to Address Climate Change." *Risk Analysis* 19(3): 461-471.

OECD. 2018. *OECD Science, Technology and Innovation Outlook 2018: Adapting to Technological and Societal Disruption*. OECD Publishing.

Ogbu, J. U. 1990. "Minority Education in Comparative Perspective." *The Journal of Negro Education* 59(1): 45-57.

Park, H. 2003. "Intergenerational Social Mobility among Korean. Men." *In Comparative Perspective. Research in Social Stratification and Mobility* 20: 227-235.

Park, R. 1928. Human Migration and the Marginal Man. *American Journal of Sociology* 33(6): 881-893.

Park, R. and E. Thompson. 1939. *Race Relations and the Race Problem: A Definition and an Analysis*. Duke University Press.

Philbeck, T. 2013. "Posthumanist Selfhood: Challenges to Being a Conglomerate." *Trans-Humanities Journal* 6(1): 121-134.

Piore, M. and C. Sabel. 1984. *The Second Industrial Divide*. Basic Books.

Pulantzas, N. 1975. *Classes in Contemporary Capitalism*. New Left Books.

Rachman, G. 2011. *Zero–Sum Future: American Power in an Age of Anxiety*. Simon & Schuster.

Raley, A. B. and J. L. Lucas. 2006. "Stereotype or Success? Prime–Time Television's Portrayals of Gay Male, Lesbian, and Bisexual Characters." *Journal of Homosexuality* 51(2): 19–38.

Rifkin, J. 2001. *The Age of Access: The New Culture of Hypercapitalism*. Penguin.

Riley, M., R. Kahn, and A. Foner(eds.). 1994. *Age and Structural Lag: Society's Failure to Provide Meaningful Opportunities in Work, Family, and Leisure*. Wiley.

Riley, M., A. Forner, and J. Waring. 1988. "Sociology of Age." In N. Smelser(ed.). *Handbook of Sociology*. Sage.

Ritzer, G. 2010. *Globalization: Basic Text*. Wiley–Blackwell.

Rusche, G. and O. Kirchheimer. 2003. *Punishment and Social Structure*. Transaction Publishers.

Ryan, S. 2014. *Garments of Paradise: Wearable Discourse in the Digital Age*. MIT Press.

Ryder, N. 1965. "The Cohort as a Concept in the Study of Social Change." *American Sociological Review* 30(6): 843–861.

Schaefer, R. T. 1993. "What is a Minority Group." At Racism. org. http://racism.org/index. php.

Schulze, G. 1992. *Erlebnisgesellschaft: Kultursoziologie der Gegenwart*. Campus Verlag.

Sennett, R. 1998. *The Corrosion of Character: The Personal Consequences of Work in the New Capitalism*. W.W. Norton.

Sewell, W. H., A. O. Haller, and A. Portes. 1969. "The Educational and Early Occupational Attainment Process." *American Sociological Review* 34(1): 82–92.

Shakespeare, W. 1597. *The Merchant of Venice*. Folger Shakespeare Library(http://www.folgerdigitaltexts.org).

Shaviro, S. 2011. "The Actual Volcano: Whitehead, Harman, and the Problem of Relations." In L. Bryant, N. Srnicek, and G. Harman(eds.). *The Speculative Turn: Continental Materialism and Realism*. re.press.

________. 2014. *The Universe of Things: On Speculative Realism*. University of Minnesota Press.

________. 2015. "Speculative Realism: A Primer." *Terremoto 2*. Available from: http://terremoto.mx/article/speculative-realism-a-premer/[3 Jan. 2019]

Shohat, E. and R. Stam(eds.). 2003. *Multiculturalism, Postcoloniality, and Transnational Media*. Rutgers University Press.

Skinner, Q. 2002. *Vision of Politics. Vol.II Renaissance Virtues*. Camridge University Press.

Sorokin, P. A. 1959. *Social and Cultural Mobility*. Harper.

________. 1964. *Sociocultural Causality, Space, Time: A Study of Referential Principles of Sociology and Social Science*. Russell and Russell.

Spitko, E. G. 1998. "Gone But Not Conforming: Protecting the Abhorrent Testator from Majoritarian Cultural Norms Through Minority-Culture Arbitration." *Case Western Reserve Law Review* 49(2): 275-314.

Stark, W. 1956. *The Sociology of Knowledge*. Routledge.

Steiner, L. *et al.* 1993. "Invisibility, Homophobia and Heterosexism: Lesbians, Lesbians, Gays and the Media." *Critical Studies in Mass Communication* 10: 395-422.

Stiglitz, J. 2002. *Globalization and Its Discontents*. W.W. Norton.

Sztompka, P. 2008. "The Focus of Everyday Life: A New Turn in Sociology." *European Review* 16(1): 1-15.

Taylor, C. 1991. *The Malaise of Modernity*. House of Anasi Press.

________. 1997. "The Politics of Recognition." *New Contexts of Canadian Criticism* 98: 25-73.

Tegmark, M. 2017. *Life 3.0: Being Human in the Age of Artificial*

Intelligence. Knopf.

Thompson, E. P. 1963. *The Making of the English Working Class*. Victor Gollancz Ltd.

Tienda, M. and D. T. Lii. 1987. "Minority Concentration and Earnings Inequality: Blacks, Hispanics, and Asians Compared." *American Journal of Sociology* 93(1): 141–165.

Toffler, A. 1980. *The Third Wave*. Bantam Books.

Treiman, D. J. 1970. "Industrialization and Social Stratification." *Sociological Inquiry* 40(2): 207–234.

Trow, G. 1980. *Within the Context of No Context*. Atlantic Monthly Press.

United Nations Committee for the Elimination of Racial Discrimination. 2007.(http://www.hani.co.kr/arti/society/society_general/229825.html#csidxc918959bc9676bf94f5605a6d4623d3).

Urry, J. 2003. *Global Complexity*. Polity.

Vakoch, D. and D. Matthew(eds.). 2015. *The Drake Equation: Estimating the Prevalence of Extraterrestrial Life Through the Ages*. Cambridge University Press.

Van Kaam, A. 1969. *Existential Foundations of Psychology*. Doubleday.

Van Manen, M. 1990. *Researching Lived Experience, Human Science for an Action Sensitive Pedagogy*. Althouse.

Van Zyl, P. 1999. "Dilemmas of Transitional Justice: The Case of South Africa's Truth and Reconciliation Commission." *Journal of International Affairs* 52(2): 648–669.

Vanneman, R. and L. Cannon. 1987. *The American Perception of Class*. Temple University Press.

Virillio, P. 1986[1977]. *Speed and Politics: An Essay on Dromology*. Semiotext(e).

Wallace, R. and A. Wolf. 2005. *Contemporary Sociological Theory: Expanding the Classical Tradition*. 6th. Edition. Pearson.

Weber, M. 1947. *The Theory of Social Economic Organization*. Oxford

University Press.

________. 1948[1920]. *From Max Weber: Essays in Sociology*. Edited by G. Mills and C. W. Mills. Routledge.

________. 1968[1922]. *Economy and Society*. Bedminster Press.

Wilkinson, R. and K. Pickett. 2009. *The Spirit Level: Why Greater Equality Makes Societies Stronger*. Bloomsbury Press.

Williams, R. 1977. *Marxism and Literature*. Oxford University Press.

Wilson, C. 1956. *The Outsider*. Houghton Mifflin.

Wirth, L. 1945. "The Problem of Minority Groups." in Ralph Linton(ed.). *The Science of Man in the World Crisis*. New York: Columbia University Press.

Wolfe, C. 2010. *Why is Posthumanism*? University of California Press.

Wright, Erik and K. Y. Shin. 1988. "Temporality and Class Analysis: A Comparative Study of the Effects of Class Trajectory and Class Structure on Class Consciousness in Sweden and the United States." *Sociological Theory* 6(1): 58–84.

Yang, Y. and K. Land. 2006. "A Mixed Models Approach to Age–Period–Cohort Analysis of Repeated Cross–Section Surveys: Trends in Verbal Test Scores." *Sociological Methodology* 36(1): 7–97.

________________. 2013a. *Age–Period–Cohort Analysis: New Models, Methods and Empirical Applications*. CRC Press.

________________. 2013b. "Misunderstandings, Mischaracterizations, and the Problematic Choice of a Specific Instance in Which the IE Should Never Be Applied." *Demography* 50(6): 1969–1971.

________________. 2016. *Age–Period–Cohort Analysis: New Models, Methods, and Empirical Applications*. Chapman and Hall/CRC.

Young, I. M. 2011. *Justice and the Politics of Difference*. Princeton University Press.

Zehr, H. 2002. *The Little Book of Restorative Justice*. Good Books.

Zhao, S. 1991. "Metatheory, Metamethod, Meta–Analysis: What, Why, and How?" *Sociological Perspectives* 34(3): 377–390.

Ziman, J. 2000. "Evolutionary Models for Technological Change." In J. Ziman(ed.). *Technological Innovation as an Evolutionary Process*. Cambridge University Press: 3–12.

가상준 외. 2009. "한국행정연구원 기획세션: 갈등관리: 국 공공분쟁의 현황 및 특징: 1990–2007."『한국정책학회 하계학술발표논문집』2009(1): 239–271.

강수택. 2019. "분열형 사회에서 연대형 사회로의 전환을 위한 사회학적 성찰."『한국사회학』53(2): 137–165.

강원택. 2014. "사회계층과 정치갈등: 객관적 계층과 주관적 계층."『당신은 중산층입니까?』. 21세기북스. pp. 63–106.

강정구. 2010. "2000년대 한국문학에 나타난 문화적 소수자의 재현 양상 연구."『외국문학연구』38: 9–31.

고영미. 2019. 〈시소〉. 조선일보 2019.5.30. A34면, "가슴으로 읽는 동시"에서 재인용.

구도 게이 · 니시다 료스케. 2015.『無業社會: 일할 수 없는 청년들의 미래』. 곽유나 외 역. 펜타그램.

구해근. 2002[2001].『한국 노동계급의 형성』. 신광영 역. 창비.

국민대통합위원회. 2014.『한국형 사회 갈등 실태 진단 연구』. 국민대통합위원회 갈등예방부.

______________. 2015.『한국형 사회 갈등 실태 진단 2차 연구』. 국민대통합위원회 갈등예방부.

국민일보. 2014. "남아공 민주화 20년 … 흑백 빈부격차 여전 멀고 먼 무지개 국가."(2014.4.29.)

권혁주. 2016. "한국의 사회갈등과 사회통합 방안: 사회구조적 관점에서."『행정논총』54(2): 33–116.

금현섭 · 백승주. 2011, "사회보험과 주관적 계층의식의 변동."『정책분석평가학회보』21(3): 61–85.

기든스, 앤소니. 1999[1992].『현대인의 성 · 사랑 · 에로티시즘』. 배은경 · 황정미 역. 새물결.

______. 2010[1991]. 『현대성과 자아정체성』. 권기돈 역. 새물결.
김경동. 2012. 『자발적 복지사회: 미래지향적 자원봉사와 나눔의 사회학』. 아르케.
김경동 · 최태룡. 1983. "직업의 사회경제적 속성과 계급구분." 『사회과학과 정책연구』 5(3): 1–30.
김광수. 2002. "남아프리카 공화국의 국가건설: 진실과 화해 위원회가 역사청산, 국민화합, 그리고 민주화 과정에 기여한 역할을 중심으로." 『Asian Journal of African Studies』 15: 29–80.
김낙년. 2018. "한국의 소득집중도: update, 1933–2016." 『한국경제포럼』 11(5): 1–32.
김남옥. 2016. "80년대 청춘의 초상(肖像)." 『사회사상과 문화』 19(2): 233–265.
김남옥 · 김문조. 2013. "고도 기술시대의 몸(1): 기술융합의 신체적 파장." 『사회사상과 문화』 28: 233–265.
______. 2014. "고도 기술시대의 몸(2): 포스트휴먼 신체론." 『사회사상과 문화』 29: 257–284.
김문조. 2008. 『한국사회의 양극화: '97년 외환위기와 사회불평등』. 집문당.
______. 2011. "융합시대의 미디어 정책: 목표와 방향." 『담론201』 14–1: 5–28.
______. 2013a. 『융합문명론: 분석의 시대에서 종합의 시대로』. 나남.
______. 2013b. "스마트 사회, 새로운 문명사적 도전." 『지식의 지평』 14: 14–26.
______. 2016. "한국사회에서의 행복의 자리." 이재열 외. 『공동체의 삶: 시대의 여러 문제』. 민음사.
김문조 · 김남옥. 2010. "정보혁명의 사회제도적 파장." 『사회와 이론』 17: 347–381.
______. 2017. "내부자적 시각으로 본 한국사회의 계급갈등." 『담론201』 20(2): 7–42.
김문조 · 박형준. 2012. "불확실성의 시대, 불안한 한국인." 『사회와 이론』 21(2): 611–643.
김문조 · 이선우 · 장안식. 2015. "한국사회의 계급갈등과 통합: 분배와 인정을 넘어서." 『담론201』 18(4): 5–34.
김문조 외. 2013. 『한국인은 누구인가: 38가지 코드로 읽는 우리의 정체성』. 21세기북스. pp. 7-17.
_______. 2019. 『빅데이터를 통해 본 2030년대 한국사회』. 홍디자인.
김병조. 2000. “한국인 주관적 계층의식의 특성과 결정요인.” 『한국사회학』 34: 241-268.
김선업 · 윤인진. 2009. “갈등 의식, 갈등 경험 및 갈등 대처 양식의 일반적 특징.” 윤인진 외. 『한국인의 갈등의식: 2007년 한국인의 갈등의 조사결과 분석』. 고려대학교 출판부.
김성국. 1999. “한국 시민사회의 구조적 불안정성과 시민 권력 형성의 과제.” 김일철 외 편. 『한국 사회의 구조론적 이해』. 아르케.
_____. 2005. 『21세기 한국 사회의 구조적 변동』. 민음사.
김수정. 2015. “누가 맞벌이화를 주도하는가?” 『한국여성학』 31(4): 147-180.
김애령. 2007. “현상학과 해석학의 방법론적 적용의 문제: 체험연구의 현상학적 토대와 해석학적 확장.” 『탈경계 인문학』 2(1): 231-258.
김연철 · 이준석. 2016. “행위자-연결망 이론(ANT)과 사변적 실재론(SR)의 접점.” 『사회와 이론』 28: 105-152.
김원동. 2010. “산업화세대의 특징에 대한 탐색.” 『지역사회학』 11(2): 5-29.
김원식. 2002. “한국 사회의 진보와 민주주의의 발전: 진보-보수의 국면 전환을 위한 제언.” 『사회와 철학』 4: 51-78.
_____. 2010. “한국사회의 갈등구조와 민주적 연대.” 『사회와 철학』 19: 129-154.
_____. 2013. “배제, 물화 그리고 무시: 한국사회 갈등구조에 대한 비판이론적 분석.” 『철학탐구』 33: 113-140.
김유선. 2005. “동향과 쟁점: 토지소유 불평등과 불로소득.” 『노동사회』 103: 4-9.
김종길. 2004. 『인터넷 시민운동의 특성과 전망』. 정보통신정책연구원. [IT의 사회.문화적 영향 연구: 21세기 한국 메가트렌드 시리즈 04-24].
_____. 2005. 『접속시대의 사회갈등과 사회통합』. 정보통신정책연구원. [IT의 사회.문화적 영향 연구: 21세기 한국 메가트렌드 시리즈 05-04].
김종덕. 2015. 『사물인터넷 시대의 도래: 현황과 전망』. 델코경영연구원.
김철규. 2015. “이매뉴얼 월러스틴의 세계체제론.” 김문조 외. 『오늘의 사회이론가들』. 한울아카데미. pp. 79–110.

김태균. 2016. “국제개발에서 사회발전으로: 한국 사회의 국제개발 정책에 대한 비판적 고찰과 사회발전론의 재조명.” 『경제와 사회』 109: 229–261.

김태홍 외. 2005. 『국민통합을 위한 사회갈등 해소방안 연구』. 한국여성개발원, 경제 · 인문사회연구회 협동연구총서 05-02-01.

김혜순. 2014. “결혼이민여성의 이혼과 ‘다문화정책’.” 『한국사회학』 48(1): 299–344.

김홍중. 2015. “서바이벌, 생존주의, 그리고 청년세대.” 『한국사회학』 49(1): 179–212.

김환석. 2009. “두 문화, 과학기술학, 그리고 관계적 존재론.” 『문화과학』 57: 40–60.

______. 2012. “‘사회적인 것’에 대한 과학기술학의 도전.” 『사회와 이론』 20: 37–66.

______. 2017. “코스모폴리틱스(Cosmopolitics)와 기술사회의 민주주의.” 『사회과학연구』 30(1): 1–18.

______. 2018. “사회과학의 새로운 패러다임, 신유물론.” 『지식의 지평』 25: 81–89.

뉴욕타임스. 2012. 『당신의 계급 서열은 안전합니까』. 김종목 외 역. 사계절.

대통령비서실. 2006. 『노무현 대통령 연설문집』 제3집 2005년 2월 1일–2006년 1월 31일. 대통령비서실.

대통령자문 빈부격차 · 차별시정위원회. 2005. 『양극화 해결을 위한 ‘동반성장’ 전략 개발』. 빈부격차 · 차별시정위원회.

동아일보. 2019. “아이들 꿈도 양극화? ‘장래희망 법조인’ 저소득층 1%뿐.” (2019.6.3.)

뒤르켐, 에밀. 2012[1893]. 『사회분업론』. 민문홍 역. 아카넷.

디턴, 앵거스. 2015. 『위대한 탈출: 건강, 부 그리고 불평등의 기원』. 김민주 감수. 한국경제신문사.

라투르, 브뤼노. 2009. 『우리는 근대인이었던 적이 없다』. 홍철기 역. 갈무리.

라피에르, 도미니끄. 2010[2009]. 『검은 밤의 무지개』. 임호경 역. 중앙북스.

랑, 자크. 2007[2004]. 『넬슨 만델라 평전』. 윤은주 역. 실천문학사.

르페브르, 앙리. 2011[2008]. 『공간의 생산』. 양영란 역. 에코리브르.
만, 토마스. 2009[1986]. 『쇼펜하우어, 니테, 프로이트』. 원당희 역. 세창미디어.
만델라, 넬슨. 2006. 『만델라 자서전: 자유를 향한 머나먼 길』. 김대중 역. 두레.
매일경제. 2016. "[한국형 사회갈등] 분노 넘어 원한으로 … 극단적 트라우마에 빠진 한국인."(2016.2.25.)
_______. 2018. "병 던지고 욕설… '백화점 갑질女' 형사처벌 초읽기."(2018.7.15.)
머니투데이. 2019. "한국은 어쩌다 사기범죄 1위 국가가 됐나."(2019.1.3.)
무라카미, 하루키. 2006. 『바람의 노래를 들어라』. 문학과사상사.
문태훈. 2012. "시스템사고로 본 우리나라 사회갈등의 구조와 갈등해소를 위한 정책방향." 『한국시스템다이내믹스 연구』 13(1): 41-62.
바바렛, 잭. 2007. 『감정의 거시사회학』. 박형신 · 정수남 역. 일신사.
바우만, 지그문트. 2008[2004]. 『쓰레기가 되는 삶들: 모더니티와 그 추방자들』. 정일준 역. 새물결.
______________. 2009[2000]. 『액체 근대』. 이일수 역. 강.
______________. 2010[2007]. 『모두스 비벤디』. 한상석 역. 후마니타스..
박경태. 2008. 『소수자와 한국사회 이주노동자, 화교, 혼혈인』. 후마니타스.
_____. 2009. 『인종주의』. 책세상.
_____. 2014. "이주와 다문화 연구, 기존의 상상력을 넘어서." 『한국사회학』 48(2): 263-268.
박길성. 2011. "한국사회의 세대갈등: 연금과 일자리를 중심으로." 『한국사회』 12(1): 3-25.
박병영 외. 2009. 『교육과 사회계층이동 조사연구(Ⅱ)』. 한국교육개발원 연구보고서 RR 2009-20.
박영은. 2013. "트랜스휴머니즘(Transhumanism) 사상의 철학적 근원에 대한 고찰." 『노어노문학』 25(1): 115-142.
박인찬. 2017. "사물의 시대에 오신 것을 환영함: 포스트휴머니즘의 새 접근." 『현대영미소설』 24(2): 183-202.
박재흥. 2010. "한국사회의 세대갈등: 권력 · 이념 · 문화갈등을 중심으로." 『한국인구학』 33(3): 75-99.

박형준. 1991. 『현대 노동과정론: 자동화에 대한 연구』. 백산서당.
_____. 2014. 『한국사회, 무엇을 어떻게 바꿀 것인가』. 메디치미디어.
반스, 줄리언. 2017[2016]. 『시대의 소음』. 다산책방.
방하남 · 김기헌. 2001. "변화와 세습: 한국 사회의 세대간 지위세습 및 성취구조." 『한국사회학』 35(3): 1-30.
배규한. 1995. 『미래사회학』. 사회비평사.
버틀러, 주디스 · 아테나 아타나시오우. 2016. 『박탈: 정치적인 것에 있어서의 수행성에 관한 대화』. 김응산 역. 자음과 모음.
법무부. 2019. 『출입국자 및 체류 외국인 통계』.
벡, 울리히. 1997. 『위험사회』, 홍성태 역. 새물결.
벡, 울리히 · 엘리자베스 벡-게른샤임. 1999[1990]. 『사랑은 지독한, 그러나 너무나 정상적인 혼란』. 강수영 · 권기돈 · 배은경 역. 새물결.
벨, 대니얼. 2006[1999]. 『탈산업사회의 도래』. 김원동 · 박형신 역. 아카넷.
보드리야르, 장. 2014. 『기호의 정치경제학 비판』. 이규현 역. 문학과지성사.
보스트롬, 닉. 2017. 『슈퍼인텔리전스: 경로, 위험, 전략』. 조성진 역. 까치.
부데, 하인츠. 2015. 『불안의 사회학』. 이미옥 역. 동녘.
브라이도티, 로지. 2013. 『포스트휴먼』. 이경란 역. 아카넷.
비르노, 빠올로. 2004[2004]. 『다중: 현대의 삶 형태에 관한 분석을 위하여』. 김상운 역. 갈무리.
BBC News 코리아. 2019. "한국인 10명 중 8명 … '통일'보다는 '경제' 우선." (2019.6.7.)
삼성경제연구소. 2007. "한국의 사회갈등과 경제적 비용." 『CEO Information』. 710호.
삼성금융연구소. 2005. 『가계금융이용실태조사결과』.
샤르댕, 테야르 드. 1997[1955]. 『인간현상』. 양명수 역. 한길사.
서문기. 2014. "한국사회의 갈등구조와 계층갈등." 『국제 · 지역연구』 23(1): 27-52.
석승혜 · 김남옥. 2019. 『불안한 사냥꾼의 사회: 우리는 왜 서로를 혐오하는가』. 스리체어스.
석승혜 외. 2019. 『패닉 소사이어티』. 가쎄.

설동훈. 2014. “국제결혼이민과 국민, 민족 정체성.”『경제와사회』103: 278-312.
세넷, 리처드. 2002.『신자유주의와 인간성 파괴』. 조용 역. 문예출판사.
__________. 2004[2003].『불평등 사회의 인간존중』. 유강은 역. 문예출판사.
__________. 2013.『투게더』. 김병화 역. 현암사.
세계일보. 2018. “모두가 갑이 되고 싶은 사회… 당신은 어떠십니까?” (2018.6.21.)
소명선. 2011. “오키나와문학 속의 ‘조선인’: 타자 표상의 가능성과 한계성.”『동북아 문화연구』28: 535-555.
손택, 수전. 2004[2003].『타인의 고통』. 이재원 역. 이후.
손호철. 2017.『촛불혁명과 2017년 체제: 박정희, 87년, 97년 체제를 넘어서』. 서강대학교출판부.
송복. 1997.『한국사회의 갈등구조』. 경문사.
송한나 · 이명진 · 최샛별. 2013. “한국사회의 객관적 계급위치와 주관적 계층의 식간 격차 결정요인에 관한 연구.”『한국인구학』36(3): 97-119.
쇼펜하우어, 아르투어. 2019[1819].『의지와 표상으로서의 세계』. 홍성광 역. 을유문화사.
스미스, 애덤. 2009[1759].『도덕감정론』. 박세일 · 민경국 역. 비봉출판사.
신광영. 1994. “세대간 계급이동.”『경제와사회』23: 82-116.
_____. 2004.『한국의 계급과 불평등』. 을유문화사
신광영 · 조돈문 · 조은. 2003.『한국사회의 계급론적 이해』. 한울아카데미.
신상규. 2014.『호모 사피엔스의 미래: 포스트휴먼과 트랜스휴머니즘』. 아카넷.
신진욱. 2007. “민주화 이후의 공론장과 사회갈등.”『한국사회학』41(1): 57-93.
아렌트, 한나. 2017.『인간의 조건』. 이진우 역. 한길그레이트북스.
아이디, 돈. 2013.『테크놀로지의 몸』. 이희은 역. 텍스트.
아탈리, 자크. 1999.『21세기 사전』. 편혜원 · 정혜원 역. 중앙m&b.
안치민. 1993. “한국사회의 계급구조화 연구.”『한국사회학』26(1): 59-81.
양춘. 2000.『한국사회 계층구조와 동학』. 고려대학교출판부.
연합뉴스. 2018. “사회 · 국가 희망지수 작년보다 하락…”, “빈부격차 개선 전망 최악.”(2018.12.12.)

________. 2019. "계층이동에 부모 재산 · 소득이 중요. '수저계급' 인식 뚜렷." (2019.1.9.)

에런라이크, 바버라. 2012. 『워킹 푸어 생존기』. 최희봉 역. 부키.

________________. 2016. 『희망의 배신』. 전미영 역. 부키.

에셀, 스테판. 2011. 『분노하라』. 임희근 역. 돌베개.

엠케, 카롤린. 2017. 『혐오사회: 증오는 어떻게 전염되고 확산되는가』. 정지인 역. 다산초당.

오코너, 제임스. 1990. 『현대자본주의 위기론』. 김성국 역. 나남.

우명숙 외. 2013. "사회갈등과 사회갈등해소역량." 『한국사회학회 전기사회학대회논문집』. pp. 69–86.

유승호. 2015. 『서열중독』. 가쎄.

유승호 외. 2017. 『우리는 어떤 사회에 살고 있는가』. 가쎄.

윤성이. 2009. "2008년 촛불과 정치참여 특성의 변화: 행위자, 구조, 제도를 중심으로." 『세계지역연구논총』 27(1): 315–334.

윤수종. 2009. "인권과 소수자, 그리고 욕망의 정치." 『진보평론』. 2009년 겨울 42: 140–162.

______. 2012a. "성소수자와 욕망의 정치." 『진보평론』. 2012년 여름 52: 191–223.

______. 2012b. "소수자 되기." 『기독교사상』 643: 10–19.

윤인진. 2008. "한국적 다문화주의의 전개와 특성." 『한국사회학』 42(2): 72–103.

윤자영. 2014. "중산층의 이탈과 진입." 윤자영 외 편. 『중산층의 형성과 재생산에 관한 연구』. 한국노동연구원.

이경란. 2017. "포스트휴먼 시대의 포스트휴먼 담론들." 『문학동네』 23(2): 1–17.

이기식. 2016. 『독일통일 25년 후』. 고려대학교출판문화원.

이병량 · 김서용 · 전영평. 2008. "한국 사회갈등구조의 진단과 해석." 『한국공공관리학보』 22(4): 49–72.

이병훈 · 윤정향. 2006. "사회계층의식의 변동에 관한 연구." 『경제와 사회』 70: 111–140.

이수진. 2013. "포스트휴머니즘적 상상력과 문학적 재현." 이화인문과학원 편. 『인간과 포스트휴머니즘』. 이화여자대학교출판부. pp. 271-294.

이숙종. 2001. 『중산층 인식과 실태: 중산층 '3不: 不信, 不滿, 不安 심각』. EAI 동아시아연구소. [연구브리핑 59-1호].

이왕원. 2017. "한국사회의 계급의식 유형화 과정에 관한 연구 : IMF 이후 계층 귀속감과 상향이동의식의 궤적을 중심으로." 고려대학교 박사학위논문.

이왕원 · 김문조. 2015. "한국인의 생활전망 잠재유형과 영향요인에 관한 연구." 『보건사회연구』 35(3): 5-41.

이왕원 · 김문조 · 최율. 2016. "한국사회의 계층귀속감과 상향이동의식 변화: 연령, 기간 및 코호트 효과를 중심으로." 『한국사회학』 50(5): 247-284.

이원태 · 김종길 · 김희연. 2012. 『디지털 사회갈등의 새로운 양상과 사회통합의 정책방향』. 정보통신정책연구소(정책연구 12-14(방송통신정책연구 12-진흥-004)).

이재경. 2013. "한국사회 젠더갈등과 '사회통합.'" 『저스티스』 134(2): 94-109.

이재열. 2001. 『중산층 인식과 실태: 중산층 '3不: 不信, 不滿, 不安 심각』. EAI 동아시아연구소. [연구브리핑 59-1호].

______. 2010. "사회의 질과 갈등관리." 『한국사회학회 후기사회학대회논문집』. pp. 1031-1058.

______. 2014. "중산층이 사라진 서민사회의 등장." 『당신은 중산층입니까?』. 21세기북스.

______. 2019. 『다시 태어난다면, 한국에서 살겠습니까: 한강의 기적에서 헬조선까지 잃어버린 사회의 품격을 찾아서』. 21세기북스.

이종관. 2012. "테크노퓨처리즘과 네오휴머니즘의 대결, 그리고 그 화해를 향하여: 트랜스 휴머니즘, 인공생명, 하이데거를 중심으로." 『철학과 현상학 연구』 59: 5-49.

이종승. 1983. "메타분석: 연구결과의 통계적 종합." 『교육학연구』 21(1): 83-92.

이종욱. 1990. "자유와 인간해방을 위한 고난과 투쟁." 넬슨 만델라. 『멀고 먼 자유의 길』. 이종욱 · 최재봉 역. 예지각. pp. 263-313.

이철승. 2019. "세대, 계급, 위계: 386 세대의 집권과 불평등의 확대." 『한국사회학』 53(1): 1-48.
이한규. 2012. "만델라의 정치적 리더십에 대한 고찰: 위기상황의 대처 능력을 중심으로." 『한국아프리카학회지』 35: 103-141.
이화인문과학원. 2013. 『인간과 포스트휴머니즘』. 이화여자대학교출판부.
이훈범. 2019. 『품격』. 올림.
임동진. 2011. "공공갈등관리의 실태 및 갈등해결 요인분석." 『한국행정학보』 45(2): 291-318.
임석원. 2013. "비판적 포스트휴머니즘의 기획: 배타적인 인간중심주의 극복." 이화인문과학원 편. 『인간과 포스트휴머니즘』. 이화여자대학교출판부. pp. 61-82.
임희섭. 2018. "한국 시민사회운동의 사회-문화적 성격." 『학술원논문집(인문 · 사회과학편)』 57(1): 219-261.
장상수. 1996. "한국 사회에서의 주관적 계층위치." 『사회와 역사』 49: 180-212.
_____. 1998. "한국사회의 계급이동." 『한국사회학』 32(겨울): 715-735.
_____. 2003. "세대내 계급이동." 『한국사회학』 37(1): 21-49.
진방욱. 2019. "세계 최초의 유전자 편집 아기 출생의 의미." 『인격주의 생명윤리』 9(1): 99-114.
정규호. 2012. "성장사회에서 성숙사회로, 분명 전환기의 도전과 과제." 『시민교육』 6: 33-37.
정근식. 2013. "차별 또는 배제의 정치와 '소수자'의 사회사 재구성." 『경제와 사회』 100: 183-208.
정보통신정책연구원. 2014. 『포스트 휴먼(Post-Human)시대 기술과 인간의 상호작용에 대한 인문사회 학제간 연구』. 미래창조과학부.
정수열. 2015. "사회경제적 양극화와 도시 내 계층별 거주지 분리." 『한국경제지리학회지』 18(1): 1-16.
정일준 · 김상돈. 2011. "참여정부의 국정운영 평가와 국가기관 신뢰에 대한 실증적 분석." 『공공사회연구』 1(2): 59-95.
조대엽. 2008. "한국 민주주의와 촛불시위: 제4의 결사체와 신사회갈등론의 전망." 『노동사회』 134: 10-17.
_____. 2014. 『갈등사회의 도전과 미시민주주의의 시대』. 나남.

조돈문. 2005. “한국 사회의 계급과 문화.”『한국사회학』39(2): 1-33.
조동기. 2006. “중산층의 사회인구학적 특성과 주관적 계층의식.”『한국인구학』29(3): 89-109.
조선일보. 2018. “시위 천국이 된 한국…乙의 반란인가, 떼법의 시대인가.”(2018.8.18.)
_______. 2019a. “중산층이 사라진다 30년 전 국민 75% ‘난 중산층’… 올해엔 48%로 뚝.”(2019.1.26.)
_______. 2019b. “더 이상 주인공이 될 수 없는 한국인이 해야할 것은…”(2019.3.25.)
조혜자 · 방희정. 1998. “사회 경제적 변화가 가족에게 미치는 영향.”『한국여성심리학회지』3(1): 1-15.
조화성. 1999. “넬슨 만델라의 화해의 삶.”『민족연구』3: 125-130.
조희연. 2008.『복합적 갈등 속의 한국 민주주의』. 한울.
주재복 외. 2005.『지역갈등의 현황 및 정책과제』. 경제 · 인문사회연구회 협동연구총서 05-03-06.
중앙일보. 2003. “대물림하는 가난.”(2003.7.7.~7.14.)
_______. 2006. “2006년 연중기획: 중산층을 되살리자.”(2006.1.2.)
_______. 2018. “한국인 10명 중 7명 ” “이민 생각해 봤다.”(2018.3.18.)
_______. 2019a. “[SPECIAL REPORT] 혐오 시대”(2019.2.16.)
_______. 2019b “김훈, ”한국은 악다구니, 쌍소리, 욕지거리로 날 새는 사회.”(2019.6.2.)
차종천. 1987. “경제발전과 사회이동의 관계에 대한 대수선형모형 분석의 검토.”『한국사회학』21: 187-207.
_____. 1992. “남성세대간 사회이동에 대한 상호연관모형 분석.”『한국사회학』25: 155-175.
_____. 2003. “객관적 계층, 주관적 계층 및 공정성간의 관계.”『한국사회학회 사회학대회논문집』. pp. 633-644.
최샛별. 2018.『한국의 세대 연대기』. 이화여자대학교출판문화원.
최승완. 2019.『동독민 이주사 1949-1989』. 서해문집.
최우영. 2007. “한국사회의 잠재된 종교갈등.”『한국사회학회 후기사회학대회논문집』. pp. 73-83.
최효미. 2008. “중산층의 사회계층 소속감에 대한 분석.”『노동리뷰』 46: 73-84.
카스텔, 마누엘. 2001.『정보도시: 정보기술의 정치경제학』. 최병두 역. 한울.
커즈와일, 레이. 2007.『특이점이 온다』. 김영사.
KBS. 2003. “한국사회를 말한다: 위기의 중산층, 나는 불안하다.”(2003.11.26.)
______. 2019. ““맘충 · 한남” “고졸은 날리리?”, 대한민국 혐오 · 차별 보고서.”(2019.1.3.)
켈리, 케빈. 2017.『인에비터블: 미래의 정체』. 청림출판.
콜린스, 랜들. 2009.『사회적 삶의 에너지』. 진수미 역. 한울.
크라우치, 콜린. 2008[2005].『포스트 민주주의: 민주주의 시대의 종말』. 이한 역. 미지북스.
크루그먼, 폴. 2012[2008].『새로운 미래를 말하다: 과거를 읽고 현재를 보고 미래를 그린다』. 박태일 외 역. 엘도라도 .
터섹, 로버트. 2019.『증발』. 김익현 옮김. 커뮤니케이션북스.
테일러, 찰스. 2001.『불안한 현대사회: 자기 중심적인 현대 문화의 곤경과 이상』. 송영배 역. 이학사.
톰슨, 에드워드. 2000[1963].『영국 노동계급의 형성』. 나종일 외 역. 창비.
톰슨, 폴. 1987[1983].『노동사회학』. 심윤종 · 김문조 역. 경문사.
통계청.『가계동향조사』. 1998, 2000, 2003, 2008년.
파묵, 오르한. 2004.『내 이름은 빨강』. 민음사.
파이낸셜뉴스. 2018. ““내 인생 0점”… 포기로 내모는 경쟁사회”(2018.2.7.)
프랑클, 빅터. 2012[1946].『빅터 프랭클의 죽음의 수용소에서』. 이시형 역. 청아출판사.
프레이저, 낸시 · 악셀 호네트. 2014.『분배냐, 인정이냐?』. 심원식 · 문성훈 역. 사월의 책.
프롬, 에리히. 1999[1955].『건전한 사회』. 김병익 역. 범우사.
______. 2012[1941].『자유로부터의 도피』. 김석희 역. 휴머니스트.
______. 2002[1976].『소유냐 존재냐』. 차경아 역. 까치.
피케티, 토마. 2014.『21세기 자본』. 장경덕 역. 글항아리.

하영주 · 이원호. 2013. "교육환경과 주택가격 간 관계와 사회공간적 격차에 대한 함의: 서울시의 사례연구."『한국경제지리학회지』 16(1): 86-98.

하원규 · 최민석 · 김수민. 2013.『만물지능인터넷 패러다임과 미래창조 IT 신전략』. 정보통신산업진흥원.

한겨레신문. 2005. "근로소득과 자산가격의 증가율 비교."(2005.9.19.)

한경혜. 1996. "남성의 부모기로의 전이와 직업역할. 전이시기와의 관련성을 중심으로."『대한가정학회지』 34(2): 231-244.

한국은행.『국민계정』 각년호.

한병철. 2015.『심리정치: 신자유주의의 통치술』. 김태환 역. 문학과지성사.

한인섭. 2000. "왜 '소수자, 약자의 인권'인가." 한국인권재단 편.『일상의 억압과 소수자의 인권』. 사람생각.

함인희. 2000. "세대갈등을 넘어 세대공존을 향해."『계간사상』 44: 188-209.

헤어브레히터, 슈테판. 2012.『포스트휴머니즘: 인간 이후의 인간에 관한 문화철학적 담론』. 성균관대학교출판부.

헤이너, 프리실라. 2008.『국가폭력과 세계의 진실위원회』. 주혜경 역. 역사비평사.

헤일스, 캐서린. 2013.『우리는 어떻게 포스트휴먼이 되었는가: 사이버네틱스와 문학, 정보과학의 신체들』. 허진 역. 열린책들.

호네트, 악셀. 2011.『인정투쟁: 사회적 갈등의 도덕적 형식론』. 문성훈 · 이현재 역. 사월의책.

홍두승 · 구해근. 2008.『사회계층 · 계급론』(3판). 다산출판사.

후지이 겐키. 2006.『90%가 하류로 전락한다』. 이혁재 역. 재인.

부록 I 서베이 질문지

사회통합에 관한 국민의식 조사

ID				

안녕하십니까?
이 설문지는 한국 사회의 현황과 사회통합에 대한 여러분의 의견을 알아보기 위한 것입니다.
응답 내용은 통계적으로만 처리될 뿐, 개별적 사항은 전혀 알려지지 않습니다.
따라서 평소 생각을 솔직하고 빠짐없이 알려주시면 저희 연구에 큰 도움이 될 것입니다.
바쁘시더라도 잠시 틈을 내시어 협조해 주셨으면 합니다.
감사합니다.

2014년 9월

고려대학교 문과대학 사회학과
김문조 교수 연구실
전화: (02) 3290-2073
이메일: muncho@korea.ac.kr

성(선문1)	① 남 ② 여	연령(선문2)	만 ________ 세
현재 거주지 (선문3)	① 서울 ② 부산 ③ 대구 ④ 인천 ⑤ 광주 ⑥ 대전 ⑦ 울산 ⑧ 경기 ⑨ 강원 ⑩ 충북 ⑪ 충남 ⑫ 전북 ⑬ 전남 ⑭ 경북 ⑮ 경남		
성장지 (선문4)	① 서울 ② 부산 ③ 대구 ④ 인천 ⑤ 광주 ⑥ 대전 ⑦ 울산 ⑧ 경기 ⑨ 강원 ⑩ 충북 ⑪ 충남 ⑫ 전북 ⑬ 전남 ⑭ 경북 ⑮ 경남		
혼인 상태 (선문5)	① 기혼 ② 미혼 ③ 기타 ________________________		

응답자	성명:	전화:	휴대폰:
	주소: ____________ 시 ____________ 구 ____________ 동		
면접원 ID		면접원 성명	
면접 일시	2014년 ( )월 ( )일 ( )시 ( )분부터 ( )분간		
검증	검증일시: 2014년 ( )월 ( )일	검증원 성명:	
	검증결과: 1Pass 2 No →	부적격 사유:	

❑ 인간관계에 관한 질문입니다

※ 다음 질문들에 대해 귀하의 생각과 가장 일치하는 응답의 번호에 ✓표, 밑줄 부분에는 적당한 말을 적어주시기 바랍니다.

문1. 평소 다음과 같은 사람들을 얼마나 생각하며 살아가십니까?

문항	많이 생각한다	생각하는 편이다	별로 생각하지 않는다	전혀 생각하지 않는다	해당자 없음
1) 가족	①	②	③	④	⑤
2) 친척	①	②	③	④	⑤
3) 친구	①	②	③	④	⑤
4) 직장 사람이나 동업자	①	②	③	④	⑤
5) 이웃	①	②	③	④	⑤
6) 지역주민	①	②	③	④	⑤
7) 우리 국민	①	②	③	④	⑤
8) 북한동포	①	②	③	④	⑤
9) 인류	①	②	③	④	⑤
10) 나 자신	①	②	③	④	⑤
문1-1. 기타 어떤 사람들이 있습니까? ____________					

문2. 한국 사회에서는 다음과 같은 인맥이 얼마나 중요하다고 생각하십니까?

문항	매우 중요하다	중요한 편이다	별로 중요하지 않다	전혀 중요하지 않다	잘 모르겠다
1) 혈연(가족이나 친척)	①	②	③	④	⑤
2) 학연(학교 동창이나 동문)	①	②	③	④	⑤
3) 지연(같은 동네나 지역 출신)	①	②	③	④	⑤
4) 직연(직업이나 직장으로 맺어진 사람)	①	②	③	④	⑤
5) 교연(같은 종교를 믿는 사람)	①	②	③	④	⑤
6) 넷연(인터넷을 통해 아는 사람)	①	②	③	④	⑤
문 2-1. 기타 어떤 인맥이 있습니까? ________________					

❑ 사회의식에 관한 질문입니다

문3. 남에게 자신을 알리고자 할 때, 귀하는 다음 열거된 사항들에 얼마나 의존하십니까?

문항	크게 의존한다	의존하는 편이다	별로 의존하지 않는다	전혀 의존하지 않는다	해당 없음
1) 집안	①	②	③	④	⑤
2) 출신학교	①	②	③	④	⑤
3) 고향	①	②	③	④	⑤
4) 친구	①	②	③	④	⑤
5) 직업이나 직장	①	②	③	④	⑤
6) 취미	①	②	③	④	⑤
7) 재산	①	②	③	④	⑤
8) 사는 지역	①	②	③	④	⑤
9) 종교	①	②	③	④	⑤
10) 좋아하는 스포츠팀	①	②	③	④	⑤

문3-1. 기타 어떤 것이 있습니까? ____________________

문4. 다음과 같은 진술이 우리 한국 사회를 얼마나 잘 대변한다고 생각하십니까?

"한국 사회는 ———— 이다"	확실히 그렇다	그런 편이다	별로 그렇지 않다	전혀 그렇지 않다	잘 모르겠다
1) 자기 힘으로 성공할 수 있는 기회의 나라	①	②	③	④	⑤
2) 제 가족만 챙기는 사람들이 많은 곳	①	②	③	④	⑤
3) 남의 도움 없이 출세하기 힘든 곳	①	②	③	④	⑤
4) 같은 편 사람끼리만 잘 어울리는 곳	①	②	③	④	⑤
5) 아는 사람에게는 각별하고 모르는 사람에게는 냉담한 곳	①	②	③	④	⑤
6) 알지 못하던 사람들이 쉽게 친해질 수 있는 곳	①	②	③	④	⑤
7) 남을 잘 믿지 못하는 불신 국가	①	②	③	④	⑤
8) 이해득실을 따지는 타산적 인간관계가 판치는 곳	①	②	③	④	⑤
9) 강자에게 약하고 약자에게 강한 사람들이 많은 곳	①	②	③	④	⑤
10) 외국인들이 정 붙이고 살기 어려운 곳	①	②	③	④	⑤

문5. 흔히 '있는 사람'과 '없는 사람'으로 불리는 한국 사회의 상하층 사람들 간에는 다음과 같은 점에서 얼마만큼 차이가 난다고 생각하십니까?

문항	크게 차이난다 (상층≫하층)	차이난다 (상층>하층)	별 차이가 없다 (상층=하층)	있는 사람들이 오히려 못하다 (상층<하층)	잘 모르겠다
1) 학력	①	②	③	④	⑤
2) 직업	①	②	③	④	⑤
3) 재산	①	②	③	④	⑤
4) 인맥	①	②	③	④	⑤
5) 권세	①	②	③	④	⑤
6) 사회적 존경도	①	②	③	④	⑤
7) 거주지	①	②	③	④	⑤
8) 씀씀이(소비지출)	①	②	③	④	⑤
9) 먹거리	①	②	③	④	⑤
10) 옷차림	①	②	③	④	⑤
11) 취미생활	①	②	③	④	⑤
12) 자녀양육 방식	①	②	③	④	⑤
13) 자녀교육비	①	②	③	④	⑤
14) 영어 능력	①	②	③	④	⑤
15) 건강 상태	①	②	③	④	⑤
16) 가족중심주의	①	②	③	④	⑤
17) 공동체의식	①	②	③	④	⑤
18) 자존심	①	②	③	④	⑤
19) 경쟁심	①	②	③	④	⑤
20) 허영심	①	②	③	④	⑤
21) 애국심	①	②	③	④	⑤
22) 준법의식	①	②	③	④	⑤

23) 희생정신	①	②	③	④	⑤
24) 개방성	①	②	③	④	⑤
25) 협동성	①	②	③	④	⑤
26) 동정심	①	②	③	④	⑤
27) 이해심	①	②	③	④	⑤
28) 포용성	①	②	③	④	⑤
29) 정직성	①	②	③	④	⑤
30) 행복감	①	②	③	④	⑤

문6. 다음과 같은 주장에 대한 귀하의 생각은 어떠하십니까?

문항	전적으로 동감한다	동감하는 편이다	별로 동감하지 않는다	전혀 동감하지 않는다	잘 모르겠다
1) 나는 대한민국 국민임을 자랑스럽게 생각한다	①	②	③	④	⑤
2) 한국 문화에는 세계적으로 내세울 만한 것들이 많다	①	②	③	④	⑤
3) 다른 나라의 문화전통도 우리 것과 다름없이 존중되어야 한다	①	②	③	④	⑤
4) 세계시민으로 발돋움하려면 '배달민족'을 강조하는 좁은 시각에서 벗어나야 한다	①	②	③	④	⑤
5) 국제관계에 있어서는 국익이 우선시되어야 한다	①	②	③	④	⑤
6) 국가경제가 어려워도 가난한 나라들을 도와야 한다	①	②	③	④	⑤
7) 인종이나 국적에 관계없이 모든 인간은 동등하게 대해야 한다	①	②	③	④	⑤

8) 옳고 그름에 대한 판단 기준은 나라마다 다를 수 있다	①	②	③	④	⑤
9) 일자리 확보를 위해서는 외국인 근로자의 유입을 막아야 한다	①	②	③	④	⑤
10) 인종적 편견이나 차별은 하루빨리 없어져야 한다	①	②	③	④	⑤

문7. 귀하는 다음과 같은 견해에 얼마나 동의하십니까?

문항	전적으로 동의한다	동의하는 편이다	별로 동의하지 않는다	전혀 동의하지 않는다
1) 개인이 잘사는 것이 곧 나라가 잘되는 것이다	①	②	③	④
2) 국가발전을 위해서는 치열한 사회경쟁이 불가피하다	①	②	③	④
3) 능력이나 노력에 따른 사회적 불평등은 감수해야 한다	①	②	③	④
4) 출세하기 위해서는 자기개발에 시간과 돈을 투자해야 한다	①	②	③	④
5) 잘살고 못사는 것은 기본적으로 본인이 책임져야 한다	①	②	③	④
6) 내게 이익이 되더라도 남에게 피해를 주는 일은 하지 말아야 한다	①	②	③	④
7) 성과가 높은 사람에게는 그에 비례한 보상이 주어져야 한다	①	②	③	④
8) 모든 사회생활에서 최소 비용으로 최대 효과를 거둘 수 있는 경제적 효율성이 우선시되어야 한다	①	②	③	④

문8. 다음과 같은 견해에는 얼마나 동의하십니까?

문항	전적으로 동의한다	대체로 동의한다	잘 판단할 수 없다	별로 동의하지 않는다	전혀 동의하지 않는다
1) 옳은 일이라면 어떤 희생이 따르더라도 굽히지 않아야 한다	①	②	③	④	⑤
2) 거짓말이 판치는 세상에서 정직하게 살려고 애쓰는 것은 무모한 일이다	①	②	③	④	⑤
3) 원리원칙에 집착하면 세상을 원만히 살아갈 수 없다	①	②	③	④	⑤
4) 결과가 좋다면 과정상의 잘못은 덮고 넘어가도 된다	①	②	③	④	⑤
5) 내게 불리한 법은 요령껏 피해가는 것이 현명한 일이다	①	②	③	④	⑤

문9. 한국 사회에 대한 다음과 같은 견해에는 어떻게 생각하십니까?

한국 사회에서는	확실히 그렇다	그런 편이다	그렇지 않다	전혀 그렇지 않다
1) 법이 없으면 사회가 큰 혼란에 빠질 것이다	①	②	③	④
2) 불필요한 법이 사회생활에 지장을 초래할 때가 많다	①	②	③	④
3) 분쟁이나 갈등을 법적으로 해결하기 어려운 때가 있다	①	②	③	④
4) 법보다 여론이나 국민 정서가 중시될 때가 있다	①	②	③	④
5) 법리적 판단보다 정치적 결단이나 타협이 요구될 때가 있다	①	②	③	④
6) 사회 지도층이 오히려 법을 잘 지키지 않는 경향이 있다	①	②	③	④
7) 법적 판결이 정치권력에 의해 좌우되는 경우가 있나	①	②	③	④
8) 선진국에 비해 법이 악용하는 사람들이 많은 것 같다	①	②	③	④

❑ 생활의식에 관한 질문입니다

문10. 현재의 삶에 대해 얼마나 만족하십니까?

매우 만족한다	만족한다	약간 만족한다	보통이다	약간 불만족 한다	불만족 한다	매우 불만족 한다
①	②	③	④	⑤	⑥	⑦

문11. 현재의 삶이 얼마나 행복하다고 느끼십니까?

아주 행복하다	행복하다	약간 행복하다	보통이다	별로 행복하지 않다	행복하지 않다	전혀 행복하지 않다
①	②	③	④	⑤	⑥	⑦

문12. 장래의 삶에 대해 얼마나 불안을 느끼십니까?

항상 느낀다	자주 느낀다	이따금 느낀다	거의 느끼지 않는다	전혀 느끼지 않는다
①	②	③	④	⑤

문13. 그러면 다음과 같은 측면에 대해서는 어느 정도 불안해하십니까?

문항	매우 불안	불안	약간 불안	별로 불안하지 않음	전혀 불안하지 않음
1) 학교공부(본인이나 자녀의 학업성적)	①	②	③	④	⑤
2) 취입문제(본인이나 자녀의 취직)	①	②	③	④	⑤
3) 직장생활(본인이나 자녀의 승진문제나 실직 위협)	①	②	③	④	⑤
4) 혼인생활(본인이나 자녀의 결혼, 출산, 자녀양육, 가족관계 등)	①	②	③	④	⑤
5) 경제생활(본인이나 자녀의 생계비, 주거비, 교육비, 의료비 등)	①	②	③	④	⑤
6) 노후생활(본인이나 부모님의 건강이나 돌봄)	①	②	③	④	⑤
7) 환경문제(대기오염, 수질오염, 소음, 새집증후군 등)	①	②	③	④	⑤
8) 식품안전(부패/불량식품, 농약, 유해첨가물 등)	①	②	③	④	⑤
9) 사건사고(범죄 피해, 교통사고, 재해 등)	①	②	③	④	⑤
10) 안보문제(전쟁이나 테러 위협)	①	②	③	④	⑤

❑ 사회관에 대한 질문입니다

문14. 다음 사항들은 한국 사회가 극복해야 할 주요 과제로 꼽히는 것들입니다. 귀하는 이들 문제가 얼마나 심각하다고 생각하십니까?

문항	매우 심각하다	심각한 편이다	별로 심각하지 않다	전혀 심각하지 않다
1) 경제불황	①	②	③	④
2) 이념대립	①	②	③	④
3) 부정부패	①	②	③	④
4) 불신풍조	①	②	③	④
5) 과열경쟁	①	②	③	④
6) 빈부격차	①	②	③	④
7) 지역격차	①	②	③	④
8) 노사갈등	①	②	③	④
9) 세대문제	①	②	③	④
10) 성 차별	①	②	③	④
11) 육아문제	①	②	③	④
12) 교육문제	①	②	③	④
13) 취업난	①	②	③	④
14) 주택난	①	②	③	④
15) 노후불안	①	②	③	④
16) 집단이기주의	①	②	③	④
17) 법질서 문란	①	②	③	④
18) 도덕적 해이	①	②	③	④
19) 외국인 차별	①	②	③	④
20) 환경오염	①	②	③	④

문15. 귀하의 전반적 이념 성향은 다음 어디에 속한다고 생각하십니까?

매우 진보적 ◄------			중간 정도			------► 매우 보수적
①	②	③	④	⑤	⑥	⑦

문16. 현재 귀하가 지지하는 정당은?

① 새누리당　　② 새정치민주연합

③ 통합진보당　　④ 정의당

⑤ 여타 정당　　⑥ 지지하는 정당이 없음

❑ 사회갈등에 관한 질문입니다

문17. 귀하는 현재 우리 사회 전반에서 발생하고 있는 갈등의 심각성이 어느 정도라고 생각하십니까?

전혀 심각하지 않다 ◄------			보통이다			------► 매우 심각하다
①	②	③	④	⑤	⑥	⑦

문18. 현재 우리 사회에서는 다음 집단들 간의 사회적 거리감이 어느 정도라고 생각하십니까?

구분	매우 크다	대체로 크다	보통 이다	별로 크지 않다	전혀 크지 않다
1) 부유층과 빈곤층	①	②	③	④	⑤
2) 경영자와 노동자	①	②	③	④	⑤
3) 정규직 근로자와 비정규직 근로자	①	②	③	④	⑤

4) 대기업 근로자와 중소기업 근로자	①	②	③	④	⑤
5) 많이 배운 사람과 적게 배운 사람	①	②	③	④	⑤
6) 주택 소유자와 무주택자	①	②	③	④	⑤
7) 젊은 세대와 기성세대	①	②	③	④	⑤
8) 진보진영과 보수진영	①	②	③	④	⑤
9) 여당과 야당	①	②	③	④	⑤
10) 수도권 주민과 지방 주민	①	②	③	④	⑤
11) 서울 강남 거주자와 강북 거주자	①	②	③	④	⑤
12) 도시 주민과 농어촌 주민	①	②	③	④	⑤
13) 한국인과 외국인	①	②	③	④	⑤

문19. 그러면, 이들 집단 간의 갈등은 어느 정도라고 생각하십니까?

구분	매우 심각하다	대체로 심각하다	보통이다	별로 심각하지 않다	전혀 심각하지 않다
1) 부유층과 빈곤층	①	②	③	④	⑤
2) 경영자와 노동자	①	②	③	④	⑤
3) 정규직 근로자와 비정규직 근로자	①	②	③	④	⑤
4) 대기업 근로자와 중소기업 근로자	①	②	③	④	⑤
5) 많이 배운 사람과 적게 배운 사람	①	②	③	④	⑤
6) 주택 소유자와 무주택자	①	②	③	④	⑤
7) 젊은 세대와 기성세대	①	②	③	④	⑤
8) 진보진영과 보수진영	①	②	③	④	⑤
9) 여당과 야당	①	②	③	④	⑤
10) 수도권 주민과 지방 주민	①	②	③	④	⑤
11) 서울 강남 거주자와 강북 거주자	①	②	③	④	⑤
12) 도시 주민과 농어촌 주민	①	②	③	④	⑤
13) 한국인과 외국인	①	②	③	④	⑤

문20. 다음 현상들은 사회갈등을 초래하는 요인으로 얼마나 중요하다고 생각하십니까?

문항	매우 중요하다	중요하다	별로 중요하지 않다	전혀 중요하지 않다
1) 소득격차	①	②	③	④
2) 불합리한 분배구조	①	②	③	④
3) 기회구조의 불평등	①	②	③	④
4) 사회적 소통의 단절	①	②	③	④
5) 상호 불신	①	②	③	④
6) 집단이기주의	①	②	③	④
7) 상대방에 대한 무시	①	②	③	④
8) 다름에 대한 거부	①	②	③	④
9) 갈등 조정능력의 부재	①	②	③	④
10) 불공정한 사회경쟁	①	②	③	④

문21. 한국인은 일상생활 중에 분쟁이나 갈등에 직면했을 때 다음 어떤 것에 가장 크게 의존한다고 생각하십니까?

① 아는 사람　② 돈　③ 권력　④ 민원　⑤ 법률
⑥ 투쟁　⑦ 업체(해결사)　⑧ 대화와 설득
⑨ 공감적 화해　⑩ 기타 ____________

문22. 다음 보기 중에서 갈등 해소를 위해 가장 적절하다고 생각되는 방안 두 가지를 골라 순서대로 적어주세요.

〈보기〉

① 논쟁과 토론	② 대화와 설득	③ 타협과 조정	④ 외부세력 배제
⑤ 피해자 보상	⑥ 기득권 양보	⑦ 법 제도 개선	⑧ 약자 보호
⑨ 신뢰 회복	⑩ 공감적 화해		

문항	1순위	2순위
1) 노사갈등		
2) 계급갈등		
3) 이념갈등		
4) 지역갈등		
5) 부처갈등		
6) 세대갈등		
7) 남녀갈등		
8) 인종갈등		
9) 종교분쟁		
10) 환경분쟁		

❑ 사회통합과 관련된 질문입니다

문23. 사회통합에 대한 법의 역할 중 가장 중요하다고 생각하시는 것은?

① 사회질서 유지　② 사회갈등 해소　③ 사회정의 구현
④ 사회적 약자의 보호　⑤ 사회적 도덕성 확립　⑥ 기타 ________

문24. 온 국민이 더불어 살아갈 수 있는 바람직한 사회통합의 방향은 어떠한 것인지, 해당 번호에 ✓표를 해주시기 바랍니다

〈24-1〉 사회통합의 절차

조정과 타협에 의한 합의			←------→			소통과 이해를 통한 공감
①	②	③	④	⑤	⑥	⑦

〈24-2〉 사회통합의 방안

제도 개선			←------→			의식 개혁
①	②	③	④	⑤	⑥	⑦

〈24-3〉 사회통합의 지향점

이해집단들 간의 분쟁 해소			←------→			차이의 인정을 통한 상호 존중
①	②	③	④	⑤	⑥	⑦

문25. 귀하께서는 다음과 같은 견해에 얼마나 동의하십니까?

바람직한 사회통합의 목표는 …	전적으로 동의한다	동의하는 편이다	별로 동의하지 않는다	전혀 동의하지 않는다
1) 공정한 경쟁규칙의 확립	①	②	③	④
2) 법치주의를 통한 사회질서의 회복	①	②	③	④
3) 잘잘못의 규명을 통한 손실의 배상	①	②	③	④
4) 대화와 소통에 의한 내면적 상처의 치유	①	②	③	④
5) 부유층과 빈곤층의 상생	①	②	③	④
6) 삶의 목표나 가치관의 공유	①	②	③	④
7) 사회적 비리나 부정부패의 척결	①	②	③	④
8) 합리적 절차를 통한 합의 도출	①	②	③	④
9) 공감적 이해를 통한 심정적 일체감	①	②	③	④
10) 인격적 존중에 기초한 사회관계의 개선	①	②	③	④

문26. 다음과 같은 견해에는 얼마나 동의하십니까?

성공적 사회통합을 위해서는 …	전적으로 동의한다	동의하는 편이다	별로 동의하지 않는다	전혀 동의하지 않는다
1) 진솔한 대화나 소통의 기회가 주어져야 함	①	②	③	④
2) 집단이기주의를 극복해야 함	①	②	③	④
3) 사회적 약자에 대한 배려와 나눔의 문화를 확산해야 함	①	②	③	④
4) 취약계층에 대한 보호 대책이 있어야 함	①	②	③	④
5) 특권층의 비리를 엄하게 다스려야함	①	②	③	④

6) 빈부 격차를 좁혀야 함	①	②	③	④
7) 사회복지체제를 강화해야 함	①	②	③	④
8) 법치주의를 확립해야 함	①	②	③	④
9) 피해자들에게 확실한 보상이 주어져야 함	①	②	③	④
10) 가해자들에 대한 처벌이 엄수되어야 한	①	②	③	④

문27. 다음과 같은 점에 대해서는 어떻게 생각하십니까?

사회통합을 달성하기 위해서는 …	전적으로 동의한다	동의하는 편이다	별로 동의하지 않는다	전혀 동의하지 않는다
1) 조정과 타협에 의한 합의가 우선시되어야 한다	①	②	③	④
2) 소통과 이해를 통한 공감이 따라야 한다	①	②	③	④
3) 제도 개선이 수빈되어야 한다	①	②	③	④
4) 개개인의 의식 개혁이 뒷받침되어야 한다	①	②	③	④
5) 이해집단들 간의 분쟁 해결에 주력해야 한다	①	②	③	④
6) 차이의 인정을 통한 상호 존중이 이루어져야 한다	①	②	③	④

❑ 배경질문

문항1. 귀하의 최종 학력은?

① 중졸 이하 ② 고등학교 졸업 ③ 전문대 졸업

④ 대학교 졸업 ⑤ 대학원 졸업 이상

문항2. 귀하의 종교는?

① 불교 ② 개신교 ③ 천주교 ④ 원불교

⑤ 종교 없음 ⑥ 기타 종교 ____________________

문항3. 귀하의 직업은?

① 농업, 어업, 임업 종사자(가족 종사자 포함)

② 자영업(종업원이 9명 이하인 소규모 장사 및 가족 종사자, 택시 기사 등)

③ 서비스직 종사자 및 판매, 영업직 종사자(판매원, 세일즈맨 등)

④ 기능직 및 생산직 근로자(운전사, 선반, 목공 숙련공 등)

⑤ 단순노무자(단순 노무, 수위 등)

⑥ 고위 공직자, 고위 임직원 및 관리자(4급 이상 공무원/교장/기업체 부장 이상)

⑦ 전문직(대학교수, 의사, 변호사, 예술가, 연구원 등)

⑧ 기술직 및 준전문직(기술직, 초/중/고 교사, 5급 공무원 등)

⑨ 일반 사무직(일반회사 사무직, 6급 이하 공무원, 기타 사무직 등)

⑩ 주부(가사에만 전념하는 주부) → 문항4로

⑪ 학생 → 문항4로

⑫ 퇴직/무직 → 문항4로

⑬ 기타 → 문항4로

문항3-1. 귀하 직업의 고용형태는?

① 상용직 임금 근로자

② 임시직 임금 근로자

③ 일용직 임금 근로자

④ 자영업자 또는 고용주 → 문항3-3으로

⑤ 무급가족종사자(임금 없이 가족, 친인척 사업체에 근무) → 문항3-3으로

문항3-2. 귀하 직업의 근로형태는?

① 전일제

② 시간제

③ 기타 ______________

문항3-3. 귀하의 월평균 소득은?

① 50만 원 미만

② 50만 원 이상-100만 원 미만

③ 100만 원 이상-150만 원 미만

④ 150만 원 이상-200만 원 미만

⑤ 200만 원 이상-300만 원 미만

⑥ 300만 원 이상-400만 원 미만

⑦ 400만 원 이상-500만 원 미만

⑧ 500만 원 이상-600만 원 미만

⑨ 600만 원 이상－700만 원 미만
⑩ 700만 원 이상－800만 원 미만
⑪ 800만 원 이상－900만 원 미만
⑫ 900만 원 이상－1000만 원 미만
⑬ 1000만 원 이상－1100만 원 미만
⑭ 1100만 원 이상－1200만 원 미만
⑮ 1200만 원 이상－1300만 원 미만
⑯ 1300만 원 이상－1400만 원 미만
⑰ 1400만 원 이상－1500만 원 미만
⑱ 1500만 원 이상
⑲ 이렇다할 소득이 없다

문항4. 귀댁의 월평균 가구수입은? 전체 가구원의 근로소득, 이자소득, 임대소득 등이 모두 포함된 세전 소득을 기입해 주십시오.
월평균 ____________________ 만 원 정도

문항5. 귀댁의 경제적 지위는 다음 어디에 속한다고 생각하십니까?

최상층 ◀----			중간			----▶ 최하층
①	②	③	④	⑤	⑥	⑦

문항6. 끝으로, 오늘날 한국 사회에서는 어떠한 통합이 가장 바람직하며, 어떤 방법을 통해 그것을 이룰 수 있는지에 관한 고견이 있으시면 적어 주셨으면 합니다.

– 오랜 시간 도와주셔서 대단히 감사합니다.
늘 건강하고 보람된 나날이 되시기 바랍니다 –

부록 Ⅱ-1 심층면접(IDI) 스크립트

한국사회 갈등 진단을 위한 100人 심층인터뷰 가이드 라인

1. 도입 : 녹음기(MP3, 휴대전화) 켜기

<table>
<tr><th colspan="2">구분</th><th>질문</th><th>유의사항</th></tr>
<tr><td rowspan="2">도입
(5분)</td><td>목적
소개</td><td>안녕하세요? 저는 고려대학교/한국리서치 ○○○입니다.
날씨도 덥고 거리도 먼데도 불구하고 이렇게 참석해 주셔서 대단히 감사합니다.
선생님을 모신 것은 우리 국민이 어떤 고민거리가 있고, 불안이나 갈등을 겪고 계신지를 보다 깊이있게 알아보기 위해서입니다.
제가 몇 가지를 여쭤보겠는데요, 평소 생각이나 느낌을 선생님 경험에 비추어 편하게 말씀해 주시면 됩니다. 말씀해 주신 내용은 연구용으로만 활용하고 다른 용도로는 쓰이지 않습니다.
시간은 1시간 30분 정도 걸릴거에요. 혹시 궁금한 점이 있으세요?</td><td>기록을 다 할 수 없어 녹음한다는 점 이야기.

편하게,
호칭은 상황에 맞게,
질의사항에 친절히 응대</td></tr>
<tr><td>자기
소개</td><td>다시 인사 드릴게요.
(자신의 이름 다시 소개, 현재상태, 결혼유무 및 거주가족, 사는 지역 등 소개)
선생님에 대해 간략히 말씀해 주세요, 이름, 하시는 일, 살고 계신 지역, 가족관계 등을 말씀해 주시면 됩니다.</td><td>인터뷰이(응답자) 신상을 소개받아야 하므로, 먼저 인터뷰어 자신을 친절히 소개</td></tr>
</table>

2. 응답자 자신 : 먼저 선생님과 관련한 사항에 대해 여쭤보겠습니다.

구분		질문	유의사항
응답자 자신 (25분)	불안과 이유	살아가시면서 개인적으로 어떤 점이 불안하거나 걱정스러우세요? 그 점이 왜 불안하거나 걱정스러운가요?	현재나 미래에
	힘들었던 일	가장 힘들거나 어려웠던 때가 있으셨겠죠? 이떤 일이나 상황 때문이었습니까? 그것을 어떻게 극복하셨나요?	과거에
	인맥	선생님께서 어려움에 처했거나 급할 때 주위 분들로부터 도움을 받은 적이 있으신지요? 당시 체험을 좀 자세히 들려 주세요 인간관계가 사회생활을 하는 데 얼마나 중요하다고 생각하십니까? 정치인, 기업인, 지식인, 연예인 등 사회 저명인사로부터도 도움받으실 수 있다고 생각하십니까? 주위 사람 중에 도움을 받을 만한 저명인사가 있습니까? 소위 빽이 있는 사람과 없는 사람은 다를 것 같습니까?	이웃과 가족 이외 사람도 파악
	행복했던 일	살아오시면서 가장 행복했던 순간은 언제였나요? 그때의 행복감이 얼마나 오래 가던가요?	
	행복한 사람	지금 우리나라에서는 어떤 사람들이 가장 행복한 삶을 누리고 있다고 생각하시나요? 우리가 팔자라고 이야기하잖아요? 팔자 좋다고 생각하는 사람요 왜 그렇게 생각하시나요?	
	불행한 사람	가장 불행하게 살아가는 사람들은 어떤 분들이라고 생각하시나요? 왜 그렇게 생각하시나요?	

3. 가족 : 이번에는 선생님 가족에 대한 사항을 여쭤보겠습니다.

구분		질문	유의사항
가족 (20분)	범위	선생님께서는 '가족'하면 누구까지를 가족으로 생각하시나요? 그럼, 선생님께서 생각하시는 가족은 몇 명 정도 되나요?	가족의 범위는 응답자가 생각하는 범위로
	상태	선생님을 포함하여 선생님 가족은 편안하게 살아가고 있다고 보세요, 고생스럽게 살아가고 있다고 보세요? 그렇게 생각하시는 이유가 있을까요? 사례나 체험담을 말씀해 주시면 좋겠습니다.	
	불안	가족 중에서 가장 걱정이 많고 불안감을 크게 느끼는 분은 누구인가요? (대상이 자신일 경우, 자신 이외의 다른 사람도 질문) 그 분이 무엇 때문에 걱정이나 불안을 느낀다고 보세요?	
	갈등	서로 다투거나 불편을 느끼는 가족이 있나요? 선생님과 가족 간에 뿐만 아니라, 다른 가족끼리는요? 어떤 점 때문에 다투거나 불편을 겪으시나요?	

4-1. 직장 : 이번에는 직장생활에 대해 여쭤보겠습니다.

구분		질문	유의사항
직장(10분): 경제활동을 하는 본인	현황	현재 회사(자영업자는 사업)의 상황, 직장 내에서 선생님의 위치 등을 종합적으로 고려하실 때, 직장생활은 안정적인 편인가요, 그렇지 않은 편인가요?	전반적으로
	불안	직장 생활을 하시면서 개인적으로 겪는 어려움이나 걱정거리, 불안한 점 등은 어떤 것이 있습니까?	응답자 자신과 직결된 사항
	갈등	직장 사람들과 갈등이나 충돌을 경험한 적이 있으신지요? (있다면) 주로 누구와 어떤 일로 갈등이나 충돌을 겪으셨나요?	
직장(10분): 경제활동을 하지 않을 경우	현황	가족 중에 수입을 목적으로 일을 하시는 분이 계신가요? (있다면)어떤 일을 하시나요? 그 일은 선생님께서 보시기에 안정적인 편인가요, 그렇지 않은 편인가요?	2명 이상이면 주된 경제활동을 하는 사람만
	불안	일을 하시면서 어려움이나 걱정거리, 불안한 점 등이 있다는 이야기를 하시던가요?	
	갈등	같이 일하는 사람들과 갈등이나 충돌을 경험한 적이 있다고 하시던가요? (있다면) 주로 누구와 어떤 일로 갈등이나 충돌을 겪으신다고 하십니까?	
	자신 취업 의향	선생님께서는 기회가 되면 수입을 목적으로 하는 일을 할 의향이 있으십니까? (있다면) 왜 일을 하려고 하시나요? 어떤 일을 하고 싶으세요? 선생님께서 바라시는 대로 그 일을 할 수 있다고 보십니까?	전업주부, 퇴직/무직자 등에게 질문

4-2. 취준생 : 취업 준비를 하고 계시죠?

구분		질문	유의사항
취준생 (10분)	현황	취업 준비를 언제부터 어떻게 해오셨습니까?	전반적으로
	불안	취업 준비를 하시면서 개인적으로 겪는 어려움이나 걱정거리, 불안한 점 등은 어떤 것이 있습니까?	응답자 자신과 관련한 사항
	갈등	취업 준비를 하면서 다른 사람들과 갈등이나 충돌을 경험한 적이 있으신지요? (있다면) 주로 누구와 어떤 일로 갈등이나 충돌을 겪으셨나요?	

5-1. 사회1 : 마지막으로 우리나라와 사회에 대해 평소에 어떻게 생각하고 계신지 여쭤보겠습니다.

구분		질문	유의사항
사회 (30분)	갈등 정도	다른 나라와 비교했을 때, 우리나라는 갈등이 심하다고 보세요, 그렇지는 않다고 보세요? 그렇게 생각하시는 이유는요?	
	심각한 갈등	우리 사회에서 가장 심각한 갈등이라고 생각하시는 것은 무엇인가요? 두 가지만 말씀해 주세요. (빈부, 노사, 일자리, 이념, 복지, 지역, 세대, 남녀, 종교 갈등 등)	오픈으로 묻고, 어려워하면 사례 예시
	갈등 해소 방안	우리 사회의 갈등을 풀어나가기 위한 방안으로 갈등 해소와 관련한 제도를 도입하거나 개선하는 것이 우선적이라고 보세요, 사람들의 생각을 바꾸는 것이 우선적이라고 보세요?	
	경쟁	다른 나라와 비교했을 때, 우리나라는 경쟁이 심하다고 보세요, 그렇지는 않다고 보세요? 그렇게 말씀하신 이유나 사례를 말씀해 주시겠어요?	
	계층 인식	우리 국민을 상층과 하층으로 구분한다면, 주로 어떤 기준이나 조건에 따라 상층과 하층으로 구분된다고 생각하시나요? (돈이나 재산, 권력, 학식, 직업, 씀씀이, 사회적 평가나 명성, 사는 지역이나 동네 등)	오픈으로 묻고, 어려워하면 사례 예시
		우리 사회의 상층과 하층은 다음과 같은 점에서 구분이 된다고 생각하시나요? - 여가활동, 인간관계, 사고방식, 외모, 인간성, 애국심, 도덕성이나 정직성 이것 말고 상층과 하층 간에 차이가 크다고 생각되는 것은 무엇이 있을까요?	각각에 대해 확인

5-2. 사회2

구분		질문	유의사항
사회	차별 경험	앞에서 이야기한 것들로 인해 차별을 받았거나 기분이 상했던 경험이 있으신가요? (돈, 권력, 학식, 직업, 씀씀이, 사회적 평가나 명성, 사는 지역이나 동네, 여가활동, 인간관계, 사고방식, 외모, 인간성, 애국심, 도덕성이나 정직성 등)	사례 불러주기
	빈부 격차	한국 사회에서 잘사는 사람과 못사는 사람 간의 빈부격차가 얼마나 심하다고 생각하십니까? 그러한 차이는 앞으로 점차 줄어들 것으로 보세요, 커질 것으로 보세요? 잘사는 사람은 무엇 때문에 잘산다고 생각하십니까? 능력이 있고 노력을 열심히 해서? 아니면 운이 좋거나 처세를 잘하고 요령을 잘 피워서? 어느 쪽에 가깝다고 보십니까? 잘사는 사람은 못사는 사람에 비해 더 잘났다고 생각하십니까?	
	인식 (격차)	한국 사회는 열심히 노력하면 잘살 수 있다고 생각하십니까?	앞에서 대답을 확인할 수 있는 경우가 많음. 그렇지 않은 경우 이유 묻기
		한번 실패한 사람들도 다시 일어설 수 있다고 생각하십니까?	
		착한 사람은 손해 본다는 얘기에 대해서는 어떻게 생각하십니까?	
	대응	다른 나라로 이민가고 싶다고 생각해 보신 적이 있으신가요? (있다면) 어느 나라로요? 그 나라로 이민을 가고 싶은 이유는 무엇인가요?	
		외국인노동자나 다문화가족, 조선족, 탈북자 등에 대해서는 어떻게 생각하십니까? 그분들을 우리 사회의 똑같은 구성원으로 받아들일 수 있으신가요?	이방인의 수용성과 공동체성 파악
		세월호에 대해 정부와 유가족이 어떻게 대처하고 있다고 보고, 어떤 입장이라고 생각하시는지요, 이 일을 앞으로 어떻게 풀어가는 것이 바람직하다고 보세요?	
		끝으로, 남북한 문제는 어떤 식으로 해결해 나가는 것이 좋다고 생각하십니까? 박근혜 대통령은 '통일은 대박이다'라고 했고, 조선일보에서는 '통일은 미래다'는 기획을 하고 있습니다. 이에 대해 어떻게 생각하십니까?	응답 부담을 주지 말 것

한국사회 갈등 진단을 위한 100人 심층인터뷰 : 외국인 가이드라인

1. 도입 : 녹음기(MP3, 휴대전화) 켜기

구분		질문	유의사항
도입 (5분)	목적 소개	안녕하세요? 저는 한국리서치/고려대학교 ○○○입니다. 뵙게 되어 반갑습니다. 선생님을 모신 것은 선생님 자신이나 가족, 한국 사회에 대해 어떻게 생각하고 계신지를 알아보기 위해서입니다. 제가 몇 가지를 여쭤보겠는데요, 평소 생각이나 느낌을 선생님 경험에 비추어 편하게 말씀해 주시면 됩니다. 말씀해 주신 내용은 연구용으로만 활용하고 다른 용도로는 쓰이지 않습니다. 시간은 1시간 30분 정도 걸릴거에요. 혹시 궁금한 점이 있으세요?	기록을 다 할 수 없어 녹음한다는 점 이야기. 편하게, 호칭은 상황에 맞게, 질의사항에 친절히 응대
	자기 소개	다시 인사 드릴게요. (자신의 이름 다시 소개, 현재상태, 결혼유무 및 거주가족, 사는 지역 등 소개) 선생님에 대해 간략히 말씀해 주세요, 출신국가, 이름, 하시는 일, 살고 계신 지역, 가족관계 등을 말씀해 주시면 됩니다.	인터뷰어의 소개 범주에서 인터뷰이가 소개하므로, 인터뷰어 자신을 친절히 소개

2. 응답자 자신 : 먼저 선생님과 관련한 사항에 대해 여쭤보겠습니다.

구분		질문	유의사항
응답자 자신 (25분)	귀화 배경과 만족도	한국에는 어떻게 오시게 되셨나요? 한국에 오신 것에 대해 전반적으로 만족하시나요? 만족하지 않으시나요?	
	불안과 이유	살아가시면서 개인적으로 어떤 점이 불안하거나 걱정스러우세요? 그 점이 왜 불안하거나 걱정스러운가요?	현재나 미래에
	힘들었던 일	가장 힘들거나 어려웠던 때가 있으셨겠죠? 이떤 일이나 상황 때문이었습니까? 지금 뿐만 아니라 선생님 출신 국가에 계셨던 상황을 포함하여 말씀하여 주세요. 그것을 어떻게 극복하셨나요?	과거에
	인맥	선생님께서 어려움에 처했거나 급할 때 주위 분들로부터 도움을 받은 적이 있으신지요? 당시 체험을 좀 자세히 들려 주세요 인간관계가 사회생활을 하는 데 얼마나 중요하다고 생각하십니까? 소위 빽이 있는 사람과 없는 사람은 다를 것 같습니까?	이웃과 가족 이외 사람도 파악
	행복했던 일	살아오시면서 가장 행복했던 순간은 언제였나요? 그때의 행복감이 얼마나 오래 가던가요?	
	행복한 사람	지금 한국에서는 어떤 사람들이 가장 행복한 삶을 누리고 있다고 생각하시나요? 한국 말로 팔자라는 말이 있는데요, 팔자 좋다고 생각하는 사람요 왜 그렇게 생각하시나요?	
	불행한 사람	가장 불행하게 살아가는 사람들은 어떤 분들이라고 생각하시나요? 왜 그렇게 생각하시나요?	

3. 가족 : 이번에는 선생님 가족에 대한 사항을 여쭤보겠습니다.

구분		질문	유의사항
가족 (20분)	범위	선생님께서는 '가족'하면 누구까지를 가족으로 생각하시나요? 그럼, 선생님께서 생각하시는 가족은 몇 명 정도 되나요?	가족의 범위는 응답자가 생각하는 범위로
	상태	선생님을 포함하여 선생님 가족은 편안하게 살아가고 있다고 보세요, 고생스럽게 살아가고 있다고 보세요? 그렇게 생각하시는 이유가 있을까요? 사례나 체험담을 말씀해 주시면 좋겠습니다.	
	불안	가족 중에서 가장 걱정이 많고 불안감을 크게 느끼는 분은 누구인가요?(대상이 자신일 경우, 자신 이외의 다른 사람도 질문) 그분이 무엇 때문에 걱정이나 불안을 느낀다고 보세요?	
	갈등	서로 다투거나 불편을 느끼는 가족이 있나요? 션생님과 가족간에 뿐만 아니라, 다른 가족끼리는요? 어떤 점 때문에 다투거나 불편을 겪으시나요?	

4-1. 직장 : 이번에는 직장생활에 대해 여쭤보겠습니다.

구분		질문	유의사항
직장(10분): 경제활동을 하는 본인	현황	현재 회사(자영업자는 사업)의 상황, 직장 내에서 선생님의 위치 등을 종합적으로 고려하실 때, 직장생활은 안정적인 편인가요, 그렇지 않은 편인가요?	전반적으로
	불안	직장 생활을 하시면서 개인적으로 겪는 어려움이나 걱정거리, 불안한 점 등은 어떤 것이 있습니까?	응답자 자신과 관련한 사항
	갈등	직장 사람들과 갈등이나 충돌을 경험한 적이 있으신지요? (있다면) 주로 누구와 어떤 일로 갈등이나 충돌을 겪으셨나요?	
직장(10분): 경제활동을 하지 않을 경우	현황	가족 중에 수입을 목적으로 일을 하시는 분이 계신가요? (있다면)어떤 일을 하시나요? 그 일은 선생님께서 보시기에 안정적인 편인가요, 그렇지 않은 편인가요?	2명 이상이면 주된 경제활동을 하는 사람만
	불안	일을 하시면서 어려움이나 걱정거리, 불안한 점 등이 있다는 이야기를 하시던가요?	
	갈등	같이 일하는 사람들과 갈등이나 충돌을 경험한 적이 있다고 하시던가요? (있다면) 주로 누구와 어떤 일로 갈등이나 충돌을 겪으신다고 하십니까?	
	자신 취업 의향	선생님께서는 기회가 되면 수입을 목적으로 하는 일을 할 의향이 있으십니까? (있다면) 왜 일을 하려고 하시나요? 어떤 일을 하고 싶으세요? 선생님께서 바라시는 대로 그 일을 할 수 있다고 보십니까?	전업주부, 퇴직/무직자 등에게 질문

5-1. 사회1 : 마지막으로 한국 사회에 대해 평소에 어떻게 생각하고 계신지 여쭤보겠습니다.

구분		질문	유의사항
사회 (30분)	갈등 정도	다른 나라(출신국가)와 비교했을 때, 한국은 집단 간의 갈등이 심하다고 보세요, 그렇지는 않다고 보세요? 그렇게 생각하시는 이유는요?	
	심각한 갈등	한국 사회에서 가장 심각한 갈등이라고 생각하시는 것은 무엇인가요? 두 가지만 말씀해 주세요 (빈부, 노사, 일자리, 이념, 복지, 지역, 세대, 남녀, 종교 갈등 등)	오픈으로 묻고, 어려워하면 사례 예시
	경쟁	다른 나라(출신국가)와 비교했을 때, 한국은 경쟁이 심하다고 보세요, 그렇지는 않다고 보세요? 그렇게 말씀하신 이유나 사례를 말씀해 주시겠어요?	
	계층 인식	한국 국민을 상층과 하층으로 구분할 수 있다고 보세요? 상층과 하층으로 구분한다면, 주로 어떤 기준이나 조건에 따라 상층과 하층으로 구분된다고 생각하시나요? (돈이나 재산, 권력, 학식, 직업, 씀씀이, 사회적 평가나 명성, 사는 지역이나 동네, 여가활동, 인간관계, 사고방식, 외모, 인간성, 애국심, 도덕성이나 정직성 등)	오픈으로 묻고, 어려워하면 사례 예시

5-2. 사회2

구분		질문	유의사항
사회	차별 경험	앞에서 이야기한 것들로 인해 차별을 받았거나 기분이 상했던 경험이 있으신가요? (돈, 권력, 학식, 직업, 씀씀이, 사회적 평가나 명성, 사는 지역이나 동네, 여가활동, 인간관계, 사고방식, 외모, 인간성, 애국심, 도덕성이나 정직성 등)	사례 불러주기
	빈부 격차	한국 사회에서 잘사는 사람과 못사는 사람 간의 빈부격차가 얼마나 심하다고 생각하십니까? 그러한 차이는 앞으로 점차 줄어들 것으로 보세요, 커질 것으로 보세요?	
	인식(격차)	한국 사회는 열심히 노력하면 잘살 수 있다고 생각하십니까?	앞에서 대답을 확인할 수 있는 경우가 많음. 그렇지 않은 경우 이유 묻기
		한번 실패한 사람들도 다시 일어설 수 있다고 생각하십니까?	
		착한 사람은 손해 본다는 얘기에 대해서는 어떻게 생각하십니까?	
	대응	한국 사람들이 어떻게 대한다고 느끼세요? 한국 사람들과 마찬가지로 대한다고 생각하세요, 다른 나라 사람으로 대한다고 생각하세요?	이방인의 수용성과 공동체성 파악
		세월호 사건을 아시나요? 세월호에 대한 정부와 유가족이 어떻게 대처하고 있다고 보고, 어떤 입장이라고 생각하시는지요, 세월호 사건을 겪은 후 한국에 대한 생각에 바뀐 것이 있습니까, 그렇지는 않습니까?	
		끝으로, 남북한 문제는 어떤 식으로 해결해 나가는 것이 좋다고 생각하십니까? 남북통일을 하는 것이 좋다고 보세요, 하지 않는 것이 좋다고 보세요? 남북이 분단된 상황으로 인해 불안감이 있으세요? 한국에 살아보기 전과 살아본 후의 느낌이 같은가요, 다른가요?	응답 부담을 주지 말 것

한국사회 갈등 진단을 위한 100人 심층인터뷰 : 다문화가족 가이드 라인

1. 도입 : 녹음기(MP3, 휴대전화) 켜기

<table>
<tr><th colspan="2">구분</th><th>질문</th><th>유의사항</th></tr>
<tr><td rowspan="2">도입
(5분)</td><td>목적
소개</td><td>안녕하세요? 저는 고려대학교/한국리서치 ○○○입니다.
뵙게 되어 반갑습니다.

선생님을 모신 것은 선생님 자신이나 가족, 한국 사회에 대해 어떻게 생각하고 계신지를 알아보기 위해서입니다.

제가 몇 가지를 여쭤보겠는데요, 평소 생각이나 느낌을 선생님 경험에 비추어 편하게 말씀해 주시면 됩니다. 말씀해 주신 내용은 연구용으로만 활용하고 다른 용도로는 쓰이지 않습니다.

시간은 1시간 30분 정도 걸릴거에요. 혹시 궁금한 점이 있으세요?</td><td>기록을 다 할 수 없어 녹음한다는 점 이야기.

편히게,
호칭은 상황에 맞게,
질의사항에 친절히 응대</td></tr>
<tr><td>자기
소개</td><td>다시 인사 드릴게요.
(자신의 이름 다시 소개, 현재상태, 결혼유무 및 거주가족, 사는 지역 등 소개)

선생님에 대해 간략히 말씀해 주세요, 출신국가, 이름, 하시는 일, 살고 계신 지역, 가족관계 등을 말씀해 주시면 됩니다.</td><td>인터뷰어의 소개 범주에서 인터뷰이가 소개하므로, 인터뷰어 자신을 친절히 소개</td></tr>
</table>

2. 응답자 자신 : 먼저 선생님과 관련한 사항에 대해 여쭤보겠습니다.

구분		질문	유의사항
응답자 자신 (25분)	귀화 배경과 만족도	한국에는 어떻게 오시게 되셨나요? 한국에 오신 것에 대해 전반적으로 만족하시나요? 만족하지 않으시나요?	
	불안과 이유	살아가시면서 개인적으로 어떤 점이 불안하거나 걱정스러우세요? 그 점이 왜 불안하거나 걱정스러운가요?	현재나 미래에
	힘들었던 일	가장 힘들거나 어려웠던 때가 있으셨겠죠? 이떤 일이나 상황 때문이었습니까? 지금 뿐만 아니라 선생님 출신 국가에 계셨던 상황을 포함하여 말씀하여 주세요. 그것을 어떻게 극복하셨나요?	과거에
	인맥	선생님께서 어려움에 처했거나 급할 때 주위 분들로부터 도움을 받은 적이 있으신지요? 당시 체험을 좀 자세히 들려 주세요 인간관계가 사회생활을 하는 데 얼마나 중요하다고 생각하십니까? 소위 빽이 있는 사람과 없는 사람은 다를 것 같습니까?	이웃과 가족 이외 사람도 파악
	행복했던 일	살아오시면서 가장 행복했던 순간은 언제였나요? 그때의 행복감이 얼마나 오래 가던가요?	
	행복한 사람	지금 한국에서는 어떤 사람들이 가장 행복한 삶을 누리고 있다고 생각하시나요? 한국 말로 팔자라는 말이 있는데요, 팔자 좋다고 생각하는 사람요 왜 그렇게 생각하시나요?	
	불행한 사람	가장 불행하게 살아가는 사람들은 어떤 분들이라고 생각하시나요? 왜 그렇게 생각하시나요?	

3. 가족 : 이번에는 선생님 가족에 대한 사항을 여쭤보겠습니다.

구분		질문	유의사항
가족 (20분)	범위	선생님께서는 '가족'하면 누구까지를 가족으로 생각하시나요? 그럼, 선생님께서 생각하시는 가족은 몇 명 정도 되나요?	가족의 범위는 응답자가 생각하는 범위로
	상태	선생님을 포함하여 선생님 가족은 편안하게 살아가고 있다고 보세요, 고생스럽게 살아가고 있다고 보세요? 그렇게 생각하시는 이유가 있을까요? 사례나 체험담을 말씀해 주시면 좋겠습니다.	
	불안	가족 중에서 가장 걱정이 많고 불안감을 크게 느끼는 분은 누구인가요?(대상이 자신일 경우, 자신 이외의 다른 사람도 질문) 그 분이 무엇 때문에 걱정이나 불안을 느낀다고 보세요?	
	갈등	서로 다투거나 불편을 느끼는 가족이 있나요? 선생님과 가족 간에 뿐만 아니라, 다른 가족끼리는요? 어떤 점 때문에 다투거나 불편을 겪으시나요?	

4-1. 직장 : 이번에는 직장생활에 대해 여쭤보겠습니다.

구분		질문	유의사항
직장(10분): 경제활동을 하는 본인	현황	현재 회사(자영업자는 사업)의 상황, 직장 내에서 선생님의 위치 등을 종합적으로 고려하실 때, 직장생활은 안정적인 편인가요, 그렇지 않은 편인가요?	전반적으로
	불안	직장 생활을 하시면서 개인적으로 겪는 어려움이나 걱정거리, 불안한 점 등은 어떤 것이 있습니까?	응답자 자신과 관련한 사항
	갈등	직장 사람들과 갈등이나 충돌을 경험한 적이 있으신지요? (있다면) 주로 누구와 어떤 일로 갈등이나 충돌을 겪으셨나요?	
직장(10분): 경제활동을 하지 않을 경우	현황	가족 중에 수입을 목적으로 일을 하시는 분이 계신가요? (있다면)어떤 일을 하시나요? 그 일은 선생님께서 보시기에 안정적인 편인가요, 그렇지 않은 편인가요?	2명 이상이면 주된 경제활동을 하는 사람만
	불안	일을 하시면서 어려움이나 걱정거리, 불안한 점 등이 있다는 이야기를 하시던가요?	
	갈등	같이 일하는 사람들과 갈등이나 충돌을 경험한 적이 있다고 하시던가요? (있다면) 주로 누구와 어떤 일로 갈등이나 충돌을 겪으신다고 하십니까?	
	자신 취업 의향	선생님께서는 기회가 되면 수입을 목적으로 하는 일을 할 의향이 있으십니까? (있다면) 왜 일을 하려고 하시나요? 어떤 일을 하고 싶으세요? 선생님께서 바라시는 대로 그 일을 할 수 있다고 보십니까?	전업주부, 퇴직/무직자 등에게 질문

5-1. 사회1 : 마지막으로 한국 사회에 대해 평소에 어떻게 생각하고 계신지 여쭤보겠습니다.

구분		질문	유의사항
사회 (30분)	갈등 정도	다른 나라(출신국가)와 비교했을 때, 한국은 집단 간의 갈등이 심하다고 보세요, 그렇지는 않다고 보세요? 그렇게 생각하시는 이유는요?	
	심각한 갈등	한국 사회에서 가장 심각한 갈등이라고 생각하시는 것은 무엇인가요? 두 가지만 말씀해 주세요 (빈부, 노사, 일자리, 이념, 복지, 지역, 세대, 남녀, 종교 갈등 등)	오픈으로 묻고, 어려워하면 사례 예시
	경쟁	다른 나라(출신국가)와 비교했을 때, 한국은 경쟁이 심하다고 보세요, 그렇지는 않다고 보세요? 그렇게 말씀하신 이유나 사례를 말씀해 주시겠어요?	
	계층 인식	한국 국민을 상층과 하층으로 구분할 수 있다고 보세요? 상층과 하층으로 구분한다면, 주로 어떤 기준이나 조건에 따라 상층과 하층으로 구분된다고 생각하시나요? (돈이나 재산, 권력, 학식, 직업, 씀씀이, 사회적 평가나 명성, 사는 지역이나 동네, 여가활동, 인간관계, 사고방식, 외모, 인간성, 애국심, 도덕성이나 정직성 등)	오픈으로 묻고, 어려워하면 사례 예시

5-2. 사회2

<table>
<tr><th colspan="2">구분</th><th>질문</th><th>유의사항</th></tr>
<tr><td rowspan="8">사회</td><td>차별
경험</td><td>앞에서 이야기한 것들로 인해 차별을 받았거나 기분이 상했던 경험이 있으신가요?
(돈, 권력, 학식, 직업, 씀씀이, 사회적 평가나 명성, 사는 지역이나 동네, 여가활동, 인간관계, 사고방식, 외모, 인간성, 애국심, 도덕성이나 정직성 등)</td><td>사례
불러주기</td></tr>
<tr><td>빈부
격차</td><td>한국 사회에서 잘사는 사람과 못사는 사람 간의 빈부격차가 얼마나 심하다고 생각하십니까?
그러한 차이는 앞으로 점차 줄어들 것으로 보세요, 커질 것으로 보세요?</td><td></td></tr>
<tr><td rowspan="3">인식
(격차)</td><td>한국 사회는 열심히 노력하면 잘살 수 있다고 생각하십니까?</td><td rowspan="3">앞에서 대답을 확인할 수 있는 경우가 많음. 그렇지 않은 경우 이유 묻기</td></tr>
<tr><td>한번 실패한 사람들도 다시 일어설 수 있다고 생각하십니까?</td></tr>
<tr><td>착한 사람은 손해 본다는 얘기에 대해서는 어떻게 생각하십니까?</td></tr>
<tr><td rowspan="3">대응</td><td>한국 사람들이 어떻게 대한다고 느끼세요? 한국 사람들과 마찬가지로 대한다고 생각하세요, 다른 나라 사람으로 대한다고 생각하세요?</td><td>이방인의 수용성과 공동체성 파악</td></tr>
<tr><td>세월호 사건을 아시나요?
세월호에 대해 정부와 유가족이 어떻게 대처하고 있다고 보고, 어떤 입장이라고 생각하시는지요,
세월호 사건을 겪은 후 한국에 대한 생각에 바뀐 것이 있습니까, 그렇지는 않습니까?</td><td></td></tr>
<tr><td>끝으로, 남북한 문제는 어떤 식으로 해결해 나가는 것이 좋다고 생각하십니까?
남북통일을 하는 것이 좋다고 보세요, 하지 않는 것이 좋다고 보세요?
남북이 분단된 상황으로 인해 불안감이 있으세요?
한국에 살아보기 전과 살아본 후의 느낌이 같은가요, 다른가요?</td><td>응답 부담을 주지 말 것</td></tr>
</table>

부록 Ⅱ-2 초점집단면접(FGI) 스크립트

한국사회 갈등 진단을 위한 집단심층면접조사 가이드 라인

1. 도입 : 개요와 유의사항, 자기소개

구분		질문	유의사항
도입 (10분)	목적 소개	안녕하세요? 날씨도 덥고 거리도 먼데도 불구하고 이렇게 참석해 주셔서 대단히 감사합니다. 선생님들을 모신 것은 우리 국민이 어떤 고민거리가 있고, 불안이나 갈등을 겪고 계신지를 보다 깊이 있게 알아보기 위해서입니다. 선생님 본인, 가족, 우리 사회에 대해 제가 몇 가지를 여쭤보겠는데요, 평소 생각이나 느낌을 선생님 경험에 비추어 편하게 말씀해 주시면 됩니다. 2시간 정도 걸릴거에요. 혹시 궁금한 점이 있으세요? [FGD 유의사항] 녹음 · 녹화, 휴대전화 진동이나 무음, 상대방을 제압하고자 하는 토론이 아닌 나와 다른 사람의 생각을 확인하는 좌담회, 다른 참석자의 처지 · 생각 · 주장 등을 존중하기, 다른 사람 이야기할 때 함께 이야기 하지 않고 다 들은 후 이야기 하기, 화장실은 피해주지 않도록 조용히 다녀오기,	
	자기 소개	먼저, 인사 드릴께요. (모더레이터의 이름 다시 소개, 현재상태, 결혼유무 및 거주가족, 사는 지역 등 소개) 돌아 가면서 간략히 소개해 주세요. 이름, 하시는 일, 살고 계신 지역, 가족관계 등을 말씀해 주시면 됩니다.	

2. 응답자 자신 : 먼저 선생님과 관련한 사항에 대해 여쭤보겠습니다.

<table>
<tr><th colspan="2">구분</th><th>질문</th><th>유의사항</th></tr>
<tr><td rowspan="4">응답자
자신
(25분)</td><td>불안과
이유</td><td>살아가시면서 개인적으로 어떤 점이 불안하거나 걱정스러우세요?

그 점이 왜 불안하거나 걱정스러운가요?</td><td></td></tr>
<tr><td>힘들었던
일</td><td>가장 힘들거나 어려웠던 때가 있으셨겠죠? 이떤 일이나 상황 때문이었습니까?

그것을 어떻게 극복하셨나요?</td><td></td></tr>
<tr><td>인맥</td><td>소위 “빽”이라고 불리는 인맥을 갖춘 사람과 없는 사람은 다를 것 같습니까?</td><td></td></tr>
<tr><td>행복한
사람</td><td>지금 우리나라에서는 어떤 사람들이 가장 행복한 삶을 누리고 있다고 생각하시나요? 우리가 팔자라고 이야기하잖아요? 팔자 좋다고 생각하는 사람요.

왜 그렇게 생각하시나요?</td><td></td></tr>
</table>

3. 가족 : 이번에는 선생님 가족에 대한 사항을 여쭤보겠습니다.

구분		질문	유의사항
가족 (25분)	범위	선생님께서는 '가족'하면 누구까지를 가족으로 생각하시나요? 그럼, 선생님께서 생각하시는 가족은 몇 명 정도 되나요?	가족의 범위는 응답자가 생각하는 범위로
	상태	선생님을 포함하여 선생님 가족은 편안하게 살아가고 있다고 보세요, 고생스럽게 살아가고 있다고 보세요? 그렇게 생각하시는 이유가 있을까요? 사례나 체험담을 말씀해 주시면 좋겠습니다.	
	불안	가족 중에서 가장 걱정이 많고 불안감을 크게 느끼는 분은 누구인가요?(대상이 자신일 경우, 자신 이외의 다른 사람도 질문) 그 분이 무엇 때문에 걱정이나 불안을 느낀다고 보세요?	
	갈등	서로 다투거나 불편을 느끼는 가족이 있나요? 선생님과 가족 간에 뿐만 아니라, 다른 가족끼리는요? 주로 무엇 때문에 다투거나 불편을 겪으시나요?	

4. 직장 : 이번에는 직장생활에 대해 여쭤보겠습니다.

구분		질문	유의사항
직장(20분): 경제활동을 하는 본인	현황	현재 회사(자영업자는 사업)의 상황, 직장 내에서 선생님의 위치 등을 전체적으로 고려하실 때, 직장생활은 안정적인 편인가요, 그렇지 않은 편인가요?	전반적으로
	불안	직장 생활을 하시면서 개인적으로 겪는 어려움이나 걱정거리, 불안한 점 등은 어떤 것이 있습니까?	응답자 자신과 관련한 사항
	갈등	직장 사람들과 갈등이나 충돌을 경험한 적이 있으신지요? (있다면) 주로 누구와 어떤 일로 갈등이나 충돌을 겪으셨나요?	
직장(10분): 경제활동을 하지 않을 경우	현황	가족 중에 수입을 목적으로 일을 하시는 분이 계신가요? (있다면)어떤 일을 하시나요? 그 일자리는 선생님께서 보시기에 안정적인 편인가요, 그렇지 않은 편인가요?	2명 이상이면 주된 경제활동을 하는 사람만
	불안	일을 하시면서 어려움이나 걱정거리, 불안한 점 등이 있다는 이야기를 하시던가요?	
	갈등	같이 일하는 사람들과 갈등이나 충돌을 경험한 적이 있다고 하시던가요? (있다면) 주로 누구와 어떤 일로 갈등이나 충돌을 겪으신다고 하십니까?	
	자신 취업 의향	선생님께서는 기회가 되면 수입을 목적으로 하는 일을 할 의향이 있으십니까? (있다면) 왜 일을 하려고 하시나요? 어떤 일을 하고 싶으세요? 선생님께서 바라시는 대로 그 일을 할 수 있다고 보십니까?	전업주부, 퇴직/무직자 등에게 질문

5-1. 사회1 : 마지막으로 우리나라와 사회에 대해 평소에 어떻게 생각하고 계신지 여쭤보겠습니다.

구분		질문	유의사항
사회 (50분)	갈등 정도	다른 나라와 비교했을 때, 우리나라는 갈등이 심하다고 보세요, 그렇지는 않다고 보세요? 그렇게 생각하시는 이유는요?	
	심각한 갈등	우리 사회에서 가장 심각한 갈등이라고 생각하시는 것은 무엇인가요? 두 가지만 말씀해 주세요 (빈부, 노사, 일자리, 이념, 복지, 지역, 세대, 남녀, 종교갈등 등)	사례 예시
	경쟁	다른 나라와 비교했을 때, 우리나라는 경쟁이 심하다고 보세요, 그렇지 않다고 보세요? 그렇게 말씀하신 이유나 사례를 말씀해 주시겠어요?	

5-2. 사회2

구분		질문	유의사항
사회	빈부 격차	한국 사회에서 잘사는 사람과 못사는 사람 간의 빈부격차가 얼마나 심하다고 생각하십니까? 그러한 차이는 앞으로 점차 줄어들 것으로 보세요, 커질 것으로 보세요? 잘사는 사람은 못사는 사람에 비해 더 잘났다고 생각하십니까?	
	대응	모든 사람들이 화합적으로 살아가는 국민통합을 위해서는 누가 어떤 일을 해야 한다고 생각하시는지요? 제도 개선이나 의식 개혁 중 어느 편이 더 시급하다고 생각하시나요?	
		다른 나라로 이민가고 싶다고 생각해 보신 적이 있으신가요? (있다면) 어느 나라로요? 그 나라로 이민을 가고 싶은 이유는 무엇인가요?	
		천안함에 대한 진실, 어떻게 이해하고 있으세요? 정부의 진상규명과 사후 대처에 대해 어떻게 생각하시는지요?	
		세월호에 대해 정부와 유가족이 어떻게 대처하고 있다고 보시는지요? 또 본인이 정부나 유가족이라면, 그 일을 어떻게 풀어나고 싶으신가요?	
		끝으로, 남북한 문제는 어떤 식으로 해 나가는 것이 좋다고 생각하십니까? 박근혜 대통령은 '통일은 대박이다'라고 했는데, 이에 대해 어떻게 생각하십니까?	

부록 Ⅱ-3 면접연구 배경설문

마지막으로 통계를 내는 데 필요한 몇 가지만 여쭙겠습니다

문1. 귀하의 성별은 어떻게 되시나요?

① 남자　　　　② 여자

문2. 귀하의 연세는 만으로 어떻게 되시나요? (　　)세

문3. 귀하의 직업은 무엇입니까?

① 농업, 어업, 임업(가족종사자 포함)

② 사영업(종업원 9명 이하의 장사 및 가족종사자, 목공소 주인, 개인택시 운전사 등)

③ 판매/서비스직(상점점원, 세일즈맨 등)

④ 기능/숙련공(운전사, 선반, 목공 등 숙련공)

⑤ 일반작업직(토목 관계의 현장작업, 청소, 수위)

⑥ 사무/기술직(일반회사 사무직, 기술직, 초중고교 교사, 항해사 등)

⑦ 경영/관리직(기업체 부장 이상의 위치, 교장)

⑧ 일선공무원(9급-6급)

⑨ 5급 이상의 고급공무원

⑩ 전문/자유직(대학교수, 의사, 변호사, 예술가)

⑪ 가정주부(주로 가사에만 종사하는 부인) ☞문4로 가시오.

⑫ 학생　☞문4로 가시오.

⑬ 무직 ☞문4로 가시오.

⑭ 기타 ☞문4로 가시오.

문3-1. 귀하의 고용형태는 다음 중 어디에 해당되시나요?

① 상용직 임금근로자

② 임시직 임금근로자

③ 일용직 임금근로자

④ 자영업자 또는 고용주

⑤ 무급가족종사자(임금 없이 가족, 친인척 사업체에 근무)

문3-2. 근로 형태는 다음 중 어디에 해당되시나요?

① 전일제 ② 시간제 ③ 기타

문3-3. 선생님 자신의 월평균 소득은 얼마정도 입니까? 세금을 포함한 비용으로 말씀해 주세요.

① 100만 원 이하

② 101~200만 원

③ 201~300만 원

④ 301~400만 원

⑤ 401~500만 원

⑥ 501~600만 원

⑦ 601~700만 원

⑧ 701~800만 원

⑨ 801만 원 이상

문4. 선생님 댁의 한 달 총수입은 어느 정도입니까? 상여금, 이자, 임대료 등 가족 전체의 수입을 합하여 월평균으로 말씀해 주십시오.

① 100만 원 이하

② 101~200만 원

③ 201~300만 원

④ 301~400만 원

⑤ 401~500만 원

⑥ 501~600만 원

⑦ 601~700만 원

⑧ 701~800만 원

⑨ 801~900만 원

⑩ 901만 원~1,000만 원

⑪ 1,001만 원 이상

문5. 학교를 어디까지 마치셨습니까?

① 초등학교 졸업 이하

② 중학교

③ 고등학교

④ 대학 재학/중퇴(전문대 포함)

⑤ 대학

⑥ 대학원 이상

문6. 선생님 가족은 다음 중 어느 계층에 속한다고 생각하십니까?

① 상위 계층　② 중상위 계층　③ 중간층

④ 중하위 계층　⑤ 하위 계층

문7. 선생님께서는 현재의 삶에 대해 전반적으로 얼마나 만족하십니까?

매우 불만족 　　　　　　　　　　　　 보통 　　　　　　　　　　　　 매우 만족

0 — 1 — 2 — 3 — 4 — 5 — 6 — 7

문8. 마지막 질문입니다. 다음 각각에 대해 선생님의 느낌과 생각을 편하게 말씀해 주세요.

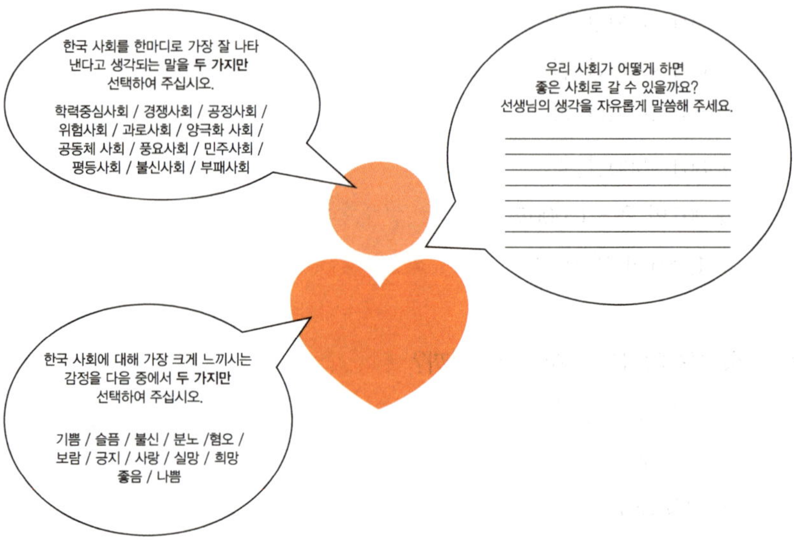

◐ 오랜 시간 동안 면담에 응해 주셔서

대단히 감사합니다 ◑

찾아보기

ㄱ

ㄴ

ㅅ

ㅈ

ㅊ

ㅋ

ㅌ

ㅍ

ㅎ

인명 찾아보기

저자소개

김문조(金文朝), 고려대학교 명예교수

1982년부터 2015년까지 고려대학교 문과대학 사회학과에 재직한 저자는 노동/정보사회/과학기술/문화/사회불평등/현대사상 등에 관한 연구를 수행해 왔다. 한국산업노동학회장, 한국이론사회학회장, 한국과학기술학회장, 한국사회학회장, 동아시아사회학회장 및 강원대학교 석좌교수를 역임하였고, 나라정책연구원, LG종합기술원 커뮤니카토피아연구소, 한국연구재단 인문사회연구본부, 국민대통합위원회 갈등관리포럼 등에서 책임자로 일했다. 저서로는 『과학기술과 한국사회의 미래』(1999), 『한국사회의 양극화』(2008), 『융합문명론』(2013), *IT and the Shaping of New Social Order*(2019) 등이 있다. 제18회 과학기술도서상(저술부문), 고려대교우회 제정 제1회 학술상(인문사회부문), 제63회 서울특별시문화상(인문과학분야), 제65회 대한민국학술원상(사회과학부문)을 수상하였다.

e-mail : muncho@korea.ac.kr

한국사회통합론

2019년 8월 20일 제1판 1쇄 발행
2020년 10월 15일 제1판 2쇄 발행

저 자 김 문 조
발행인 강 희 일 · 박 은 자
발행처 **다 산 출 판 사**

서울특별시 마포구 대홍로 6길 8
등 록 1979. 6. 5. 제 3-86 호(윤)
전 화 717-3661~2, 718-1751~2
FAX 716-9945

정가 26,000원 파본은 바꾸어 드립니다.

http://www.dasanbooks.co.kr
ISBN 978-89-7110-566-5 93330